U0429593

中华人民共和国经济与社会发展研究丛书（1949—2018）

编　委　会

国家出版基金资助项目
"十三五"国家重点图书出版规划项目
中华人民共和国经济与社会发展研究丛书（1949—2018）
丛书主编：武力

2015年度国家社会科学基金一般项目"大国战略与新中国交通业发展研究"（课题编号：15BJL065）阶段性成果

中国交通业发展研究

Research on Transportation Industry Development of the People's Republic of China

彤新春◎著

中国·武汉

图书在版编目(CIP)数据

中国交通业发展研究/彤新春著. —武汉:华中科技大学出版社，2019.6
(中华人民共和国经济与社会发展研究丛书 : 1949—2018)
ISBN 978-7-5680-5413-3

Ⅰ. ①中… Ⅱ. ①彤… Ⅲ. ①交通运输业-经济发展-研究-中国-1949—2018
Ⅳ. ①F512.3

中国版本图书馆 CIP 数据核字(2019)第 130063 号

中国交通业发展研究　　彤新春　著
Zhongguo Jiaotongye Fazhan Yanjiu

策划编辑:周晓方　周清涛
责任编辑:刘　莹
封面设计:原色设计
责任校对:刘　竣
责任监印:周治超
出版发行:华中科技大学出版社(中国·武汉)　电话:(027)81321913
武汉市东湖新技术开发区华工科技园　邮编:430223
排　　版:华中科技大学惠友文印中心
印　　刷:湖北新华印务有限公司
开　　本:710mm×1000mm　1/16
印　　张:22　插页:2
字　　数:370 千字
版　　次:2019 年 6 月第 1 版第 1 次印刷
定　　价:169.00 元

内容提要

ABSTRACT

洋务运动反映了近代中国走现代化发展道路的历史要求，孙中山的《建国方略》更是提出了交通现代化的发展路径，十万英里的铁路网计划纵横交错，为华夏大地编织着腾飞的蓝图。新中国成立后，中国人的交通发展梦才一步步变为现实，短短70年，第一代领导人设计的"天堑变通途"的交通追求已初步完成：我们拥有了世界里程第一的高速铁路、高速公路，轨道交通、航运水运、乡路村路无不在世界交通史上写下浓墨重彩的一笔，航空业也在奋起直追、突飞猛进。中国不仅提供了各式交通发展的远景规划，而且提出了由交通大国向交通强国迈进的行动方略。尤为重要的是，绿色发展、共享发展、智能发展、科学发展的交通发展理念以及城乡一体化、交通扶贫的新举措不仅能够惠及华夏，而且借助"一带一路"倡议，构建"人类命运共同体"，更能够惠及沿线国家民众，惠及全球民众。

总序

GENERAL PREFACE

早在2013年6月，习近平总书记就指出，历史是最好的教科书，学习党史、国史，是坚持和发展中国特色社会主义、把党和国家各项事业继续推向前进的必修课。这门功课不仅必修，而且必须修好。要继续加强对党史、国史的学习，在对历史的深入思考中做好现实工作，更好走向未来，不断交出坚持和发展中国特色社会主义的合格答卷。党的十八大以来，习近平总书记多次强调要加强历史研究，博古通今，特别是总结中国自己的历史经验。在以习近平同志为核心的党中央领导下，中国特色社会主义进入了新时代。2017年是俄国十月革命胜利100周年；2018年是马克思诞辰200周年和《共产党宣言》发表170周年，同时也是中国改革开放40周年；2019年是中华人民共和国成立70周年；2020年中国完成工业化和全面建成小康社会；2021年是中国共产党成立100周年。这些重要的历史节点，已经引发国内外对中共党史和新中国历史研究的热潮，我们应该早做准备，提前发声、正确发声，讲好中国故事，让中国特色社会主义主旋律占领和引导宣传舆论阵地。

作为专门研究、撰写和宣传中华人民共和国历史的机构，中国社会科学院当代中国研究所、中国经济史学会中国现代经济史专业委员会与华中科技大学出版社一起，从2014年就开始策划出版一套总结新中国经济与社会发展历史经验的学术丛书。经过多次研讨，在2016年5月最终确立了编撰方案和以我为主编的研究写作团队。从2016年7月至今，研究团队与出版社合作，先后召开了7次编写工作会议，讨论研究内容和方法，确定丛书体例，汇报写作进度，讨论写作中遇到的主要问题，听取学术顾问和有关专家的意见，反复讨论大纲、改稿审稿并最终定稿。

这套丛书是以马克思列宁主义、毛泽东思想、邓小平理论、“三个代表”重要思想、科学发展观、习近平新时代中国特色社会主义思想为指导，以中华人民共和国近70年经济与社会发展历史为研究对象的史学论著。这套丛书共14卷，分别从经济体制、工业化、区域经济、农业、水利、国防工业、交通、旅游、财政、金融、外贸、社会建设、医疗卫生和消除贫困14个方面，研究和阐释新中国经济与社会发展的历史和经验。这套丛书从策划到组织团队再到研究撰写专著，前后历时5年，这也充分反映了这套丛书各位作者写作态度的严谨和准备工作的扎实。从14个分卷所涉及的领域和研究重点来看，这些问题都是中共党史和新中国历史，特别是改革开放以来历史研究中的重要问题，有些是非常薄弱的研究环节。因此，作为研究中华人民共和国近70年经济与社会发展的历程和功过得失、总结经验教训的史学论著，这套丛书阐述了新中国成立前后的变化，特别是改革开放前后两个历史时期的关系、改革开放新时期与新时代的关系，这些论述不仅有助于坚定“四个自信”、反对历史虚无主义，而且可以为中国实现“两个一百年”奋斗目标提供历史借鉴，这是这套丛书追求的学术价值和社会效益。

今年是中华人民共和国成立70周年，70年的艰苦奋斗，70年的壮丽辉煌，70年的世界奇迹，70年的经验教训，不是一套丛书可以充分、完整展示的，但是我们作为新中国培养的史学工作者，有责任、有激情去反映它。谨以这套丛书向中华人民共和国成立70周年献礼：祝愿中华民族伟大复兴的中国梦早日实现！祝愿我们伟大的祖国像初升的太阳，光芒万丈，照亮世界，引领人类命运共同体的构建！

中国社会科学院当代中国研究所

武力

2019年5月

目 录

CONTENTS

绪论 天堑变通途的历史跨越

第一章 中国交通业现代化起步(1949—1957)

第二章　中国交通业的缓慢发展(1958—1965)

第三章　顿挫中的探索与三线建设(1966—1976)

第四章　交通业改革从起步走向深化(1977—2000)

第五章　交通业迎来快速发展阶段(2001—2012)

第六章　中国交通业规模效应初显(2013—2018)

第七章　中国轨道交通的快速发展

第八章　十九大交通强国战略新部署

结语　从交通大国到交通强国的发展演变

绪论

天堑变通途的历史跨越

“交通”一词在《易经》中即已出现，《周易·泰》中云：“‘泰，小往大来，吉亨’，则是天地交而万物通也；上下交而其志同也。”后来，“交通”一词不断扩展和演化，含义丰富。《管子·度地》中说“山川涸落，天气下，地气上，万物交通”，《桃花源记》中的“阡陌交通，鸡犬相闻”与现代意义上的交通含义接近。《现代汉语词典》对“交通”的解释为运输事业，也就意味着，一是此类行为或活动，二是开展此类活动所需的基础设施即道路、铁路、航空线路、信息传输的通道和相应的工具、设备，包括汽车、火车、飞机、轮船、电信线路、电子器材等。可见，交通就是把人、物、信息从一定范围转移到另一个空间范围的活动，以及为实现这种行为所需的各种基础设施、工具、设备。由此可见，以大规模流动的人或物或信息为特征的交通对一个国家的兴衰至关重要，在国家的产生、存在和发展过程中具有不可替代的战略性地位，中国大一统的局面之所以能够历经千年而不衰，交通的重要性不言而喻。

一、中国交通艰难跋涉的历程

从远古时代起，中国的祖先就为了开辟自己的生存空间，在这片古老的土地上，“劈山为道”、“刳木为舟”，走出了一条条水路、陆路，人类的脚步虽然艰难，但是通过道路的开辟、交通的延展，逐渐从蒙昧走向文明。交通见证了人类文明发展史，中国从古至今都不例外。

（一）中国的地形地貌

中国位于亚洲大陆的东部、太平洋西岸，陆地面积约960万平方公里，流域面积超过 100 平方公里的河流约有 2.3 万条，总长 42 万多公里。注入海洋的外流河系水量，占河流总水量的 95%以上，分布面积约占全国总面积的 1/3。海域面积 473 万平方公里。从南到北，从东到西，距离都在 5000 公里以上。在中国辽阔的大地上，有宽广的高原、起伏的山岭、广阔的平原、低缓的丘陵，还有四周群山环抱、中间低平的大小盆地。这些形态各异的地形，以山脉为骨架交错分布。中国地势西高东低，平均海拔从 4500 多米下降到 500 米以下，西部珠穆朗玛峰海拔 8844 米，而东部盐城海拔仅有几米，大致呈阶梯状分布。地形多种多样，山区面积广大。山区地面崎岖，交通不便。中国东部临海，渤海、黄海、东海、南海和太平洋，为中国与海外各民族的交往提供了便利。海岸线总长度达 3.2 万多公里，其中，大陆海岸线，北起鸭绿江口，南至北仑河口，长达 1.8 万多公里。在 960 万平方公里的陆地上，东部沿海和长江以南的广阔陆域，更是河网密布。除台湾岛和海南岛以外，还有若干群岛，如庙岛群岛、舟山群岛、大万山群岛、澎湖列岛以及钓鱼岛列岛等。

中国的地形地貌决定了交通发展的困难程度，大山丛集，湖泊、河流密布，丘陵绵延，在一定程度上限制了人员交流、物资交流与信息交流，也制约着文明和生产力的快速发展。

(二) 由古及今的交通演变

早在公路和汽车出现以前，中国各族人民经过几千年的辛勤开拓，在道路、桥梁、隧道修建，车辆制造，以及交通管理等方面，都取得过辉煌成就。《史记 · 夏本纪》中“陆行乘车”的记载，说明在 4000 多年以前，中国已经有了车和行车的道路。西周时期，将城乡道路按不同等级进行统一规划，修建了从都城镐京(今西安附近)通往各诸侯城邑的道路，简称“周道”，开创了以都城为中心的道路体系，成为华夏文明的主干道、国内陆路交通的中轴线，建立了世界道路史上较早的、比较完善的路政管理制度。春秋战国时代，中国水运已粗具规模。秦穆公十二年(前 648 年)，秦国运粮船自雍(今陕西凤翔)沿渭水入黄河，北逆汾水，船漕车转 700 里(350 公里)至晋国都城绛(今山西新绛)，古称“泛舟之役”。春秋战国后期，吴、越两国开发河道，扩展海路，进行漕粮和军事运输，成为水运发达的王国。公元前 506 年，吴国为西征楚国开凿连接太湖与长江的胥溪，公元前 495 年，吴国为从海上进攻越国开凿连接太湖与东海的胥浦，9 年后，在长江北岸的邗(今江苏扬州东南)开挖连接淮河的邗沟。公元前 484 年至前 482 年，吴国又于商(今河南商丘)、鲁(今山东曲阜)之间开凿渠道，引古菏泽水入泗水，使江淮河道与黄河相通，威震中原。①

秦始皇统一六国后，实行了“车同轨”的重大改革，并大修驰道、直道，以咸阳为中心向四周辐射，形成中国大陆交通的骨架，建立了规模宏伟的道路交通网。公元前 219 年至前 210 年，秦始皇两次派遣方士徐福率众千人东渡大海“寻仙”，并于前 214 年命史禄主管开凿灵渠（又称兴安运河），连接了湘江和漓水，使漕船直下五岭南粤。西汉时期，开通了连接欧亚大陆的丝绸之路，为东西方经济、文化交流做出了巨大贡献。东汉时期，在陕西汉中到四川的褒斜道上修建的七盘山行车隧道，距今已有 1900 多年的历史。1400 多年前，隋代修建的赵州桥，净跨达 37.2 米，桥面两端宽约 10 米，中部宽 9 米，全长 64.4 米，是世界上最早出现的空腹式石拱桥。唐代是中国古代文化的昌盛时期，也是对外开放程度最大的时期，驿传制度完善，在紧急时，驿传速度每昼夜可达 500 里（折今 200 多公里）。自西汉至唐初，京都所需粮食多从关东（今河南、河北、山东等）沿黄河漕运入渭。两汉时期开辟的东至朝鲜和日本、中经已程不（一说为今斯里兰卡）和安息（今伊朗）、西达大秦（今称罗马帝国）的“海上丝绸之路”，为往来学者、使臣和商贾提供了便利。金代修建的卢沟桥（石拱桥，共 11 孔，1192 年建成），全长 266.5 米，宽约 7.5 米，造型美观，石雕精细，是中国古代桥梁建筑的杰作，在《马可·波罗行纪》一书中被列为世界名桥，蜚声国际。元代，在原有驿道的基础上，进一步开辟了以元大都（今北京）为中心通往全国各地的道路网，发展了驿站（“站赤”）制度，使驿运达到了极盛时期。1239 年至 1292 年，京杭运河和北洋海漕航线成为南北漕运要道。国际海上贸易也以泉州和广州为主要港口，与东南亚、印度半岛、波斯湾、阿拉伯半岛和非洲东海岸各国往来频繁。

明朝初期，造船业得到更大的发展，1405 年 7 月 11 日至 1433 年 7 月 7 日，郑和率领船队 7 次横渡西洋（今太平洋、印度洋），远达非洲东岸和红海沿岸 30 余个国家和地区。1411 年至 1433 年，亦失哈受命率庞大船队 10 次出使奴儿干地区（今黑龙江下游一带），并经黑龙江口渡鞑靼海峡抵“海外苦夷岛”（今称库页岛）。这些大规模的远航活动比哥伦布由巴罗斯港首次远航加勒比海沿岸早了 80 余年。清朝统治者推行“闭关锁国”政策，“海禁”竟残酷到“空其土而徙其人，寸板不许下海”，导致海运事业停滞，河运

① 参见《当代中国的水运事业》相关内容，《当代中国的水运事业》编辑委员会编：《当代中国的水运事业》，当代中国出版社、香港祖国出版社 2009 年版，第 3 页。

发展缓慢。1842 年签订《南京条约》，清政府开放广州、福州、厦门、宁波、上海五处为通商口岸。此后，帝国主义列强控制了中国的水运事业。

1840 年鸦片战争以后，随着近代工业的产生，中国出现了电报、电话，开始废驿兴邮，并在驿道主干线上逐步兴建铁路、公路。中国古老的驿道、驿运就逐渐被这些新兴的通讯和运输方式所取代。中国自办的近代轮船运输业轮船招商局，比航运发达国家落后半个多世纪。1901 年以后，中国先后出现了汽车和公路，到 1911 年，全国共有汽车 200 多辆，公路 1100 多公里(未含台湾地区，以下同)。1912 年 1 月，中华民国建立。同年 4 月，袁世凯就任临时大总统，建立了北洋政府。这个时期，北洋政府虽曾颁布《修治道路条例》，主管公路交通的内务部也制定过《修治道路条例施行细则》、《长途汽车营业规则》等法令规章，在京兆尹公署设立了京兆国道管理局，一些地方政府也设立了军路处(局)、省道局等机构。但是，由于军阀割据，各自为政，实际上公路交通的管理、修建无法统一；为了争权夺利，各地军阀只是在各自的辖区内修过少量公路。到 1926 年，全国仅有公路 2.61 万公里，而且绝大部分为土路，缺桥少涵，晴通雨阻；全国民用汽车共有 1.49 万辆，汽车运输开始从经营大城市的客运转向长途客货运输。

1927 年 4 月，南京国民政府成立。主管公路交通的先后有交通部、铁道部和全国经济委员会。自 1932 年全国经济委员会成立公路处专管公路建设和汽车运输以后，公路交通发展较快。除制定《全国道路网规划》外，还先后颁布《道路工程标准及规则》、《公路汽车载客通则》、《公路汽车货运通则》等规章法令，实行国道由中央统一规划、修建和管理，其他路线由各省、市负责。到 1936 年年底，共新建京(南京)杭(州)、沪(上海)杭(州)等公路 8.65 万公里，全国通车里程增加到 11.57 万公里。桥梁建设最有代表性的是 1937 年建成的钱塘江公路、铁路两用大桥，全长 1450 余米。民用汽车也增长到 6.89 万辆(未含日伪占领区，以下同)，其中，私营汽车 1.77万辆，官办营运汽车 2900 多辆，其余均为机关、工厂和私人的自备车辆。

1937 年 7 月，抗日战争全面爆发后，公路交通的变化较大。这一时期，华北等地区修建过一些公路，但在国民党军队败退时，为阻止日军进攻，又下令将其破坏。1938 年 10 月，广州、武汉相继沦陷，海运、铁路被切断。从此，整个抗战后方的陆上交通，主要依靠公路运输。当时，在西南地区，除改善了以贵阳为中心通往邻省的 5 条干线公路外，最主要的是修建了通往缅甸和越南的滇缅和河(池)岳(圩)2 条国际通道。在西北地区，则重点改善川陕、西兰、甘新等线。另外，新建了汉渝、川滇西、川滇东、甘川等线，以加强南北交通，加速军援物资的转运。1942 年，日军侵占缅甸，滇缅公路中断后，又修建了通往印度的保（山）密（支那）公路（中印公路的一段）。在全面抗战期间，共计新建公路 1.27 万公里；桥梁建设，除修建了少数钢桥和悬索吊桥外，其余多为木桥。全面抗战初期，车辆和设施遭到很大破坏。为了适应战时需要，1938 年，国民党政府交通部先后成立了直属的西北、西南、滇缅 3 个运输管理局和新疆运输委员会以及西南进出口物资总管理处，共有汽车 4102 辆。其后，运输管理体制虽然迭有变更，车辆也有所增减，但承担军需物资的运输任务始终未变。据 1945 年统计，全国民用汽车保有量约 3.4 万辆，其中，官办汽车运输企业约有 7200 辆，私营汽车有 9200 余辆，其余为机关、工厂和私人的自备车辆。为了弥补汽车运力的不足，还恢复了驿运。

在沦陷区，日本帝国主义为了把东北地区作为征服全中国的基地，大力强化了交通建设。到 1945 年 8 月，共修建各种道路 3.55 万公里。这些道路大部分为单车道的土路，标准很低。民用汽车保有量，1941 年曾一度达 4422 辆。至于华北、华东等沦陷区，虽然汪精卫伪政权也有过整修公路、办理汽车运输的打算，但因财政困难，特别是在解放区军民反复破坏、袭击之下，最后只修复了钱塘江大桥和少数公路，增加了少量汽车，绝大部分计划落空。

1945 年 8 月，日本投降。国民党政府制订了公路抢修计划，命令各省紧急修复公路，恢复汽车运输。到 1945 年年底，修复了榆树湾至衡阳、南宁至钦州、长沙至南昌等 30 条路线，全国公路通车里程达 13 万多公里，民用汽车保有量约 3.4 万辆。1946 年年初，国民党政府军事委员会战时运输管理局撤销，交通部重新成立公路总局，下设 8 个区局和 9 个运输处，负责国道的修建、养护和汽车运输等事宜。在解放战争期间，随着解放区的不断扩大，各地人民政府先后建立了交通局、公路管理局和运输公司等机构，负责抢修公路和运输粮食、弹药等物资支援前线。在著名的辽沈、淮海、平津三大战役中，组织动员的群众数以百万计。仅在平津战役中，河北省各解放区就动员民工 154 万人，各种人力、畜力车 40 万辆和大量驮畜参加支援前线活动，共计运送粮食等物资 25 万多吨。平津战役结束后，华北人民政府又立即动员群众整修了平汉线华北段（今北京经河北省石家庄到河南省武陟）、平大线华北段（今北京经河北省大名到河南省新乡）、津浦线华北段（今天津经山东省德州到河南省濮阳）3 条干线道路和一些支线道路共

2000多公里，架设了黄河浮桥，支援中国人民解放军第四野战军顺利南下。同期，解放区的汽车运输也有较大发展，拥有汽车1.51万辆，其中包括私营汽车7443辆。另一方面，在解放战争期间，特别是1947年7月，人民解放军转入战略进攻以后，国民党军队在节节败退中，对公路、桥梁、车辆设备以及车站设施，疯狂地进行了破坏。[①] 同时，亟待修复的港口、航道和船厂等基础设施又遭破坏，70%以上的轮船被挟持到台湾地区或就地炸沉，一些民族航运企业的运输船舶被迫滞留海外。

二、清末民国时期的交通业探索

中国仁人志士为了改变落后的交通面貌，从没有停止探索的脚步。在清末洋务运动中，以福州船政局、江南制造局为代表的船政现代化实践，为我国航运及装备制造业翻开了崭新的一页。而从清末一直延续到民国时期的铁路现代化建设更是引进、消化、吸收西方先进技术的一个重要行业，尽管挫折、失误不断，但其也为我们提供了宝贵的发展经验，奠定了行业发展的基础。

（一）清末船政的现代化转型与绩效分析——以福州船政局、江南制造局为例

应该说，清末船政是在洋务运动中产生的。19世纪中叶，在世界主要资本主义国家先后完成工业革命，构建全球性的商业网络之时，清朝还在享受着农业文明的余荫，资本主义尚处在萌芽状态，根本谈不上形成完整的工业体系。因此，按照西方标准筹建的福州船政局、江南制造局自出生起就显得先天不足，不过在惨淡经营中，发起者与建设者经过努力奋斗，探索之功却大有价值，并且留下了宝贵的历史遗产，影响于将来。

1. 发达国家进入航海时代

西方海权论学者马汉悉心研究世界发展史后认为："所有国家的兴衰，其决定因素在于是否控制了海洋。"一些国家建立了海权强大-贸易发达-国家富强的发展战略模式，深刻地揭示了海洋问题的本质即是经济利益。在我国，明末的航海家郑和认为，"欲国家富强，不可置海洋于不顾。财富取之于海，危险亦来自海上"[②]。20世纪初，清朝政界和学术界也提出了早期

① 参见《当代中国的公路交通》（当代中国出版社、香港祖国出版社2009年版）、《当代中国的水运事业》（当代中国出版社、香港祖国出版社2009年版）相关内容。

② 弗朗索瓦·德勃雷著，赵喜鹏译：《海外华人》，新华出版社1982年版，第6页。

的海权观念，如："凡一国之盛衰，在于制海权之得失"；"海军强大，能主管海上权者，必能主管海上贸易，能主管海上贸易，即能主管世界之富源"；[①] 孙中山也曾认为，"世界大势变迁，国力之盛衰强弱，常在海而不在陆，其海上权力优胜者，其国力常占优胜……"[②]

自 18 世纪英国工业革命后，海运大国的兴衰更多依赖于"世界工厂"地位的形成和位置更替。正如马克思所说，"蒸汽和机器引起了工业生产的革命"[③]，在 18 世纪的后 20 年中，英国几乎 60%的新增工业产量用于出口。1870 年，英国在世界贸易总额中占到 36%，成为世界上最大的殖民帝国和"世界工厂"。[④]

15 世纪末，新大陆的发现和东方航线的开通，揭开了海洋时代的序幕。16 世纪，葡萄牙、西班牙、荷兰等西方殖民者已经西越印度洋，延及大西洋，东通太平洋彼岸的美洲新大陆，初步形成世界性的海洋贸易圈。如果说 16 世纪是世界性海洋贸易圈形成的时代，那么，18 世纪则是全球化商业扩张的时代，是一个商业竞争趋向激烈的时代。

从英国 1700 年至 1800 年一百年间的出口商船载重量、输入额和输出额成倍地增加中可以看到，产业革命带来的结果——工业产品对市场需求的迫切性。据统计，离开英国港口的商船载重量，1700 年为 31 万多吨，1800 年增至 192 万多吨，增加了 5 倍多；商品输出额，18 世纪的首 10 年，为 600 万～700 万镑，1800 年却达到 4187 万多镑，增加了约 6 倍；商品输入额，18 世纪初为 400 万镑，18 世纪末已增达约 3000 万镑，增加了 6 倍多。如果置于坐标图上，可以看出，这三项指标都在迅猛向上，18 世纪末的 20 年间更是几乎呈直线上升。[⑤] 因此，"建立世界市场是十九世纪英国工业发展的一个主要部分。在用机器生产的大规模工业的发展中，出口商人和制造业者是同样重要的角色，但工业革命的历史家却专心研究工艺技术和组织的内部变革，有把这一事实弄得隐而不彰的趋势"[⑥]。

再看一下清政府对于海洋时代的认识和举措。

从顺治十二年（1655 年）至康熙十七年（1678 年），清朝虽屡次颁布禁

---

① 陆儒德：《树立海洋战略意识　建设海上经济强国》，《中国软科学》1997 年第 4 期。

② 《孙中山全集》第 2 卷，中华书局 1982 年版，第 564 页。

③ 《马克思恩格斯选集》第 1 卷，人民出版社 1995 年版，第 273 页。

④ 张明之：《"世界工厂"变迁》，江苏人民出版社 2009 年版，第 87 页。

⑤ 参见保尔·芒图著，杨人楩、陈希秦、吴绪译：《十八世纪产业革命——英国近代大工业初期的概况》，商务印书馆 1991 年版，第 76-78 页。

⑥ 格林堡著，康成译：《鸦片战争前中英通商史》"作者序言"，商务印书馆 1961 年版，第 6 页。

海令或迁海令,但海外贸易却未被扼杀。特别是康熙二十三年(1684年)开海之后,海外贸易更是飞速发展。据学者统计,从崇祯十四年(1641年)至康熙二十二年(1683年),中国驶往日本的商船共1711艘,年均40.7艘。从康熙二十三年(1684年)至乾隆二十二年(1757年),中国驶往日本的商船共3017艘,年均41.3艘。① 明末清初,中国到东南亚商船年均91艘左右。② 从康熙二十四年(1685年)到乾隆二十二年(1757年),到中国贸易的英美商船有312艘,其中英国商船最多,乾隆五十四年(1789年)为58艘。进口商船数量增多,意味着进口贸易额增加。据黄启臣先生研究,万历二十二年(1594年),全国海外贸易总值约为100万两白银。乾隆十年(1745年)粤、闽、江、浙四港贸易总值高达3657万两白银,而南宋海外贸易总值不过500万两白银。③

康熙二十三年(1684年)开海之前,浙江有双屿等港口,福建有漳州月港、晋江安平港、诏安梅岭港,广东有南澳港,台湾有澎湖、大员和鸡笼、淡水港等,是为海上私人贸易港口。康熙二十三年(1684年)海禁取消,北起辽宁南至广东,大小港口计有100多处,它们吸引着世界各国商船赴华贸易。"几乎所有亚洲、欧洲、美洲的主要国家都与中国发生了直接贸易的关系。"④

19世纪中叶,西方资本主义国家相继开始了工业革命,先进的生产力造就了工业制成品的大量产出,迫切需要打开海外市场。产业资本家不惜以武力来实现这一目的,从而改变世界格局。与此同时,清王朝正步入封建社会由盛转衰的历史循环过程中,国内矛盾日益尖锐,但还没有发展到危及皇权统治的地步,嘉庆、道光、咸丰、同治仍然能够从稳固的统治中安享太平,在中国被动进入世界市场参与商战时,没有合理利用优势,"重农抑商"政策没有得到改变,使得原有的农产品优势在工业品和鸦片的威逼下步步退缩,中外贸易逐渐由出超变为入超。

两次鸦片战争,两次失败,两次丧权辱国。清政府切身感受到资本主义列强的厉害,感觉到自己的衰弱,从而感到有必要学习外国,讲求军政。因此,"师夷"才被提上议事日程,"夷夏之防"的观念开始被突破,办洋务才普遍被认为是"急务"、"时务"、"要政"。应该说,洋务运动之所以能够发

① 黄启臣:《清代前期海外贸易的发展》,《历史研究》1986年第4期。
② 林仁川:《明末清初私人海上贸易》,华东师范大学出版社1987年版,第259-261、263页。
③ 黄启臣:《清代前期海外贸易的发展》,《历史研究》1986年第4期。
④ 黄启臣:《清代前期海外贸易的发展》,《历史研究》1986年第4期。

动，显然是中央和地方实力派全力推动，最后清政府以上谕的形式在全国发动的。其企业发展路径走过了官办—官督商办—商办的轨迹，开启了中国近代工业化的进程。

2. 筹办船政应时之需

从鸦片战争开始，来自西方的工业文明作为一种整体水平已经超前的文明形态，以入侵者的面貌出现，给中华民族带来了深重灾难，破坏了中华民族的传统文明。

不过，中华民族从来都不缺“睁眼看世界”的先贤。鸦片战争导致了农耕文明优势地位的历史性终结，这对一向以“声明文物之邦”自居的中国人来说，是一个难以接受却又无可回避的现实。而首先正视这一现实的，是道咸间的经世派士人，包括经世官员（如林则徐、徐继畬、姚莹等）和经世学者（如魏源、包世臣、梁廷枏等）。他们中的优秀代表林则徐、魏源，被誉为“睁眼看世界”的先驱。

在同英国人以及其他欧洲人直接打交道的过程中，林则徐深感“不谙夷情”之苦。他令人翻译英国人慕瑞的《世界地理大全》，编成《四洲志》，概述世界五大洲30余国的地理、历史，重点为英、美、法、俄诸国情形。还编译鸦片战争前夕西洋人对中国的时事评论，成《华事夷言》一书，介绍西洋人对中国的火药、绘画、歌舞、药材、服饰、宗教、海防、人口、财政、贸易、文学等方面的述评，从而了解西洋人的“中华观”，以增进对敌我双方的认识。

魏源在《四洲志》基础上又编撰了《海国图志》，介绍东西洋国家情况，为长期闭塞的中国推开了一扇眺望世界的窗口。魏源认识到，要使中国像西方一样有“坚船利炮”，则需要发展自己民族的工业，“置造船厂一，火器局一，行取佛兰西、弥利坚二国，各来夷目一二人，分携西洋工匠至粤，司造船械，并延西洋柁师，司教行船演炮之法，如钦天监夷官之例。而选闽粤巧匠精兵以习之，工匠习其铸造，精兵习其驾驶攻击”。另外，“武试增设水师一科，有能造西洋战舰、火轮舟、造飞炮、火箭、水雷、奇器者，为科甲出身”。提出“沿海商民，有自愿仿效厂局以造船械，或自用或出售者，听之”。魏源目睹西方列强利用坚船在海上称霸，认识到发展航海运输，对国家经济、军事和民生都有重大意义。他曾经辅佐江苏巡抚陶澍，针对当时漕粮官运、运河堵塞的情况，建议改官运漕粮由海商运输。这件事在当时对突破海禁、破除官运漕粮垄断、发展海运具有重要意义。

在镇压太平天国运动及同外国势力的接触中，洋务派官员感受到西方“轮船之速，洋炮之远”，思想上受到极大震动，意识到外国列强是一个比太平天国更加难以对付的敌人。胡林翼视师安庆期间驰马江边，见外国轮船“迅如奔马，疾如飘风”，因此“变色不语，勒马回营，中途呕血，几至坠马”（《庸庵笔记》）。1861 年 8 月，曾国藩将总理衙门奏请购买外洋船炮视为“今日救时之第一要务”，认为“若能陆续购买，据为己物，在中华则见惯而不惊，在英、法亦渐失其所恃”，并计划“购成之后，访募覃思之士、智巧之匠，始而演习，继而试造”，这样，“不过一二年，火轮船必为中外官民通行之物，可以剿发捻，可以勤远略”。正是在这样的思想指导下，他在攻破安庆之后即在那里设内军械所，募用“覃思之士、智巧之匠”试制新式船炮。1862 年，他写信给李鸿章，希望他“以忠刚慑泰西之魄，而以精思窃制器之术，国耻足兴”①，并与之联手发起以“窃制器之术”为主要内容，而以自强雪耻为基本宗旨的洋务运动。李鸿章也认为：“臣军到沪以来，随时购买外洋枪炮，设局铸造开花炮弹，以攻剿甚为得力。”②“此次克复湖州等城，破敌摧坚，颇得开花炮弹之力。”③军事实践使他们感到如仍用弓箭、刀矛、抬鸟枪旧法，“断不足以制洋人，并不足以灭土寇”④。1866 年，在太平天国都城天京陷落后的第三年，镇压太平军的地方大员左宗棠也深有感触地指出：“中国前此兵力制土匪不足，何况制各国夷兵；前此枪炮制发逆不足，何能敌彼中机器；今则将士之磨练日久，枪炮之制造日精，不但土匪应手歼除，即十数年滔天巨寇亦已扫除净尽。”⑤

清政府内部兴起了一股以学习西方为手段，以自强、求富为目的的洋务运动，运动期间，先后创立了安庆内军械所、江南制造局、福州船政局等军事工业以及轮船招商局、汉阳铁厂等民用工业。1865 年，徐寿、华蘅芳造出了中国第一艘蒸汽动力的现代化轮船，此后，江南制造局、福州船政局也开始了现代化造船的尝试。

1865 年 9 月，由两江总督李鸿章禀报朝廷，成立江南制造局。

1866 年，在镇压了太平军余部以后，左宗棠即着手筹建船厂。他在《拟购机器雇洋匠试造轮船先陈大概情形折》中写道：“自海上用兵以来，泰西各国火轮、兵船直达天津，藩篱竟成虚设……自洋船准载北货行销各口……江浙大商以海船（指木帆船——编者注）为业者……费重行迟……不

---

① 《曾文正公全集》卷 12、卷 20。引自虞和平主编：《中国现代化历程》，江苏人民出版社 2002 年版，第 124-125 页。

② 中国近代史资料丛刊《洋务运动》（四），上海人民出版社 1961 年版，第 10 页。

③ 中国近代史资料丛刊《洋务运动》（四），上海人民出版社 1961 年版，第 16 页。

④ 中国近代史资料丛刊《洋务运动》（一），上海人民出版社 1961 年版，第 43 页。

⑤ 中国近代史资料丛刊《洋务运动》（一），上海人民出版社 1961 年版，第 17 页。

惟亏折货本,寖至歇其旧业……是非设局急造轮船不为功……欲防海之害而收其利,非整理水师不可。欲整理水师,非设局监造轮船不可……轮船成,则漕政兴,军政举,商民之困纾,海关之税旺。一时之费,数世之利也。”他建议在福建马尾一带设厂,较之江、浙、粤更宜于造船。在左宗棠的呼吁下,6 月,清朝廷批准左宗棠在闽省择地设局造船的建议,“兹局之设,所重在学造西洋机器以成轮船,俾中国得转相授受,为永远之利也,非如雇买轮船之徒取济一时可比”①,“购买机器、募雇洋匠,试造火轮船只,实系当今应办急务”。清朝廷在批准左宗棠与日意格、德克碑所议定“保约”、“合同规约”等船政章程和艺局章程的上谕中还指出:“创立船政,实为自强之计……自当坚定办理。”②谕示:“所需经费即着在闽海关税内酌量提用。所陈各条,均着照议办理。”于是,当年就提出闽海关结款 40 万两白银作为开办费,以后每月拨银 5 万两作为经常费。

3. 福州船政局、江南制造局比较

作为清政府开展新兴船务的官办企业,福州船政局、江南制造局不仅先后成立,而且在具体运作和发展方面,也有不少相类之处,但在发展轨迹方面却大有不同。

(1) 造船。

1866 年,江南制造局造出了中国近代的第一艘机器动力兵船,长 185 尺(约 61.67 米),宽 29.2 尺(约 9.73 米),马力 392 匹,载重 600 吨;船身由坚木制成,内部机器使用的是国外修整后的旧机器,而汽炉和船壳则由江南制造局自己制造。不久,李鸿章发现,自造一艘船的成本及消耗燃料太高,造船不如买船。加之甲午海战后,江南制造局因经费短缺无力造船、修船,自 1885 年起的 20 年间只造了 5 艘小铁壳船和 2 艘小木船,致使船坞长期荒废。

1904 年冬,两江总督周馥奉清廷之命到江南制造局考察,针对“近年以来商船裹足不前,兵轮反入洋坞修理”的不景气局面,奏请清廷批准将修船部分从江南制造局划分出来,船坞单独建制,实行商务化经营,史称“局坞分家”。1905 年,江南船坞成立,隶属海军,由 R. B. Mauchan(前英商和丰造船厂经理)负责经营。从 1905 年到 1911 年,短短 6 年间,江南船坞造船 136 艘,并在开办当年就把借支的 20 万两开办费全部还清。中华民国成立

① 孙毓棠编:《中国近代工业史资料》(第一辑),中华书局 1962 年版,第 375-376 页。
② 郑剑顺:《福建船政局史事纪要编年》,厦门大学出版社 1993 年版,第 2、7 页。

后，江南船坞更名为江南造船所，开始迎来长达25年的黄金岁月。1912年至1926年，造船所共造船369艘，总排水量14.4万吨，平均每年造船24.6艘，排水量9600吨，年造船产量居上海造船业之首。

福州船政局（又称马尾船政局）由闽浙总督左宗棠创办，后在继任船政大臣沈葆桢的经营下，成为与江南制造局并驾齐驱的近代工厂，而且在当时的远东也首屈一指。福州船政局经历了辉煌的发展历程，但后来衰落。在1884年中法战争中，福州船政局遭法军严重破坏。

1869年6月，福州船政局制造的第一艘轮船"万年清"号下水，9月试航成功，10月该轮由马尾直接驶往天津候验。[①] 其次当推轮船招商局开辟闽海航线。轮船招商局是清朝洋务派在"洋务运动"的高潮中兴办起来的。1871年，福州船政局建造轮船"先后造成下水者六号，具报开工者三号"[②]。该局固定资产有近百万英镑，在汉阳铁厂兴起之前的20多年间，在规模上与其相比的工业企业只有江南制造局一家。从1866年开始建厂造船到1907年，40年间共制造了大小兵商轮船44艘。船政局规模之大，设备之完善，工人人数之多，是当时国内首屈一指的，就连19世纪60年代日本的横滨、横须贺船厂，也无法与之相比。从数量上看，它制造的兵商轮船总吨位达47964吨，所造军舰在民国后仍在海军中占重要地位。从1866年至1946年，共培养了驾驶和制造的专门人才1131人。派出的留学生遍及英、法、德、美、比、日等国，总计241人。[③] 迄1884年中法马江海战前的18年，共计造出大小船舰24艘，总计吨位27448吨，其中，兵舰有19艘（千吨以上的13艘，都是铁肋木质的船体），运输轮船4艘和练习船1艘。以上船舰出厂后，编入福建水师14艘、北洋水师5艘、南洋水师5艘。马尾船厂在中法马江之战后，造船舰16艘，如加上战前18年所造的24艘，则前后39年共造船舰40艘。

（2）经费。

江南制造局，包括其前身上海铁厂，其初期经费来源大致分成两个部分，枪炮生产的经费划拨自淮军军饷，轮船制造的经费来自江海关的洋税。江海关二成洋税成为江南制造局稳定充足的财政来源，这种情况一直延续

---

① 沈葆桢：《沈文肃公政书》卷4《第一号轮船下水并续办各情形折》、《轮船监使入津静候派验折》（光绪六年），《近代中国史料丛刊》，台北文海出版社1976年版，第35-40页。

② 《筹办夷务始末》（同治朝）卷85，故宫博物院1930年版，第38-39页。

③ 林庆元：《福建船政局史稿》（增订本），福建人民出版社1999年版，第13页。

到光绪二十七年(1901 年)。[①]

江南制造局作为洋务企业得到了政府各方面的支持，即使按照数额最低的制造局内部账册来看，到了 19 世纪 80 年代后，其经费常可达 70 万两以上，到了 1900 年后更是多达 100 万两以上。这样的经费额远远超过了全国其他的军工企业。

至 1905 年，福建马尾船厂已“油尽灯枯”，终止造船，改铸铜元，以维持职工生计。至此，历时 39 年的福州船政局，耗资 1069 万两白银，皆付诸东流。

(3) 人才培养。

附设“船政学堂”，以适应海军建设的需求，这是福州船政局的一大特色。左宗棠早在奏请创办福州船政局时，就提到自办学堂的规划，继任的船政大臣沈葆桢也强调：“船政的根本在学堂。”1866 年至 1913 年，学堂共培养 629 人，其中，前学堂造船班 8 届，计 178 人；后学堂驾驶班 19 届，计 241 人；轮管班 14 届，计 210 人。从 1877 年至 1936 年，学堂挑选优秀毕业生 110 人，分四批赴欧美各国深造。这些留学生不仅学习轮船制造技术和驾驶技术，而且学习炼钢及制造枪炮、弹药、鱼雷等技术。他们学成回国后，成为船政重要的技术骨干，其中，后来较优秀的、造诣较高的，甚至名垂青史的有邓世昌、林永升、严复、詹天佑、刘步蟾、刘冠雄、萨镇冰等。在甲午黄海大战中，中国出战的 10 艘军舰的管带(即舰长)，有 7 人出身于后学堂。

李鸿章认为，“西洋制造之精，实源本于测算、格致之学，奇才迭出，月异日新。即如造船一事，近时轮机铁胁一变前模，船身愈坚，用煤愈省，而驶行愈速。中国仿造皆初时旧式，良由师资不广，见闻不多，官厂艺徒虽已放手自制，止能循规蹈矩，不能继长增高。即使访询新式，孜孜效法，数年而后，西人别出新奇，中国又成故步，所谓随人作计，终后人也。若不前赴西厂观摩考索，终难探制作之源。至如驾驶之法，近日华员亦能自行管驾，涉历风涛；惟测量天文、沙线，遇风保险等事，仍未得其深际。其驾驶铁甲兵船于大洋狂风巨浪中，布阵应敌，离合变化之奇，华员皆未经见。自非目接身亲，断难窥其秘钥”[②]。左宗棠亦论道：“今幸闽厂工匠自能制造，学生日能精进，兹事可望有成。再议遣人赴泰西游历各处，借资学习，互相考

---

① 任智勇：《江南制造局早期经费来源考(1865—1904)——以二成洋税为中心》，《中国经济史研究》2016 年第 6 期。

② 中国近代史资料汇编《海防档》乙，《福州船厂》，台湾艺文印书馆 1957 年版，第 487 页。

证，精益求精，不致废弃。则彼之聪明有尽，我之神智日开，以防外侮，以利民用，绰有余裕矣。”①

福州船政局创办初期，各工种生产工人多达 3000 余人，占当时全国产业工人总量的 1/4。附设于船政学堂内的中国第一所电报专业学校，于 1876 年 3 月开学，开办两届，至 1882 年共培育电讯专业人员 140 人。自 1877 年始，中国最早选送欧洲学习的留学生，先后派遣船政留学生四批 106 人，在欧洲各国学习造船、海军、机械制造等专业，还选读政治、法律等社会学科。1907 年，闽局的船厂虽然停办，但船厂中的技术人员、技术工人使机器制造的工艺继续传承下去。光绪二十四年(1898 年)，闽浙总督许应骙奏道：“福建工艺通西洋最早，盖缘船政设局历数十年，凡攻金攻木等工，虽洋匠董其成，实华人分其事，平日耳濡目染，谙汽学电学者颇不乏人。”②

李鸿章坚持江南制造局局务自主的原则，警惕洋人对局务的影响。正是因为对局务自主权的重视，也使得李鸿章认识到“制器之人”的培养是达到局务自主的重要一环。他说：“鸿章以为中国欲自强，则莫如学习外国利器；欲学习外国利器，则莫如觅制器之器，师其法而不必尽用其人。欲觅制器之器与制器之人，则或专设一科取士，士终身悬以富贵功名之鹄，则业可成，艺可精，而才亦可集。”③解决人才问题的第一步，李鸿章早在担任江苏巡抚之时就按照幕僚冯桂芬的建议，在上海设立同文馆(广方言馆)，不仅培养“精熟西文”的翻译之人，而且学习西方自然科学和制造技术。李鸿章认为：“彼西人所擅长者，推算之学，格物之理，制器尚象之法，无不专精务实，泐有成书，经译者十才一二，必能尽阅其未译之书，方可探。”④同治八年(1869 年)，上海广方言馆并入江南制造局，招收 15～20 岁的学生入学，学习汉文、英文、法文、算学、舆地等课程，4 年毕业。

同治六年(1867 年)，李鸿章会同曾国藩、丁日昌在江南制造局附设翻译馆，聘请英国人傅兰雅、伟烈亚力，美国人金楷理、林乐知、玛高温等从事翻译，由局员徐寿、华蘅芳、徐建寅等协同。截至光绪元年(1875 年)，翻译馆已译出“算学、化学、汽机、火药、炮法”及“行船、防海、练军、采煤、开矿”之类西书 40 余种，刊印 24 种。

江南制造局在这一时期设翻译馆，译刊西方科技书籍和开始从事外语

① 郑剑顺：《福建船政局史事纪要编年》，厦门大学出版社 1993 年版，第 55 页。

② 刘锦藻撰：《清朝续文献通考》卷 378《实业一》，浙江古籍出版社 2000 年版，第 11240 页。

③ 《筹办夷务始末》(同治朝)卷 25，中华书局 2008 年版，第 10 页。

④ 《李鸿章全集》，海南出版社 1997 年版，第 110 页。

及理科教育,应当说都同李鸿章培养中国科技人才的主张有关。

(4) 江南制造局业务广泛。

江南制造局是洋务运动中最先进、最完备的资本主义近代化工业之一,“不但创办早,而且规模大,在中国近代史上具有很高的历史地位、重要的意义和重大的作用”①。

该局制造了大量的机器。计有车床 138 台,制造母机型机器 117 台,起重机 84 台,汽炉机 32 台,汽炉 15 座,抽水机 77 台,轧钢机 5 台,其他机器 135 台,机器零件及工具 110 余万件。② 这些机器既有自用者,亦有卖给或调给其他机器局和民用工业厂家者。“在中国机器制造完全是一张白纸情况下,应该承认它对于技术发展是起到相当作用的。”③

制造局起初造的是旧式前膛枪,后膛枪兴起后,即于 1871 年开始试造。1893 年又开始试造德国的新毛瑟枪和奥匈帝国的曼利夏枪。④ 该局从 1867 年至 1894 年,所生产的主要军火数如下:各种枪支 51285 支;各种炮 585 尊;各种水雷 563 具;铜引 4411023 支;炮弹 1201894 个。军火供应的范围遍及全国各单位。⑤

制造局亦从事造船工作。自第一艘兵轮“惠吉”(初名“恬吉”)下水后,又陆续制造了“操江”、“测海”、“威靖”、“海安”、“驭远”等 8 艘兵轮。此外,还制造了 7 艘小型船只,其中 5 艘是双暗轮小铁壳船。⑥

制造局在制造枪炮过程中,出于自给自足的考虑,建立了第一个“洋式炼钢炉”。制造局于 1890 年开始筹建炼钢厂,在向英国购买 15 吨的炼钢炉后,即于 1891 年炼出第一炉钢。初期所产钢材为数不多,“大部分留局自用,小部分供应其他军事工厂。后来产量增加,自用有余,便以一部分供应上海市场”⑦。

4. 未竟的现代化探索

江南制造局和福州船政局都是在洋务运动中产生的,结局略有不同,但都为中国的现代化船政事业留下了丰厚的遗产。

从福州船政局历届“总办”的人员变动,也可以看出该局的每况愈下。

---

① 夏东元:《洋务运动与江南制造局》,《上海造船》2005 年第 2 期。

② 夏东元:《洋务运动史》,华东师范大学出版社 1992 年版,第 81 页。

③ 夏东元:《洋务运动史》,华东师范大学出版社 1992 年版,第 81 页。

④ 夏东元:《洋务运动史》,华东师范大学出版社 1992 年版,第 83-84 页。

⑤ 姜铎:《论江南制造局》,《中国社会经济史研究》1983 年第 4 期。

⑥ 姜铎:《论江南制造局》,《中国社会经济史研究》1983 年第 4 期。

⑦ 姜铎:《论江南制造局》,《中国社会经济史研究》1983 年第 4 期。

1874年，沈葆桢上调总理各国事务衙门，协助李鸿章筹建北洋水师，后又出任两江总督。1875年，调丁日昌到福州船政局接替总办。以后该局的继任者都是巡抚以下无所作为的官员。而江南制造局作为晚清时期最大的兵工厂，对李鸿章集团最直接的支持是为其淮军和北洋海军提供武器供给。因此，该集团对其着力经营，发展壮大也是必然。

福州船政局资金来源于闽海关的固定拨款，没有从利润转化为资本积累，当然无法进行扩大再生产，这就决定了船政局的船厂性质是官营的非营利性军事工业。近代机器大生产需要不断扩大生产规模以获得规模效益，该局没有在对外开放中借鉴西方的经验，及时变革过时的经营理念和经营方式，因此也就无法进行近代工业的扩大再生产，从根本上导致了船政局的衰败。

江南制造局的创办在中国近代化过程中确实起到了带头作用。它不仅直接带动了一大批近代军事工厂在中国的兴起，而且在科技传播、人才培养上居于领先地位，它促使机器生产和先进的科学技术在中国社会更广泛的领域里得以运用，并为传播西学和培养中国的科技人才作了最初的努力。①

尽管这个时期两局所属船厂的造船技术已有了相当水平，但是1884年的马尾海战的失利还是让清政府走上了几乎全靠外购军舰组建海军的急功近利之路。这其中固然有外来势力压迫日甚，清政府只得靠此迅速建成海军的因素，恩格斯在1877年回顾欧洲舰船发展历史时指出："现代的军舰不仅是现代大工业的产物，而且同时还是现代大工业的缩影。"近代机器大工业是一个联系紧密的系统，无论是材料加工技术，还是能源动力开发以及制造运输等，都是互相依存、互相制约的关系。日本的造船技术是在建造军舰的过程中累积起来的，在第二次世界大战结束后可以迅速转为民用，并在1955年就超越英国成为世界第一造船大国。购买军舰而不强化造船技术的发展，这样的现代化显然无法取得让人满意的效果。

有学者指出，在19世纪后半期直到第一次世界大战，世界海军技术发展迅速，任何一艘军舰都很难保持超过5年的领先期。因此，要跟上这样快速前进的步伐，仅靠政府财政投到外购中是根本不可能的。如果自身建立强大的造船工业，则其他工业门类可在其带动下获得发展，增强国家实力，反过来就可以再造更多、更先进的军舰。

① 张静：《李鸿章集团与江南制造局》，《河北民族师范学院学报》2016年第1期。

从另一个层面来看，兴办现代化的船政无疑对当地经济发展具有举足轻重的作用，上述两局可谓是当地的龙头企业，显然能够促进一系列先进生产力的生成。脱胎于江南制造局的江南造船厂后来成为中国造船业的重镇，而马尾船厂的衰败及无力再办，对于两地经济的发展带动以及工业化积累显然具有不一样的作用。

（二）民国铁路现代转型管窥

1. 技术扩散与铁路的世界化

经济学理论表明，几次工业革命的兴起均有赖于相关行业的崛起与引领带动，从而推动社会经济的快速发展。而相关行业的突破性发展与技术创新、技术扩散高度相关，同时，掌握技术要素的人力资本与技术扩散互动效果明显。国内外许多经济学家对这些问题多有涉及。

（1）科技创新是技术进步的主要特点。

翻阅世界经济发展史，可以发现，工业革命的历史无一不是技术进步和扩散的发展过程，蒸汽时代、电力时代、信息电子时代以及生物科技时代的四次工业革命最主要的特征就是以技术创新和发展得以显现的。熊彼特创新理念很好地诠释了技术进步的真谛。1912 年，他在《经济发展概论》中，首次提出了“创新”的概念，认为创新是指把新的生产要素和生产条件引入生产体系，内容包括产品创新、技术创新、市场创新、资源配置创新和组织制度创新。当然，随着经济学的发展，创新的含义包罗甚广，其与技术的相关性及关联度大小并不是主要判断指标。把“技术创新”提高到“创新”的主导地位是美国经济学家罗斯托提出的。而弗里曼认为，技术创新在经济学上的意义是向商业化转变，这种转变包括新产品、新过程、新系统和新装备等技术形式。阿罗是从内生技术角度解释技术创新对经济增长的推动作用的。以罗默、卢卡斯为代表的经济学家提出了内生增长理论，到了 20 世纪 90 年代，运用内生增长理论开始探讨技术创新促进经济增长的问题，包含从产品多样化模型和产品质量升级模型两个方面。

联合国经合组织以及美国都将创新对经济发展的价值提高到举足轻重的地位，中国也不例外，2006 年出台的《国家中长期科学和技术发展规划纲要（2006—2020 年）》对创新价值从范围、过程、实现形式等方面也有深刻认识，认为创新包括原始创新、集成创新和引进消化吸收再创新。清华大学的傅家骥教授认为：“技术创新是企业家抓住市场的潜在盈利机会，以获取商业利益为目标，重新组织生产条件和要素，建立起效能更强、效率更高和费用更低的生产经营系统，从而推出新的产品、新的生产（工艺）方法、开辟新的市场、获得新的原材料或半成品供给来源或建立企业的新的组织。”①

从国内外有关经济学家的论述中，可以看出，技术进步的主要特征就是技术创新，而这种进步必然会在市场中得以体现，必然会或早或晚、或多或少地取得巨大的市场商业价值。

(2) 人力资本与技术进步密切相连。

经济学中对人力资本的重要作用高度关注，将人力资本、金融资本及技术相提并论，物质资本在经济发展之初作用明显，在经济发展的较高层次，起决定作用的就是人力资本积累带来的技术进步，从而影响生产力的发展。

美国经济学家舒尔茨把资本区分为人力资本和物质资本，将人力资本看作是资本的一种类型，是一种生产出来的生产资料，是投资的产物。② 尼尔森和菲利普斯的研究表明，人力资本存量决定了新技术的使用和扩散水平。中国学者刘智勇、胡永远、易先忠认为，人力资本作为直接生产要素促进经济增长，同时又通过技术创新这一中介，间接地对经济增长产生作用。③

(3) 铁路行业的发展与技术扩散。

铁路的出现以及快速扩散成为经济增长的发动机，大约在 1870 年之前，英国开启了铁路时代，并成为世界铁路活动的心脏和中心。19 世纪 50 年代，英国的铁路里程就超过了 1.1 万公里。

铁路技术的扩散对英国的影响比其殖民地更大。印度开始修筑铁路时，在最初的二三十年里，所投入设备的每一种产品，几乎都是从英国运过来的。到 1863 年年底，也就是印度进入铁路时代仅仅 10 年的时间，就已经有 300 万吨的铁路材料通过 3751 艘船发往印度。在 19 世纪 60 年代铁路建设高峰时期，在印度各条铁路上工作的英国工程师有 500 多名。④ 欧洲大多数国家的第一条铁路，都使用或抄袭了英国的技术，很多国家的火

① 傅家骥主编:《技术创新学》,清华大学出版社 1998 年版,第 13 页。

② 西奥多·W. 舒尔茨著,吴珠华等译:《论人力资本投资》,北京经济学院出版社 1990 年版,第 3 页。

③ 刘智勇、胡永远、易先忠:《异质型人力资本对经济增长的作用机制检验》,《数量经济技术经济研究》2008 年第 4 期。

④ 克里斯蒂安·沃尔玛尔著,刘媺译:《铁路改变世界》,上海人民出版社 2014 年版,第 42、40 页。

车司机也直接雇用了英国人。[①]

1840 年，世界铁路总里程只有 8000 公里，1860 年就突破了 10 万公里，到 1913 年世界铁路总里程达到 110.4 万公里，美国达到 40.2 万公里。[②] 19 世纪 80 年代，欧洲铁路主干线基本形成，法国、德国和英国铁路网差不多都是每 1000 个居民拥有 1 公里铁轨。[③] 在最高峰时的 1920 年，美国铁路的载客量是 12 亿人次，而在经济衰退见底的 1933 年，载客量跌落了近 2/3，仅有 4.35 亿人次，其中还包括往返上班者。在 1930 年，铁路承担了 75%的客运，到了 1970 年，这一数字减少到 7%。[④] 在战时设备、燃油、人员受到严格限制的情况下，1941—1944 年，城际火车旅行总乘客-公里数翻了两番，从 8%上升到 32%；城际汽车旅行翻了一番多，从 4%增长到 9%。铁路货运量在货运总吨/公里数中所占比例，从 1940 年的 61%增加至基数要大得多的 1943 年的 72%；乘坐公共交通出行的人次数，从 1940 年的 130 亿人次增长到 230 亿人次。[⑤]

在 19 世纪的最后 25 年，铁路进入亚洲，1872 年到日本，1883 年到中国，1885 年到马来西亚和越南，日本第一条从东京到横滨的铁路是由英国工程师勘察并组织施工的。[⑥] 1865 年，英国人史蒂芬森为清政府提出了庞大的铁路计划，包括 4 条干线：以汉口、上海、广州为中心，第一条是汉口—上海，第二条是汉口—成都—昆明—缅甸，第三条是汉口—广州，第四条是上海—北京。此外，还包括 3 条支线。[⑦] 1876 年的淞沪铁路在英国人、美国人参与下建成。

日本的铁路技术完全受制于外方。最初日本的机车也是万国牌的，有英国、美国与德国的。1893 年，日本仿照英国 Nasmyth Wilson 公司制造的 L 型蒸汽机车主要零部件自英国进口。[⑧] 到 1914 年，印度的铁路已形成颇

---

① 高铁见闻：《高铁风云录》，湖南文艺出版社 2015 年版，第 40 页。

② 高铁见闻：《高铁风云录》，湖南文艺出版社 2015 年版，第 34 页。

③ 克里斯蒂安·沃尔玛尔著，刘媺译：《铁路改变世界》，上海人民出版社 2014 年版，第 87 页。

④ 克里斯蒂安·沃尔玛尔著，刘媺译：《铁路改变世界》，上海人民出版社 2014 年版，第 210、226 页。

⑤ 理查德·吉尔伯特、安东尼·珀尔著，赵乐静、赵无忌译：《运输革命——超越石油的高铁之路》，上海世纪出版集团 2015 年版，第 37 页。

⑥ 克里斯蒂安·沃尔玛尔著，刘媺译：《铁路改变世界》，上海人民出版社 2014 年版，第 155 页。按：该书中，1883 年铁路进入中国时间不够准确。

⑦ 龚云：《铁路史话》，社会科学文献出版社 2011 年版，第 14 页。

⑧ 高铁见闻：《高铁风云录》，湖南文艺出版社 2015 年版，第 92 页。

为完整的运输系统，长达 35000 英里（约 56327 公里），为当时世界的第三大铁路系统。印度的铁路不仅远远多于当时的各殖民地、半殖民地，而且其人均拥有铁路甚至超过日本。到 1913 年，中国共建成铁路 6158 英里（约 9910.3 公里），但仅为当时印度通车铁路 33850 英里（约 54476.3 公里）的 18.2%。

2. 民国铁路的现代化之路

（1）总体情况。

清末修筑了 9618.10 公里铁路，北洋政府时期（1912—1927）修筑 3422.38 公里，平均每年约 214 公里。1928 年至 1937 年，国民政府修筑了 7995.66 公里，平均每年约 800 公里；1932 年至 1937 年，每年高达1132.88 公里，不过，其中国民政府修建的只有 2679 公里，其余主要是日本侵略者为配合它的侵略和掠夺计划而修建的。① 美国 1850—1910 年共修筑铁路 37 万余公里，1916 年，美国铁路营业里程达到历史上的最高峰，共 408745 公里。而英国 1890 年全国性铁路网已形成，路网总长达 32000 公里。

1894 年，中国自主修建的铁路占总铁路的 21%，以后便在 6.9%至 15.7%之间波动。直到抗日战争胜利后，接收了大批日本和德国侵略者经营的铁路，中国自主的铁路才上升至 65.6%。② 近代中国的铁路行业是一个暴利行业。1917—1935 年的统计资料显示，在这 18 年间，利润率30%～47%的有 6 年，51%～74%的达 8 年，而有 4 年竟高达 96%～105%。③

（2）规划与立法。

1903 年，清政府颁布了《铁路简明章程》，从法律上确立了路权开放，铁路民营。自 1908 年之后，民营铁路在资金、人才方面的问题日益显现，加之贪污腐败严重，促使清政府改变了最初的铁路政策。孙中山认为，交通作为国家的大政应施行中央集权主义，既可以“图国家富强”，也可“防资本家垄断之流弊”，“不使一私人独享其利”。④

民国铁路规划始自孙中山，在退职大总统后，孙中山致力于中国铁道事业的发展，在上海“中华民国铁道协会”举办的欢迎会上，孙中山先生强调“今日之世界，非铁道无以立国”。在接待记者访谈时，他宣布“现拟专办

① 严中平等编：《中国近代经济史统计资料选辑》，中国社会科学出版社 2012 年版，第 124 页。

② 宓汝成编：《中国近代铁路史资料》（第一册），中华书局 1984 年版，第 171 页。

③ 严中平等编：《中国近代经济史统计资料选辑》，中国社会科学出版社 2012 年版，第 136 页。

④ 《孙中山全集》第 2 卷，中华书局 1982 年版，第 321-323 页。

铁路事业，欲以十年期其大成”。后来，他又受临时政府委托担任全国铁路督办，组建中国铁路总公司，全权筹办全国铁路。

孙中山先生说：“国家之贫富，可以铁道之多寡定之。”苟无铁道，转运无术，而工商皆废，复何以实业之可图？老牌的资本主义国家英国和其他欧洲国家之所以强盛，铁路功不可没。新兴的资本主义国家——美国修建横贯大陆的铁路热潮迭起，总长达40余万公里，“照美国发达资本的门径，第一是铁路”。铁路可以促进国家经济快速发展，是国家经济发展的先行保障。“路线敷设以后，则物产之价值势必增长数倍。”“至地下蕴藏之采掘，金属物产之开发，其利益之丰厚，乃显而易见。”铁路“使中国全境四通八达，此诚发展中国财源第一要策。”国家财税收入增加，经济实力增强，必然走向兴盛，反之亦然。

铁路发展规划反映了孙中山先生“铁道立国”的坚定信念和理想。总的目标是在尽可能短的时期内，建成“全国四通八达、流行无滞”的铁路网。路网规模“至少10万英里（约160934公里）”，建成“六大铁路系统”，即中央铁路系统、东南铁路系统、东北铁路系统、西南铁路系统、西北铁路系统和高原铁路系统。孙中山先生强调，铁路合理选线要坚持以下四项原则：一是“必选最有利之途以吸外资”，借助国际力量共同开发；二是“必应国民之所最需要”，急需先修；三是“必期抵抗之至少”，先在社会条件好的地方修路；四是“必择地位之适宜”，有利于通道建设和连接成网。修建西北铁路系统“可以将中国东南部过密之人民逐渐迁移”，像美国、俄国那样开发我国西北地区。西北铁路系统“实居支配世界的重要位置”，“盖将为欧亚铁路系统之主干，而中、欧两陆人口之中心，因以联结”。孙科任铁道部部长时提出6年内修13583公里铁路的计划。这也是沿着孙中山的铁道计划进行规划的。

孙中山认为：“现今世界日趋于大同，断非闭关自守所能自立。”他明确提出了开放办路的方针，“欢迎列国之雄厚资本，博大规模，宿学人才，精练技术，为我筹划，为我组织，为我经营，为我训练”。

1928年铁道部成立后，一直注重对铁路基本法律的拟定，首任部长孙科在部内遴选精通法律、路律之专家，经过4年时间的讨论与研究，最终于1932年7月将《铁道法》提交立法院并获得通过，[1]成为中国历史上第一部铁路根本法。以财权为例，各铁路在经营上是独立的，在财务核算上也是

① 朱子爽：《中国国民党交通政策》，重庆国民图书出版社1943年版，第83页。

独立的，按《铁道法》规定，各路财政收入除扩充与发展铁路所需之外，应尽力偿还借款。事实上，自1932年起，各路收入年有盈余，但铁路债务却年有增加，1932年，各路欠外款为77422179元，到1934年增加至955510556元。[①]

（3）参与国际联运。

1913年6月，交通部派代表参加莫斯科国际铁路联运会议，议决"中国北部铁路加入西伯利亚万国通车之列"[②]。1913年10月，在天津京奉铁路管理局召开第一次国内联运会议。尽管中国国内铁路联运制度正式创立于1913年10月召开的第一次国内联运会议（五路联运会议），但此前实施的国际铁路联运制度和国内某些铁路之间的联运办法，已为其提供了可资借鉴的经验。铁路建设需要大量的资金投入，而晚清政府无法提供足够的资金，于是借款筑路便成必然之举。通过借款这一途径，各债权国逐渐控制了诸铁路的管理权和用人权，并将该国的铁路行车制度、运价制度、货物分等制度、会计制度等移植到中国，最终形成了"平汉从法制，北宁从英制，正太从比制，胶济始从德制、后从日制"的铁路运营制度。[③] 对于近代中国而言，铁路是一项先进技术，而联运制度则是应中国早期铁路运营的现实环境而产生的一项特殊制度。

（4）制定统一准则。

1917年，交通部成立了铁路技术标准委员会，专门负责制定和统一铁路建筑和设备标准，由交通部技监詹天佑担任会长，另一技监沈琪为副会长，下设工程、机械、运输、总务4股，调派各路工务、机务、运输等方面的专家以及建筑工程师为专任委员，又聘请英、法、美工程顾问各1人。[④] 该委员会采用万国度量衡制为设计标准，并先编译一本《华德英法铁路词典》，作为技术名词的标准。1922年，交通部明令公布由铁路技术标准委员会所制定的一系列规范，规定凡新线建设、新购货车和材料等，都须按此标准办理。1929年9月，铁道部专门设立铁道技术标准审订委员会，负责制定铁道技术各项标准及改良铁道有关的各项技术事务。经过铁道技术标准审订委员会修订，1936年6月，各种技术标准及规范书先后颁布。

---

① 秦孝仪主编：《革命文献·抗战前国家建设史料·交通建设》第78辑，台北中央文物供应社1978年版，第24页。

② 铁道部铁道年鉴编纂委员会：《铁道年鉴》第1卷，1933年版，第357页。

③ 张倜臣：《我国行车制度之研究》，《交通杂志》第3卷第2期，1934年12月。

④ 曾鲲化：《中国铁路史》，载沈云龙主编：《近代中国史料丛刊》第98辑，台北文海出版社1978年版，第252页。

1928年11月27日，孙科在国民党中央政治会议上提出《铁道行政施政方针提案》，提案强调铁路“管理统一”与“会计独立”事关铁路的生死存亡，同样也是关系国计民生的关键。孙科认为，事权统一可以“积弊肃清，营业有获利之能力”，“路款不受挪移，资产有稳定之地位，而此获利能力又必能继续不断，此稳定地位又必能确立不变”。①

有学者认为，“国有铁路实行联运制度，有利于密切各地区间的联系，提高铁路的营运能力和车辆的使用周转率，方便旅客与货主”；“国有铁路会计统计制度的统一和会计统计年报的编印，对于加强和改善铁路管理、促进铁路运营业务的开展有重要作用”。② 凌鸿勋认为，这一时期制定的中华国有铁路各种标准使原来万国博览会似的铁路“分年逐渐改善，使归于一律”③。《中国铁路史》也认为，从1916年8月颁布的《国有铁路编制通则》开始，交通部所做的大量统一编制和标准的工作，使各路局的各项制度逐步走向一致化、正规化。④

3. 培育现代化的铁路人才

1922年，时任交通部部长的叶恭绰在《铁路职工教育旬刊》发刊词中说道：“吾国路工，未受教育，故工作效能很低而损失亦大。此就国家生产力计，职工教育，实不容缓。”⑤随后，交通部成立了由路政司长郑洪年为主任的铁路职工教育筹备处，并制定了《铁路职工教育会大纲》，计划以开办“铁路职工学校”、组织“铁路职工讲演团”、建立“铁路职工图书馆”和刊发《铁路职工日报》的方式进行文化教育，并要求“分别职工年龄之高下强迫入学”。⑥

根据1930年国有铁路员工文化素质状况调查情况（见表0-1），1931年10月17日，《铁道部实施职工教育计划纲要》（以下简称《纲要》）正式颁布。18日，铁道部又出台了《铁路职工识字教育强迫施行办法》。在铁道部督促下，一些路局也积极响应，根据自身的实际情况，制订具体的推行办法。京沪沪杭甬路局于1935年年初制定了《京沪沪杭甬铁路推行职工识字教育

① 孙科：《铁道行政施政方针提案》，《国民政府公报》第30号，训令，1928年11月27日，第1-4页。

② 杨勇刚：《中国近代铁路史》，上海书店出版社1997年版，第99-100页。

③ 凌鸿勋：《中国铁路志》，台北文海出版社1974年版，第42页。

④ 李占才主编：《中国铁路史（1876—1949）》，汕头大学出版社1994年版，第192-193页。

⑤ 《总长叶恭绰发刊词》，《铁路职工教育旬刊》第1卷第1期，1922年3月5日，第5页。

⑥ 交通、铁道部交通史编纂委员会：《交通史总务编》第3册，中华书局1936年版，第388页。

暂行办法草案》[1],湘鄂路局于1936年制定了《湘鄂铁路推行职工识字教育暂行办法草案》[2],北宁、道清等路局也都制定了职工识字教育办法。[3] 此外,铁道部于1932年5月6日、1933年5月1日分别颁布了《铁道部职工教育委员会组织大纲》和《铁道部直辖各铁路职工教育委员会组织规程》,以建立直接推行及处理职工识字教育工作的组织机构;还出台了《铁道部职工教育委员会管理职工识字学校规程》(1932年7月11日施行)、《铁路职工教育实施人员任用规则》(1932年7月4日施行)、《铁路职工教育实施人员服务通则》(1932年6月11日施行)等文件,细化了《纲要》中有关职工识字学校的相关条款。

表0-1 1930年国有铁路员工文化素质状况

项目	文盲	半文盲	高小	初中	高于初中
人数	47740	46951	2061	437	1371
占比/(%)	48.44	47.64	2.09	0.44	1.39

资料来源:《中国铁路教育志稿》,西南交通大学出版社2013年版,第48页。

据1932年铁道部劳工科调查,在13个路局中,除胶济与广韶两路的职工不识字与略识字率低于60%外,其余11个路局均超过60%,其中津浦和陇海两路最高,分别达84.21%和80.87%。[4]

据铁道部劳工科调查,1935年我国铁路工人总数为84923人,其中,不识字者为26898人,略识字者为19453人,不识字与略识字者占职工总数的54.58%,比1932年的68.62%降低了14.04%。[5] 铁路职工识字教育能够启动并走上正轨,就是一种成功。

大力培养铁路建设的高级人才。1927年,国民政府定鼎南京后,将上海、唐山、北京三校分别改称交通部第一、第二、第三交通大学,后于1928年重组合一。1928年11月,国民政府铁道部成立后,全校移归铁道部管理,并发展成为当时中国最具规模和水准的铁路人才培育中心。至1931

---

① 《京沪沪杭甬铁路推行职工识字教育暂行办法草案》,《京沪沪杭甬铁路车务周报》第55期,1935年8月19日,第540页。

② 《湘鄂铁路推行职工识字教育暂行办法草案》,《铁路旬刊:粤汉湘鄂线》第122期,1936年1月20日,第27-28页。

③ 《职工识字教育办法之商订》,中央统计处编:《政治成绩统计》1935年10月,第107页。

④ 赵启凤:《最近设施的我国铁路职工教育》,《教育与民众》第5卷第3、4期合刊,1933年12月28日,第573页。

⑤ 赵启凤:《最近设施的我国铁路职工教育》,《教育与民众》第5卷第3、4期合刊,1933年12月28日,第573页。

年，全校共设7个学院，其中位于本部（上海）的有管理、科学、电机工程、机械工程、土木工程5个学院，另有唐山土木工程学院及北平铁道管理学院。1921年至1930年，交通大学历届毕业生累计达1600多人，均分配至各路或交通机关实习或任用，尤以工务及车务部门居多，各路学生约占本路职工总数的比例为3%～4.5%。铁道部刚接管交通大学时，上海4个学院本科生和预科生共计540人，唐山土木工程学院本科与预科生合计有237人，北平铁道管理学院有本科生223人；上海4个学院有教职员共147人，唐山木土工程学院有教职员36人，北平铁道管理学院有教职员61人，[①]至1930年，毕业生人数达3402人（不包括东北交大），1933年度交通大学三处七院毕业生共272人，1934年度毕业生228人。1934年度上学期在校学生1079人，下学期在校学生1037人，[②]至1936年交通大学全部教职员人数，上海270人，唐山土木工程学院53人，北平66人，共计389人，该校各院的在校学生数，上海696人，北平169人，唐山181人，共计在校生为1046人，1930—1935年毕业生共有1398人。[③]

1912—1949年三所高等学校（本、专科）毕业生情况见表0-2。

表0-2　1912—1949年三所高等学校（本、专科）毕业生情况

地区	总人数	备注
唐山	1689	四年制
上海	2093	三年制统计到1937年
北平	1530	另有半年、一年、一年半及两年制毕业生728人

资料来源：《中国铁路教育志稿》，西南交通大学出版社2013年版，第36页。

这些高等人才总数虽然有限，却成为民国时期铁路发展的中坚力量。

民国初年，赴法留学的热潮涌起，京汉、陇海、正太、汴洛铁路等均因与法国、比利时有借贷关系，故赴两国学习铁路者相对较多。另外，由于我国与日本距离较近，赴该国攻读铁路专业的留学生亦不少，回国以后多在吉长、四郑、南浔等与日资有关的铁路供职。

① 《铁道部交通教育之现状》，《铁道公报》第7期，第172-173页。

② 铁道部秘书厅编：《铁道年鉴》第3卷，商务印书馆1936年版，第997页。

③ 张一清：《铁道部所派遣之留学生与直辖交通大学扶轮学校概况及其改进方略》，《铁路杂志》第1卷第11期，第109页。

4. 民国铁路艰难转型

民国承继晚清遗产，在铁路发展事业方面艰难前行，并缓慢向现代化转型。当然，这种转型是痛苦而渐进的，直到新中国成立前夕，中国铁路的自主权才达到60%。不过，可以看到，在引进技术、人才培养、多渠道融资等方面，民国铁路依然为我们留下了丰厚的遗产。

第一，培养了大量的铁路人才，见表0-3。

表0-3　1929—1936年铁路员工情况统计表　　单位：人

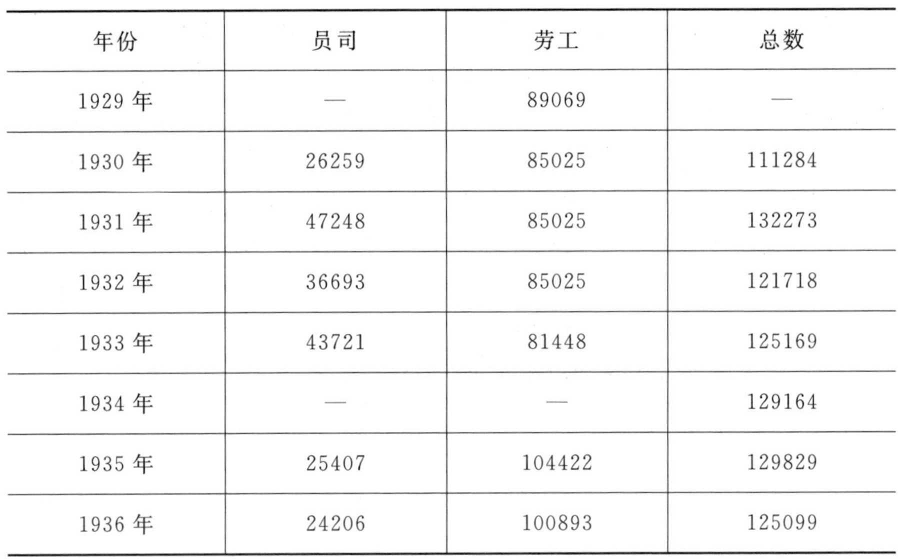

年份	员司	劳工	总数
1929年	—	89069	—
1930年	26259	85025	111284
1931年	47248	85025	132273
1932年	36693	85025	121718
1933年	43721	81448	125169
1934年	—	—	129164
1935年	25407	104422	129829
1936年	24206	100893	125099

资料来源：铁道部总务司统计科编《民国二十一年中华国有铁路统计总报告》，编者自印，第102页；《平绥铁路管理局公报》1930年第65期，各项图表，第1页；国民政府主计处统计局编《中华民国统计简编》，中央训练团1941年印行，第58页；国民政府主计处统计局编《中华民国统计摘要》，商务印书馆1936年版，第1080页；《平绥铁路管理局公报》1930年第66期，各项图表，第1页。

以铁道部本部为例，1929年人员数仅438人，而到1935年增至809人，增幅达85%；铁道部直辖路局员工数1929年为89069人，1933年由于北宁一段被占，工人人数减至81448人，而到1935年又增至104422人，增幅达28%。

第二，与世界主要国家相比，中国铁路建设虽然缓慢，但仍在发展（见表0-4），享受了铁路技术扩散的红利，并为下一步铁路技术发展奠定了基础。

表 0-4　1932 年世界主要国家铁路概况

国别	线路/公里	面积/平方公里	人口/万人	每百平方公里线路/公里	每万人支配线路/公里
中国	13561	9939000	47430	0.1	0.3
美国	416600	9383000	12444	4.4	33.5
英国	34416	241761	4604.7	14.2	7.5
德国	58616	470682	6606.6	12.5	8.9
法国	63650	550986	4183.5	11.6	15.2
日本	29137	678340	91730	4.3	3.2
印度	66758	5100000	35400	1.3	1.9
越南	2384	509100	1945	0.5	1.2
世界平均	—	—	—	1	6.4

资料来源:萧仁源著《铁道世界》,北平新新印刷局 1935 年版,第 1203-1210 页。

根据以上统计可知,当时世界每百平方公里有铁路 1 公里,每万人拥有铁路 6.4 公里,而中国分别只有 0.1 公里和 0.3 公里,两者相差数十倍,即使与邻国越南的 0.5 公里和 1.2 公里相比,也有很大差距,可见我国铁路发展相当滞后。

总体来看,由于受国内外环境的影响,民国时期铁路还在缓慢地进行铺设,到 1948 年,中国铁路长度达到 24945.52 公里,较 1932 年还是有一定的发展(见表 0-5)。

表 0-5　1912—1948 年间中国铁路铺设情况　　单位:公里

年份	全国里程	各时期增筑里程	平均每年兴建里程
1912—1927	13040.48	3422.38	213.89
1928—1931	14238.86①	1198.38	299.6
1932—1937	21036.14	6797.28	1132.88
1938—1948	24945.52	3909.38	355.39

资料来源:严中平等编《中国近代经济史统计资料选辑》,中国社会科学出版社 2012 年版,第 124 页。

表 0-6 是世界上主要国家修建第一条铁路的具体时间,最早的是英国在 1825 年,较近的是日本在 1872 年,而我国在 1876 年修建了第一条铁路。与世界铁路修筑潮差距不是很明显,从中可见中国的近代化进程与西方的关系。

① 此处全国里程比表 0-4 中的线路公里数略高,在于其统计口径的不同——笔者注。

表 0-6 部分国家修建第一条铁路的时间表

序号	国家	修建时间	序号	国家	修建时间
1	英国	1825 年	10	意大利	1839 年
2	美国	1830 年	11	瑞士	1844 年
3	法国	1832 年	12	西班牙	1848 年
4	比利时	1835 年	13	秘鲁	1851 年
5	德国	1835 年	14	印度	1852 年
6	加拿大	1836 年	15	澳大利亚	1854 年
7	俄国	1837 年	16	南非	1860 年
8	奥地利	1838 年	17	日本	1872 年
9	荷兰	1839 年	18	中国	1876 年

资料来源：根据相关资料整理所得。

第三，民国铁路的现代化转型代价很大，这也是后发展国家的必由之路，尤其是在资本主义扩张时期。

可以看到，民国铁路尽管有了发展，并实现了与世界接轨，但其发展的自主性受到外国势力的控制，严重影响到服务于国计民生的功效。这种状况在 1945 年后得到改善，自主经营铁路占比从 1937 年的 9.3%大幅跃升到 1948 年的 65.7%（见表 0-7）。

表 0-7 1911—1948 年帝国主义各国对中国铁路的控制情况 单位：公里

类别	1911 年		1927 年		1931 年		1937 年		1948 年	
	里程	占比	里程	占比	里程	占比	里程	占比	里程	占比
自主铁路	665.62	6.9%	1043.94	8.0%	2240.32	15.7%	1963.77	9.3%	16407.4	65.7%
国外控制下的直接经营	3759.70	39.1%	4330.25	33.2%	4330.25	30.4%	9797.14	46.6%	2185.2	8.8%
国外控制下的控制经营	5192.78	54%	7666.29	58.8%	7666.29	53.9%	9275.23	44.1%	6352.92	25.5%
总计	9618.10	100%	13040.48	100%	14236.86	100%	21036.14	100%	24945.52	100%

资料来源：严中平等编《中国近代经济史统计资料选辑》，中国社会科学出版社 2012 年版，第 127 页。

据严中平统计，在 1917—1935 年间，中国铁路的利润率分别在 45%～

105%的年份达15年，只有1930年、1932年、1933年利润率为42.46%、30.78%、36.19%。[①] 可以说是收入丰厚，这些利润的大部分都被帝国主义控制下的企业、公司所攫取。

第一任铁道部部长孙科就任后，为了完成孙中山的铁路计划，只能走借款修路的老路，在英美经济专家的帮助下，整理债务。从1934年起，整理各国发行的中国铁路长期债票，到1937年4月，整理完毕。结果是，在1935年铁路营业额15430万元中，偿还借债本息及指定某项收入偿付借债本息共达2500万元，约占营业收入的16%。[②] 在国民政府恢复"债信"后，各国又开始了对中国铁路的投资，但对铁路管理权的要求也加大了。在北洋时期，中国新筑铁路大都是借外债修建的，铁路外债使得这种新式交通在政权更换频仍的国内环境中有所发展。[③]

三、中国交通业从瓶颈到先导产业的地位转换

交通业的发展随着生产方式的改变走过了由低级向高级的演化过程。在早期原始的交通运输条件下，最初的区域经济总是最先出现在沿海或沿河等运输条件相对优越、运输成本相对较低的平原地区，交通运输发展的起点也就因此成为区域经济活动的起点；随着车马在陆路运输中的广泛应用，以及航海技术和远洋航运的兴起，经济活动逐渐在主要的道路节点和沿海港口集聚，并产生较大规模的工业中心城市；铁路出现之后，铁路的兴建带动了沿线的区域开发以及综合运输体系的形成，新兴的工商业城市在铁路沿线特别是枢纽地区迅速产生形成；公路运输的兴起以及综合运输体系的形成，导致经济活动沿交通干线点轴发展的模式更加明显。[④]

（一）世界交通业代际革命及影响

对于交通业的代际革命，学界有以下几种大同小异的划分。

（1）全球化视野下的三个时代。《世界是平的》的作者托马斯·弗里德曼认为，1492年哥伦布发现新大陆，开启的是全球化1.0时代，发展出泉州、鹿特丹等海港城市；18世纪英国开启了工业革命时代，到20世纪，是全球化的2.0时代，中间被两次世界大战打断，这一时代推动了铁路和公路

---

① 严中平等编：《中国近代经济史统计资料选辑》，中国社会科学出版社2012年版，第136页。

② 《铁道公报》第1401期，1936年3月2日，第12页。

③ 许毅：《北洋政府外债与封建复辟》，经济科学出版社2000年版，第31页。

④ 张国伍：《交通运输系统分析》，西南交通大学出版社1991年版，第97页。

交通枢纽的大型城市的崛起。进入21世纪，是全球化的3.0时代。3.0时代，就是以空港经济为主的时代。

(2) 根据生产方式的变化，运输业的发展大致经历了4个阶段。手工生产方式（作坊式、个体化）—福特生产方式（标准化、流水线、大规模生产）—丰田生产方式（准时化与精益生产）—温特生产方式（模块外包与大规模定制）。

(3) 运输业进入机械运输时期以来，一般又可以区分为以不同运输方式为主的4个不同发展时期。一是以水运为主的时期（18世纪中叶—19世纪初）；二是以铁路为主的时期（19世纪30年代—20世纪30年代初）；三是管道、公路、航空运输大发展时期（20世纪30年代—20世纪50年代）；四是建立综合运输体系时期（20世纪50年代以来）。这4个发展阶段只是世界运输发展的一般过程，并不是世界上每一个国家的运输业都要经历这样一个过程，不同的国家有各自的不同国情，但是每个国家可以借鉴别国的运输发展经验和吸取相关教训，建立起符合自己国情的综合运输体系，并且向现代物流体系发展。

(4) 18世纪，水路运输让一座座港口、码头城市成为世界主宰；火车的出现，使车站城市异军突起；汽车运输让公路城市获得快速发展，并实现城市多点开发；航空运输适应了国际贸易距离长、空间范围广、时效要求高等要求，空港似乎代表着城市发展的未来。空运成为继海运、运河、铁路、公路运输之后，对世界经济的"第五次冲击波"。

交通业革命带动了全球经济重心的位移。

15世纪末，新大陆的发现和东方航线的开通，揭开了海洋时代的序幕。16世纪，葡萄牙、西班牙、荷兰等西方殖民者已经西越印度洋，延及大西洋，通往太平洋彼岸的美洲新大陆，初步形成世界性的海洋贸易圈。19世纪三四十年代，英国完成工业革命，伴随着国际货物贸易的迅猛增长，英国航运业走向繁荣，促成了伦敦国际航运中心地位的确立。20世纪初期，世界经济向大西洋区域发展，带动了美国东海岸的纽约港和欧洲一些门户港（鹿特丹、汉堡、奥斯陆、比雷埃夫斯）的崛起，大西洋独占全球海运量的3/4，直到20世纪80年代；从20世纪后期开始，世界经济重心向亚洲转移，使得香港、新加坡、上海等一些港口成为新的国际航运中心。

以铁路轮船为标志的新式交通运输业，是现代经济发展的基本前提条件和重要组成部分；是一个国家现代工业大规模发展的先驱和基础设施，能够引导和推动现代化经济的发展。从历史上看，铁路轮船的发明和传播直接促进了现代煤矿、钢铁和机械等资本主义最主要工业部门的发展，推动了市场扩大、贸易增加、人口迁移和新兴城市的兴起。19世纪末，美、英、德等国成为以重工业为主导的工业国。

美、英、德、法等国铁路发展的最快时期大致在19世纪中后期到20世纪初，为以后的经济发展和工业现代化提供了坚实的基础（见表0-8）。而中国的铁路投资呈现缓慢增长的特点，落后于国民经济发展水平。

表0-8　铁路网规模与经济发展

国别	达到人均1000美元年度	铁路营业里程/公里	复线率/(%)	电化率/(%)	人均1000美元时的路网密度		路网规模最高峰年度	路网规模最高峰里程/公里
					按国土面积计算/(公里/百平方公里)	按人口计算/(公里/万人)		
美国	1950年	364189	13.03	1.14	4.72	24	1916年	408745
英国	1955年	30782	64.1	5.1	12.57	6.04	1890年	32000
德国	1957年	30976	41.34	7.59	12.5	6.02	1913年	61150
法国	1952年	41200	43.48	10.3	7.5	9.73	1938年	64000
中国	2002年	71898	33.3	25.2	0.75	0.56	2008年	80000

资料来源：国外铁路数据来源于铁道部科学技术情报研究所《国外铁路》(1991年10月)，德国为原联邦德国，各国相关数据没有涵盖该国所有铁路；中国数据来源于《铁路主要指标手册》(2002年)，2008年为最新数据。

从19世纪70年代至20世纪初，世界的交通运输业也取得了显著的发展。全球船舶的总吨位由1870年的1680万吨上升到1900年的2620万吨。到1910年则达到3460万吨，比1870年增加了约1.1倍。其中，汽船的比例由16%增长到75.7%。海上运输工具基本上实现了机械化。轮船在航运中逐渐取得了优势地位，运费从1870年至1913年下降了一半，这就极大地便利了国际间的经济交流。在这一时期，铁路运输业的发展更为迅速。全世界铁路总长度由1870年的21万公里增加到1913年的110.2万公里，在不到45年的时间里增加了4.2倍。环世界的铁路网初步形成，它将大多数国家纳入了世界市场，对世界经济的发展起了非常重要的作用。工业和交通运输业的发展及世界市场的扩大，使这一时期的世界贸易获得了巨大的发展。

从19世纪末到20世纪70年代，世界贸易中心经历了两次大的转移——从地中海到大西洋，从大西洋到太平洋，并由此形成了西北欧、北美和东亚地区三大贸易中心。与此同时，国际航运中心形成了由“西欧板块”向“北美板块”再向“东亚板块”的递进，同时出现此强彼弱的局面。

（二）中国交通业的长足进展

中国交通业的发展在新中国成立后，尤其是改革开放以来取得了长足进展，铁路、公路等运输方式逐渐走到了世界前列，并取得了经济总量世界第二的好成绩，成为引领东亚甚至世界经济发展的排头兵。全世界铁路总营业里程120多万公里，中国铁路现有营业里程9.8万公里，占世界铁路营业里程的8%，位居世界第二，美国铁路运营里程约23万公里，居世界第一。2012年，中国电气化铁路里程4.8万公里，居世界第一。世界上共有68个国家和地区拥有电气化铁路，电气化铁路总里程排在中国之后的几个国家分别是俄罗斯43300公里、印度23541公里、德国20497公里、法国15140公里（见表0-9）。

表0-9　世界部分国家铁路运营总里程与电气化铁路总里程　单位：公里

排名	国　　家	铁路运营总里程	统计年份	电气化铁路总里程
1	美国	224792	2011年	<1600
2	中国	98000	2013年	48000
3	俄罗斯	87157	2011年	43300
4	印度	63974	2011年	23541
5	加拿大	46552	2011年	129
6	德国	41981	2011年	20497
7	澳大利亚	38445	2011年	2715
8	阿根廷	36966	2011年	136
9	法国	29640	2011年	15140
10	巴西	28538	2011年	1122

资料来源：根据相关资料整理所得。

世界公路通车总里程大约为7000万公里，中国通车公路里程424万公里，居世界第一；中国有高速公路10万公里，超过美国的8.8万公里，居世界第一。交通运输业的发展与该国、该地区经济增长大体呈正相关状态，交通运力与该国经济排名相当。世界部分国家铁路、公路货物周转量在运输方式中所占份额，见表0-10。

根据国际机场协会的数据，2011年，在全球国际贸易中，航空运输的货物重量比例只占1%，但金额比例占到36%。从1975年到2005年，全球

GDP 增长了 154%,世界贸易增长了 355%。与此同时,全球货运额的增长达到 1395%。而从香港外贸的统计数据来看,过去 20 年间,香港外贸货物运输中,空运的比重由 17.7%增加到 35.8%。

表 0-10 世界部分国家铁路、公路货物周转量在运输方式中所占份额

年份	美国铁路/(%)	美国公路/(%)	俄罗斯铁路/(%)	俄罗斯公路/(%)	日本铁路/(%)	日本公路/(%)
1950 年	56.2	16.3	—	—	—	—
1960 年	44.1	21.7	—	—	—	—
1970 年	39.8	21.3	66.3	1.3	18	38.9
1980 年	37.5	22.3	54.7	1.6	8.4	40.8
1985 年	36.4	24.8	55.6	1.6	5.1	47.4
1990 年	37.7	25.4	42.8	1.2	4.9	50.1
1991 年	37.6	26.4	42.6	1.2	4.8	50.7
1992 年	37.8	27.1	41.9	0.9	4.8	50.6
1993 年	38.1	28.1	38.7	1.3	4.7	51.5
1994 年	—	—	33.5	1	4.4	51.7

资料来源:李学伟、赵新刚著《中国铁路投入产出分析》,中国铁道出版社 2004 年版,第 266 页。

全球范围内有价值 6.4 万亿美元的物品通过航空运输周转,占世界贸易总额的 35%,还有近 30 亿人次通过航空运输进行商务活动或旅游休闲。

(三) 高铁——通向世界的中国名片

从 20 世纪七八十年代的百公里时速"绿皮车",到 21 世纪初时速约 200 公里的"红皮空调车",再到如今时速最高可达 400 公里的"和谐号"、"复兴号"高铁动车组……中国铁路在"加速度"中跨入新时代。过去 5 年,中国铁路以平均每天近 16 公里的速度延伸。截至 2017 年年底,铁路运营里程达 12.7 万公里,其中,高速铁路总里程 2.5 万公里,比 2012 年年底增长了约 2.5 倍,占全球高速铁路运营总里程的近七成,累计近 50 亿人次乘坐高铁出行。[1] 从没有一寸高速铁路,到成为世界上高速铁路运营里程最长、在建规模最大的国家,这是中国交通创造的奇迹。

国际铁路联盟高速铁路部总监巴伦感慨地说,铁路发展正进入一个大时代,中国正成为全球的领跑者,世界铁路的未来在中国。84%的中国标

① 《中国高铁引领全球体验"中国速度"改变技术格局》,新华网 2018 年 2 月 12 日。

准、50%的寿命提升、17%的人均能耗下降……美国《侨报》刊文称，"纯中国血统"的"复兴号"亮相，标志着中国高铁在技术创新、制造升级等方面取得了突破性进展，并将成为中国高铁走出去的主力军。

中老铁路、印尼雅万高铁、中泰铁路项目相继开工，东非地区首条现代化城市轻轨——埃塞俄比亚轻轨已交付运营，肯尼亚蒙内铁路竣工通车，内罗毕内陆集装箱港正式启动；2017 年开行中欧班列 3673 列，超过前 6 年的总和，累计开行 6637 列，亚欧大陆经济联系更加密切。亚欧大陆拥有世界 75%的人口，地区生产总值约占世界总额的 60%，东面是活跃的东亚经济圈，西面是发达的欧洲经济圈，中间拥有广大腹地，经济发展潜力巨大。特别是"一带一路"沿线国家资源各异，经济互补性强，合作空间广阔。随着"一带一路"倡议深入推进，我国与欧洲沿线国家的经贸往来发展迅速，物流需求旺盛，贸易通道不断增多，贸易方式不断丰富和完善，为中欧班列带来了难得的发展机遇。据悉，中欧之间已有 3 条"钢铁丝路"：经新疆阿拉山口口岸出入境的西部通道、经二连浩特口岸出入境的中部通道和经满洲里口岸出入境的东部通道。为不断优化中欧班列运输效率，2018 年 1 月，中哈两国又合作开辟了中欧班列新通道——通过铁海联运，班列途经土耳其直达欧洲。①

2017 年 10 月，中国中车股份有限公司（CRRC，简称中国中车）设在美国马萨诸塞州春田市的轨道交通装备制造厂投产。该项目的车辆总装配、转向架装配、试验和售后等都将在这里实现本土化生产。2014 年 10 月，中国中车击败韩国、日本及加拿大等国的城市轨道车辆企业，为波士顿橙线和红线地铁提供 284 辆新车。这是中国轨道交通公司在美国拿下的第一个列车车辆订单。2016 年 12 月 12 日，马萨诸塞州交通厅决定再向中国中车采购 120 辆地铁车辆。美国是地铁的发源地，对轨道交通产品的技术、运营商资质等均有严格标准。中国提供的列车车辆不仅在结构强度、控制安全、质量管理体系等方面执行了 120 余项美国标准，而且满足了美国残疾人协会标准、美国环境署标准、马萨诸塞州公共交通安全运行法案、美国人体工程军工 MIL 标准等诸多标准的要求。自 2014 年首次登陆美国以来，"中车制造"已经在短短 3 年内进入波士顿、芝加哥、洛杉矶、费城四大城市，获得的地铁和通勤客车订单达 1596 辆。②

① 《中哈合作开辟中欧班列新通道》，《经济参考报》2018 年 1 月 30 日。
② 《美国民众点赞中车》，《经济参考报》2018 年 2 月 12 日。

集中力量办大事是中国的制度优势，中国高铁也是这种发展模式的成功范例。中国高铁走的是一条面向问题、目标引领、需求导向的科技创新路径：从基础材料到控制，从电子到化工，从机械到信息，在所有涉及的领域都开展了高度组织化的创新。20 多所国内重点高校、50 多个重点实验室和创新能力平台、500 多家配套企业参与其中。从冰雪覆盖的高寒地带到热带海岛，从特大荒漠风区到极端艰险的山区，中国的高铁建设取得了举世瞩目的成绩。到 2025 年，中国高速铁路网络将达到 3.8 万公里，覆盖中国 240 座中型以上的城市，它将彻底改变中国这片土地上距离与时空的概念。

（四）改革开放后中国交通业地位转换

改革开放以来，尤其是在 21 世纪，中国交通业发展取得了举世瞩目的突出成就。在国内，交通业不仅发挥了拉动经济增长的基础性作用，而且深刻地影响了中国经济区设置的升级和转型；在国际上，交通业成就不仅成为中国发展模式的一张亮丽名片，而且在技术输出的同时也将世界有关经济体通过交通网络紧紧联结在一起。中国交通业发展的每一次革命，都对我国经济区的设置和变迁产生了潜在的决定性的影响。运河经济带动了沿岸城市的繁荣，铁路发展促进了沿线城市的崛起，航空业的发展将临空经济由中心城市辐射到较大的城市圈层。在铁路、高铁、公路、航运、航空业等运输方式带动经济增长的影响下，中国区域经济的发展由不平衡渐趋平衡，经济区划也由简单的沿海—内地向东—中—西—东北、沿边、长江黄河经济带、城市集群等多元化分类演变。交通运输也从国民经济的制约因素向基础性、先导性地位转换。

改革开放以来，各种运输方式经过 40 年独立快速发展，基本适应了经济社会发展需要。随着我国工业化、城市化水平不断提升，对交通运输的质量、效率、成本等方面要求越来越高，迫切需要发展公路、铁路、水运、航空等行业的综合交通运输来提升运输体系的整体效能。

1. 成就

改革开放以来，我国加大了对交通业的投资，迅速将中国由一个交通业发展滞后的国家转变为世界“交通大国”。1978 年，中国公路里程数只有 89 万公里，只相当于美国的 14%，相当于印度的 64%；高速公路里程数为零，而美国已经有高速公路 8.2 万公里；铁路通车里程数为 5.17 万公里，而美国为 30.7 万公里，是中国的近 6 倍；民航线路里程数为 14.89 万公里，也只有美国的一半左右。如今，中国公路里程数从改革之初的世界第七位升至世界第一位，公路运输量从世界第六位跃居世界第一位，高速公路从无到有，并发展到世界第一位；内河航运总里程数较改革之初增长25%，居世界第一位，港口货物吞吐量自2003年起跃居世界第一位；铁路总长居世界第二位，铁路主要运输指标跃居世界第一位；航空运输总周转量从第三十七位跃居世界第二位。中国已成为名副其实的“交通大国”。

2013年至2017年，全国铁路完成固定资产投资3.9万亿元，新增铁路营业里程2.94万公里，其中高铁1.57万公里，是历史上铁路投资最集中、强度最大的时期。到2017年年底，全国铁路营业里程达到12.7万公里，其中高铁2.5万公里，占世界高铁总量的66.3%，铁路电气化率、复线率分别居世界第一位和第二位。铁路技术装备实现升级换代，动车组上线运营达2522组，较2013年增长149%，电力机车占比达到62%，载重70吨及70吨以上货车占比达到50%，重型钢轨、无缝线路里程大幅延长，调度集中系统被广泛运用。形成一大批具有自主知识产权的技术创新成果，高速铁路、既有线提速、高原铁路、高寒铁路、重载铁路等技术均达到世界先进水平。截至2017年年底，中国内地35座城市开通轨道交通运营线路169条，总里程高达5082.83公里。公路通车总里程477万公里，其中，高速公路通车里程13.6万公里，均居世界第一位。2017年交通业固定资产投资新增主要生产与运营能力，见表0-11。

表0-11　2017年交通业固定资产投资新增主要生产与运营能力

指　标	单　位	绝　对　数
新建铁路投产里程	公里	3038
新建铁路投产里程(高速铁路部分)	公里	2182
增、新建铁路复线投产里程	公里	3223
电气化铁路投产里程	公里	4583
新改建公路里程	公里	313607
新改建公路里程(高速公路部分)	公里	6796
港口万吨级码头泊位新增通过能力	万吨/年	24858
新增民用运输机场	个	11

资料来源：《中华人民共和国2017年国民经济和社会发展统计公报》。

在经济增长理念指导下，中国交通发展走过了一条“经济发展—交通滞后、加快交通发展—经济继续增长—交通再次滞后、成为经济发展瓶颈—加大交通投资促进交通运输发展—经济继续发展”的交通追赶型的发展路径。

2017年货物运输总量479.4亿吨，比上年增长9.3%。货物运输周转量196130.4亿吨公里，增长5.1%。全年规模以上港口完成货物吞吐量126亿吨，比上年增长6.4%，其中，外贸货物吞吐量40亿吨，增长5.7%。规模以上港口集装箱吞吐量23680万标准箱，增长8.3%。2017年各种运输方式完成货物运输量及其增长速度，见表0-12。

表0-12　2017年各种运输方式完成货物运输量及其增长速度

指　　标	单　　位	绝　对　数	比上年增长/(%)
货物运输总量	亿吨	479.4	9.3
铁路	亿吨	36.9	10.7
公路	亿吨	368	10.1
水运	亿吨	66.6	4.3
民航	万吨	705.8	5.7
管道	亿吨	7.9	7.3
货物运输周转量	亿吨公里	196130.4	5.1
铁路	亿吨公里	26962.2	13.3
公路	亿吨公里	66712.5	9.2
水运	亿吨公里	97455	0.1
民航	亿吨公里	243.5	9.5
管道	亿吨公里	4757.2	13.4

资料来源:《中华人民共和国2017年国民经济和社会发展统计公报》。

全年旅客运输总量185亿人次，比上年下降2.6%。旅客运输周转量32813亿人公里，比上年增长5%。

2. 为了快速赶上世界交通通讯业的发展趋势，我国在制度设计、市场化改革等方面为该领域产业的转型发展进行了一系列有益的尝试

(1) 在制度设计上，该领域进行有效的转型实践。

为了发展一体化交通，加强各种运输方式的综合协调发展，建设综合交通枢纽和提高运输效率。党的十七大报告明确“加快发展综合运输体系”，2008年成立综合管理公路、水路、民航、城市交通的交通运输部。

20世纪90年代以来，国家积极出台鼓励铁路建设投资多元化的政策，使各类合资铁路如雨后春笋般迅速发展，并随着国家在铁路建设方面的不断改革，取得了长足进展，逐步成为全国路网的重要组成部分。

(2) 开展了多元化投融资模式尝试。

作为后起发展中国家,大规模经济建设造成各行各业对投资的大量需求,依靠财政拨款建设基础设施显然跟不上发展的要求,多元化的投融资模式可以很好地解决这个难题。由于基础设施投资周期长、回报率较慢的特点,为了达到吸引民间投资、国外投资的目的,广大从业人员有必要吸收国际上各式各样的投融资模式以促进交通业的发展,只有站在金融领域的制高点上,才能发挥金融资本的杠杆作用,撬动上万亿元的巨额投资。在这一方面,铁道部(以及后来的铁路总公司)及有关运输行业都曾出台了不少政策鼓励该行业的投融资行为。从融资角度看,我国交通市场化融资有3个较大幅度改革的阶段。第一个阶段是20世纪80年代中期开展的初步属地化和对内、对外开放,铁路、公路、港口和机场"以路养路、以港养港"的交通发展模式初步形成,内外资大举进入交通领域,合资铁路、利用外资、发行股票等融资渠道成为交通发展资金的新来源和对财政资金的有益补充。第二个阶段是2000年左右开展的进一步属地化和对内、对外开放,地方完全成为公路、港口、机场基础设施的所有者并取消这些领域大部分内外资准入限制,大大增强了地方发展的内生动力,较快完成投资主体的企业化改革,极大拓展了利用融资工具的深度和广度,债务融资的占比开始快速上升,企业债券成为对银行贷款的重要补充。第三个阶段是2013年前后的全面开放,铁道部完成"政企分离"和铁路对内、对外全面开放标志着交通领域已基本取消内外资准入限制,并全部完成企业化改革。伴随着PPP(公共私营合作制,即政府和社会资本合作)的快速发展,很多项目的名义投资主体已经从融资平台转移到社会资本,同时,交通产业基金的兴起,使地方政府又找到了表外融资的新渠道。

(3) 瞄准世界交通发展前沿,注重科研人才培养,加大科研投入。

人才是创新的桥梁和基石,熊彼特对于创新的重要价值有过深入论述。根据新时期交通运输科技创新工作需要,交通运输部下发了《关于科技创新推动交通运输转型升级的指导意见》,提出了深化科技创新体制机制改革、推动综合交通运输体系发展、支撑交通基础设施建设与养护管理、提升公众出行服务能力与水平、提高现代物流业发展水平、支撑交通运输安全发展、促进绿色循环低碳交通运输发展、大力推动信息化智能化发展、大力提高标准化水平、促进新兴关联产业发展等十大重点任务。出台了《交通运输部办公厅关于推进交通运输信息化智能化发展的指导意见》、《交通运输部办公厅关于加强交通运输标准化工作的意见》和《交通运输行业协同创新平台管理办法(暂行)》等配套文件,为进一步推进交通运输信息化智能化发展、标准化工作和产学研协同创新指明了方向。研究制定了《交通运输部关于进一步加强交通运输科研项目经费管理的通知》、《交通运输部科技项目招标投标管理(暂行)办法》、《关于加强交通运输部科技成果公开工作的有关要求》、《关于加强交通运输部科技计划项目负责人管理的有关要求》和《关于进一步加强交通运输部科技计划项目评审专家监督管理的有关要求》5 个文件。这些文件的出台,初步形成了较为完善的科技创新制度体系,为新时期交通运输科技创新工作提供了制度保障。

交通运输部的统计资料表明,40 年来,我国交通运输科技水平从跟踪追赶为主,进入跟跑、并跑、领跑"三跑并存"的新阶段。高速铁路、特大桥隧、离岸深水港、巨型河口航道整治以及大型机场工程等建造技术迈入世界先进或领先行列,一批具有自主知识产权的高性能交通装备走向世界市场。特别是党的十八大以来,港珠澳大桥、北京大兴国际机场等一批超级工程震撼世界,"复兴号"动车组、C919 大型客机、振华港机等一批国产交通装备的出现标志着"中国制造"达到了新的高度。信息化在综合交通领域广泛应用,网约车、共享单车、互联网物流等新业态蓬勃发展,为中国经济发展增添了新动能。①

此外,我国交通基础设施的土建技术水平非常高,以高铁为代表的轨道交通技术在世界上居于先进地位,这也是我国交通运输产业走出去的拳头产品。但我国的载运装备制造业,尤其是汽车、飞机等的制造水平仍然较低,在国内外市场上所占份额都不高。传统燃油汽车相关技术有待提升,核心创新能力有限;新能源汽车仍然面临电池能量密度与成本、充电桩普及率、充电速度等方面的发展瓶颈;自动驾驶汽车尚处于摸索阶段,还需推动出台促进交通新技术应用的标准与规范、提供良好法治环境和配套基础设施系统等;大飞机更是我国发展的短板。我国交通业在相关技术研发方面还应下更大力气,包括新能源汽车、无人驾驶汽车、大飞机、智能交通平台等,力图跟上新趋势、迈出新步伐。随着信息技术等的迅猛质变、消费价值观念的逐渐破界,产业融合发展成为主要创新发展方向,交通产业亦不例外。交通运输服务企业不能仅仅站在自己原有的产业边界内思考问题,必须向外延伸至"全出行链"和"全供应链",与信息、物流、仓储、商贸、

---

① 中共交通运输部党组:《全面深化改革开放　奋力从交通大国迈向交通强国》,《求是》2018年第 24 期。

金融、保险、农业、制造、旅游、餐饮、休闲、军事等融合起来，激发客户内在消费新需求，提供"一站式"解决方案，形成新型的产业生态圈，支撑新型产业体系的形成。

(4) 发展理念由赶超向可持续发展、以人为本转变。

2003 年，中共十六届三中全会提出以人为本、全面、协调、可持续的科学发展观，2006 年，中共十六届六中全会系统提出构建社会主义和谐社会，标志着我国由长期以来注重经济增长向可持续发展、以人为本的全面发展转变。科学发展观对交通运输业的发展思路产生重大影响。①更加重视环境资源的约束，努力推进可持续发展。"十五"期间制定的我国交通运输发展的长期战略目标是"以市场经济为导向，以可持续发展为前提，建立客运快速化、货运物流化的智能型综合交通运输体系"，将交通运输的可持续发展作为重要条件。交通运输各行业将节能降耗工作摆放在重要位置，投入力量进行相关研究工作，成立节能管理机构，并出台鼓励交通节能的政策措施。②统筹发展，提高综合运输系统能力。大力发展一体化交通，加强各种运输方式的综合协调发展，高度重视综合交通枢纽的建设，努力提高运输效率。党的十七大报告明确"加快发展综合运输体系"，2008 年成立综合管理公路、水路、民航、城市交通的交通运输部。③坚持以人为本，纠正交通设施过度市场化等问题，推进基本交通服务均等化。[①] 2004 年 9 月，国务院出台《收费公路管理条例》，着手规范收费公路的管理。新的发展观把解决"三农问题"放在重中之重，交通部门也加大、加快农村公路基础设施建设，2005 年，1 年的县乡公路投资与"九五"期间 5 年的投资基本相当。

2012 年，党的十八大做出了实施创新驱动发展战略的重大部署。明确提出要着力构建现代化交通网络系统，平衡各种运输方式，以及加快形成安全、便捷、高效、绿色和经济的综合交通体系等一系列新思想、新要求。习近平总书记强调，科技兴则民族兴，科技强则国家强。按照这样的部署，交通运输的创新驱动，将以"智慧交通"为主战场，借助移动互联网、云计算、大数据、物联网等先进技术和理念，推动互联网产业与传统交通运输业有机融合，加快推进交通运输由传统产业向现代服务业转型。着力推动实施"互联网＋便捷交通"、"互联网＋高效物流"专项行动计划，促进形成"互

① 李连成:《改革开放 30 年以来我国经济社会环境与交通运输发展》,《第六期中国现代化研究论坛论文集》,2008 年,第 305-311 页。

联网＋”背景下的交通运输新业态和新模式。

2017年，党的十九大报告明确提出要建设“交通强国”，努力实现由交通大国向交通强国的转变。具体发展目标包括：从2020年到2035年，奋斗15年，基本建成交通强国，进入世界交通强国行列；从2035年到21世纪中叶，奋斗15年，全面建成交通强国，进入世界交通强国前列。

第一章

中国交通业现代化起步（1949—1957）

新中国成立之初，面对的是一个残破不堪的国家，经济凋敝、交通落后，百废待兴。在中国共产党的领导下，新政府以先进的现代化发展思路，以苏联援助和经验为依托，开始了国民经济的恢复和建设。同时，由于认识到交通在国民经济发展过程中的先行作用、基础作用，因此，义无反顾地提出了交通现代化的发展目标，并把它列入"四化"建设目标之中，为全国人民指明前进的方向。在正确发展政策的引导下，在全国上下的努力下，交通业取得了巨大进步，不仅很好地服务于国民经济建设，而且为中国交通现代化打下了坚实的基础，探索了宝贵的发展经验。

第一节　新中国成立时面对的交通压力

新中国成立后，作为一个落后的发展中大国，相继结束的抗日战争和解放战争给中国交通带来巨大破坏，严重影响了国民经济的恢复和建设。新中国的交通可以说是十分不发达的，是在严重影响国民经济发展的情况下开始进行建设工作的。

一、新中国成立初期的经济发展状况

从鸦片战争到1949年的百余年间，由于中国经济深受帝国主义和封建主义的压迫和摧残，现代经济发展缓慢，传统农业萎缩凋敝，经济发展非常不平衡。一方面，这种不平衡表现在城乡之间形成了典型的"二元经

济”,即外国资本、官僚资本、民族资本主要集中于城市,城市经济已经开始资本主义化了,但是广大的乡村,由于依然在封建地主阶级统治之下,农业经济不但没有走上现代化之路,而且日趋衰落,广大农民在原有生产方式下,甚至难以维持简单再生产。另一方面,经济发展的不平衡还表现在区域之间,由于中国现代化经济是在帝国主义经济侵略刺激下发展起来的,因此,沿海地区因其交通便利和受通商口岸及外国投资的影响,发展较快,而内地由于交通闭塞和封建羁绊较多,发展较为缓慢,结果导致沿海与内地经济发展水平出现较大差异。据国民政府经济部 1947 年对中国主要城市全部制造业的统计可知,其中仅上海、天津两地,工厂数即占主要城市工厂总数的 63%,职工人数占 61%,东北则占有全国半数以上的重工业。据日伪统计,1943 年东北生铁产量占全国产量的 87.7%,钢材占 93%,煤占 49.5%,电力占 78.2%,水泥占 66%。[①] 这种地区之间经济发展的不平衡,对于中国这个地域广大、中央集权的国家来说,始终是影响政府经济决策的重要因素。

中华人民共和国建立之前的中国,是经济发展水平极低、发展水平在城乡之间和区域之间不平衡、收入分配极不公平的大国。因此,可以说新中国是在一个非常低的经济发展水平上来推进工业化的,不仅如此,还背负着庞大的人口负担。中国共产党在当时的国内外条件下,从中国的实际情况出发,建立了新民主主义经济制度和政治制度,而且有了一个强大的和具有现代化导向的政府。这为政府主导型的经济发展模式提供了基础,也符合中国的传统模式。由于有了一个统一的、强大的政府,中国才真正具有发展经济的良好条件。

二、承继的交通家底

据统计,在新中国成立初期,全国铁路干支线(包括台湾地区、海南岛)总里程 26877 公里,线路多集中于东北、沿海和中部地区,而西北、西南几乎是空白。另外,3200 多座桥梁和 200 多条隧道遭到严重破坏,主要干线几乎没有一条可以全线通车,1/3 的机车因破损而无法行使。复线不足 1000 公里,没有电气化铁路。东北地区的铁路占全国铁路营业里程的 40%,西部地区面积占全国总面积的 70%多,而铁路仅占全国铁路营业里程的 5%,且主要为单线,质量低,技术装备落后。

---

① 《1949 年中国经济简报》,政务院财政经济委员会编印。

我国(不含港澳台地区)公路总长144320公里,公路线大多集中在东北、东南一带,西北只占8.1%,路质低劣,多为沙土路,运输不便,行车事故较多,几乎没有一条线路是符合标准的。1949年,国民党退居台湾时,大多数公路遭到破坏。到1949年年底,能通车的线路仍不到原有线路总长的80%。全国能通车的公路只有8.07万公里,缺少桥梁和涵洞,路况极差。民用汽车只有5.1万辆,大部分破旧不堪。公路货运量仅563万吨,客运量1800万人次。运输车辆也很缺乏,维修困难,汽车燃油只能靠进口。公路交通工业及其支持系统,更是一片空白。

水运方面,新中国承继的多是落后的木帆船,国民党劫走300多艘船舶、60多万吨的运力,并在内河沉没430多艘大小船舶。我国的海运特别是南洋海运几乎陷入停滞状态。内河航运,港口设备落后陈旧,航道淤积,航运业多为封建把头控制。在新中国成立前夕,内河航道只有7.3万公里,航道及港口码头处于自然状态。沿海港口泊位只有233个,其中,深水泊位仅有61个,港口装卸作业多是靠一块跳板进行人工搬运作业;沿海港口吞吐量只有660万吨,其中,外贸吞吐量仅有110多万吨。仅有轮驳船37.1万载重吨,数量少且老旧。木帆船比重大、运力小,年货运量只有2500多万吨,其中2000万吨运量靠木帆船完成。原民航所有的飞机、驾驶员、器材全部被劫往香港。[①] 由于英帝国主义的阻挠,中航和央航起义飞抵京津的飞机只有12架,两航大部分飞机及设备仍留在香港。

中华人民共和国成立时,解放区(西南、华南地区未计入)运输轮驳船共有2357艘、38.1万总吨。其中,国营1001艘、27.1万总吨,私营1356艘、11万总吨;而在香港、台湾和其他境外地区的轮船合计448艘、78.2万总吨,其中,招商局等国营船舶150艘、34万总吨,民生实业公司等私营船舶298艘、44.2万总吨。

三、恢复国民经济依赖交通

恢复经济建设的过程中,铁路修复、建设以及保持运输畅通的重要性可以说是不言而喻的。中财委(财政经济委员会)在这一过程中发挥了很大的作用。

1949年9月15日,中共中央指出:在新民主主义中国发展的现阶段中,在最后消灭国民党匪军以及恢复并发展为战争所破坏的国民经济上,

① 苏星:《新中国经济史》,中共中央党校出版社1999年版,第98-99页。

铁路运输发挥着极其重要的作用。铁道部的重要任务是要迅速恢复所有保证向前方运送军用物资的铁路交通。中央要求陈云、高岗二位同志要保证修复铁路用的木材。其数量为圆木 2 万立方米、成材 5000 立方米、桥梁木 1000 立方米。此项木材于九、十两月中运至修复现场。要求陈云、滕代远于 10 月 15 日前提出关于改建个别工厂及改建制造铁路建筑器材和钢梁企业的意见。①

因此,恢复交通就成了新中国必须解决的问题,在此期间,主要抓了兵工筑路、物资调拨、挖掘民间运输工具潜力等工作,逐渐通畅的交通运输为国民经济的恢复提供了强有力的保障。

上海解放后,不法资本家利用受到战争破坏的铁路一时修不好,铁路运输效率低,而上海市对商品和各种物资的需求量大的特殊情况,操纵私人运输渠道,控制上海的商品市场,给人民政府出难题。中财委主任陈云意识到,只要把铁路运输搞好,就能把运输问题基本解决了,因此,他一到上海就指示抓紧修复铁路,华东财委要把铁路运输作为大事,组织专门机构管理,缩短徐行和错车的距离,增加列车通过的数量。蚌埠至浦口一段,要争取开 16～18 对列车。他强调,必须解决行车速度慢、调度不灵的问题。他还具体提出,要增加错车点,放长支线,增加通讯设备,加快装车、卸车速度,使列车停留的时间尽量缩短。为了修复铁路,政府要舍得大量投资。同时,他还指示,对主要公路运输线路也要全力修复,政府组织的公路运输,不仅要搞汽车运输,而且要搞马车,甚至骡车、驴车运输,总之,要千方百计保证上海的物资需要。

陈云亲自抓运输问题,使通往上海的铁路很快就修复了,而且运输效率达到了较高水平,公路运输也很快发展起来,弥补了铁路运输的不足。上海的物资供应、商品流通问题也解决了,不法资本家所掌握的私人运输渠道被挤垮了,不得不依靠人民政府主管的运输部门来做生意。而随后与不法商人展开的粮食之战、米棉之战的胜利均有赖于交通运输的强力保证。②

1950 年 1 月 7 日,中财委建议以西北、西南、华中的剩余兵力,除去进行农业生产、水利工程外,有计划地用于修筑某些必要铁路的路基、山洞,利用军队的空闲劳动力,争取时间,把今后几年内需要或可能需要修筑的

---

① 中国社会科学院、中央档案馆合编:《1949—1952 中华人民共和国经济档案资料选编·交通通讯卷》,中国物资出版社 1996 年版,第 141 页。

② 霞飞:《陈云在上海打的经济仗》,《纵横》2005 年第 5 期。

铁路,先筑好路基,以便鞍山向苏方订购的轧大钢轨机器到达和出货时,适时铺轨。10日,毛泽东就修筑铁路等相关问题致电陈云、薄一波,要点有二:①1月7日电悉,此项报告甚好,盼能继续。②各项计划均好,用军队修筑天兰、天成、成渝、叙昆、滇黔、黔桂、湘桂诸线甚为必要,望即着手布置进行。兵工筑路路线的选择,经多次商讨,拟以贯通西北、西南交通为主,选择十线,并以线路的重要性及工程上的条件分为四级如下:(甲)宝天、天兰、天成、成渝四线共长1896公里;(乙)都筑、兰肃二线共长1204公里;(丙)包宁、湘黔、隆筑三线共长2069公里;(丁)来邕(来宾至南宁)一线长195公里。以上十线共长5364公里。①

时任中央财经计划局局长的宋劭文在1950年11月第二届全国铁路财务会议上指出:修建铁路——由国防观点及经济发展观点来看都是必要的,因此在3年以内铁路花费的比重是大的。我们在3年内基本要解决的问题就是把西北、西南、中原的铁路连接起来。现在的情况是,铁路多在沿海一带,过去国民党时期也嚷嚷过开发西南、西北,完全是空话,现在我们的重点就是要放在这方面。运输问题不解决,大的工业也不可能发展,比如我们想在新疆开一个纱厂,机器原料的搬运是很成问题的,因此首先要解决交通问题。②

1950年12月,中央在通报财经工作时对于铁路在物资调拨中的作用予以充分肯定:一年来,铁路已从抢修阶段走向正常运输阶段,对新中国的发展生产与物资交流起了重要作用。1950年1月至8月全国铁路运输货物共达5978万余吨(尚缺中长铁路5、6、7、8月份材料),超过1949年全年运输量。据中央贸易部的不完全统计,仅华北和华东地区各公营企业公司调拨的物资中,有70%以上是经由铁路运输的。同时指出:随着人民生活消费品需要量日渐增加及工商业逐渐好转,经由铁路运输的营业品逐月增加。③

1951年4月,陈云在总结财经工作时希望重视发挥民间运输工具的作用。他指出:交通部应该花很大力量来组织落后工具的运输,把城乡物资交流搞好。我们应该随时随地根据客观情况解决问题。推销土产,最重要的是运输。应该恢复从前的运输公司,通过这些公司将所有的零担土产集

① 中国社会科学院、中央档案馆合编:《1949—1952中华人民共和国经济档案资料选编·交通通讯卷》,中国物资出版社1996年版,第168-170页。

② 中国社会科学院、中央档案馆合编:《1949—1952中华人民共和国经济档案资料选编·交通通讯卷》,中国物资出版社1996年版,第172页。

③ 中国社会科学院、中央档案馆合编:《1949—1952中华人民共和国经济档案资料选编·交通通讯卷》,中国物资出版社1996年版,第445-446页。

中装卸。在目前条件下，运输应该充分利用落后工具。单靠汽车运输是不能完全满足城乡交流需要的。北方大车的总运量超过汽车的总运量，南方木船的总运量超过轮船的总运量，假使不注意这一点，就是没有抓住大头，没有抓住重点。[①]

当时完好的公私汽车只有4万多辆，而旧式的运输工具，如兽力车有84.4万辆，手推车、驴、马、骆驼等都有很大的数目，这些运输工具装载量的总和，超过汽车许多倍。如果很好地组织起来，配合联运，那么运输力量是相当可观的。

这一点，当时交通部的部长章伯钧也有深刻认识，他在谈到联运工作时认为，为了配合城乡物资交流的任务，需要把由于长期战争，已经失去正常的城乡交流关系恢复与加强起来。从前曾有一定作用的私营转运公司，过载行及土产商栈等，存在的已经不多，为了组织群众运输，物资集零为整，把落后运输工具与近代运输工具结合起来，解决与减少城乡物资交通运输上的困难。[②]

正是有了以陈云为代表的中财委的高度重视，以发挥民间运输工具作用的联运工作取得了突出的效果。据统计，全国已组织的胶轮大车为32.2%，铁轮大车为3.6%，人力车为1.6%，1951年年组织运量较1950年增加571%。1952年上半年虽然由于“三反”、“五反”期间货源减少，但联运组织的运量仍达8752926吨，较去年同期增加272%。

表1-1是1952年公路民间运输工具货物运输量(节录)情况。

表1-1　公路民间运输工具货物运输量(节录)

货物运输量		运输量/吨	周转量/千吨公里
年份		1952年	1952年
兽力车	地方国营	1133302	28279
	运输合作社	—	—
	私营	106808354	992420
合计		107941656	1020699

① 这是陈云在中国共产党第一次全国组织工作会议上的讲话。

② 中国社会科学院、中央档案馆合编:《1949—1952中华人民共和国经济档案资料选编·交通通讯卷》，中国物资出版社1996年版，第687-696页。

续表

货物运输量		运输量/吨	周转量/千吨公里
货运人力车	地方国营	2568567	11621
	运输合作社	—	—
	私营	38149917	117920
合计		40718484	129541
驮力	地方国营	—	—
	运输合作社	—	—
	私营	1709795	42894
合计		1709795	42894
总计		150369935	1193134

资料来源：中国社会科学院、中央档案馆合编《1949—1952 中华人民共和国经济档案资料选编·交通通讯卷》，中国物资出版社 1996 年版，第 704 页。

在 1949—1952 年的国民经济恢复过程中，铁路建设顺利推进，运输效率逐年提高，运力逐年增加。车辆周转时间逐年缩短：1950 年为 3.34 天，1952 年为 2.9 天。发货情况也有所改变：1950 年完成 99518.8 千吨，1952 年完成 131613.5 千吨，为 1950 年的 132.2%。客运量 1950 年为 156947 千人，1952 年为 163719 千人，为 1950 年的 104.3%。铁路营业收入 1950 年为 7774053 百万元（旧币），1951 年为 10931463 百万元（旧币），1952 年为 12634991 百万元（旧币），为 1950 年的 162.5%。铁路的恢复和发展，使各地区联系、城乡一体化得以实现，帮助大城市克服物资调运困难，对国民经济恢复贡献突出。同时，公路虽不是投资重点，但还是拨款 1.9 亿元，恢复近 1.4 万公里，改建 8000 余公里，新建 1700 余公里，并勘测 2.3 万余公里的线路。到 1952 年年底，公路通车里程已达 13 万余公里，比 1949 年增加 73%。由于公路的修复和改善，较好地完成了各项运输任务。1952 年，国营汽车完成货运量 420 余万吨，较 1950 年提高 180%，完成货物周转量 2.7 余亿吨公里，较 1950 年提高 126%；完成客运量 4100 余万人，较 1950 年提高 92%，完成旅客周转量 11 亿人公里，较 1950 年提高 65%。水运业经过建章立制、改造私营航业、港口建设、打捞修理沉船、成立中波轮船公司、开展远洋运输、组织木帆船等措施，不仅打破了敌人的封锁禁运，而且使航运得以恢复。到1952年年底,内河通航里程达9万余公里;有机动船4700余艘,35.3万吨,10万客位。到1952年年底,内河轮驳完成货运量960万吨,货物周转量36.7亿吨公里,客运量2700余万人,旅客周转量17亿人公里;木帆船货运量2800万吨,货物周转量34亿吨公里,客运量300万余人,旅客周转量7900万人公里。海上机动运输船舶400余艘,25.5万余吨,9000余客位。沿海运输货运量400余万吨,货物周转量20亿吨公里,客运量76万余人,旅客周转量1亿人公里。民航方面经过认真筹备,于1950年8月1日正式开航,当时的几十架飞机完成了支援进藏空运及救灾、专项飞行和民用等重要任务。1952年民用航空货运量达2047吨,货物周转量2432千吨公里。1950年3月,中苏签订创办中苏民用航空股份公司的协定,开辟了北京—赤塔、北京—伊尔库茨克、北京—阿拉木图等航线。①

第二节　新中国成立初期交通现代化战略的提出与实施

新中国成立初期,百废待兴,为什么当时将交通业现代化战略列入四个现代化的发展目标?这在1954年的全国人大一次会议以及“第一个五年计划”中有清晰的表述。另外,由于“一五”计划从制定到实施,苏联均发挥了重要作用,那么,交通业现代化战略苏联因素有多少呢?还要注意的是,在二届人大及“第二个五年计划”中,交通业现代化被科技现代化所取代,在很长一段历史时期不再提及,那么,中共又是如何考量这种转变的呢?本节冀望通过系统梳理相关历史史料,试图发现其逻辑理路以及该战略对中国发展的长期影响。

一、交通业现代化战略的制定过程

新中国成立初期,对交通业重要性的认识主要来源于理论和实践两个层面的影响;与此同时,在苏联的帮助下,交通业现代化列入中国现代化的发展目标。

(1) 从理论上来说,交通业决定战争胜败并影响国民经济的发展。

---

① 中国社会科学院、中央档案馆合编:《1949—1952中华人民共和国经济档案资料选编·交通通讯卷》,中国物资出版社1996年版,第1-6页。

恩格斯曾说过:"在一定的距离上,这支军队同作战基地之间的交通线,也就是它本身的生命线。"[①]"民欲兴其国,必先修其路。"[②]孙中山也对交通运输的作用有着深刻的认识,他指出:"富强之道,莫如扩张实行交通政策。世人皆知农、工、商、矿为富国之要图,不知无交通机关以运输之,则着着皆失败","交通不便,实业必不能发达,可以断然"。[③] 他认为,铁路为交通之母。国家之贫富,可以铁道之多寡定之,地方之苦乐,可以铁道之远近计之。[④] 毛泽东在革命战争年代就曾指出,"组织联络前线与后方的军事运输,组织军事的卫生治疗,同是对于革命战争有决定意义的事业"[⑤],我们"必须尽一切可能修理和掌握铁路、公路、轮船等近代交通工具"[⑥]。并发出"解放军打到哪里,公路就修到哪里"和"解放军打到哪里,铁路就修到哪里"的号召。

在以大规模兵团作战为主的解放战争时期,中共已认识到"铁路运输是起着极其重要的作用"[⑦],1948年,毛泽东就强调指出,"加强城市和工业的管理工作,使党的工作重心逐步地由乡村转到城市,……恢复和发展工业生产和农业生产则需要有较好的组织工作,……首先是解决交通运输和修理铁路、公路、河道的问题"[⑧]。1949年通过的《中国人民政治协商会议共同纲领》规定:"必须迅速恢复并逐步增建铁路和公路,疏浚河流,推广水运,改善并发展邮政和电信事业,有计划有步骤地建造各种交通工具和创办民用航空。"

关于交通对发展经济、改善人民世界观的重要性,毛泽东也有论述:"全国的交通运输都现代化了,经济情况真正全面改变了,农民的世界观才能够逐步地以至完全地改变过来。"[⑨]1949年7月9日,毛泽东就中国铁路有关问题发表讲话:"中国从前是被帝国主义统治的国家,修筑铁路多是向帝国主义国家借款,帝国主义国家借款修筑的每一条铁路,都是和那些帝

① 《马克思恩格斯全集》第11卷,人民出版社1962年版,第331页。

② 《孙中山全集》第2卷,中华书局1981年版,第567页。

③ 《孙中山全集》第2卷,中华书局1981年版,第420页。

④ 《孙中山全集》第2卷,中华书局1981年版,第383页。

⑤ 《毛泽东军事文集》第1卷,中央文献出版社1993年版,第340页。

⑥ 《毛泽东选集》第4卷,人民出版社1991年版,第1347页。

⑦ 中国社会科学院、中央档案馆合编:《1949—1952中华人民共和国经济档案资料选编·交通通讯卷》,中国物资出版社1996年版,第139页。

⑧ 《毛泽东选集》第4卷,人民出版社1991年版,第1347-1348页。

⑨ 《毛泽东读社会主义政治经济学批注和谈话》,人民出版社1998年版,第97页。

国主义国家的侵略目的相配合的。铁路成为帝国主义压迫、榨取我们的工具。当然,那时要想把铁路建设好也是不可能的。现在我们不受帝国主义统治了,我们有可能并且应该很好地恢复铁路和发展铁路。""我们这样大的国家,现在还只有二万多公里铁路,这太少了。我们需要有几十万公里的铁路。要修成几十万公里铁路,我们主要要依靠群众,就是工人、工程师等一切有用的人。"①

(2) 在实践层面,由于经过解放战争大规模兵团作战的洗礼以及受苏联模式的影响,中共领导人对工业化以及交通业的重要性有了深刻认识。

抗日战争和解放战争对中国已有交通线路破坏极大,也阻滞了我国交通规划的完善和实施。据统计,新中国成立初期,全国铁路 26877 公里干线,主要干线几乎没有一条可以全线通车的,1/3 的机车因破损而无法行使;3200 多座桥梁和 200 多条隧道遭到严重破坏,公路总长 144320 公里,到 1949 年年底能通车的仍不到原有线路总长的 80%;国民党劫走 300 多艘船舶、60 多万吨的运力,并在内河沉没 430 多艘大小船舶;原民航所有的飞机、驾驶员、器材全部被劫往香港。② 另外,铁路线路多集中在东北、沿海和中部地区,西北、西南几乎是空白(只占 5%左右)。公路也集中在东北、东南一带,西北只占 8.1%。③

面临这种严峻的现实挑战,如何恢复交通、发展交通成为摆在中共面前的一个重要问题,必须将其放在重要位置上予以解决。一个突出共识是:在优先发展重化工业的前提下,必须以建设铁路为重心,发挥其疏通经脉的重要作用;与此同时,公路、水路等传统交通方式对国计民生也发挥着重要作用,在国家投资有限的情况下,传统运输方式的挖潜应当成为一种合理有效的补充。

长期主管经济工作的陈云对交通运输也有深刻的认识。1946 年 7 月,东北铁路总局成立,陈云兼任总局党委书记、总局长,④开始了他管理东北交通运输的具体工作。在新中国成立前夕的这个时期,他主要做了三项工作:①在苏联的帮助下,恢复了东北的铁路交通;②积极利用铁路,进行粮

① 中共中央文献研究室编:《毛泽东文集》第 5 卷,人民出版社 1996 年版,第 305、306 页。

② 苏星:《新中国经济史》,中共中央党校出版社 1999 年版,第 98-99 页。

③ 中国社会科学院、中央档案馆合编:《1949—1952 中华人民共和国经济档案资料选编·交通通讯卷》,中国物资出版社 1996 年版,第 1、3 页。

④ 中共中央文献研究室编:《陈云年谱》上册,中央文献出版社 2000 年版,第 467 页。

食调运及对外贸易，为东北解放奠定基础；③在接收沈阳的过程中，"沈阳经验"中交通运输方面的经验，提供了向全国推广的样本。[①] 陈云还建议中央及早设立铁道部，筹划关于管理铁路事宜。[②] 新中国成立后，他在第一次全国交通会议上指出："现在情况是运输要求与运输力不平衡。对铁路、公路、轮船的运输要求都很大，但运输力很低，我们掌握的运输力特别在明年不适应这种需要。……总之，运输量要求高，运输力跟不上，这一困难摆在我们面前，我们要大力克服它。"[③]

1951 年，陈云在财经工作要点中说，"在目前条件下，运输应该充分利用落后工具。……现在我国汽车还不能自造，而且也没有那么多的汽油供给。汽车工业的大发展，有待于钢铁、机械、石油工业的发展，这可能是在五至十年以后的事。在最近数年内，仍应重视并组织落后工具的运输"[④]。"为了发展农业生产，调整农业布局，要在西南和西北修铁路。……因为交通不便，农产品运不出来，工业品运不进去，就是进去一点也是背进去的。如果我们把西南、西北铁路修通了，就不会发生这样的问题。无论从经济来讲，还是从国防来讲，把那个地方的铁路搞起来，是一件大事情。"[⑤]1954 年 6 月 30 日，陈云在《关于第一个五年计划的几点说明》中指出，"目前铁路的修建，应首先保证一百四十一项建设和扩大旧线运输量的需要，同时要为修新线做好准备。为了保证第一个五年计划期间运输任务的完成，必要时将在年度计划内增加投资。铁道部应在所拟定的计划投资外，准备十万亿元以上的工作量，什么时候有钱就什么时候搞"[⑥]。

邓小平在主持西南工作时，提出了"建设西南，交通先行"的战略思想。1949 年 11 月 30 日，重庆解放仅仅一个星期，邓小平就做出了"以修成渝铁路为先行，带动百业发展，帮助四川恢复经济"的重要决策，并主持制订了修建成渝铁路的周密计划。在和平解放西藏的进程中，邓小平为进藏部队确定了"政治重于军事，补给重于战斗"、"必须解决补给之公路"的原则，亲自指挥了川藏公路的勘修工作。毛泽东也对修筑进入西藏的公路问题作

---

① 彤新春：《陈云与新中国成立前后的交通运输事业》，《党的文献》2010 年第 5 期。
② 李成瑞、朱佳木主编：《陈云经济思想发展史》，当代中国出版社 2005 年版，第 82-83 页。
③ 中共中央文献研究室编：《陈云文集》第 2 卷，中央文献出版社 2005 年版，第 33 页。
④ 中共中央文献编辑委员会编：《陈云文选》第 2 卷，人民出版社 1995 年版，第 128-129 页。
⑤ 中共中央文献编辑委员会编：《陈云文选》第 2 卷，人民出版社 1995 年版，第 142 页。
⑥ 中共中央文献编辑委员会编：《陈云文选》第 2 卷，人民出版社 1995 年版，第 241 页。

了一系列重要指示。[①]

(3)交通业成为现代化发展目标的提出有一个发展过程。1954年9月,周恩来在第一届全国人民代表大会一次会议的《政府工作报告》中第一次提出了要"建设起强大的现代化工业、现代化的农业、现代化的交通运输业和现代化的国防"的宏伟目标。[②] 这是交通业现代化的正式表述,但其出台却有一个过程。

第一个五年计划的编制工作,是在缺乏经验和统计资料的情况下,根据毛泽东关于优先发展重工业的指示精神,在周恩来直接领导,陈云、李富春的具体指导和苏联的帮助下编制成功的。经过反复酝酿,前后数易其稿,费时4年(1951年2月试编至1955年7月30日全国人大一届二次会议通过),"边建、边改、边学",终于编成,并付诸实施。[③] 1953年1月5日,苏联国家计委同中国政府代表团举行首次小组会谈,苏方由萨布罗夫主持,中方由李富春主持,全面研究了中国的建设计划,包括中国的经济发展速度,重工业、铁路的发展规模等。这次小组会谈后,为了更好地研究中国的"一五"计划,苏联国家计委专门成立了由李富春、苏联计委主席、苏联第一副主席、苏联对外贸易部代理部长、总顾问五人组成的中心小组,负责研究审查中国"一五"计划中需要解决的问题。

经过长时间的讨论,苏方认为,中国"一五"计划草案中提出的工农业发展速度、铁路运输增长速度、基本建设指标等都过高,是力不能及的,必须降低。"一五"计划草案中提出5年要修1万公里铁路,但当时并不太清楚修1万公里铁路究竟有多大的工作量,需要多少投资,要费多少人力、物力。卡冈诺维奇对此提出了看法,他说,根据中国当时的国力,5年不可能修这么多的铁路,技术上、财力上都不可能这样做。当时的苏联一年要修2000公里铁路,也是十分困难的。[④]

---

① 在西南军区就修筑入藏公路给军委的报告和西北军区第一副司令员张宗逊减派骑兵入藏问题给军委的电报上,毛泽东加写批语:"一照西南意见,玉树黑河拉萨线公路较易修,而西南则只修甘孜、昌都线,以西不修,请再研究,是否令西北负责修玉树、黑河、拉萨公路? 二由新入藏,据王震称,修路即由部队担负,不再向中央支经费,只要五百辆汽车,五千骑兵。亦不是1951年一次都去,今年只去千余。由青入藏……修路是否有经费,如无修至日喀则的经费,可否令西北负责修至黑河?"参见《建国以来毛泽东文稿》第2册,1951年1月4日关于修筑入藏公路的批语,中央文献出版社1987年版,第7页。

② 周恩来:《政府工作报告(1954年9月23日在中华人民共和国第一届全国人民代表大会第一次会议上的报告)》,《人民日报》1954年9月24日,第1版。

③ 董志凯主编:《中国共产党与156项工程》,中共党史出版社2015年版,第741页。

④ 房维中、金冲及主编:《李富春传》,中央文献出版社2001年版,第430页。

1953年3月中下旬，苏联部长会议第一副主席米高扬会同卡冈诺维奇、科西钦科、郭维尔等人，两次约见李富春，中方陪同的有宋劭文和袁宝华，米高扬代表苏联政府，对中国政府的《1953年至1957年计划轮廓(草案)》，提出了几条意见，其中第五点铁路建设意义重大。①

1955年4月19日，阿尔希波夫在《对中国发展国民经济的第一个五年计划(草案)的意见》中指出，关于交通运输业发展中的落后现象——与国民经济的发展及国防需要不相适应。② 1957年大量减少铁路运输业的基本建设工作量——较1956年减少30%，这样做未必正确。应增加铁路运输业的基本建设工作量。③ 可以说，苏方对交通业的重视在"一五"计划中得以实现。

国务院总理周恩来这一时期也在不同场合提及交通业，阐释该战略的必要性和重要性。1953年9月8日至11日，周恩来出席政协第一届全国委员会第49次会议，作"过渡时期的总路线"的报告。他比较详细地说明了体现总路线精神的"一五"计划的基本任务，强调"要使各个方面都能全面地有配合地向前发展，才能保证我们计划建设的胜利"。这就是说，我们"不能不首先集中主要力量来发展重工业"，"重工业是国家工业化的基础"。"培养技术人才是我们国家建设的关键。""交通运输是建设中一种先行部门。"④1953年9月29日，为动员全党从组织上保证过渡时期总路线的贯彻执行，周恩来在中共第二次全国组织工作会议上作"目前形势和过渡时期的总路线"报告，指出："一五"时期，集中主要力量发展重工业，不是说把一切力量都摆在重工业上，其他的都不搞了。"那是不行的，因为只有重工业，还不能满足人民的需要。""因此，国家对工业(又分重工业和轻工业)、农业、交通运输的投资比例要恰当。"⑤1953年11月27日，为发挥地方交通事业的潜力，以适应日益增长的经济建设和人民生活的需要，周恩来签署《政务院关于加强地方交通工作的指示》。1954年9月15日至28日，周恩来出席第一届全国人大第一次会议。23日，作《政府工作报告》。他指出："我国的经济原来是很落后的。如果我们不建设起强大的现代化

---

① 董志凯主编：《中国共产党与156项工程》，中共党史出版社2015年版，第738页。

② 董志凯主编：《中国共产党与156项工程》，中共党史出版社2015年版，第383页。

③ 董志凯主编：《中国共产党与156项工程》，中共党史出版社2015年版，第390页。

④ 中共中央文献研究室编：《周恩来年谱(1949—1976)》上卷，人民出版社1997年版，第324-325页。

⑤ 中共中央文献研究室编：《周恩来年谱(1949—1976)》上卷，人民出版社1997年版，第329页。

的工业、现代化的农业、现代化的交通运输业和现代化的国防，我们就不能摆脱落后和贫困，我们的革命就不能达到目的。"第一个五年计划的方针是："集中主要力量发展重工业，建立国家工业化和国防现代化的基础；相应地发展交通运输业、轻工业、农业和商业。"[①]1955 年 7 月 30 日公布的《中华人民共和国发展国民经济的第一个五年计划(1953—1957)》指出，以重工业为主的工业基本建设的目的，是要把我国国民经济从技术极端落后的状况推进到现代化技术的轨道上，而为我国的工业、农业和运输业创造现代化的技术基础。1956 年 5 月 3 日，周恩来在国务院司局长以上干部会议上作"传达毛泽东关于调动一切力量为社会主义服务"的报告。在阐释重工业和轻工业、农业的关系时指出：过去的中国是一个农业国，因此"一五"计划开始后，"我们的建设方针是优先发展重工业，相应地发展轻工业、农业和交通运输业等等"[②]。

二、交通业现代化战略的实施

为了保证交通业现代化战略的顺利实施，中共采取了一系列的发展措施，开展了卓有成效的工作，主要表现在以下方面。

(1) 在中央层面成立两级重要机构、地方上按照行政区划成立相应部门管理交通业。

政务院成立铁道部和交通部，分别由军事出身的滕代远和民主党派人士章伯钧担任部长；部以上由中财委及政务院专设办公室统筹。前期由中财委主任陈云分管，1953 年 4 月后，上述两部转由政务院副总理邓小平主管。地方上行政大区与省级也分别成立相应机构。

1949 年 10 月中旬，中央人民政府全部组织机构建立，中央人民政府共设 34 个委、部、会、院、署、行等行政部门。这些机构构成均考虑了党员及非共产党人士的比例，对铁道部和交通部的设计也体现了这个独特的制度特色。[③]

---

① 中共中央文献研究室编：《周恩来年谱(1949—1976)》上卷，人民出版社 1997 年版，第 413-414 页。

② 中共中央文献研究室编：《周恩来年谱(1949—1976)》上卷，人民出版社 1997 年版，第 571 页。

③ 在中央人民政府主席和副主席 7 人中，民主人士有 3 人，在 56 名中央人民政府委员中，非共产党人士几乎占了一半，政务院从总理到委员、副秘书长 26 人中，非共产党人士有 14 人，其他各部、委、署、院中，非共产党人士约占 1/3，有的部委占 1/2 以上，且许多民主人士当上了部长或主任。在政务院下属 30 个机构的负责人 93 人中，民主党派和无党派人士 42 人；在 30 个部、会、署、行正职负责人中有党外人士 14 人。

政务院通过所属的3个指导委员会，即财政经济委员会(简称中财委)、文化教育委员会(简称文教委)和政治法律委员会(简称政法委)，对政府下属各部门工作进行经常领导。指导委员会在政务院中列为一级，委员会主任分别由政务院副总理担任。[①] 陈云任中财委主任，也参与指导铁道部、交通部的相关工作。

1952年7月，邓小平调任中央任政务院副总理，不久兼任政务院交通办公室主任。1953年4月，中共中央做出了《关于加强对中央人民政府财政经济部门工作领导的决定》，明确规定铁道部、交通部和邮电部划归政务院副总理邓小平领导。1953年5月，政府在行政上也改变了过去经济工作由政务院统一领导的方式，将对经济工作的领导，改为分隶政府五个方面的领导人，时称"五口通商"；其中，铁道部、交通部和邮电部划归政务院副总理邓小平领导。[②]

1949年1月10日，成立中央军委铁道部，滕代远任部长。1949年5月16日，成立中国人民解放军铁道兵团，归铁道部部长直接领导，滕代远兼任铁道兵团司令员。铁路管理由原来以线路为主的分线制管理转向以行政区为主的分区制集中管理。[③]

1950年至1957年，铁道部在苏联专家帮助下建立了相应的管理体制。运输企业的计划由部、局、分局、基层站段各级管理；部属工业企业的计划由部、总局、工厂各级管理；基建施工企业的计划由部、总局、工程局、处、段(队)各级管理。各级单位的计划按上述系统编报和下达。在运输企业中，各级单位除计划处(科)编制本单位的综合计划外，同级业务部门(运、机、辆、工、电等处、科)也编制本部门计划，按本业务系统上报。年度计划通过综合计划(块块)和部门计划(条条)平衡后确定。

交通运输部设公路总局，公路总局下设大行政区公路局及运输公司，交通部公路总局与大区人民政府交通部，对区公路局是双重领导关系。各省设公路局，兼有公路及内河航运者，设交通厅，负责公路建设及汽车运输事宜。除由各省政府领导外，并接受各大行政区公路局领导。华北五省由

---

① 李格:《1949—1954年中央人民政府组织机构设置及其变化(上)》,《党的文献》2001年第5期。中财委指导16个部门:财政部、贸易部、重工业部、燃料工业部、纺织工业部、食品工业部、轻工业部、铁道部、交通部、农业部、林垦部、水利部、劳动部、人民银行和海关总署。

② 《中共中央关于加强对中央人民政府财政经济部门工作领导的决定》,《建国以来重要文献选编》,第4册,中央文献出版社1993年版,第180页。

③ 中国社会科学院、中央档案馆合编:《1949—1952中华人民共和国经济档案资料选编·交通通讯卷》,中国物资出版社1996年版,第34、35、37页。

中央交通部公路总局直接领导。① 1950年,交通运输部在各大行政区交通部、各省(区)交通厅(局)成立企业经营的联运公司,并领导与改进私营转运公司;在中央交通部成立运输管理局,执行对联运业务、群众运输、汽车运输的计划与领导。从点线到面,从一线到多线,从城市港埠到农村集镇,构成全国性的联运网,逐渐走向计划运输。②

(2) 铁道部管理军事化,强调组织性、纪律性和统一性。在新中国成立初期稳定政权、加强国防任务很重的环境中,中共中央特别强调交通通讯部门的"军事性",特别是在铁路与通讯业,实行了准军事化管理,以确保运输和通讯安全。③

1950年1月7日,中财委建议以西北、西南、华中的剩余兵力,除去进行农业生产水利工程外,有计划地用于修筑某些必要铁路的路基、山洞,利用军队的空闲劳动力,争取时间,把今后几年内需要或可能需要修筑的铁路,先筑好路基,以便鞍山向苏方订购的轧大钢轨机器到达而出货时,适时铺轨。10日,毛泽东就修筑铁路等相关问题致电陈云、薄一波,要点有二:①1月7日电悉,此项报告甚好,盼能继续。②各项计划均好,用军队修筑天兰、天成、成渝、叙昆、滇黔、黔桂、湘桂诸线甚为必要,望即着手布置进行。④ 兵工筑路路线的选择,经多次商讨,拟以贯通西北、西南交通为主,选择十线,并以线路的重要性及工程上的条件分为四级如下:(甲)宝天、天兰、天成、成渝四线共长1896公里。(乙)都筑、兰肃二线共长1204公里。(丙)包宁、湘黔、隆筑三线共长2069公里。(丁)来邕(来宾至南宁)一线长195公里。以上十线共长5364公里。⑤

1949年1月10日,军委铁道部成立,统一领导各解放区铁路的修建、管理和运输。5月16日,将铁道纵队改编为中国人民解放军铁道兵团。从1948年夏到1949年年底,铁道部队与铁路员工共修复线路1629公里,桥梁976座,车站房屋5898平方米,修复信号232站,为解放军渡江南下,进

① 中国社会科学院、中央档案馆合编:《1949—1952中华人民共和国经济档案资料选编·交通通讯卷》,中国物资出版社1996年版,第510页。

② 中国社会科学院、中央档案馆合编:《1949—1952中华人民共和国经济档案资料选编·交通通讯卷》,中国物资出版社1996年版,第687、688页。

③ 中国社会科学院、中央档案馆合编:《1953—1957中华人民共和国经济档案资料选编·交通通讯卷》,中国物价出版社1998年版,第6页。

④ 中国社会科学院、中央档案馆合编:《1949—1952中华人民共和国经济档案资料选编·交通通讯卷》,中国物资出版社1996年版,第169页。

⑤ 中国社会科学院、中央档案馆合编:《1949—1952中华人民共和国经济档案资料选编·交通通讯卷》,中国物资出版社1996年版,第169-170页。

军西北，解放全中国提供了铁路保障，为战后全国经济恢复和发展，做出了重大贡献。[①] 1954 年 3 月 5 日，8 个师的铁道部队改编成中国人民解放军铁道兵，王震为铁道兵司令员兼政委，归中央军委直接领导。此后，部队几经扩编和整编，最多时铁道兵辖 3 个指挥部、15 个师、3 个独立团以及院校、科研等单位，共 41.6 万人。

"一五"计划期间，在邓小平的直接领导下，铁路建设工作取得了较快发展。西南地区宝成铁路 668 公里全线通车，中南地区黎湛、鹰厦、南福铁路全线通车，西南地区的都筑、川黔、内昆、成昆等路的勘测设计共完成 2500 公里。

(3) 交通部依靠全民办交通，注重挖掘、发挥民间运力的补充作用。

1951 年 4 月，陈云在总结财经工作时希望重视发挥民间运输工具的作用，他指出：交通部应该花很大力量来组织落后工具的运输，把城乡物资交流搞好。我们应该随时随地根据客观情况解决问题。推销土产，最重要的是运输。应该恢复从前的运输公司，通过这些公司将所有的零担土产集中装卸。在目前条件下，运输应该充分利用落后工具。单靠汽车运输是不能完全满足城乡交流需要的。北方大车的总运量超过汽车的总运量，南方木船的总运量超过轮船的总运量，假使不注意这一点，就是没有抓住大头，没有抓住重点。[②]

新中国成立初期的交通工具一方面接收了国民党时期的一些车辆，总数不过几万辆。另一方面，大部分的运输还是依靠传统的畜力车、手推车等，数量巨大，其运力远远超过汽车运量，当时的中财委主任陈云就注意到这个现象。交通部部长章伯钧对中国的运输状况也有深刻认识，他认为，未来加强城乡物资流通，必须将政府掌握的运力和各种各样民间的运输方式有效结合起来，发动群众，把落后运输工具与现代运输工具结合起来，才能有效地改善城乡之间困难物资的流通状况。

1953 年 11 月，中共中央在批转交通部的文件时指出，随着国民经济的发展，交通运输任务必将日趋繁重，第一个五年计划建设时期内，国家需要集中主要力量发展重工业，对交通部门运输企业的基本建设投资不可能太多。因此，交通部门的工作，在一定时期内，应着重地、充分地利用和发挥现有一切运输工具与设备的潜在能力，加强经营管理，努力增加运输数量，

---

① 滕久昕：《铁道兵创建初期的一段历史》，《党史博览》2016 年第 4 期。

② 中国社会科学院、中央档案馆合编：《1949—1952 中华人民共和国经济档案资料选编·交通通讯卷》，中国物资出版社 1996 年版，第 687 页。

提高运输质量,降低运输成本,加速船舶、车辆周转,为国家提供量大、质好、价廉、迅速、安全的运输力。[①]

1954 年 1 月,中财委指出,国家已进入有计划的经济建设阶段,交通部门必须时刻注意到工农业生产、商品流通和人民物质、文化生活日益增长对运输的需要。目前已显露出运输能力赶不上运量要求的矛盾,值得警惕。航运部门应密切配合铁路(在没有铁路平行的水系区域如长江流域,则航运部门负主要责任),共同担负国家日益增长的繁重运输任务。[②]

在中央统一计划的指导下,有效地利用民间的运输工具(大车、木船、牲畜等)成为发展交通业的政策选项。1957 年,主管交通工作的负责人要求国营现代化的运输工具和民间的兽力车、木帆船的运输应统筹兼顾、合理安排,干线干流和支线支流的建设应统筹规划、互相结合,充分利用民间运输工具。包括专业木帆船 292 万吨,专业兽力车 14 万多辆,专业人力车 30 多万辆;农村兽力车约 500 万辆,各种人力车约 1000 万辆。这些民间运输工具能深入支流小河、山区小道,密切联系着广大农村人民的生产和生活。1956 年,全国仅兽力车运送的短途物资即达 2.98 亿吨,对工农业生产和城乡物资交流的作用很大。[③]

(4) 这一时期,苏联经验对交通业发展具有较大推动作用,促进了交通业发展的现代化进程。

新中国成立之初,毛泽东认为,“要学习苏联的先进经验”[④],苏联所走过的道路“正是我们的榜样”[⑤]。

早在 1946 年,苏联就派来了大约 100 名工程师、技术员以及其他专业人员帮助中共修复铁路。苏联专家帮助中国共产党建立了铁道兵部队,培训各类技术专家 4600 多人;建立了修复工作必需的材料供给机关和保障基地、桥梁基地,以及专门的军事仓库。苏联在东北对中共最大和最重要的经济援助是修复东北的铁路网。苏联专家帮助中国共产党建立了铁道兵部队共 4 个旅 3 万余人,同时培训各类技术专家 4600 多人;另外,还帮

---

① 中国社会科学院、中央档案馆合编:《1953—1957 中华人民共和国经济档案资料选编·交通通讯卷》,中国物价出版社 1998 年版,第 4 页。

② 中国社会科学院、中央档案馆合编:《1953—1957 中华人民共和国经济档案资料选编·交通通讯卷》,中国物价出版社 1998 年版,第 5 页。

③ 《让小河小道运输畅通 使城乡物资广泛交流 民间运输工具要充分利用起来 王首道同志在车船运输合作化及搬运工作会议上讲话》,《人民日报》1957 年 9 月 2 日,第 1 版。

④ 中共中央文献研究室编:《毛泽东文集》第 6 卷,人民出版社 1999 年版,第 263 页。

⑤ 中共中央文献研究室编:《毛泽东文集》第 6 卷,人民出版社 1999 年版,第 434 页。

助中国共产党建立了各种建设基地和后勤保障系统，拟定了铁路管理局与机务段的结构和编成等。①

国民经济恢复时期和“一五”时期，在学习苏联和中长铁路经验的基础上，铁路全行业逐步形成了一套高度集中的计划管理体制。1953年，邓小平开始全面负责交通工作，直接领导和参与了“全面学习中长铁路建设的经验”②，他在全国铁路工作会议上，要求学习和推广中长铁路经验，并订出具体的学习步骤和方法。铁道部据此确定三至五年学习、推广中长铁路的工作方针。在铁路管理方面仿照当时苏联的做法，建立了一种以高度集权为特征的计划管理体制。

铁路系统推广的苏联经验包括苏德尼果夫调度法、粉笔调车法、马密多夫取送车法等，特别是创造了李锡奎调车法，开展了超轴牵引和五百公里运动，因而提高了运输效率。③ 铁道部部长滕代远认为，苏联的各种先进经验，推广到中国其他铁路以后，也都用之皆准，大大地推动了工作前进的步伐。④ 成渝铁路是我国系统运用苏联先进经验修筑的一条铁路。苏联专家们用一系列的先进经验来解决从修筑路基、架桥、开隧道、铺轨一直到通车后的养路等工程中的问题。⑤

从掌握国家整个运力出发，将公私运输业的运力逐步地纳入国家计划的轨道。因此，要“强调加强国营运输企业的计划管理和经济核算，提高国营企业的经营管理水平；对资本主义运输业，实行利用、限制、改造的方针，积极地、有计划、有步骤、有区别地使其走上国家资本主义和国家计划的轨道；对个体民营的各种运输工具，加强领导与管理，发挥其运输作用”⑥。过去，我国内河拖运航行的船只编队一向采用英美式的“并列法”，长江航务

① 张春海、李生策：《苏联在新中国成立过程中的作用及其评价》，《延安大学学报（社会科学版）》2009年第5期。

② 中长铁路建设经验是苏联铁路建设经验和中国具体情况相结合的产物。在中苏合办铁路的32个月中，它曾以自己突出的效率高、成本低、利润大的模范行动，成为中国铁路前进的一面旗帜。

③ 《中长铁路已成为全国最先进的模范铁路》，《人民日报》1952年4月26日，第2版。

④ 滕代远：《祝贺中苏合办中国长春铁路公司成立两周年》，《人民日报》1952年4月26日，第2版。

⑤ 《苏联专家和成渝铁路》，《人民日报》1952年2月14日，第2版。

⑥ 《交通部党组关于1953年全国交通会议的总结报告》，1953年10月15日，11月7日经中共中央批转。引自中国社会科学院、中央档案馆合编：《1953—1957中华人民共和国经济档案资料选编·交通通讯卷》，中国物价出版社1998年版，第4页。

管理局试用苏联"一列拖带法",[1]提高了运力。随后,长江航运管理局推行苏联先进内河航运经验,改进了拖驳运输方法、航道标志、码头装卸工作,使船舶运输效率大大提高。[2] 在公路建设施工过程中,主要强调学习苏联的经验,加强计划管理。

在新中国成立初期的各项工作中,苏联的先进经验都起到了极大的指导作用,对此郭沫若曾指出:"科学在国家建设工作中占很重要的地位,在即将到来的大规模经济建设中,加强和苏联科学界的合作、努力学习和吸取苏联的先进经验将有更重要的意义。"[3]

三、交通业现代化战略的调整

"建国头七年的成绩是大家一致公认的。"[4]这是邓小平的总体判断,交通业也不例外。

交通业超额完成了"一五"计划规定的运输任务,投资回报率较高,但总体投资力度不够。据统计,铁路完成客运计划的126.6%,货运计划的111.7%;公路完成客运计划的208.3%,货运计划的555.7%;水运完成客运计划的152.7%,货运计划的320.7%;民航完成客运计划的125.9%,货运计划的142.4%。[5] "一五"期间,国家对铁路投资62.89亿元,占国家基本建设投资总额的11.44%。1949—1957年,铁路上缴国家的利税为79.79亿元,扣除同期国家向铁路的投资73.18亿元,净缴6.61亿元,为国家经济建设积累了可观的资金。[6] 第一个五年计划铁路全部积累(净上缴国库)完成65.87亿元,超过第一个五年计划国家对铁路投资62.89亿元的4.7%,超额3.7%完成五年计划规定的指标,多上缴23496.4万元。超额上缴部分主要来自运输利润超额完成25291.8万元,利润率从计划的

---

① 《试用苏联"一列拖带法"　刘健行创造拖运航行的全国新纪录》,《人民日报》1952年3月31日,第2版。

② 《推广苏联内河航运经验　长江航运运输效率大大提高》,《人民日报》1953年9月25日,第2版。

③ 《中国科学院举行扩大院长会议　定出加强学习和介绍苏联先进科学的办法》,《人民日报》1952年10月27日,第1版。

④ 《邓小平文选》第2卷,人民出版社1983年版,第302页。

⑤ 中国社会科学院、中央档案馆合编:《1953—1957中华人民共和国经济档案资料选编·交通通讯卷》,中国物价出版社1998年版,第3-4页。

⑥ 《当代中国》丛书编辑部编:《当代中国的铁道事业》(上),中国社会科学出版社1990年版,第42页。

89%提高到96.3%。[①]

那么,交通业现代化战略又是如何被科技现代化战略取代的呢?

(1)交通业无力保持较高的资金投入。

世界银行认为,发展中国家为实现工业化,交通运输业投资一般应占总投资的20%～28%,但从我国交通运输的投资来看,其比重明显过低。"一五"时期国家对运输和邮电的基本建设投资为82.1亿元,对交通部投资为13.39亿元,对民用航空局投资为1.1亿元,对地方交通投资为7.39亿元。运输、邮电部门实际完成的投资占国家基本建设投资总额的比重偏低,为18.7%。特别是在1955年之后,运输、邮电投资比重逐年下降,1955年为21.1%,1956年为18.8%,1957年为16.1%。1957年在基本建设投资总体"下马"的情况下,全国投资比上年减少9.6%,工业投资减少0.8%,而运输、邮电部门投资则减少22.5%,"下马"、"推迟"的工程更多一些。[②]交通投资近70%用于铁路建设,而铁路的投资大多用于新线建设和旧线改造,短期内不能产生效益;其余16.3%用于其他交通行业的投资也主要用于新建公路,内河与远洋航运的投资很少;加上地方交通投资的7.39亿元,已占国家交通通讯业投资的94.4%;其余给予邮电和航空的投资合计不到6%。[③]

(2)"一五"计划中的相关问题显现出来,需要认真处理,压缩投资成为政策选项。

1957年1月18日,陈云在各省、自治区、直辖市党委书记会议上提出,建设规模要和国力相适应,建设的规模超过国家财力物力的可能,就是冒了,就会出现经济混乱;两者合适,经济就稳定。[④] 1957年9月24日,陈云在中共八届三次会议上提出,第一个五年计划投资的重点,是工业和交通。这是必需的。农业投资和事业费给了84亿元,发展农业主要放在合作化上面。那个时候也只能这个样子。……现在看来,农业已经成为建设中的弱点。[⑤]

1956年9月16日,周恩来在党的八大上作《关于发展国民经济的第二

① 中国社会科学院、中央档案馆合编:《1953—1957中华人民共和国经济档案资料选编·交通通讯卷》,中国物价出版社1998年版,第375页。

② 中国社会科学院、中央档案馆合编:《1958—1965中华人民共和国经济档案资料选编·交通通讯卷》,中国财政经济出版社2011年版,第14页。

③ 中国社会科学院、中央档案馆合编:《1953—1957中华人民共和国经济档案资料选编·交通通讯卷》,中国物价出版社1998年版,第20页。

④ 中共中央文献编辑委员会编:《陈云文选》第3卷,人民出版社1995年版,第52页。

⑤ 中共中央文献编辑委员会编:《陈云文选》第3卷,人民出版社1995年版,第78页。

个五年计划的建议的报告》,在阐述“二五”计划时着重指出:“我国社会主义工业化的主要要求,就是要在大约三个五年计划时期内,基本上建成一个完整的工业体系。这样的工业体系,能够生产各种主要的机器设备和原材料,基本上满足我国扩大再生产和国民经济技术改造的需要。同时,它也能够生产各种消费品,适当地满足人民生活水平不断提高的需要。”该报告阐释了“二五”计划建议的若干主要问题:“合理地积累和分配资金”,“正确地安排基本建设计划”,发展工农业、运输业和邮电业,加强商业。①

1956 年 11 月 10 日,周恩来在出席中共八届二中全会上作《关于一九五七年国民经济计划的报告》,指出:第一个五年计划尽管成绩很大,可是应该承认,缺点错误也不少。我们缺乏经验和知识,是在不断地发现错误、修正错误的过程中前进的。为了在今后经济建设中不犯错误,“一五”计划完成后应该做全面总结。1957 年国民经济的方针是:在继续前进的基础上,“保证重点,适当收缩”。“总的方面是要收缩一下的,不然站不稳,那就会影响我们的货币、物资、劳动、工资等各方面。”②

1957 年 10 月 2 日,周恩来在陪同毛泽东接见印尼前副总统哈达时,谈了中国第一个五年计划着重建设重工业,第一是钢铁工业,第二是动力工业,第三是交通事业,第四是机器工业。第二个五年计划的方针是在优先发展重工业的基础上,工农业并重。③

1957 年 10 月 9 日,毛泽东在中共八届三中全会上,讲到农业与工业的关系,当然,以重工业为中心,优先发展重工业,这一条毫无问题,毫不动摇。但是在这个条件下,必须实行工业与农业同时并举,逐步建立现代化的工业和现代化的农业。过去我们经常讲把我国建成一个工业国,其实也包括了农业的现代化。④

(3) 科技现代化取代交通业现代化提上政策议程,成为“四化”建设长久的制度安排。

1957 年 12 月 7 日,李富春在中国工会第八次全国代表大会作《关于我国第一个五年计划的成就和今后社会主义建设的任务、方针的报告》中指

① 中共中央文献研究室编:《周恩来年谱(1949—1976)》上卷,人民出版社 1997 年版,第 618 页。

② 中共中央文献研究室编:《周恩来年谱(1949—1976)》上卷,人民出版社 1997 年版,第 637 页。

③ 中共中央文献研究室编:《周恩来年谱(1949—1976)》中卷,人民出版社 1997 年版,第 82 页。

④ 中共中央文献研究室编:《毛泽东文集》第 7 卷,人民出版社 1999 年版,第 310 页。

出，我们已经确立了社会主义的政治制度和经济制度，同时建立了社会主义工业化的初步基础，但是，我们还没有建成社会主义，还处在过渡时期……我们面临着从经济上和从政治上、思想上进一步巩固和发展社会主义的沉重任务，即把我国建设成为一个具有现代工业、现代农业和现代科学文化的社会主义强国的任务。[①] 我国的农业和轻工业，以及交通运输业，同样不能满足人民生活和国家建设的需要。……交通运输业的进一步发展，更直接有赖于重工业提供大量的设备、材料和燃料。……没有比较发达的重工业，就没有工业的现代化，也就没有农业和交通运输业的现代化，同样不能有现代的科学技术和文化的发展。[②]

1957 年 2 月，毛泽东在最高国务会议第十一次（扩大）会议上发表《关于正确处理人民内部矛盾的问题》时指出："将我国建设成一个具有现代工业、现代农业和现代科学文化的社会主义国家。"[③]

1958 年 2 月，一届全国人大五次会议召开，李先念在《关于 1957 年国家预算执行情况和 1958 年国家预算草案的报告》中指出："全国人民，为了尽可能迅速地把我国建成一个具有现代工业、现代农业、现代科学文化的社会主义强国，正在积极努力。"[④]1958 年 7 月 7 日，周恩来在新会县（今广东江门市新会区）干部会议上讲话，提出我们就会很快把中国建设成一个具有现代工业、现代农业、现代科学文化、现代国防的强大的社会主义国家。[⑤] 1960 年，李富春在《关于 1960 年国民经济计划草案的报告》中指出："加快我国工业现代化、农业现代化和科学文化现代化的进程。"[⑥]

1959 年 12 月至 1960 年 2 月，毛泽东读苏联《政治经济学教科书》。其间，毛泽东曾指出："建设社会主义，原来要求是工业现代化，农业现代化，科学文化现代化，现在要加上国防现代化。"[⑦]

四、交通业现代化战略的影响

新中国成立初期的交通业现代化战略虽然持续时间不长，但效果显

---

① 董志凯主编：《中国共产党与 156 项工程》，中共党史出版社 2015 年版，第 460 页。

② 董志凯主编：《中国共产党与 156 项工程》，中共党史出版社 2015 年版，第 464 页。

③ 中共中央文献研究室编：《毛泽东文集》第 7 卷，人民出版社 1999 年版，第 207 页。

④ 《人民日报》1958 年 2 月 12 日，第 3 版。

⑤ 中共中央文献研究室编：《周恩来年谱（1949—1976）》中卷，人民出版社 1997 年版，第 82 页。

⑥ 《人民日报》1960 年 3 月 31 日，第 2 版。

⑦ 中共中央文献研究室编：《毛泽东文集》第 8 卷，人民出版社 1999 年版，第 116 页。

著，不仅初步改善了我国交通业的合理布局，而且基本满足了国民经济的发展需求。

(1) 交通运输业主抓重点工程建设，初步形成了我国交通业基础干线，打下了产业合理布局、有利国防的基础。

铁路方面重点完成了宝成铁路、鹰厦铁路、集二铁路[①]，把西北、西南和全国联成一体，并打通了几条国际线路。对国家的经济建设和国防建设起了重要作用。1957年建成的武汉长江大桥不仅使武汉三镇联成一体，而且将京汉铁路和粤汉铁路连接起来，对公路、铁路运输具有很大的经济价值。公路方面建成了康藏公路、青藏公路、新藏公路，还有翻越横断山脉的东俄洛巴塘公路以及滇西南公路和海南公路[②]、柴达木沙漠公路等，在广大农村和中小城市之间还修筑了大量不同等级的公路。水运方面加强了青岛二码头、安徽裕溪口港、新港北防波堤等的建设，整治了川江航道和险滩，改善了航行条件。

全国交通业的统筹发展初步实现了合理的产业布局，使得东部、中部、西部三大区域具有一定的产业基础，而各种交通方式的完善起到了有效的串联作用。当然，这些政策的设计也实现了利于国防的初衷。

(2) 通过推广先进经验、开展劳动竞赛，不仅很好地服务了经济建设，而且培养了一批现代交通产业工人。

滕代远认为，苏联的各种先进经验，“中长路经验”如科瓦廖夫工作方法、五百日车公里、超轴、新调车法、装车法、聂菲铎夫养路法等等，不仅在中长铁路上创造了典型，郑锡坤、李锡奎、杨茂林、乔玉岩等劳动模范的作用已经充分发挥，而且推广到中国其他铁路以后，也都用之皆准，大大地推动了工作前进的步伐。[③] 在铁路行业中发起的“满载、超轴、五百公里运

---

① 集二线是我国主要的国际干线之一，这条铁路修成以后，从北京经过乌兰巴托到莫斯科，比经过满洲里到莫斯科要近1000多公里，这就大大地缩短了中、苏、蒙三国在铁路运输上的距离。

② 为巩固国防、建设海岛边防，以毛泽东为核心的党中央决定修建海口至三亚榆林的公路——海榆中线公路。海榆中线公路是新中国成立后海南的第一个大工程，是海南海拔最高的主干公路，是贯穿南北的一条大动脉。同时，对海南的秀英港、榆林港以及海口老机场进行扩建改造，海南东线和西线道路进行了第一次大规模改造，新修了穿越黎母山使西线和中线贯通的儋州那大至琼中乌石的公路，这些道路的建设搭起了海南“三纵四横”公路交通网的框架。

③ 滕代远：《祝贺中苏合办中国长春铁路公司成立两周年》，《人民日报》1952年4月26日，第2版。

动”，成为全路规模的运动。[①] “满载、超轴、五百公里运动”的开展起到了很好的作用，1952 年 4 月，全国铁路货物机车中已有 29%的机车完成和超过五百日车公里，超过规定牵引重量达 3.4 亿余万吨公里。[②] 到 1954 年年底，全路货运机车已有 80%能够牵引超轴列车。通过学习中长路的先进经营管理方法，为全国铁路培养了大批管理人才。铁道部先后从全路选派上万名干部和职工去中长路参观与见习，把中长路的管理经验传播到四面八方。到 1956 年，“中长路经验”已在全路开花结果。1957 年，每千换算吨公里的营业支出为 7.56 元，比 1952 年降低 12%。[③] 在第一个五年计划期间，全路共超轴运输近 2 亿吨货物，等于少开了 10 多万趟列车；5 年内的机车用煤，与 1952 年使用标准相比，为国家节约了 800 万吨。以“满载、超轴、五百公里运动”为中心的社会主义劳动竞赛，挖掘运输潜力，对解决大规模经济建设带来的运量急剧增长与运能严重不足的矛盾，起了积极作用。[④]

随着铁路建设事业的发展，铁路勘测设计和施工队伍迅速成长壮大，能力不断增强。“一五”期间，随着铁路建设的全面发展，勘测设计队伍进一步壮大，相继成立了西南、西北、中南、东北、华北 5 个设计分局，并将已成立的 17 个勘测设计总队按所在地区划归各设计分局领导，负责所在地区的铁路勘测设计工作。铁路勘测设计职工人数已由 1953 年年初的 6000 人增加到 19136 人，勘测设计工作向专业化方向发展。铁路基建施工力量基本上分为两大系统：一是铁道部系统，其中有担负新线建设及部分既有铁路改造任务的工程局和主要担负既有铁路改造任务的铁路局基建施工队伍；二是主要担负边远地区铁路建设的中国人民解放军铁道兵部队。设计施工队伍已从 1953 年的 12.5 万人增加到 1956 年的 40 余万人，铁道兵有 10 万余人。[⑤]

水运行业先后推广“一列式拖驳运输法”、“顶推法”，使长江航运管理

---

① 《中央人民政府铁道部　中央人民政府铁道部政治部　中国铁路工会全国委员会　中国新民主主义青年团铁道工作委员会联合发布关于开展满载、超轴、五百公里运动的决定》，《人民日报》1952 年 5 月 7 日，第 2 版。

② 《全国各铁路广大职工普遍展开满载、超轴、五百公里运动　四月份货物机车已有百分之二十九完成和超过五百日车公里》，《人民日报》1952 年 5 月 9 日，第 2 版。

③ 《当代中国》丛书编辑部编：《当代中国的铁道事业》（上），中国社会科学出版社 1990 年版，第 27 页。

④ 《当代中国》丛书编辑部编：《当代中国的铁道事业》（上），中国社会科学出版社 1990 年版，第 33、34 页。

⑤ 中国社会科学院、中央档案馆合编：《1953—1957 中华人民共和国经济档案资料选编·交通通讯卷》，中国物价出版社 1998 年版，第 101 页。

局的船舶运输效率大大提高。“顶推法”比“一列式拖驳运输法”的速度提高20%,节省燃料13%~15%。随后,在汉口到宜昌的航线上已普遍实行“推船运航法”。①

1956年,公路系统社会主义竞赛取得很大成绩。汽车运输职工开展了“安全、节约、十万公里无大修”运动,节约了大量燃料,延长了轮胎行驶里程。全国出现的10万公里以上无大修的汽车有3210辆,汽车运输的货运量和客运量都超过了1957年的指标。公路养护职工广泛利用天然材料,改善土路1.1万公里,节约9000多万元。公路建筑职工大力推广先进经验,全年平均提高劳动生产率25.7%。勘察设计职工完成了设计计划的105%,平均每公里的测设费用比1955年降低20%。②

(3) 开始逐步探索具有中国特色的交通业管理体制。

毛泽东在《论十大关系》一文中指出:“特别值得注意的是,最近苏联方面暴露了他们在建设社会主义过程中的一些缺点和错误,他们走过的弯路,你还想走?过去我们就是鉴于他们的经验教训,少走了一些弯路,现在当然更要引以为戒。”③

铁路形成的高度集权的计划管理体制尽管改变了铁路管理的分散状态,也有利于统一调配、集中使用力量,保证重点,办成几件大事。但是随着运输生产发展,建设规模扩大,这种体制就日益不适应客观的要求。这种体制模式过分强调计划的指令性,忽略机动性,上面集中过多,统得过细过死,影响下面的主动性和积极性,以致企业缺少活力,经营缺乏生机。④1957年4月,铁道部决定在该系统内弱化以苏联“一长制”为特征的管理体制,过渡到“党委负责制”的管理体制。铁道部认为,由于过去几年来,在加强行政工作集中统一管理的同时,忽视了企业党委对企业的全面领导作用和党的集体领导的传统经验,错误地把铁路企业党委对生产行政工作的职责规定为保证监督,又撤销了部分管理局的党委改为党组,并在铁路系统不恰当地推行了“一长制”,因而削弱了党的领导作用。为了加强党对企业的全面领导作用,今后必须贯彻执行“以党委为核心的集体领导和个人负

---

① 《推广苏联内河航运经验 长江航运运输效率大大提高》,《人民日报》1953年9月25日,第2版。

② 《公路系统社会主义竞赛取得很大成绩 去年运输量超过今年指标》,《人民日报》1957年3月22日,第6版。

③ 中共中央文献研究室编:《毛泽东文集》第7卷,人民出版社1999年版,第23页。

④ 《当代中国》丛书编辑部编:《当代中国的铁道事业》(上),中国社会科学出版社1990年版,第28页。

责相结合"的领导制度，肃清"一长制"的不良影响，建立和健全各级铁路企业党的委员会。[①] 随后铁道部先后规定：运输计划不再按季控制；基本建设投资中20万元以下的项目放权给各局、厂；设备大修项目划分为两类，属于次要性质的第二类项目放权给各局；在运营开支和劳动力上允许有2%的预备作为机动等。与此同时，还适当精简了一些计划指标，简化编制计划程序和烦琐的计算。各铁路局、厂也自上而下实行放权。同时，其他交通行业领域也在摸索适合国情的管理方式，这些措施预示着探索具有中国特点的交通业管理体制的开始。

（4）交通业现代化战略从提出、实施到退出，尽管只有短短5年的时间，但深刻地体现了中国政策的灵活性和针对性，而其也产生了不利影响。

这一时期，中共对于交通业现代化战略的探索包括了方方面面，总体利大于弊。这些探索包括烦琐但稳健的双重管理体制、依据重工业优先发展采取交通行业差别化投资策略、利用民间力量发展交通、苏联模式的引进与扬弃、先发展骨架再建设支线、现代化综合交通运输理念必须与中国国情相适应……不过，需要注意的是，在改革开放初期，交通业"瓶颈效应"之所以凸显，也是放弃交通现代化战略的不利后果之一，其先行作用只有在深化行业体制机制改革之后才得以逐步释放。通过深入考察新中国成立之初交通业现代化战略的提出与退出，可以为交通业渐进式改革打下良好的基础。

第三节　"一五"时期交通业发展绩效

作为国民经济先导行业，交通运输业对经济发展和社会进步的突出作用已经成为中外经济学家的共识。铁路、公路、水运及民航使得各种关系到国计民生货物的运输摆脱了区域空间的限制，促进了生产要素的合理流动，增强了经济活动的生命力；也打破了人类活动空间的局限，成为社会生活的强有力的血脉和经络，拉近了不同经济样式的距离，使得发达地区与落后地区的经济发展逐渐走向合理化的同步增长。

古典经济学家亚当·斯密认为，良好的道路、运河或可通航的河流由于减少了运输费用，可以开拓更大的市场，因而推动劳动分工，于是他得出

① 《铁路系统决定实行党委集体领导下的分工负责制　进一步加强党对铁路企业的领导》，《人民日报》1957年4月3日，第2版。

了"一切改良中,以交通运输的改良最有实效"的结论。列宁在1918年也曾指出:"铁路是城乡之间、工农业之间最显著的联系表现之一。"

印度经济学家D.潘德拉格曾指出:"运输是人类文明的生命线,是构成支持经济增长的基础结构的重要组成部分。"区域科学的创始人,美国的W.艾萨德1956年在其《区位与空间经济》一书中更明确地指出:"在经济生活的一切创造革新中,运输工具在促进经济活动和改变工业布局方面,具有最普遍的影响力。"①

世界各国经济增长的发展轨迹也表明了交通运输业的先导性和基础性地位,第二次工业革命(电气化)使得交通运输业飞速发展,造就了几个有代表性的资本主义国家的崛起,它们被誉为"车轮上"(火车和汽车)的国家;当二、三次工业革命在西方发达国家接踵进行的同时,中国正处于国民经济的恢复和大规模开始社会主义经济建设的"一五"时期。那么,在1953—1957年前后,中国交通运输业的发展状况如何呢?与其他国家相比又有多大差距呢?可以这么说,探究新中国成立初期在交通运输行业方面的发展状况,对于我们了解世界及自身发展有很好的作用。

一、1953—1957年我国交通业发展概况

1953—1957年是新中国开始进行社会主义经济建设的"一五"时期,在此期间,经济建设取得了突出的发展成就,新中国经济现代化开始起步,而交通运输业也取得了长足进展。由于新中国是在三年国民经济恢复初步完成、抗美援朝取得胜利以及苏联单方面援助的基础上开展的"一五"计划,因此决定了交通运输行业不可能赢得相较其他行业那样更多的建设投资,但该领域的发展还是遵循行业规律而成绩卓著,取得了很好的发展绩效,对经济增长的推动作用不容低估;同时,由于苏联先进生产力的"示范效应",该行业的发展深受"苏联范式"的影响,有着突出的计划经济的特点。

(一) 国内外经济发展情况及影响

新中国成立之后,面对着千疮百孔的经济状况,面对着国内战争的结束以及随之而来的抗美援朝的考验,仅用3年时间就使国民经济得到初步恢复并且某些方面的建设成绩超过了被称之为经济发展"黄金时期"的1937年的最高水平,令世界瞩目,为国民经济"一五"计划的制定和实施打

---

① 李文陆、张正河、王英辉:《交通与区域经济发展关系的理论评述》,《理论与现代化》2007年第2期。

下了坚实的基础。不过，在开展大规模经济建设的初期，中国面临的经济状况与其他发达资本主义国家和社会主义国家苏联相比，形势仍很严峻。

1. 与国外的差距

1952年，中国的国民收入与发达国家相比，仍很落后，只相当于同期美国国民收入的7.5%、苏联的31.6%、英国的53.8%、法国的63.9%、联邦德国的81.3%，但超过了日本的14.7%；如果从人均水平来看，差距更大，只相当于美国的2.3%、苏联的10.3%、英国的5.2%、法国的4.7%、联邦德国的6.9%、日本的22.2%。[①]

而从钢产量来看，中国与西方几个主要国家的差距更大。1953年，钢产量分别为中国177万吨、美国10126万吨、英国1789万吨、联邦德国1708万吨、日本766万吨；人均为中国3公斤、美国673公斤、英国353公斤、联邦德国482公斤、日本87公斤。[②]

2. 东西方对立对经济发展不利

抗美援朝造成了中国与西方国家的对立，这样，新中国只能在西方发达国家经济封锁的情况下进行经济建设。以美国为首的西方资本主义国家对中国进行经济封锁，尽管苏联对我国进行了一定的经济援助，但力度有限，加之两国发展战略和体制趋同，贸易互补性不够，无法实现各种经济要素的合理流动。中国的经济建设只能走独立自主的发展之路。

3. 苏联经济援助和技术援助的重要性

1950—1953年，苏联向中国提供了3亿美元贷款；1954年又给予5.5亿卢布长期贷款。苏联对中国援建的工业项目达156个，不仅提供必要的资金和设备，而且提供全套的技术指导。可以说，苏联输出的资金、技术和发展模式对我国经济建设有着深远的影响，在各个行业都打上了明显的苏联印迹。

国家面临的经济形势如此，交通运输业的发展也只能在有限的资本投入和发展战略下探索前进。

（二）交通运输业总体发展状况

1952年，在国民经济恢复完成时，交通运输业有了初步发展。而到了1957年，该行业的发展已经能够很好地服务于国民经济的建设。

---

① 武力主编：《中华人民共和国经济史》（增订版），中国时代经济出版社2010年版，第169页。

② 武力、彤新春：《中国共产党治国经济方略研究》，中国人民大学出版社2009年版，第24页。

1952年,铁路全国通车里程达到24578公里,接近新中国成立前的最高值,铁路货物周转量达到601亿吨公里,比新中国成立前最高值增加50%。公路通车里程达到13万公里,比1949年增加73%,完成货运420余万吨,货物周转量2.7亿吨,完成旅客周转量11亿人公里。内河货运量为45054903吨,客运量为35020326人;沿海货运量为6211514吨,客运量为1030138人。轮船的数量和吨位都没有达到新中国成立以前的最高峰,虽然成立了中波轮船公司开展远洋运输,但由于受限于外贸国为社会主义阵营,运力及运量都无法取得突破。民用航空的航线长度仅为13885公里,飞机48架,旅客周转量为240.9万人公里,货物周转量为183.4万吨公里。[①] 邮路总长度为1289727公里,邮电局所总数为49541处,长途电信线路总长度为182522对公里,市内电话总容量为394694公里。

到1957年,我国交通运输业的发展情况如下:相对于GDP年均9.2%的发展速度,运输通信业的发展速度为年均13%(而麦迪森对二者的估计分别是5.9%和5.3%)。[②] 全国铁路通车里程达到29862公里,比1952年增长22%。货运量增长107.5%,客运量增长91%,旅客周转量为361.3亿人公里,货物周转量为1345.9亿吨公里。公路通车里程达到25.5万公里,较之1952年公路货运量增长1.9倍,客运量增长3.2倍;汽车运输成本降低33%。我国内河通航里程达10.5万公里,轮驳船120万吨(其中远洋船9万吨),木帆船299万吨。货运量5年增长了2倍,对国内外物资交流起着重要作用。民用航空航线长度达到39927公里,旅客周转量为79870千人公里,货物周转量为6670千吨公里。在"一五"时期,邮电事业初步形成了比较完整的通信网,邮路和农村投递路线总长度达到222.3万公里,邮电局所总数为45367处,长途电信线路总长度为305200对公里,市内电话总容量为646421公里。[③]

将"一五"计划中对交通运输业的发展计划和完成情况进行对比,可以对该领域的发展有更清晰的认识。

(1) 运输和邮电部门的投资分配。

在运输和邮电部门中的投资分配为5年内国家对运输和邮电的基本

① 中国社会科学院、中央档案馆合编:《1949—1952中华人民共和国经济档案资料选编·交通通讯卷》,中国物资出版社1996年版,第2-3、935、949、1177页。

② 胡鞍钢:《中国政治经济史论(1949—1976)》,清华大学出版社2007年版,第220页。

③ 中国社会科学院、中央档案馆合编:《1953—1957中华人民共和国经济档案资料选编·交通通讯卷》,中国物价出版社1998年版,第913页。

建设投资为82.1亿元。其中,对铁道部投资为56.7亿元;对交通部投资为13.39亿元;对邮电部投资为3.61亿元;对民用航空局投资为1.1亿元;对地方交通投资为7.39亿元。

(2) 主要运输部门的运输量。

同1952年比较,1957年几个主要运输部门的运输量和周转量的增长情况为:铁路货物运输量为24.55万吨,增长5.9%;货物周转量为1.29亿吨公里,增长11%。铁路旅客运输量为24.7万人,增长51.3%;旅客周转量为319.66亿人公里,增长59.5%。

内河轮驳船(木船除外)货物运输量为3686.4万吨,增长294.6%;货物周转量为152.92亿吨公里,增长321.5%。旅客运输量为564万人,增长93.8%;旅客周转量为34.8亿人公里,增长78.7%。

沿海货物运输量为1146.1万吨,增长195.1%;货物周转量为57.51亿吨,增长19.5%。旅客运输量为147万人,增长11%;旅客周转量为2.37亿人公里,增长137%。

汽车货物运输量为6749.3万吨,增长225.8%;货物周转量为32.11亿吨公里,增长373.5%。旅客运输量为11414.6万人,增长159.1%;旅客周转量为57.32亿人公里,增长193.7%。

民用航空货物运输量为0.56万吨(包括邮件),增长175%;货物周转量为85万吨公里(包括邮件),增长231.3%。旅客运输量为5.44万人,增长145.6%;旅客周转量为0.91亿人公里,增长278.5%。

这一计划安排表明,在对交通邮电业的总投资中,近70%用于铁路建设,而铁路的投资大多用于新线建设和旧线改造,短期内不能发挥效益;用于交通的16.3%也主要用于新建公路,内河与远洋航运的投资很少;加上地方交通投资的7.39亿元,已占国家交通运输业投资的94.4%;其余给予邮电和航空的投资合计不到6%。因此,根据"一五"计划,对于这一时期不断提高的运输和通讯任务,主要不是靠投资拉动的,而是通过加强管理、提高效益实现的。其中水运(包括内河与海运)和汽车运输货运量最大,增长幅度也最高。

而实际完成的情况表明,在1953—1957年间,运输、邮电部门实际完成的投资占国家基本建设投资总额的比重偏低,为18.7%。特别是在1955年之后,运输、邮电投资比重逐年下降,1955年为21.1%,1956年为18.8%,1957年为16.1%。1957年在基本建设投资总体"下马"的情况下,全国投资比上年减少9.6%,工业投资减少0.8%,而运输、邮电部门投资则减少22.5%,"下马"、"推迟"的工程更多一些。由于我国交通运输通讯网基础薄弱,网络尚未形成,运输通讯工具、设备缺乏,而需求量增长迅速。广大地区的工业基本建设与扩大生产都需要交通运输先行,并且投资巨额的长距离干线很多。因此,在一定时期内,运输、邮电投资在国家投资中需要占有较大的比重,大体定在20%左右为宜。故"一五"时期运输、邮电业投资是偏低的。[①]

(三)突出的计划管理特点

新中国开展经济建设的"一五"计划不仅有着强烈的苏联帮助设计的痕迹,而且突出的优先发展重工业的赶超战略使得计划管理成为经济体制的显著特征,这体现在国民经济建设的各个行业。而交通运输业的计划管理又有着特殊的发展特点。

第一,交通运输业的发展必须服从于优先发展重工业的需要。为了实现社会主义工业化的总体目标,交通运输部门突出了计划管理和整体观念,树立为工农业生产、城乡物资交流服务和为国家工业化服务的思想。

针对运输企业存在的"费用高、效率低、手续繁、事故多"等主要缺点,交通运输部门制定出以下原则:①强调为工业化服务的指导方针,也就是从"适应物资流转的要求,便利客货运输来考虑问题;而决不是单纯地孤立地从赚钱多少来考虑问题和考核企业的成绩"。"我们所要求的是合理的利润,用以保证资金积累,扩大再生产。取得利润的方法是提高劳动生产率,厉行节约,降低成本,增加运输量;而决不是垄断加价,或贬价竞争。"②管好企业要"依靠群众的自觉和智慧,而不是依靠庞大的官僚管理机构。因此,不去启发职工群众的积极性,不加强政治教育,不提高劳动纪律,不关心职工群众疾苦和照顾其困难,忽视依靠职工的一切观点和作法,都是错误的。"③从掌握国家整个运力出发,加强行政管理,发挥国营企业的领导作用,将公私运输业的运力逐步地纳入国家计划的轨道。因此,要"强调加强国营运输企业的计划管理和经济核算,提高国营企业的经营管理水平;对资本主义运输业,实行利用、限制、改造的方针,积极地、有计划、有步骤、有区别地使其走上国家资本主义和国家计划的轨道;对个体民营的各种运输工具,加强领导与管理,发挥其运输作用"[②]。

---

① 参见国家经委交通局:《关于运输和通信事业中几个问题的意见》,1959年1月17日。

② 《交通部党组关于1953年全国交通会议的总结报告》,1953年10月15日,11月7日经中共中央批转。引自中国社会科学院、中央档案馆合编:《1953—1957中华人民共和国经济档案资料选编·交通通讯卷》,中国物价出版社1998年版,第3-4页。

在新中国成立初期稳定政权、加强国防任务很重的环境中，中共中央特别强调交通运输部门的“军事性”，特别是在铁路与通讯业，实行了准军事化管理，以确保运输和通讯安全。[①]

第二，对于交通运输业的发展，国家不仅在投资、经营管理甚至在人员配置、行业配套等方面都有严格而细致的计划设计。经济恢复时期和“一五”时期，在学习苏联经验的基础上，铁路系统逐步形成了一套高度集中的计划管理体制。1950年至1957年，苏联先后派遣4位铁路计划专家来铁道部帮助建立计划管理工作。这套管理体制有着鲜明的计划经济的特点，运输计划由部到基层站段层层分解，企业生产计划、基建施工计划也层层分解，各级单位按部就班进行计划的编制和报送，在形式上做到无缝对接。从上至下，每个部门每个企业都有完整的工作计划。而上级部门的年度计划又通过各级部门的计划反馈，将条条和块块平衡后最终确定下来。也就是说，纸面作业的工作是所有工作的重中之重。

1955年，在全面学习中苏民航公司经验的思想指导下，民航实行了统一领导、分区管理和政企合一，即民航局、地区管理处和航站三级经营管理体制。

公路、水运以及邮电通讯行业的管理体制也是遵循高度集中的计划经济体制设计的。

第三，由于灵活有效的市场机制遭到严格约束，对于亟待发展的交通运输业来说，其无法获取计划经济以外的资源配置，而国民经济先导性行业地位注定该行业的发展必须纳入计划管理的轨道，在当时这也是较为有效合理的制度安排。不过，这种严格的计划管理的特点，造成了交通运输业在将来的体制改革过程中面临着更为复杂、更为艰难的发展转型和抉择，先导行业的改革较之于其他部门的改革，从而也变得更为慎重、更为滞后。

（四）苏联经验的影响

新中国成立后对如何建设社会主义不仅没有经验，而且缺乏足够的思想准备，更不可能有一套完整的理论。在新中国建立以后的头7年间，特别是从1953年开始有计划地进行经济建设的几年里，中国共产党曾经把

① 中共中央批发王首道同志《关于当前交通运输和邮电工作几个主要问题的报告》给各地党委的指示，1955年6月6日。引自中国社会科学院、中央档案馆合编：《1953—1957中华人民共和国经济档案资料选编·交通通讯卷》，中国物价出版社1998年版，第6页。

苏联建设模式作为学习的样板,号召"学习苏联"。"苏联模式"由此对各个行业的发展产生重大的影响,交通运输业当然也不例外。

首先,在管理体制设计方面,苏联经验有着重要的影响,发挥了很大的作用。比如在铁路管理方面仿照当时苏联的做法,建立一种以高度集权为特征的计划管理体制。这种集中型的计划体制,有利于改变铁路管理的分散状态,也有利于统一调配、集中使用力量,保证重点,办成几件大事。

以苏联模式建立的"中长路经验"很有代表性。该路采用了苏联的经营管理方法。63个业务单位实行了经济核算制,54个单位建立了独立会计,72个机车包车组与包修组试行经济核算制。还实行了计件工资制,推广了科瓦廖夫等110多种先进工作方法,调动了职工的积极性,提高了技术水平。[①]

苏联专家对治淮工程最大的帮助是,给中国人民提出了水利建设事业中的科学技术的前进方向。苏联先进经验应用到治淮工程中的特点是经济、省时、安全。[②]

其次,苏联成功的发展经验在该行业的表现有一个从嵌入式到渐趋扩展性的发展态势。

当时在铁路系统不仅推广了很多以苏联工人命名的工作方法,还产生了具有本土特色的工作方法,比如李锡奎调车法,大大提高了运输效率。这是苏联经验本土化的可喜成果。[③] 铁道部部长滕代远对苏联的各种先进经验,赞赏有加。[④] 这对于中国铁路工人的成长发挥了很大作用。新中国成立初期的一些铁路工程很多都留下了苏联成熟的工程施工经验的印迹,比如成渝铁路从修筑路基、架桥、开隧道、铺轨一直到通车后的养路等问题的解决,苏联专家无不亲力亲为。[⑤] 这些工程的顺利建成一方面显示了苏联专家、苏联经验的重要性,另一方面还有效带动了中国产业工人的进步和成长。受苏联成功经验的影响,东北区国营工矿企业向苏联学习,连续创造了许多先进生产经验。这些先进经验对于提高工矿企业的设备能力,增加产量,改进质量,降低成本,提高工人技术水平,改变工矿企业的生产

---

① 《中长铁路已成为全国最先进的模范铁路》,《人民日报》1952年4月26日,第2版。

② 《苏联先进经验和治淮》,《人民日报》1952年8月7日,第2版。

③ 《中长铁路已成为全国最先进的模范铁路》,《人民日报》1952年4月26日,第2版。

④ 滕代远:《祝贺中苏合办中国长春铁路公司成立两周年》,《人民日报》1952年4月26日,第2版。

⑤ 《苏联专家和成渝铁路》,《人民日报》1952年2月14日,第2版。

面貌，都起了巨大的作用。[1]

我国内河航运由于受欧美殖民时期的影响，船只编队多用“并列法”，在苏联技术人员的帮助和带动下，我国开始采用苏联式的编队方式——“一列拖带法”，效果也很好。[2] 可见，在那一时期苏联先进的内河航运经验使我国的船舶运输效率大大提高，改进了各个环节的工作方法。中国水运工人在学习苏联经验的基础上，不断探索和创新，比如“一列拖带法”尽管优于欧美的“并列法”，但我们又探索出了效果同样很好的“顶推法”，这种运输方式比“一列式拖驳运输法”在速度和燃料节省方面又前进了一步。与此同时，我们很多先进的工作方法也能够得到大范围的推广，取得了良好的经济效益。

在公路建设施工过程中，主要强调学习苏联的经验，加强计划管理。

苏联先进经验和先进技术3年来在我国经济建设事业中发挥了重大作用，它和我国工人群体的创造性、劳动热情结合起来，加速着我国工业化的进程。[3] 建设现代化的新工厂、新矿山以及新的铁路、港口、农林水利事业等，对于我国经济建设的速度和工业化的速度来说，具有决定性的作用。

最后，苏联的经验并不都是成功的，苏联成功的经验某些方面并不都适合中国的情况，学习苏联终究不能代替对自己道路的探索。在“一五”计划建设的过程中，“苏联模式”在中国逐渐暴露出某些问题，比如片面强调发展重工业而忽视农业轻工业，重积累、轻消费导致国民经济重要关系比例失当，管理体制因权力过分集中而显得僵死和缺乏活力。

计划经济在一定时期、一定阶段有其合理性和必要性，一旦过分强调计划的指令性特征又会陷入管得过多过死的怪圈之中，影响了企业的自主性和积极性。铁路系统高度集中的管理体制很大程度上限制了它们根据市场信号调整运输计划的可能性，阻碍了行业的发展。

随着苏联计划管理模式弊端的显现，铁道部也开始将苏联“一长制”的管理模式转向“党委负责制”的管理模式，目的是加强党的领导，校正前一时期弱化党的领导的不良倾向。提出“以党委为核心的集体领导和个人负责相结合”的领导制度，这是铁路行业在管理体制方面进行的一个重大调

① 古维进：《东北区国营工矿企业怎样推广先进经验》，《人民日报》1952年7月18日，第2版。

② 《试用苏联“一列拖带法” 刘健行创造拖运航行的全国新纪录》，《人民日报》1952年3月31日，第2版。

③ 《在我国经济建设事业中 苏联先进经验和先进技术发挥重大作用》，《人民日报》1952年11月9日，第2版。

整。随后,便在各级铁路企业里完善党委组织系统。

用“党委负责制”代替苏联式的“一长制”不仅是一种管理方式的转变,而且是对“苏联模式”的扬弃,是中国共产党管理经济活动的一个较为适应国情的特色,至少在当时有一定的合理性。

二、交通业的发展和增长

在第一个五年计划期间,国家工业化建设实施了优先发展重工业的战略,交通邮电业是为发展重工业服务的。相对于投资侧重于重工业的特点,对交通运输、邮电通讯等行业的投资不多。作为国民经济的基础性“先行企业”,交通运输业总体来说还是取得了长足的发展,在线路通车、通航里程方面以及在行业规模、服务于工业化战略方面都奠定了比较坚实的基础。投资不足就向管理要效益,突出计划管理,千方百计提高运营效益。在百废俱兴的新中国经济拼图中,交通运输业的发展和增长为国民经济的完善增添了浓墨重彩的一笔。

(一) 铁路行业的发展与增长

“一五”时期铁路行业的发展表现在:在完成旧线改造和新线建设的同时,完善了铁路管理体制和配套工业的建设,持续增长的铁路投资改善了新中国紧张的交通运输局面,支持了国民经济建设的较快发展。

1. 铁路投资状况

1953年,我国只有少量铁路,分布在仅占陆地面积20%的地区。有计划地修建新铁路线,特别是加强西北、西南与其他地区的联系,是十分重要的任务。

“一五”期间,国家对铁路的投资为62.89亿元,占国家基本建设投资总额的11.44%。

经过8年努力,全国铁路的线路有了增加,布局及技术状态得到初步改善,工业生产能力有所加强,运输能力明显提高,并且积累了经验,锻炼了队伍,为以后铁道事业的发展打下了良好的基础。新线建设迈出更大的步伐。除了继续修建已经开工的一批工程外,陆续动工新建的又有集二(集宁至二连)、蓝烟(蓝村至烟台)、黎湛(黎塘至湛江)、包兰(包头至兰州)、鹰厦(鹰潭至厦门)、萧穿(萧山至宁波)等干线,牙林、汤林、长林等森林铁路,石拐子、平顶山、白云鄂博、河唇茂名、西安户县(今鄠邑区)等工矿企业支线。以上各条干线和支线大部在第一个五年计划期内完成了铺轨并通车。

这批新线的建成，使全国铁路的布局得到初步改善，铁路交通开始伸向西南、西北及其他边远地区。在成渝、天兰两路迅速修通，宝天线得到基本整治的基础上，又新建了宝成、兰新两条干线，大大加强了西南、西北与全国的联系。同时，新建的黎湛、蓝烟、鹰厦、萧穿等干线，初步改变了许多海防重镇和海运港口没有铁路与内地沟通的状况。新建成的集二铁路和湘桂路来睦段，为加强国际交往创造了有利条件。

1949—1957年基本建设投资、铁路投资情况及年增长率见表1-2。

表1-2 1949—1957年基本建设投资、铁路投资情况及年增长率

年份	投资额/亿元	年增长率(以上年为基期)/(%)	交通运输业投资额/亿元	铁路投资额/亿元	年增长率(以上年为基期)/(%)
1950年	11.34	—	—	2.048	—
1951年	23.46	106.9	—	3.999	95.26
1952年	43.56	85.7	—	5.287	32.2
1953年	90.44	107.6	10.02	6.48	22.56
1954年	99.07	9.5	14.2	9.46	45.98
1955年	100.36	1.3	16.95	12.26	29.6
1956年	155.28	54.7	17.56	6.49	−47.1
1957年	143.32	−7.7	19.74	13.4	106.47

资料来源：《中国固定资产投资1950—1995年》，中国统计出版社1997年版，第71、134页。1950—1952年铁路投资额，摘自中国社会科学院、中央档案馆合编《1949—1952中华人民共和国经济档案资料选编·交通通讯卷》，中国物资出版社1996年版，第414页。

2. 铁路线路改造与设施改善

中国原有铁路双线很少，全国仅866公里。“一五”期间，在运输繁忙区段增设第二线，建成双线并完成通车的，有京汉路丰台至石家庄及李家寨至孝子店两段，京山路东便门至丰台段，沈山路新民至山海关段，沈安路石桥子至凤凰城段；动工修建延至以后完成的，有京汉路石家庄以南段，陇海路郑州至宝鸡段，石太路以及哈绥南佳路的部分区段。同时，还修复了一些原有的第二线。到1957年，全国营业的双线铁路已达2203公里，双线所占比重由1949年的4%提高到8.2%。这批双线的建成，使铁路运输能力有了显著的增长。

扩建与改建枢纽和站场。旧铁路的枢纽和站场非常薄弱，有些干线上的重要车站和几个方向的干线交会点虽形似枢纽，却无相应的解编能力。为了改变这种状况，“一五”期间开工扩建与改建的枢纽有哈尔滨、沈阳、锦州、天津、北京、石家庄、太原、大同、包头、徐州、郑州、武汉、西安、成都14个。这些工程大都采取分期施工、逐步完善的办法,既照顾到长远的发展,又在短期内收到了实效。

改善通信信号设备。从1953年至1957年,把引进苏联和东欧国家的技术与自行研制结合起来,在通信方面,改造架空明线,增加线对,推广3路、12路载波机,装用步进制自动交换机及新型调度电话;在信号方面,积极发展电气路签闭塞,开始发展半自动闭塞,并在京山、沈山和哈大等线的部分区段建成自动闭塞工程。

修建特大桥梁。这一时期,为加强既有铁路而修建的特大桥梁,有武汉长江大桥和潼关黄河大桥。武汉长江大桥的建成,不仅将京汉、粤汉两路联为一体,使铁路运输和武汉地区的交通大为改善,而且创造了先进的建桥技术,出现了一批以总工程师汪菊潜为代表的技术专家,培养了一支过硬的修桥队伍,为具有光荣传统的中国桥梁事业竖起一块继往开来的里程碑。

3. 铁路勘测设计和施工队伍迅速成长壮大,能力不断增强

在勘测设计方面,新中国成立前只有少数技术人员分散在各铁路局,专业残缺不全,没有专门机构。新中国成立后,1950年即开始组建专业性的铁路勘测设计队伍。1950年3月,铁道部设计局主管铁路基本建设的勘测设计工作,先后组建了兰肃线、湘黔线、滇黔线、天成线、集白线、定西线等测量总队。1952年1月至12月陆续改组,成立17个勘测设计总队。在此期间,组建了武汉长江大桥设计组、潼关黄河大桥设计组,不久合并成为大桥设计事务所。

"一五"期间,随着铁路建设的全面发展,勘测设计队伍进一步壮大。相继成立了西南、西北、中南、东北、华北5个设计分局,并将已成立的17个勘测设计总队按所在地区划归各设计分局领导,负责所在地区的铁路勘测设计工作。1954年7月,铁道部设计局改为设计总局,领导全路新线和指导运营线基建工程的勘测设计工作。1956年1月,5个设计分局改为第一、二、三、四、五设计院。1957年3月,第五设计院撤销,其人员和业务并入第三设计院。1953年4月至1956年7月,铁道部先后组建大桥、电务、工厂、经济调查、定型、航察及枢纽站场7个专业设计事务所,分别负责专业设计工作,并由设计总局领导。1955年2月,枢纽站场设计事务所撤销。1957年11月,几个设计事务所合并成立专业设计院,负责铁路航察、工厂勘测设计、标准设计和管理工作。经济调查事务所改为技术经济勘测设计

院。至此，铁路勘测设计职工人数已由1953年年初的6000人增加到19136人，勘测设计工作向专业化方向发展。

4. 铁路管理体制的改进和完善

恢复时期和"一五"时期，在学习苏联和中长铁路经验的基础上，全路逐步形成了一套高度集中的计划管理体制。

(1) 从1952年起，铁路系统建立了运输、工业、基本建设、大修、运营支出、劳动工资、财务收支、物资供应等计划，并制定了一些计划管理规章制度。

铁道部制定的基本规章有《铁路计划编制暂行办法》、《统一编制生产财务计划说明书办法》、《铁路计划工作分析(总结)暂行办法》、《铁路计划管理暂行细则》等。对各项计划的编制和管理，还分别制定了单项规章。

中国铁路编制月度货运计划，始于1949年5月。1950年12月，政务院发出了《关于铁路运输计划的指示》，规定托运单位必须按月提出月度要车计划，要求有最大的准确性；同时规定，由政务院财政经济委员会中央财政局按月主持计划平衡会议，确定铁路月度货运计划，下达铁道部执行。这个历史文件的重要意义在于：它以政务院的名义，规定了托运单位必须按月提出要车计划的制度，同时把月度货运计划的平衡工作，提到由国家直接主持的高度，从而为铁路计划运输奠定了基础。

1955年10月，公布实行《铁路月度运输计划编制暂行规则》和《月度运输计划执行规则》。从此，铁路月度货运计划有了完整而统一的编制和执行办法。铁路月度货运计划工作的核心问题是正确处理运能与运量之间的矛盾，合理分配各地区、各部门、各个品类货物的运量，按旬、日均衡安排运输任务，尽最大努力满足国民经济的运输需求。

1956年，毛泽东主席《论十大关系》和党的八大都提出，中国经济建设要以苏联经验为鉴戒，总结过去几年的实践经验，寻找适合自己情况的办法。根据这个精神，铁路部门开始研究在计划管理中采取适当放权的做法。1957年，铁道部先后规定：运输计划不再按季控制；基本建设投资中20万元以下的项目放权给各局、厂；设备大修项目划分为两类，属于次要性质的第二类项目放权给各局；在运营开支和劳动力上允许有2%的预备作为机动费用等。与此同时，还适当精简了一些计划指标，简化编制计划程序和烦琐的计算。各铁路局、厂也自上而下实行放权。

(2) 推行分区产销平衡运输制度。

1953年年底，铁路运输在各个主要区段上已呈现紧张状态。形成此种紧张状态的原因，一方面，主要是由于铁道运输能力的发展落后于国民经济迅速发展的需要；另一方面，还由于铁路运输存在着过远的、对流的、重复的不合理现象，严重地浪费着现有的铁路运输能力，阻碍着现有铁路运输能力的充分发挥。由于供销计划性不强，煤炭集中一地，然后又向外运的重复运输现象亦极为普遍，如据1953年1月至9月的不完全统计，完全不产煤的钱塘江车站装运煤炭达1845吨，开封366吨。此外，运往上海的开滦煤和淮南煤，有不少不经就近港口利用水运而由铁路迂回运输。

不合理的运输，对国家运输力的浪费是很大的。据初步检查估算，在1953年，仅由于煤炭的对流的、过远的不合理运输便浪费铁路运输力约18亿吨公里(相当于1953年沿海运输货物周转量的一半)，即等于少运了13.5万辆车皮的其他货物，使国家多开支了运输费用约2000亿元(旧币，合新币2000万元)。此外，不合理的运输对计划生产和计划供应也是极为不利的。

1954年年初，中财委、国家计划委员会与有关各方对此问题进行了系统的研究，决定逐步推行各种主要物资分区产销平衡合理运输制度，即在按地区进行产销平衡的基础上，规定主要物资的基本流向及流动范围，限制和禁止过远的、对流的、重复的运输。从1954年第三季度开始，首先在工业品中产量最大并占全国铁路货运量1/3以上的煤炭运输方面开始实行分区产销平衡合理运输。

中共中央于1954年3月18日同意中财委(交)和国家计划委员会关于推行煤炭分区产销平衡合理运输制度的报告及其暂行办法。政务院于1954年7月1日正式颁布《关于逐步推行煤炭分区产销平衡合理运输制度的决定》。

(3) 铁路运价的统一与改革。

新中国成立前铁路运价制度十分混乱，各路运价水平高低不一。例如，京汉铁路将货物分为6个等级，按每车每法里计费；京奉铁路(北京至沈阳)将货物分为4个等级，按每英吨英里计费；而京绥铁路则按每吨每华里计费。据1935年统计，每吨公里的平均收入最低和最高之比为1∶2.43。

东北地区于1949年2月实行全区统一运价，将货物分为10个等级，对煤、木材、大米、小麦、面粉、豆饼等8种货物实行优待运价。当时北方地区的平津、济南、太原等铁路局实行5个等级的运价，各局费率亦不相同，到1949年7月实行统一运价，将货物运价改为20个等级，并对某些货物实行特价。1949年12月6日，开始实行关内南北方统一运价。

1950年4月，为了更好地适应恢复时期新的经济形势，先后在东北和南北方地区实行新的运价制度。货物运价一律改为30个等级，最高等级和最低等级运价差的幅度，东北地区由原来的360倍降为25倍，南北方由200倍降到17倍。当时因东北地区运价偏低，为缩小关内外运价差距，从1950年8月1日起，降低关内货物运价11.9%，东北地区则于1952年和1953年两次分别提高29%与16%。

国务院批准自1955年6月1日起在全国铁路实行新的客货运价，统一了全国的铁路货物运价。新运价的特点是：在保持原有货物运价水平的基础上，统一全国铁路货物运价，并改革运价制度；同时，适当调整旅客运价及各种票价间的比例。铁路运价的改革和调整，是适合于当前国民经济发展的需要并符合国家的经济政策的。①

5. 铁路工业的发展

"一五"期间，在铁路工业经过调整的基础上，又有计划有步骤地对原有工厂进行了技术改造和扩建。其重点是，对机车车辆制造厂添置必要的关键设备，充实技术后方，增强设计力量，推行新的技术和工艺，以初步建立机车车辆的生产基地；对机车车辆修理厂除增加设备、扩大生产规模以外，特别注意增强生产配件的能力，建立配件的专业生产基地。铁路器材工厂也通过改造与扩建，不同程度地提高了生产水平与能力。与此同时，为了填补机车车辆制造中的空白和改善工厂布局，还先后开工新建了成都机车车辆工厂、长春客车工厂、长春机车工厂、大同机车工厂、兰州机车工厂(其中成都机车车辆工厂于1955年开始投产，其余则延至"一五"以后建成)。一批新建的器材工厂也在"一五"期间建成并投产，扩大了铁路工业的范围。

铁路工厂在调整、改造、扩建与新建的过程中，生产能力逐步提高，为铁路建设提供了大量急需的机车车辆和各类器材。1952年，四方机车车辆厂在技术资料、机器设备和材料、配件都很缺乏的条件下，艰苦奋斗，自力更生，仿照ㄇㄎ1型机车制造出第一台解放型蒸汽机车，结束了中国不能生产机车的历史。接着，四方机车车辆厂和大连机车车辆厂又相继试制出胜

① 《全国铁路从六月一日起实行新的客货运价》，《人民日报》1955年5月20日，第1版。

利型、前进型、建设型等多种蒸汽机车，并由一些工厂批量生产，迈出了大批自造机车的步伐。同时，各机车车辆厂还设计并生产了一批新型客车与多种类型的货车。到1957年，共生产机车531台，客车1982辆，货车40780辆，克服了机车车辆严重不足的困难。修理工厂则在完成对原有机车车辆修复工作的基础上，担负起繁重的定期厂修和临时修理的任务，并提供大量维修用的配件，保证全路机车车辆的正常运转。在此期间共修理机车1.4万多台，客车1.7万多辆，货车9.7万多辆。同时，还以机车工厂为主，对ㄇㄎ1型机车进行了全面的技术改造。铁路器材工厂也在逐步加强的过程中，生产出一大批桥梁钢结构、混凝土构件、防腐枕木、通信信号装置及其他设备，并试制出一批新产品，基本上满足了新线建设和营业铁路技术改造的需要。

在第一个五年计划期间，全国铁路新建和修复的干线、支线、复线和企业专用线近1万公里。到1957年，全国铁路通车里程比1952年增长22%。铁路经营效益有效提高，万吨公里用煤量在1957年比1952年下降了25%，运营人员劳动生产率提高了75%，货车和客车运行正点率分别提高了13%和14%。货运量增长107.5%，客运量增长91%，保证了国民经济发展对铁路运输的需要。统计资料表明，旅客周转量从1949年的130.01亿人公里增长为1957年的361.3亿人公里，货物周转量从1949年的184亿吨公里增长为1957年的1345.9亿吨公里。这种增长速度，在新中国成立前是难以想象的。从运量增长速度与国民经济发展速度的关系来看，"一五"期间客货周转量平均每年增长16.3%，超过全国工农业总产值平均每年10.9%的增长幅度，货物周转量平均每年增长17.5%，接近全国工业总产值平均每年18%的增长幅度。铁路运输虽很紧张，但经多方努力，基本上适应了国民经济的发展。

1949—1957年，铁路上缴国家的利税为79.79亿元，扣除同期国家向铁路投资的73.18亿元，净缴6.61亿元，为国家经济建设积累了可观的资金。

（二）公路运输业的发展

1953年，我国的公路运输能力(126775公里公路和1834个汽车营运站点)远远不能适应国民经济迅速发展的要求；到1955年，全国还有336个县不通公路，县以下的区乡普遍使用兽力运输和人背肩挑；边境和少数民族地区运输大部分依靠兽力和人力；广袤的高原草地、省际交界的大山区基本没有公路。到1957年,公路运输业有了很大进步。

1. 公路运输业的发展情况

受国家财力所限,对于"一五"时期公路的投资,交通部与军委共同决定三项原则:"一、确为必需与急需修建者,保证最主要线路的如期完成;二、对必要而非急需者,则有计划地推迟时间;三、根据不同情况与要求合理降低标准。"①

为确定道路标准,在筑路前进行经济调查。一般主要修建土路。尽量利用当地材料建设必要的桥梁,这不仅可以降低造价,而且在河流尚未整治和某些道路还未正式定线的情况下,可避免不适当的建设。②

1955年12月,交通部召开全国地方交通会议,结合全国农业发展纲要提出建设地方道路网的要求,制定了"依靠群众、就地取材、因地制宜、经济适用"的方针,计划在1956年和1957年两年内修建地方道路15万公里。之后,交通部颁发了《简易公路设计准则》和大车道、驮道标准,编制了适于农村修筑的砖石结构的小型公路构造定型图纸24套。各地也培训了一批初级技术员工,从而在全国范围内形成了一个县乡公路建设的高潮。据统计,1956—1957年两年新建公路约10万公里,使全国不通公路的县从1955年的336个减为1957年的151个,初步改善了部分山区的交通面貌。甘肃省武都地区山大沟深,自古以来交通闭塞,经过两年的艰苦奋斗,新建县乡公路909公里,使整个地区的6个县、75%的区和31%的乡通了公路。

到1957年年底,全国公路通车里程达到25万多公里,比1952年增加了1倍。海拔高、工程艰巨的康藏、青藏、新藏公路相继通车,改变了进藏物资由印度转运的历史。在广大农村和中小城市之间也修建了许多简易公路。③

"一五"时期公路运输业的发展及成就(公路客货运输量)与"一五"时期公路运输业的发展及成就(公路旅客、货物周转量)分别见表1-3和表1-4。

① 王首道:《1953年全国交通会议总结报告》,1953年9月4日,引自中国社会科学院、中央档案馆合编:《1953—1957中华人民共和国经济档案资料选编·交通通讯卷》,中国物价出版社1998年版。

② 国家计委党组:《关于地方交通五年计划和地方邮电若干问题的报告》,1955年1月30日。

③ 《国家统计局发表关于发展国民经济第一个五年计划执行结果的公报》,《延边日报》1959年4月14日,第1版。

表 1-3　“一五”时期公路运输业的发展及成就(公路客货运输量)

运输量	1952 年	1953 年	1954 年	1955 年	1956 年	1957 年
客运量/万人	4559	7439	8648	10312	18224	23772
货运量/万吨	13158	20048	22690	25799	36695	37505

资料来源:中国社会科学院、中央档案馆合编《1953—1957 中华人民共和国经济档案资料选编·交通通讯卷》,中国物价出版社 1998 年版,第 485 页。

表 1-4　“一五”时期公路运输业的发展及成就(公路旅客、货物周转量)

周转量	1952 年	1953 年	1954 年	1955 年	1956 年	1957 年
旅客周转量/亿人公里	22.7	33.8	41.3	50.3	78.2	88.1
货物周转量/亿吨公里	14	23	29	34	44	48

资料来源:中国社会科学院、中央档案馆合编《1953—1957 中华人民共和国经济档案资料选编·交通通讯卷》,中国物价出版社 1998 年版,第 485 页。

在第一个五年计划期间,公路事业已有较大发展。公路通车里程增加 1 倍;公路货运量增长近 1.9 倍,客运量增长 4.2 倍;汽车运输成本降低 33%。但是,当时存在的突出问题是:公路数量少、质量低、分布不合理。1957 年年底,全国公路通车里程只有 25 万公里,其中常年通车里程只有 13 万公里,其余都是晴通雨阻。东部沿海地区每千平方公里平均有 52 公里公路,而西南、西北地区每千平方公里只有 17 公里。全国除西藏地区外,还有 129 个县不通汽车,其中 110 个是山区县。在这些偏僻地区和山区,交通闭塞的情况还没有得到根本的改变,仍然维持着肩挑人背的运输现状。四川省苍溪县用于运输的劳动力,占全部劳动力的 1/3。

2. 中央和地方的分工管理

1953 年,地方国营与私营从事营业的汽车 3 万余辆,地方管理的轮驳船 20 余万吨,可以组织运输的马车 200 余万辆,木帆船 400 余万吨,以及其他广大人力畜力的运输工具。情况表明,地方交通事业蕴藏着很大的潜在力量,是国营运输事业(包括铁道在内)的有力助手,起着微血管辅助大动脉的重要作用。

因此,政务院要求中央交通部除力求管好国营直属企业和中央投资的重大基本建设工程外,还要指导地方交通事业贯彻中央有关地方交通事业的方针政策,组织经验交流活动,在可能范围内给予技术帮助;并于 1953 年 11 月对地方交通工作做出特别指示,明确了地方交通工作管理范围和地方交通事业的经费计划程序。

(1) 地方交通工作管理范围。

汽车运输及其附属企业,均划归地方国营,由省(市)负责经营(某些较大的汽车配件厂,非一省力量所能经营且已交中央交通部经营者除外);地方公路、大车道、乡村道路的养护修建,地方交通公益事业的保护维修;已修成的国防公路及经济干线的养护管理;公路养路费的征收和使用;沿海短程航线,在一省内的内河航线,或虽流经两省以上而航运不发达的内河航线,均由省(市)经营管理;内河航道的疏浚养护,内河港埠码头、沿海小港,均由省(市)经营管理(已确定由中央交通部直接经营管理者除外);城市搬运工作和城市公共交通运输事业的经营管理;根据国家政策,组织与管理省(市)所属区域范围内的私营运输业和地方公私合营运输企业;根据当地运输的需要,有计划、有领导地组织民间各种运输工具;其他有关中央(或大行政区)交给办理的交通运输事项。

(2) 地方交通事业的经费和计划程序。

地方交通事业的收入,一律归地方财政收入;地方交通建设的投资,亦由地方财政解决。但大行政区财政经济委员会应加以监督,并要加以必要的调剂。地方交通计划属于地区计划系统,其基本建设与运输生产计划的编制和审批程序,应根据国家计划委员会的规定执行。

为加强和改进地方交通工作,根据精简的原则,相应地调整与充实地方交通的组织机构。

(三) 水运事业的发展

我国内河运输在城乡物资交流,煤粮、建筑材料等大宗物资的运送,重大工程建设的运输供应,稳定市场,活跃经济,改善城乡人民的经济与文化生活等方面,都起着重要的作用。在第一个五年计划期间,全国内河航运工作,以长江、松花江、珠江为重点,同时加强全国各地内河航运事业的改革与重点建设,改进港、航、厂、货各项工作,以适应高速发展的经济建设对航运业的要求。

1. 内河运输的改进

从 1950 年到 1953 年,我国内河航运业通过三次改革加强了国家的统一管理。前两次分别是在国民经济恢复时期的 1950 年 3 月和 1951 年 8 月。这两次改革明确划分了中央与地方航运管理范围和权限。但因财政、物资和设备等其他管理体制不相协调,地方航运建设仍无起色。

第三次始于 1953 年,目的是克服行政管理落后,建立和加强以计划生产管理为中心的"政企合一"、分级管理的水运体制。"一五"期间，国家通过各项法规和管理制度加强行业行政领导；以改造、扩建和新建方式增强国营企业的生产能力；以"和平赎买"的方式，逐步地把资本主义的航运企业改造成为社会主义性质的公私合营企业；采取民主改革、折价作股等措施，在民间木帆船运输业中组建合作社和集体所有制的航运企业。与此同时，在国家方针和政策的统一领导下，长江、珠江、黑龙江水系干流和海洋运输的航政、航务以及主要企业、事业单位的生产由交通部主管，地方政府进行监督和指导；各地区水运的航政、航务和企业、事业单位的生产由地方政府主管；跨省区的水运发展计划和基本建设由交通部统一协调。至于沿海港口的管理，则根据贸易和运输需要以及港口的任务与设计能力，分别设置港务管理局、分局、办事处。港务管理局为经济核算单位，接受地方政府的监督和指导。各种生产资料公有制企业均附属于国家各级政府部门，实行"政企合一"的管理体制。

"一五"期间，相继新建了湛江港(第一期工程)和裕溪口煤炭装船码头，修复或扩建了天津港塘沽9号码头、烟台港西码头和铁路专用线、青岛港18个泊位、上海港十六铺码头等泊位以及黄埔港中级码头(3号泊位)，扩建了上海船厂和广州船舶修造厂等。以长江上游(川江)航道为重点的内河航道整治开发，使水深在1米以上的航道延伸近5万公里；航道勘测和航标电气化改造工程加速进行，常年碍航的沉船和雷区基本被清除。在水运工程施工中，港口工程采用了装配式结构和预制安装工艺，沉船打捞采用了浮筒打捞技术。为发挥木帆船运力，应重点整修河岸纤道。在有条件的地区应开辟新的航线(如乌苏里江与乌江等)。①

虽然这一时期国家用在水运建设上的投资仅占全国投资总额的2.1%，但是经过各方面的努力，水路货运量和货物周转量平均每年分别递增24.6%和23.3%，高于工业和农业总产值的递增率(前者为18%，后者为4.5%)，水路货运量在全国总货运量中的比重由1952年的16.3%增至19.2%。②

2. 远洋运输的发展

新中国成立初期，我国主要通过租用外国商船、与外资开办合资公司、组织侨商船只等方式开展远洋运输，并逐步建立健全了外轮代理、外轮理

① 王首道:《1953年全国交通会议总结报告》，1953年9月4日。

② 《当代中国》丛书编辑部编:《当代中国的水运事业》，中国社会科学出版社1989年版，第11页。

货机构和制度。

1950年9月,交通部、贸易部联合在天津建立中国国外运输公司,通过租用外籍商船开展对外贸易运输之后,1953年,公司于北京更名为中国海外运输公司,不久改称中国外贸运输公司(又称中国租船公司),隶属对外贸易部。国家鼓励海外侨商投身祖国的海运事业。1955年,"大南"、"义益行"、"振盛行"、"海洋航业"、"三一"、"五福"、"顺昌"、"南洋"和"捷顺"9家船公司的商船263艘次,完成外贸货运量37.09万吨。1957年,广东省华侨委员会、广州外轮代理公司和"五福"、"顺昌"、"捷顺"等船公司组成"华侨航商驻穗联络处",以加强彼此间的联系。继1951年6月15日,中国和波兰两国政府本着互利合作的原则,组建了中波轮船股份有限公司之后,至1957年年底,共有远洋船舶16艘、17万载重吨,完成外贸进出口运量303万吨。平均每年运量占我国进出口总运量的7%,这些物资多系重要工业装备及器材,对保证我国工业建设起了很大的作用。6年中利润积累达投资的1倍。1953年6月11日,中国和捷克签订了"中捷发展航运议定书",并决定将中国货船"尤利乌斯·伏契克"号、"利吉柴"号委托捷方代营。1959年,两国政府决定成立"捷克斯洛伐克国际海运股份公司[①]",船舶所有权不变,分船核算、自负盈亏。此时,中方已投船7艘、8万载重吨。当时我国船舶在远洋航行时不能悬挂国旗,这两种经营方式,保证了我国开展远洋运输业务。

中国外轮代理总公司是统一经营国际海洋运输代理业务的全国性企业,业务范围包括船舶代理、货运代理、揽货订舱、客运代理、集装箱运输代理、国际联运等。1953年1月1日,交通部根据中央人民政府政务院财政经济委员会的指示,将各对外开放港口中独立经营的外轮代理机构归并统一,成立各港务局领导的外轮代理分公司,在交通部海运管理总局内设立远洋运输科(对外称中国外轮代理总公司)。1956年,中国外轮代理总公司完善建制,成为主管海洋运输代理业务的全国性机构。"一五"期间,各私营船舶代理行经改造归并到各地的外轮代理机构,外国在中国开设的洋行或船务公司因业务萧条纷纷歇业或由中国折价购买。1957年5月1日,大连外轮代理分公司接管了苏联来华船舶的代理业务。随着机构的调整,外

① 该公司根据捷方的要求,于1967年解散。参见董志凯:《从应对封锁禁运到建设"一带一路"——历史启示与现实实践》,《毛泽东邓小平理论研究》2016年第12期。

轮代理业务规章和管理办法也不断完善。1955年,中国外轮代理总公司正式颁发了《中国外轮代理公司业务章程》。

外轮理货是外贸运输中不可缺少的一个环节,它对承托运双方履行运输契约、买卖双方履行贸易合同和船方保质保量地完成运输任务,都起着重要的作用。理货的兴起距今已有百余年的历史。新中国成立后,在中国海员工会领导下,成立了"上海外轮理货委员会"和"青岛理货服务处"等不同形式的理货机构。1953年,通过民主改革,清除了封建把持制度,各港将理货业务设于装卸作业区。1957年,根据形势发展的需要,将外轮理货业务独立出来,在外轮代理公司设立理货科,对外使用外轮理货公司名义。

经过第一个五年计划时期的建设与发展,至1957年年底,我国内河通航里程达10.5万公里,轮驳船120万吨(其中远洋船9万吨),木帆船299万吨。货运量5年内增长了2倍,对国内外物资交流起着重要作用。①

(四) 航空事业的起步

在第一个五年计划期间,中国民航建设以北京为中心的航空网,以加强西南、西北地区与首都北京和华北、华东地区间的交通联系,作为国内客运的重点;货物运输中工业器材明显增加;开展了面向工农业生产的专业航空工作。

1. 以北京为中心的航空网络的构建

在第一个五年计划期间,中国民航增辟了18条国内航线。尤其是在1956年,由于客货运量迅速增长,当年新开辟的航线比1950年开航以来的任何一年都多。首先,开通了以北京为中心的4条干线:北京—天津—沈阳—哈尔滨—齐齐哈尔、北京—开封(后改飞郑州)—衡阳(后改飞长沙)—广州、北京—徐州(后改飞济南)—合肥—上海、北京—武汉—南京—上海;随后,为增加首都北京通往西南、西北地区的航线密度,当年增辟了北京—太原—西安—成都、北京—西安—重庆—昆明、北京—包头—酒泉—乌鲁木齐、北京—包头—兰州—西宁—塔尔丁和北京—武汉—南宁5条国内干线。

之后,为沟通华东与华南、西北地区的联系开辟了3条干线:上海—杭州—南昌—广州、上海—安庆(后改飞南京)—武汉—宜昌—重庆、上海—南京—武汉—西安—兰州。1955年以后,西南地区以成都为基地,逐步扩

① 王首道:《关于第二个五年公路、水运发展规划的报告》,1958年3月14日。

展航线，先后开辟了成都—重庆—昆明、成都—重庆—贵阳、成都—重庆—昆明—南宁—广州3条国内干线。同时，还开辟了广州—湛江—海口、乌鲁木齐—库车—阿克苏—喀什—和田、乌鲁木齐—阿尔泰3条地方航线。

1957年，航空线路长度比1952年增加1倍，除中苏航线外，增辟了中越、中缅航线，便利了国际友好往来。

至第一个五年计划期末，以首都北京为中心的国内航线网已粗具规模。它连接了全国21个省会、自治区首府和直辖市，包括南京、合肥、上海、杭州、南昌、广州、长沙、武汉、郑州、南宁、昆明、贵阳、成都、西安、兰州、西宁、乌鲁木齐、太原、天津、沈阳和哈尔滨。当时交通十分闭塞的新疆，由于开辟了航线，极大地缩短了与其他各大城市之间的旅途往返时间。到1957年，中国民航已有国内航线23条，通航城市36个，通航里程22120公里。

在这5年期间，还加强了机场建设。继天津张贵庄机场改造之后，于1953年至1954年对武汉南湖机场进行了改造。从1955年兴建北京首都机场，于1958年3月正式投入使用。首都机场的建成，使中国民航有了一个较为完备的基地。

到1957年年底，中国民航已有各型飞机118架。中国先后从苏联购买了各型飞机94架，其中，里-2型和伊尔-14型飞机各32架，伊尔-12型飞机4架，替代了原有美制DC-3型、C-46型和C-47型飞机。这是中国民航主要技术装备的首次更新。即使如此，同世界各先进国家普遍使用的新型飞机相比，中国民航所使用的飞机至少还落后十几年。

2. 中苏航空公司的移交与管理体制的成形

在自1950年中苏民航公司成立后的4年半中，公司飞机共飞行了57342生产小时，货物周转量为16807.2千吨公里，运输旅客78515人、邮件1818.2吨、货物5936.1吨，对于我国民航工作的起步和发展起了重要作用。鉴于各中苏股份公司在恢复和发展中华人民共和国国民经济有关部门的事业中已经起了积极作用，并为这些公司的企业转由中华人民共和国国家机关领导准备了条件，1954年10月15日，国务院全体会议第一次会议批准了关于将“中苏石油公司”、“中苏金属公司”、“中苏造船公司”和“中苏民航公司”4个中苏股份公司中的苏联股份售予中华人民共和国的协定。根据这一协定，包括中苏民航公司在内的4个中苏股份公司中的苏联股份按1955年1月1日的状况售予中华人民共和国。苏联股份的价值由中华人民共和国政府自1955年起,在5年期间,按照现行贸易协定的价格,以货物偿付。

由于中苏民航公司中的苏方股份全部移交给中国,该公司经营的全部航线及业务,均由中国民航局管理,从而实现了中国民航运输业务的统一领导和经营。从1955年1月起,原由该公司经营的3条国际航线和北京—乌鲁木齐、乌鲁木齐—喀什2条国内航线,统归中国民航经营。其中乌鲁木齐—阿拉木图航线开航不久,因客货不多改为不定期飞行,并于1959年停航。为了促进中国与西南各友邻国家发展友好关系,中国民航于1956年间,先后开辟了昆明—曼德勒—仰光和广州—南宁—河内2条国际航线。

从1956年起,中国民航局开始独立经营航线运输业务。其余如飞机维护队,承担各管理处的飞机、发动机等设备的改装和修理;电信修配所管理通信器材、设备修配及改装;器材总库负责航空器材供应,均为运输业务提供生产性劳务和作业,规定它们为辅助生产单位,也成为航空运输企业的组成部分,其费用支出列入运输成本。

在学习苏联民航技术业务和经营管理过程中,中苏民航公司经理部副总会计师陈宗襄,写下了数万字的关于中苏民航经济核算工作的经验,积极推广经济核算工作,使民航的经济核算工作得以顺利进行。

为使民航经济核算日趋完善,促使企业逐步成为独立经济核算单位,中国民航局于1957年决定将局供应处列作供销企业,飞机修理厂(原飞机维护队)列为工业企业。至此,中国民航局将企业分成三个独立系统:各管理处和专业航空队为运输企业;飞机修理厂和电信修配所为工业企业;供应处及其所属器材总库和油库为供销企业。这一改革明确了"谁订货谁付款"的经济责任。修理厂成为工业企业后,实行了完整的成本核算机制,提高了工时利用率,1957年完成了20架飞机的大修任务,实现利润40万元。

在第一个五年计划时期内,民航运输业务的相应发展与民航经营管理体制日益健全,经济核算的作用越来越大,经济效益也比较显著,"一五"期间共获得利润1142万元。

在中国民航创建初期,航空客运量增长缓慢。1950年仅1万人次,到1952年增到2.2万多人次。从1953年起,随着经济建设发展,对航空运输需求普遍增加。1954年,中国民航从苏联购进的伊尔-14型飞机投入空运。1956年,客运量上升到8.5万多人次,较1952年增长了近3倍。

在第一个五年计划期间，中国民航以加强西南、西北地区与首都北京和华北、华东地区间的交通联系，作为国内客运的重点；国际客运主要是通过北京—伊尔库茨克和昆明—仰光2条航线同外国沟通。在航空旅客的构成中，军政人员约占80%，私营工商业者约占15%；1956年后，外国旅客数量有所增加。

三、国外经验与历史启示

以电气化为显著特征的第二次工业革命催生了新型交通工具的革命，到20世纪50年代初期，大部分西方资本主义国家已完成了大规模铁路网线的铺设，电子计算机带来的通讯领域变革的第三次工业革命正在蓄势待发。单就交通运输行业而论，交通运输尤其是铁路运输的四通八达带来了多种生产力要素的合理流动，为资本主义发展插上了翅膀；而通讯业的革命又为其增添了新的发展动力。考察和对比这一时期中外的发展差距和现实状况，可以更加清楚地了解在这段历史中，新中国在该领域取得的成就和对下一阶段经济发展所产生的作用。

1. 20世纪50年代我国经济发展的地位和差距

英国经济学家麦迪森的研究表明，1950年，中国经济和美国经济分别占世界经济份额的5%和27.3%，而人均GDP(以世界人均1为标准)，中国、美国分别为0.21、4.53。[①] 这就是新中国开始大规模经济建设时期中国与美国之间的差距。

而世界经济在1950—1973年比以往任何时候增长都要快，这是一个无与伦比的黄金时代，世界人均GDP每年提高近3%(这个速度意味着每24翻一番)，全世界GDP总额年增长近5%，这样的增长影响了所有地区。[②] 在东西方形成鲜明对峙的情况下，两大阵营中的国家都以高速发展本国经济为国内重要政策，由于经济基础和面临的环境各异，中国经济的起飞还是相当艰难的。

表1-5是选取的几个主要国家在1950—1957年GDP增长情况的比较。

---

① (英)安格斯·麦迪森著，伍晓鹰、许宪春、叶燕斐、施发启译：《世界经济千年史》，北京大学出版社2003年版，中文版前言。

② (英)安格斯·麦迪森著，伍晓鹰、许宪春、叶燕斐、施发启译：《世界经济千年史》，北京大学出版社2003年版，第8页。

表 1-5　1950—1957 年苏联、美国、英国、法国、中国、日本、印度 GDP 增长估值

单位:百万元(1990 年国际元)

年份	苏联	美国	英国	法国	中国	日本	印度
1950 年	510246	1445916	347850	220492	239903	160966	222222
1951 年	512566	1566784	358234	234074	267228	181025	227362
1952 年	545792	1625245	357585	240287	305742	202005	234148
1953 年	569260	1699970	371646	247223	321919	216889	248963
1954 年	596910	1688804	386789	259215	332326	229151	259262
1955 年	648027	1808126	400850	274098	350115	248855	265527
1956 年	710065	1843455	405825	287969	384842	267567	280978
1957 年	724470	1878063	412315	305308	406222	287130	277924

资料来源:安格斯・麦迪森著,伍晓鹰、许宪春、叶燕斐、施发启译《世界经济千年史》,北京大学出版社 2003 年版,第 270-273、296 页。

数据显示,1953—1957 年各年中国的经济总量远远落后于苏联和美国,与英国有一定差距,比法国略高,领先于日本和印度。中国经济的快速发展得益于苏联为首开展的东西方经济竞赛、苏联以及在苏联援助下的社会主义阵营经济正在发展壮大这个背景。

当时,社会主义阵营在 20 世纪 50 年代初期经济发展的速度还是不错的。苏联第五个五年计划第二年度的生产,达到并超过了它预定的目标。1952 年,苏联工业的总产量,比 1951 年增加了 11%。捷克斯洛伐克在 1952 年已把工业总产量提高到将近战前水平的 2 倍;波兰工业生产水平已达到 1949 年的近 2 倍;罗马尼亚的工业生产量比 1951 年增加了 24.5%;保加利亚人民提前一年完成了第一个五年计划;匈牙利的工业总产量比 1951 年提高了 22%;阿尔巴尼亚的工业总产量比 1951 年增加了 1 倍。[①]这些事实证明,学习苏联的国家制度和经济制度,学习苏联经济的先进技术和成功的经验,对国家繁荣和富强的重要性。与社会主义苏联的情况相反,根据美国官方的数字,美国的工业生产指数,在 1952 年 10 个月内比 1951 年同期降低了 3%。英国的工业生产在过去一年差不多下降了 6%,法国 1952 年的输出仅及 1951 年的一半,日本的经济已经呈现出生产过剩的恐慌状态。

① 《苏联国民经济新的强大发展》,《人民日报》1953 年 1 月 29 日,第 1 版。

"一五"计划的顺利完成,尽管没有使中国脱离欠发达国家的行列,但逐渐摆脱了以农业经济为主的经济样式,开始了现代化的起步,现代化的实现程度在缓慢提高;尽管中国的现代化水平在世界排名相对靠后,现代化实现程度比几个主要国家低得多,但中国的工业基础毕竟建立起来了,为下一步的经济发展打下了坚实的基础。

表1-6、表1-7是中国在这一时期经济发展水平的简单比较。

表1-6　1950年、1960年中国经济现代化水平和国际地位

年份	经济现代化指数	世界排名	参与比较的国家个数	国家类别	现代化阶段
1950年	6.6	55	58	欠发达	农业经济
1960年	11.4	71	98	欠发达	起步期

资料来源:中国现代化战略研究课题组、中国科学院中国现代化研究中心著《中国现代化报告2008——国际现代化研究》,北京大学出版社2008年版,第185页。

表1-7　1950年、1960年、1970年苏联、美国、英国、法国、中国、日本、印度现代化实现程度

单位:%

年份	苏联	美国	英国	法国	中国	日本	印度
1950年	—	100	84	76	26	63	30
1960年	90	100	96	97	37	88	33
1970年	—	100	100	100	40	100	39

资料来源:中国现代化战略研究课题组、中国科学院中国现代化研究中心著《中国现代化报告2008——国际现代化研究》,北京大学出版社2008年版,第422页。

这个时期中国经济的增长,其实有一部分原因在于交通运输业的突出贡献,铁路网的修复和新线铺设以及公路的修建、水运的疏浚,极大地便利了资源要素的有效流通,促进了经济的快速发展。同时,对交通运输业的投资尽管有限,但还是产生了很好的经济效益。

2. 交通运输业对经济增长的影响和贡献

交通运输业对经济增长的影响,仅从它们在第二、三次工业革命中所扮演的重要角色中就可初见端倪。

这里主要从铁路方面的作用进行探讨。从世界其他国家经济起飞阶段来看,铁路部门都发挥了巨大作用。英国在18世纪末19世纪初、美国在19世纪中后期先后进入"起飞"阶段。在这个阶段,铁路作为重要的产业部门,为其他部门的发展提供了有力的保障。

第一，许多发达国家和新兴国家普遍经历了铁路超前发展的时期，在经济建设高潮到来之前投入大量资金先行修建铁路，以筑路高潮启动相关行业的发展高潮，进而促进整体国民经济步入发展快车道。美、英、德、法铁路发展最快的时期大致在19世纪中后期到20世纪初，为以后的经济发展和工业现代化提供了坚实的基础(见表1-8)。而中国的铁路投资呈现缓慢增长的特点，落后于国民经济发展水平。

表1-8　铁路网规模与经济发展

国别	达到人均1000美元的年份	铁路营业里程/公里	复线率/(%)	电化率/(%)	人均1000美元时的路网密度		路网规模最高峰年份	路网规模最高峰里程/公里
					按国土面积计算/(公里/百平方公里)	按人口计算/(公里/万人)		
美国	1950年	364189	13.03	1.14	4.72	24	1916年	408745
英国	1955年	30782	64.1	5.1	12.57	6.04	1890年	32000
德国	1957年	30976	41.34	7.59	12.5	6.02	1913年	61150
法国	1952年	41200	43.48	10.3	7.5	9.73	1938年	64000
中国	2002年	71898	33.3	25.2	0.75	0.56	2008年	80000

资料来源：国外铁路数据来源于铁道部科学技术情报研究所《国外铁路》(1991年10月)，德国为原联邦德国，各国相关数据并没有涵盖该国所有铁路；中国数据来源于《铁路主要指标手册》2002年，2008年为最新数据。

第二，世界上多数国家在工业化前期，对铁路建设进行大量投资。铁路建设占基建投资总额的比例，日本明治维新时期为55%，美国21世纪初为50%，苏联1961—1973年为63%；目前多数发展中国家运输投资占基建总投资20%～28%。关于铁路对美国经济增长所起的作用，罗斯托认为，从1843年到1860年，美国的工业化出现了一次"飞跃"，这在很大程度上要归功于那时的铁路建设。其部分原因是前向关联发挥了作用，因为铁路"降低了内陆运输的费用，将新的地区和产品带入了商业市场，总的来说，起到了亚当·斯密所说的扩大市场的作用"。这也是19世纪40年代至50年代美国制造业产量增长的一个重要原因。至于后向关联"也许对经济飞跃本身来说最重要的是，铁路的发展导致了现代煤炭、炼铁和工程企业的发展”。①

1865年以后，广泛分布的铁路网，加上运费显著下降，这就使西部农场主容易接近国内外市场。在打开西部农业发展门户方面，铁路具有决定性的影响。② 到1910年，运营长度共达399987公里的铁路，主要是在美国农业的“黄金时代”内铺设的。1914年，美国的铁路长度超过欧洲铁路的全长和整个世界铁路总长的1/3。③ 政府赠予的土地对西部铁路建筑的时间顺序和技术可能性都做出了有意义的贡献。如：对于中央太平洋铁路来说，政府赠予土地的价值占它的投资的26%；对于联邦太平洋铁路来说，则占34%。④ 1850—1871年，美国各级政府赠予铁路的土地总数竟相当于国土面积的1/10；联邦政府对铁路的资助还包括提供测量费用、减免铁路物资进口税、贷款和债券担保等；各州同时还采取免税、公众捐款、提供过境权等措施，吸引铁路从当地通过。这些措施大大促进了铁路的发展，到第一次世界大战之前，铁路营业里程就超过了40万公里。

反观中国，则对铁路的投资一直明显不足。世界银行对中国经济考察后提出的《中国与国际运输指标研究》报告指出：发展中国家为实现工业化，交通运输业投资一般应占总投资的20%～28%，但从我国对铁路基本建设的投资情况来看，其比重明显过低，以国家统计年鉴资料计算，国家对铁路投资的建设资金占总投资的比例在“一五”期间为11.4%，远低于统计水平。

表1-9是1952年、1978年中国GDP结构占比情况，表1-10是1952—1957年中国主要经济部门增长情况，可以发现交通运输业所占份额的有限制约了其自身的发展和对经济增长的贡献。

---

① 赵坚、杨轶：《交通运输业与经济增长的关系》，《交通运输系统工程与信息》2003年第2期。

② H. N. 沙伊贝、H. G. 瓦特、H. U. 福克纳著，彭松建、熊必俊、周维译：《近百年美国经济史》，中国社会科学出版社1983年版，第55页。

③ 邓宜康、吴昊、谭克虎：《从美国农业发展历史看铁路运输的作用》，《铁道经济研究》2005年第6期。杰里米·阿塔克在《新美国经济史——从殖民地时期到1940年》一书中指出：“对美国各州价格空间分布数据和扩张的铁路网的分析表明，农场主对小麦价格和铁路系统的密度有强烈的供给反应。更高的价格和更高的铁路密度导致农场主相当快地扩大种植面积。经济计量分析表明，在便宜的陆地运输出现后的6年中，农场主将扩张定居区并增加耕地面积。所增加的耕地面积足以消除小麦的实际产量与期望产量的差距的一半。”

④ H. N. 沙伊贝、H. G. 瓦特、H. U. 福克纳著，彭松建、熊必俊、周维译：《近百年美国经济史》，中国社会科学出版社1983年版，第177页。

表 1-9　1952 年、1978 年中国 GDP 结构占比情况　　单位:%

年份	种植业、畜牧业、渔业、林业	工业	建筑业	交通运输业	商业与餐饮业	其他服务业(含政府部门)	GDP 总额
1952 年	59.7	8.3	1.7	2.4	6.7	21.2	100
1978 年	34.4	33.5	3.4	3.6	5.1	20	100

资料来源:安格斯·麦迪森著,伍晓鹰、马德斌译《中国经济的长期表现(公元 960—2030 年)》,上海人民出版社 2008 年版,第 56 页。

表 1-10　1952—1957 年中国主要经济部门增长情况

单位:百万元人民币(1987 年价格)

年份	农业	工业	建筑业	交通与通信业	商业	非物质服务业	GDP
1952 年	112038	11111	3658	3637	11225	13879	155548
1953 年	114167	15077	4990	4513	15490	16597	170834
1954 年	116072	17988	4821	5004	15771	15336	174992
1955 年	125259	19177	5487	5128	15749	16877	187677
1956 年	131085	24666	9238	6244	17096	19923	208252
1957 年	135118	27465	8662	6695	16916	21883	216739

资料来源:安格斯·麦迪森著,伍晓鹰、马德斌译《中国经济的长期表现(公元 960—2030 年)》,上海人民出版社 2008 年版,第 171 页。

关于工业发展与铁路运输的关系,陈云认为,由于绝大部分的工业产品要通过铁路运输才能完成其生产、流通和分配过程,因此工业发展与铁路运输之间的关系非常密切。“一五”时期,铁路建设投资分配是,新建铁路占 41.7%,加强和改造现有铁路占 32.7%,购置机车车辆占 21.5%,新建铁路 20 余条,共 4084 公里。原来曾计划新建铁路 1 万公里,后来由于新的厂矿多在旧线附近,加之修路的费用比预想的大为提高,所以才不得不缩减新路的里程。这样,铁路运输就一直比较紧张。如 1956 年工业总产值比上年增长了 28.1%,但货物周转量只增长了 13.8%。①

1957 年 1 月 18 日,在各省、区、市党委书记会议上,陈云作了“建设规模要与国力相适应”的重要讲话。就交通运输已经暴露的矛盾,指出“煤、电、运输等先行工业部门,已经暴露出过去投资不够的问题,先行成为落后,这种状况要很快加以改变,否则对整个国民经济的发展很不利”②。

① 中共中央文献编辑委员会编:《陈云文选》第 2 卷,人民出版社 1995 年版,第 241 页。

② 中共中央文献编辑委员会编:《陈云文选》第 3 卷,人民出版社 1995 年版,第 56 页。

1959年,陈云对交通运输无法满足经济发展有过一个中肯的说法:"现在看来,我们国家的运输条件,包括水运和陆运,是不能适应3000万吨钢的产量的。……世界上钢的生产超过3000万吨的国家不多。超过了3000万吨的美国,有20万公里铁路,苏联有10多万公里铁路,而我们只有3万公里。"①

至于通信行业、民用航空等方面在20世纪50年代初期,中外发展差距大,不可同日而语,这里不进行过多比较和评论。

四、"一五"期间我国交通业发展的绩效分析

"民欲兴其国,必先修其路。"②孙中山在展望中国经济建设事业时,对交通运输的作用有着深刻的认识,他指出:"至就中国目前而论,则必须各省府州县皆筑有铁路,以利便交通,使土地出产可以输出。"③他认为,铁路为交通之母。国家之贫富,可以铁道之多寡定之,地方之苦乐,可以铁道之远近计之。④

事实上,在解放战争最终取胜及未来恢复发展国民经济上,中共中央也早已认识到"铁路运输是起着极其重要的作用"⑤。

在以苏联"156项目"援助为重点经济发展诉求的"一五"时期,扮演重要角色的是优先发展重工业的相关行业,这注定了对交通运输业发展的投入有限,对此带来的缺憾和效率损失也是正常表现,那么,如何认识交通运输业发展对国民经济的贡献呢?有哪些值得肯定的成功经验和有待完善的制度设计呢?

(一)交通业在"一五"计划中的地位和作用

"一五"时期,中国所处的国际环境得到一定改善。社会主义各国按照经济计划,不断扩大投入,实现了经济的高速增长。统计结果显示,苏联经济正以超过西方主要国家2~3倍的速度发展,中国这个时期的经济增长速度也高于美国、英国和日本,同周边的印度等国家相比,也保持了明显优势。虽然经济增长速度很快,但是这种增长的起点很低,实际上经济、文化

---

① 中共中央文献研究室编:《陈云年谱》(中卷),中央文献出版社2000年版,第435-436页。

② 胡汉民编:《总理全集》第1卷,上海民智书局1918年,第1069页。

③ 《孙中山全集》第1卷,中华书局1981年版,第568页。

④ 《孙中山全集》第2卷,中华书局1981年版,第383页。

⑤ 中国社会科学院、中央档案馆合编:《1949—1952中华人民共和国经济档案资料选编·交通通讯卷》,中国物价出版社1998年版,第139页。

还相当落后，综合国力同西方发达国家相比差距很大。

在低水平基础上实现经济现代化“起步”，交通运输业的地位和作用是很重要的，尽管“一五”时期在该领域里的投资相对微薄，但其发挥的作用是不容忽视的。主要表现在以下几个方面。

第一，对新中国成立初期的经济恢复和增长发挥了极大的作用，保证了“一五”计划的全面完成。

随着国家大规模经济建设的开展，交通运输业所承担的任务日趋繁重。在投资有限的情况下，相关部门通过加强行业管理，改造设备，提高效能，充分利用和发挥现有设备的潜在能力，加快船舶和车辆周转速度，强化设备和线路的养护、维修和技术指导，严格规章制度，充分调动了广大职工的积极性和创造性，超额完成了“一五”计划规定的运输任务。铁路完成客运计划的126.6%，货运计划的111.7%；公路完成客运计划的208.3%，货运计划的555.7%；水运完成客运计划的152.7%，货运计划的320.7%；民航完成客运计划的125.9%，货运计划的142.4%；邮路完成计划的113%，1957年年底基本实现了乡乡通邮；邮电完成上缴财政任务计划的117.8%，净上缴利润完成计划的126.3%。[①]

第二，这一时期重点工程的建设为今后国民经济产业布局打下了坚实的基础。

当时，国家在严峻的经济考验面前，还是抽出一定财力完成了宝成铁路、鹰厦铁路、集二铁路等关键工程，使得地处蛮荒、交通险恶的西北、西南与全国联为一体，也打通了与相邻国家的出口通道。1957年建成的武汉长江大桥不仅在新中国桥梁建设史上留下浓墨重彩的一笔，还有效解决了京汉、粤汉铁路的贯通问题，便利了武汉人民，利于经济长远发展。公路建设依然体现了注重国防、便利民生的政策诉求，康藏公路、青藏公路、新藏公路、东俄洛巴塘公路以及滇西南公路和海南公路、柴达木沙漠公路等的建成，这是以往历届政府想到而未做到的民生工程，都在这一时期艰难完成。另外，也修建了不少不同等级的乡村公路、城镇公路，便于物资流通。沿江沿海的一些重要港口、堤坝、河道也得到整治和修缮，比如青岛二码头、安徽裕溪口港、新港北防波堤等的建设，以及川江航道治理，使得航行条件得到改善，也使水运从业者安全作业有了一定的保障。

---

① 中国社会科学院、中央档案馆合编：《1953—1957中华人民共和国经济档案资料选编·交通通讯卷》，中国物价出版社1998年版，第3-4页。

举一个简单的例子，地方土特产的有效转运也起到了支援工业建设的作用。川西的工业大麻，以前用汽车运到重庆，每吨运费需要120多元，因而售价高，销路不好；现在火车运价每吨13.4元多，售价降低了，产品畅销。1954年仅成都车站就输出工业大麻550多万斤。这些输出的工业大麻，不仅供应了西南工业上的需要，而且运到天津、上海等地。①

交通运输的较快发展，初步实现了合理的产业布局，使得东部、中部、西部三大区域具有一定的产业基础，而交通运输发挥了有效的串联作用。

第三，交通运输业的发展改善了落后地区的经济发展水平，打通了同外界的联系和交往，促进了这些地区社会生活水平的提高。

"山岭高，山岭长，爬上山岭喊亲娘"、"样样东西用肩挑，半世工夫路上跑"、"不怕买粮，只怕送粮"，这是新中国成立初期山区人民要求改善交通条件的真实写照。

在进行规模巨大的交通建设时，投资实行了一定的倾斜，西南区1953年交通建设的投资额为1952年全区整个国民经济投资总额的30%。1953年，汽车货运转量比1952年增加了约117%。宝成铁路在1954年担负20万吨以上的货运量。交通运输事业的发达，给偏僻的山区群众带来了很大的好处。昆洛公路通车到思茅后，云南西双版纳傣族自治州物价降低了3%～8%；贵州西部的威（宁）水（城）公路通车后，沿路食盐运费降低了25%的成本，当地彝族人民吃到了廉价的食盐。②

在公路通车到拉萨以前，内地工业品仅销到昌都地区（今昌都市）和拉萨市。而通车后，日喀则人民也能买到天津的针织品、杭州的绸缎和上海的胶鞋。黑河牧区的人民可以买到西安和兰州等地出产的棉布和香烟。③

在1952年没有通车以前，甘肃省的土特产不组织出口。1953年和1954年，全省组织出口的工业大麻、当归、甘草等共有23种，仅工业大麻一项，在1954年就可给国家换回1.3万多吨钢材。火车运费低廉，一般货物比汽车运费低87.5%，使兰州市的640种商品价格普遍降低了7.3%。1952年以前，西兰公路上每年仅能运送旅客20多万人次，两年来火车运送的旅客已达284万人次。这些都使西北出现了从来未有的繁荣。④

---

① 《成渝铁路沿线的变化》，《人民日报》1955年7月3日，第2版。

② 《适应国家建设需要　密切城乡联系　西南区交通建设获得显著成就》，《人民日报》1954年2月14日，第2版。

③ 《大批内地货物经康藏青藏公路运到西藏》，《人民日报》1955年5月20日，第2版。

④ 康伟中：《西北铁路建设的伟大成就——记西北新建铁路技术展览会》，《人民日报》1955年5月23日，第2版。

成渝铁路的通车,大大缩小了工、农业产品的差价。铁路沿线以前价钱很低的农产品,现在提高了;以前卖不出去的东西,现在卖出去了。根据四川省资阳县(今资阳市)的调查,和1952年第一季度的市价相比,米价提高15%,猪肉价提高40%,小菜价约提高4倍,这说明农民的收入普遍增加。而工业品的售价,铁路沿线的几乎和重庆持平,而且在重庆能买到的,在沿线各地也能买到。①

在原来荒无人烟的草原上、沙滩上,新建了大大小小的车站。在原来黄羊出没的二连浩特,新建了一大片红色、绿色及其他各种颜色的楼房,变成了热闹的陆地口岸。铁路经过的地方,繁荣的集镇更加繁荣了。京包铁路、集二铁路的交接点——集宁县(今集宁区)平地泉镇,在30年前,是一个只有3户人家的"老鸦嘴",修了京包铁路后,到1952年,发展到1.7万多人。1953年动工修建集二铁路到1956年,已经有8.7万多人了。镇内新建了砖瓦厂、粮食加工厂,扩建了发电站、铁木工厂,增添了印刷厂、商店、学校等,之后还建立了肉类加工厂、皮毛厂、骨粉厂等现代化工厂。

集二铁路在草原和城市之间搭了一座桥,仅运费就比牛车降低70%左右,比汽车降低30%。因此,农牧民的土特产品价格普遍提高了,运进来的工业品的价格普遍降低了。②

1953年东起沿海,西至边疆,从满洲里到海南岛的邮电通信完全通达。同时,建立了广大的地方电信和乡村邮电通信网。在国际通信方面,建立和发展了与苏联、朝鲜和各人民民主国家的邮电联系。北京、上海和莫斯科、柏林间开放了无线电传真电报,莫斯科、柏林的重要集会和节日,我们当天就可以看到无线电传来的照片。③

第四,为大规模现代化的进展提供了人才储备、制度设计和发展经验、教训,缩短了与其他国家的差距,从而加快了追赶世界先进水平的步伐。这表现为在铁路建设、航测运用以及电气化施工等方面都初步实现与世界先进水平的接轨。

在依靠苏联经验修筑成渝铁路时,工程师们曾把它和京汉铁路进行比较,成渝铁路每公里平均工程总量要比京汉铁路多7倍,但每公里平均修筑费用只等于京汉铁路的5倍。新中国成立前曾参加过修筑成渝铁路的

---

① 《成渝铁路沿线的变化》,《人民日报》1955年7月3日,第2版。

② 刘衡:《集二铁路带来的繁荣和幸福》,《人民日报》1956年1月5日,第2版。

③ 《发展交通运输业,为国家建设和人民生活服务!邮电事业在迅速发展着》,《人民日报》1954年9月27日,第5版。

工程师张大镛说："国民党只做了成渝铁路全线工程的15%，而我们只要用和修这15%相等的工程费用就可以把全线修通，这是利用社会主义建设经验所达到的成果。"①"一五"时期在修筑和新建铁路线时，计划安排积极稳妥，每一项目在人力、物力和财力上都有一定的保证；在修建过程中，注意逐步充实和健全各种规章制度，使基本建设程序、工程承发包、技术监察、验工计价、竣工验收等制度均得以认真执行；同时，养成尊重科学技术、重视调查研究、贯彻群众路线、讲究实际效果的良好风气，铁路方面已经建成了一支高效而科学的勘测设计人员和施工人员队伍，为今后的经济建设提供有力的支持。

1955年6月20日，在酒泉和哈密间的天空出现3架银灰色的飞机，兰州—乌鲁木齐—阿拉木图铁路玉门以西到中苏国境的航空选线测量工作正式开始了。这是我国铁路史上第一次学习苏联采取高度科学技术进行航空测量。②

20世纪50年代初期，世界发达国家铁路正走向电气化阶段，几个发达国家基本都有成千上万公里的电气化铁路，苏联也有4000公里左右的电气化铁路。在苏联的帮助下，中国也在开展电气化建设。1956年，中国第一批设计电气化铁路的技术人员，开始进行第一条行驶电气机车的铁路——宝成铁路宝鸡至凤县段的技术设计。这些人员已经初步学会了牵引变电所、接触线网、电气机车库等整套电气化的设计工作。③

（二）苏联经验利弊辨析

毋庸置疑，苏联经验或者说是"苏联模式"对我国交通运输业的发展和建设起到了重要的作用，但在1957年"一五"计划完成后，国家领导人就尝试摆脱苏联经验的影响，开始探索自主发展之路。这里面，除了有中苏领导层政见分歧的原因，"苏联模式"自身所存在的弊端和缺陷也是不容忽视的因素。这里简单做一下辨析。

第一，苏联经验在交通运输业的设计和投资方面起到了奠基的作用，保证了优先发展重工业战略的实施。"一五"时期交通运输业的发展均超额完成计划，一方面说明其行业内部生产力的活跃程度，大大突破了计划的束缚；另一方面也说明这种厚此薄彼的战略设计也有其可取之处，按照

① 《苏联专家和成渝铁路》，《人民日报》1952年2月14日，第2版。
② 《兰新路玉门以西线路开始航空测量》，《人民日报》1955年6月22日，第1版。
③ 《我国铁路设计人员正在设计第一条电气化铁路》，《人民日报》1956年2月20日，第2版。

经济学比较优势理论，新中国成立初期中国参与国际产业分工应该侧重于发展农业和第三产业，改善民生，那么交通运输业的投资应该成为国民经济的重中之重才算合理，加大投入，大力发展。“要想富，先修路”已经成为当时国人的共识，那时的先贤未必不懂得这个道理。以“156项目”为特点的重工业发展战略为新中国的产业布局提供了路线图，但因当时我国国力孱弱，故对交通运输业的有限投入也是不得已之举。苏联的发展模式至少在“一五”时期是成功的。

第二，苏联经验在经济恢复时期以及“一五”初期前两年发挥了较大的作用，其很好地契合了中国的国情，为当时的中国在制度设计上提供了规范，产生了巨大的生命力。中国在交通管理体制设计、行业技术的引进和实施等方面都受到苏联经验的影响。同时，在面对苏联经验产生的弊端或者说在处理由于苏联经验带来的困难和不适应时，中国产业工人用其智慧和勇气，增大苏联经验的优势，减少苏联经验的问题，从而取得了良好的发展绩效。以下几个方面可为佐证。

(1) 通过推广先进的生产经验，对于开展大规模的社会主义劳动竞赛产生了很好的效果。在铁路行业，以“中长路经验”为代表的一系列工作方法得以在系统内大力推广，产生了很好的经济效益，也涌现出一大批优秀的产业工人，其中的模范代表就有郑锡坤、李锡奎、杨茂林、乔玉岩等。“满载、超轴、五百公里运动”更是成为新中国铁路史上的一个运输奇迹，对于新中国运输局面的打开发挥了很大的作用。水运行业也完成了由欧美模式向苏联模式的转变，很好地提高了生产效率。公路系统开展的“安全、节约、十万公里无大修”运动，不仅节约了大量燃料，而且延长了轮胎行驶里程。各项运输计划和指标基本能够超额完成。这对轰轰烈烈的社会主义劳动竞赛产生了很好的示范效应，也取得了不错的经济效益。

公路系统在1956年开展社会主义竞赛中取得很大成绩。汽车运输职工开展了“安全、节约、十万公里无大修”运动，节约了大量燃料，延长了轮胎行驶里程。全国出现的10万公里以上无大修的汽车有3210辆，汽车运输的货运量和客运量都超过了1957年的指标。公路养护职工广泛利用天然材料，改善土路1.1万公里，节约9000多万元。公路建筑职工大力推广先进经验，全年平均提高劳动生产率25.7%。勘察设计职工，完成了设计计划的105%，平均每公里的测设费用比1955年降低20%。①

① 《公路系统社会主义竞赛取得很大成绩　去年运输量超过今年指标》，《人民日报》1957年3月22日，第6版。

(2) 开展增产节约运动，弥补投资不足。1955 年，铁道部订出今后 3 年内节约投资 5.9 亿多万元的初步方案，并通过电话会议下达到各地；交通部和邮电部订出初步节约方案。交通部仅在民用建筑方面，今后 3 年就预计可以节省出占民用建筑原来计划 52% 的投资。邮电部除节约基本建设投资外，并准备在 1955 年、1956 年两年内处理价值 4000 多万元的积压器材。① 邮电部的节约措施规定，长途电信建设和电信设备的技术改造，必须有重点地进行；市内电话建设的原则，应该以国家重点建设的政治经济工业中心的大城市和城市规划来定，厂房、街坊、马路已经基本形成的新建工业区域作为重点。节约计划中对已经开工的和还没有开工的各项建设工程，按照不同性质分别提出降低造价的要求。②

交通部门要求，各单位除用自备车辆优先运送本部门的货物外，多余的运力应由当地运输部门分配其他的运输任务。天津、武汉、云南、辽宁等省市都在不同程度上试行了这个办法。1956 年，全国各地运输部门通过组织运用机关、企业货运汽车的多余运力，共完成了货运量 960 多万吨、货物周转量 5 亿多吨公里。③

(3) 挖掘民间运输工具的潜力来补充国家铁路、公路、水运能力的不足，发挥了独特的作用。

"一五"时期主管交通运输工作的负责人王首道要求发挥民间运输工具的作用。他要求国营现代化的运输工具和民间的兽力车、木帆船的运输应统筹兼顾、合理安排，干线干流和支线支流的建设应统筹规划、互相结合，充分利用民间运输工具。他认为：我国现有专业木帆船 292 万吨，专业兽力车 14 万多辆，专业人力车 30 多万辆；农村兽力车约 500 万辆，各种人力车约 1000 多万辆。这些民间运输工具能深入支流小河、山区小道，密切联系着广大农村人民的生产和生活。例如，1956 年全国仅兽力车运送的短途物资即达 2.98 亿吨，对工农业生产和城乡物资交流的作用很大。④

第三，苏联经验的引进在"一五"时期极大地提高了经济建设的速度和水平，中国的建设者对其暴露出的缺点并不是一味地盲从，而是进行合理的改进和完善，提供了制度改革的弹性空间，由经济理性带来的政治理性

① 《中央各工业交通部门　拟订节约建设资金方案》，《人民日报》1955 年 6 月 22 日，第 1 版。

② 《邮电部计划三年内节约三千二百多万元》，《人民日报》1955 年 7 月 8 日，第 1 版。

③ 《公路运输部门增产节约的重大措施　国务院第六办公室负责人谈合理组织运用机关企业货运汽车的意义》，《人民日报》1957 年 5 月 12 日，第 4 版。

④ 《让小河小道运输畅通　使城乡物资广泛交流　民间运输工具要充分利用起来　王首道同志在车船运输合作化及搬运工作会议上讲话》，《人民日报》1957 年 9 月 2 日，第 1 版。

变革因而就有了一定的制度基础。

比如,在铁路行业的发展中,这种理性得到了一定的发挥,在当时的时代背景下有一定的进步性。比如"中长路经验"向全行业的推广为新中国铁路建设和发展提供了规范,一旦其弊端显现,铁道部就以"党委负责制"代替"一长制",用群众路线代替官僚的腐败等。

1955 年,铁路运输中有一种非常奇怪的现象引起了相关人员的注意,许多车站在运货时追求装更多的车,却不管这些车上究竟装了多少货物。例如,本来大吨位货车应该装比较重的货物,如粮食、肥田粉、矿物性建筑材料、煤等;小吨位的棚车应该装比较轻的货物,如棉花、烟叶、牲畜等。但是有些铁路的调度所和车站为了凑车数,竟违背合理使用货车的原则。1954 年 9 月底,株洲运输分局调度所命令长沙北站用 5 辆 50 吨货车装猪,每车仅装 16 吨。为什么会出现这种怪现象呢? 这要从铁路各级领导上来检查——铁道部给许多铁路管理局分配的车数计划,有不少是没有货物的"空头"。有些铁路管理局工作人员说:"铁道部每天每月只问装车数,到年底才问吨数完成得怎样。完不成车数,每天过不了关。"铁道部抓车数是对的,但是只抓车数,不问装的质量,就很容易造成单纯追求车数的偏向。[①]

由于粮食调运部门对各地粮食库存情况和购销情况不清楚,且没有全面的安排,因此造成了运输力和运费的严重浪费。例如,1955 年上半年将内蒙古的玉米运往汉口,而四川的玉米却经过汉口运往山东,又将陕西的玉米运往北京,结果有 7000 多吨粮食对流运输,浪费的运输力达 1050 万吨公里,等于 142 个 30 吨的车皮在陇海铁路上来回空驶一次,运费支出 9 万多元。又如,1954 年,湖南省曾把道县和宁远县粮食大量调往零陵县,后来发现调出粮食的这两个县库存量太少,粮食有脱销的危险,就又从零陵县把大批粮食调回原地。这样往返调运,共浪费运费 16 万多元。据 1954 年山东、河北、浙江、江西四省和湖南的衡阳、安徽的祁门与绩溪三个地方的不完全统计,由于粮食迂回运输和倒运而浪费的运费总数在 500 万元以上。[②]

以上只是计划管理所产生的一些问题而已,其实在各个行业都或多或少地存在着这些问题,在执行计划管理的刚性制度时,中国人敢于正视制度缺陷所产生的问题,从而为下一步的政策调整和改革提供了参照,这是

① 丁关根:《铁路运输中的奇怪现象》,《人民日报》1955 年 2 月 28 日,第 2 版。

② 吴学成:《纠正粮食调运中的不合理现象》,《人民日报》1955 年 9 月 3 日,第 6 版。

经济理性的正常表现。从文化的视角来看，理性和科学是现代的灵魂，它们渗透到社会行动中并推动社会行动。在现代思维中，社会生活的每一个细节都被想象为进一步推动人类财富积累使命计划的一部分。考察1953—1957年中国交通运输业的发展和进步，以及其所面临的成功经验和失败教训，都能够发现经济理性所产生的巨大价值，建设者们发现了问题，并提供了解决问题的思路，不论是基层工作者微观的思考，还是陈云、王首道等领导者对民间运输工具的合理倚重，他们都在完善中国经济建设的有效拼图，一旦经济理性冲破不合理的束缚，政治理性就可以进行抉择，适应经济理性发展的政策意味着政治理性发挥了合理的作用。中国改革的路线正是循着经济改革、政治改革这样一个方向前进的，从1953—1957年交通运输业的发展中也能够找到这样的因子。

第二章

中国交通业的缓慢发展（1958—1965）

“大跃进”不仅给国民经济建设带来损失，交通业也不可幸免地受到一定的影响，高指标、浮夸风等在一定程度上干扰了交通运输发展的正常脚步，管理体制变动频繁，下放上收太快，带来了不良的后果。随着国民经济“八字方针”的实施，交通业也走上了稳步缓慢的发展轨道，取得了一定程度的进步。

第一节　交通业“大跃进”及后果

整风运动和全国性的“反右派斗争”使得“左”的错误指导思想开始抬头，第一个五年计划的超额完成，对新时期国民经济建设产生了巨大的鼓舞作用。“赶超”、“以钢为纲”等思想逐渐成为指导经济建设的理论和实践，并以“大搞群众运动”为方法，“大跃进”运动在国内迅速蔓延开来。1958 年，国民经济第二个五年计划开始。5 月，党的八大二次会议通过“鼓足干劲、力争上游、多快好省地建设社会主义”总路线。9 月 1 日，中共中央发出号召，动员全党全民为在 1958 年内生产 1070 万吨钢而奋斗，同时提出“以钢为纲，全面跃进”的方针。在这样的政策指导下，交通业也开始进行全面的“大跃进”运动。

一、国民经济“大跃进”及调整

1956 年，中国基本完成了社会主义改造，之后，中国共产党发现了苏联社会主义经济模式的弊病，并试图根据中国的国情和经验去改革这种模式，但是1957年的“反右”运动干扰了改革和发展的思路。1956年社会主义改造完成以后，毛泽东认为，社会主义的优越性可以保证经济建设速度的大大加快。然而，以追求所有制方面的“一大二公”和发展速度上盲目冒进的“大跃进”，却适得其反，使国民经济陷入困境，城乡人民生活也遇到了极大困难。为了纠正这些错误，中共中央进行了长达5年的国民经济调整，使得国民经济得到恢复和发展。

1956年年底，社会主义改造出乎意料地顺利完成，使以毛泽东为代表的党中央以为中国经济体制的问题已经解决，中国的问题只是落后的生产力不能适应人民日益增长的物质文化的需求。尽管1957年的整风和“反右”运动改变了党对政治形势的乐观估计，但并没有改变经济建设是主要任务的观点。而1957年第一个五年计划大部分指标的超额完成，又滋长了毛泽东的骄傲情绪，他忽视了中国经济建设的艰巨性和长期性，决心用民主革命和社会主义革命中行之有效的“群众运动”的方式开展经济建设，其实质是农业用劳动力大动员和工业用资本物资的大量投入的战略来促使经济的发展。①

1958年5月，中共中央在八届二次会议中认为，我国正处在“一天等于20年”的伟大时期，我国社会主义建设事业的发展也完全能够达到一个极高的速度。会议根据毛泽东的提议正式通过将“鼓足干劲、力争上游、多快好省地建设社会主义”的总路线作为社会主义建设总路线。②“大跃进”运动在全国范围内从各个方面开展起来，主要表现是片面追求工农业生产和建设的高速度，继续修改和提高生产计划指标。

持续3年的“大跃进”，动员了空前规模的人力、物力、财力，使我国的工农业生产在一个短时期内，有了迅速的发展和变化。但毋庸置疑，急于求成的“大跃进”给国民经济带来的是更多的灾难性后果。严峻的经济形势迫使党和政府不得不提出国民经济的调整问题。1961年1月14日至18日，中共中央在北京举行了中共八届九中全会。全会正式批准了“调整、巩固、充实、提高”的八字方针。

从1961年到1965年，国民经济经过整整5年的调整，应该说取得了巨大的成功。工农业生产在较为协调的状态下运行，整体水平已经超过了

① 费正清、罗德里克·麦克法夸尔主编，王建朗等译：《剑桥中华人民共和国史（1949—1965）》，上海人民出版社1990年版，第339页。

② 1959年庐山会议以后，社会主义总路线与“大跃进”和“人民公社”并称为“三面红旗”。

1957年。1965年,全国工农业总产值为1984亿元,其中农业总产值590亿元,工业总产值1394亿元。与1957年相比,工农业总产值增长59%,农业总产值增长10%,工业总产值增长98%。经过调整,国民经济中各种结构和相互比例实现了较为协调的发展态势。

二、交通业"大跃进"

1958年5月13日,交通部党组以"全党全民办交通,水陆空运大跃进"为题,向中共中央政治局报告了交通运输发展设想和"二五"时期的生产建设计划。该报告主要内容包括:交通运输必须与工农业一齐跃进,为了在15年内赶上英国,必须贯彻"依靠地方、依靠群众、普及为主"的建设方针,在工作安排上必须"中央与地方相结合,以地方为主;普及与提高相结合,以普及为主;大中小相结合,以发展中小为主"。交通部在总结过去8年交通工作的基础上,提出了"全党全民办交通"和"地、群、普"[①]的方针,号召各地公路交通部门依靠各级党委,依靠地方,依靠广大群众,面向农村、农场、林区、矿山、工厂、山区和偏僻地区,因地制宜地普及公路运输,更好地为工农业生产、为人民生活需要和国防建设服务。之后,交通部在山东烟台召开定时运输现场会议,推广烟台汽车运输公司加强内外协作、压缩汽车非生产停歇时间、加速车辆周转、发挥汽车运用效率的经验。

关于"二五"时期的水运发展设想是:水路货运的平均增长速度为25%,1962年货运量达到4.7亿吨,货物周转量达到1260亿吨公里,比1957年各增长2倍,增加水深在10米以上的航道3万公里;到1962年共计通航里程约16万公里,其中水深在10米以上的航道达到6.8万公里;开通京杭运河,将海河、黄河、淮河、长江、钱塘江五大水系连接起来;增加江海轮驳船170万载重吨左右(包括远洋船舶40万载重吨),1962年全国轮驳船达到300万载重吨左右。为了保证水运的高速发展,该报告中还提出了关于水利资源综合利用、解决碍航闸坝、基本建设和规划工作的分工、改进水运经营管理、降低运价、发展综合运输和各种运输方式的合理分工以及降低船舶造价和燃料费用等问题。

为加强钢铁物资运输的管理,1958年交通部随即发出关于"全民搞运输,保证出钢铁"的紧急指示,要求全国交通运输职工为确保钢铁物资运输

① 1958年上半年,交通部在地方交通片区座谈会上提出依靠地方、依靠群众、普及为主发展地方交通的"地、群、普"方针。但由于"左"的思潮影响,这个方针却是基于否定所谓的主要依靠国家投资、依靠部直属的专业队伍、依靠专家、高标准发展公路交通的"直、专、高"思想而提出来的。

当好先行者。从省(自治区、直辖市)直到地、县普遍成立运输指挥部,坚决实行物资排队制度,首先保证矿石、生铁、焦炭、炼钢设备和器材等物资的运输。公路交通部门拥有的货运汽车严重不足,即使增加部分新车,加上采用汽车拖挂、开展双班运输等多种提高运输效率的办法,运力缺口仍然很大。中共中央于9月17日发出《关于征用政府机关载重汽车支援钢铁生产运输的指示》,国庆前夕,全国组织起来投入钢铁物资运输的机关企业汽车达2万辆之多,行动之快,规模之大,前所未有。

“大跃进”开始后,国民经济各部门不顾实际可能,竞相追求高速度,各项工业指标都要翻番。铁路部门面对突然剧增的运量,也脱离实际地提出多修路、多造车、多拉快跑等各种过高的指标。1957年,全路货运量不到3亿吨,却设想1959年运货8亿吨,1972年运货30亿吨,因而要求运输效率和机车车辆生产在很短时间内翻几番,15年内修建12万公里新铁路。这种根本不可能实现的高指标还在陆续加码中。如1958年3月间预定在“二五”期间修建新铁路2万公里,5月间增加到3万公里,8月间又增加到7万公里。1958年5月至8月,铁道部以部令公布改革规章制度,先后三批废止1196项,下放自流1013项,合计2209项。在改革中只破不立,不经调查研究,自上而下地下令执行,结果是“三制”、“八规”(三制是负责制、验收制、经济核算制;八规是技术管理规程、货运规程、客运规程、危险品运输规程、产品设计规程、各种设备大中修规程、工程设计规程、施工规程)受到破坏。改革不合理的规章制度,变成了不要规章制度,很多合理的规章制度也被废除或自流了。

三、交通体制调整

1958年4月,中共中央决定下放权力,改变领导体制,改革不合理的规章制度,并限期将中央管理的企业下放给省、自治区、直辖市管理。这对发挥中央和地方两个积极性,改变统得过多过死的管理制度是有益的。但由于操之过急,突出强调为“大跃进”服务,未经试验,盲目下放权力,废除了一些必要的规章制度,结果适得其反,对“左”倾错误的发展起了推波助澜的作用。国家经济体制改革也影响到交通管理体制改革。

为了响应国家对经济体制试行改革号召,1958年下半年,交通部就把直属的公路建设队伍连同公路的计划投资体制,一起下放给省、自治区。交通部直属的7个公路工程局和5个公路设计分院的建制撤销,7万多名职工全部下放各省、自治区。交通部公路设计院与水运设计院合并改组为交通部交通工程设计院,仅保留 60 多人担负公路规划设计工作。随着公路交通管理体制的改变,国家对公路建设的计划投资体制也全部下放到省、自治区。与此同时,绝大多数省、自治区交通厅(局)也相继下放直属的企事业单位,撤销了省级专业管理机构,把直属的汽车运输企业连同人权、财权、物权全部下放到专区(州、盟),有的还下放到县,形成从省到地、县层层下放的局面,有的甚至把干线公路的养护道班交给公社分段管养。公路交通管理体制开始从垂直领导为主演变为以地、县(即块块)管理为主。1960 年 12 月,交通部撤销公路总局,另行组建基本建设总局,设公路处主管公路业务,领导力量大为削弱。① 由于当时正处于"大跃进"和人民公社化运动时期,公路交通急需"先行",加上体制下放后地方力量有所加强,地方财政对公路交通的拨款增加较多("大跃进"三年中全国地方财政拨款比前 8 年增加了 1.89 倍)。

铁道部为了适应各地方都要建立独立完整的经济体系的要求,决定一个省建立一个铁路局,实行"工管合一"(即铁路管理局与工程局合并),目的是加强"块块"领导,并决定铁路局和直属工厂受铁道部和地方双重领导。据此,全国由 17 个铁路局增加到 29 个。这种做法大大削弱了运输指挥上的集中统一。当时,运输任务和基建任务都很繁重,由一个铁路局来承担,势必顾此失彼。1958 年 8 月,经国务院批准,将第一机械工业部所属的机车车辆制造厂划归铁道部领导,成立了机车车辆工厂总局,既管制造又管修理。为了解决牵引动力的不足,各机车车辆修理工厂纷纷由修转造。

在大办钢铁之后,为了解决运量与运能的矛盾,很快掀起了一个全党全民大办铁路的高潮。在许多条线路上动员几十万甚至上百万的民工修路,仅京广、津浦两条第二线工程即有 150 万民工参加,主要方式是大会战、搞突击。广大农民修路的积极性和劳动热情十分可贵,许多人献工献料,自带锹镐,推上小车,前来修路。

四、不良后果显现

1958 年公路交通管理体制的下放,带来了一系列不良后果:不少干线公路失修、失养,路况下降;公路建设计划投资体制下放地方,省际、地区间

① 《当代中国的公路交通》编辑委员会编:《当代中国的公路交通》,当代中国出版社、香港出版社 2009 年版,第 3-5、43 页。

干线公路建设资金失去保证，出现了一些“断头路”；新建的县、社公路标准低，质量差，后遗症很多；技术骨干力量和装备分散，难以保证完成边远地区、高等级公路、大桥和长隧道的建设任务。

在高指标、浮夸风等“左”的思想的影响下，由于不尊重科学、不讲究质量、不重视公路养护和车辆保修，导致一些新建公路工程质量很差，有的甚至不能通行汽车，造成浪费；在桥梁修建中，发生过一些不应有的伤亡事故；公路养护工作削弱，路况普遍下降；汽车运输不顾客观条件，大搞“车吨月产万吨公里”和所谓百吨列车，车况日益恶化；制造挂车缺乏钢材，有的地方就用竹木代替，一经投入使用，迅速解体，浪费了人力、物力和财力，打击了群众的积极性；规章制度破而不立，物质奖励废除，造成消耗无定额、经济无核算、操作无规程的混乱局面，企业管理失控，服务质量下降。特别是许多汽车由于长期失养、失修，带“病”行驶，不少车辆停驶待修，甚至有些进口不久的新车也因关键部件损坏过度而不得不提前报废。1960 年年末，全国平均完好车率仅 60%左右，汽车运输企业元气大伤。此外，长期集中大批运力，突击运输钢、煤、粮、棉，致使不少物资、商品积压在码头、仓库和产地，造成市场供应十分紧张。

“大跃进”给铁道事业造成的损失是严重的，主要情况如下。

(1) 高指标、大计划根本不能实现，给各项工作带来混乱。

3 年“大跃进”的基建投资比“一五”时期增长 45%。3 年中限额以上的基建项目共 171 项，仅完成 42 项。1958 年新建干线项目多达 36 项，许多项目是在建设根据没有弄清，人力、物力、财力没有保证，建设规模、标准没有很好研究的情况下，仓促决定上马的。西南地区动工修建的内昆、成昆、滇黔、川黔、湘黔、川豫六大干线，开工后由于钢材、水泥、木材等供应不上，相继停工。

有的工程修了路基铺不上轨，有的是铺了轨却因设备不配套不能交付运营，影响了投资的效果。3 年中做了土石方工程不能发挥作用而形成积压的项目，占投资的 21%。铁路运输超负荷运转，3 年之中装车数只有 9 个月完成计划，预计货运量达到 8 亿吨的 1959 年，实际只运了 5.4 亿吨。1959 年曾经安排年造 12 万辆货车的计划，实际只完成了 2 万辆。由于不按客观规律办事，瞎指挥，盲目蛮干，拼设备、吃老本、打乱仗的现象十分严重。为了多拉快跑，不是运用科学的方法，而是未经试验和考察，就将六大干线（京广、津浦、京山、沈山、哈大、沪宁）的牵引定数由 2700 吨陆续提高到 3200 吨、3400 吨和 3600 吨，以致列车经常退坡、运缓；为了急于运煤，敞车不足，就将2000辆棚车揭了盖使用；为了开快速列车，经常不做列车技术检查；车辆载重超过负荷能力，因而压断弹簧和损坏轴、梁；列车超长过多，以致后部制动失效；“白水表”(意即机车锅炉缺水)跑车，引起锅炉爆炸，车毁人亡；任意延长检修周期和放松验收标准，致使设备带“病”运行。采用这些不良做法造成的恶果之一是行车事故激增，列车正点率下降。到了1960年，全年行车事故件数比1957年增加2.23倍，其中重大事故和大事故增加2倍，造成的经济损失增加6倍。客货列车正点率在1957年为90%左右，1960年年初下降到70%～80%。

(2) 管理水平下降，损失浪费严重。

实行一个省设一个铁路局，并“工管合一”后，劳动管理、计划管理、技术管理、财务管理的权力下放过多，连基建项目的审批权也下放了。盲目下放权力和破除规章制度，不仅不能使企业正确发挥经营自主权的作用，反而使企业的积极性变成了盲目性，在许多方面造成失控。计划内的项目本来已经过多，但还安排了不少计划外的工程。3年中，全路就有32075万元自筹资金用于工程建设，挪用了计划内的材料和劳力。企业的生产秩序和工作秩序相当混乱，计划纪律、财务纪律和劳动纪律松弛。乱招工人，摊子过大，职工人数猛增，仅1958年就招工99万人。非生产人员比重加大，在有些单位竟占职工总数的25%以上。在牵引动力全部是蒸汽机车的情况下，过早地取消机车包乘制，实行轮乘制，跑长交路，放松了对机车的保养；验收制被破坏，误把它当作束缚生产力的障碍；盲目追求高指标，机车违法修、简化修的现象普遍存在；经济核算制也有名无实，不算经济账，不讲经济效益；基建部门废除了承发包制度，实行投资包干，让企业和职工放开手脚干大事，但废除必要的规章制度，变成了没有负责制、不讲经济效益的投资包干；新线建设由于边勘测、边设计、边施工、边变更计划，几上几下，施工队伍调来调去，造成大量无效劳动，损失浪费严重。铁路管理由50年代前期向苏联“一边倒”，变为全盘否定苏联经验；以“书记挂帅”代替了“一长制”；以大搞群众运动代替了科学管理。

(3) 设备失修，质量下降。

从1961年秋季设备鉴定的结果看，除了封存不能使用的612台不良机车外，还有132台不合格的机车。有些铁路局优良、良好的机车还不到40%，以致运缓、退坡、机车故障临修增多。全路机车总检修率由1957年的8.4%，上升到1961年的18.9%。车辆轮对不良和车体破损的情况也很严重，除封存的2.4万辆破损货车外，在运行车中车体破损的约占20%，有1万多辆货车勉强上阵。不少客车照明、防寒设备不好，配件不全。与此同时，线路失修也很严重，有问题的桥梁占桥梁总数的37%。通信信号设备的故障事故也有增多。各种机械设备损耗严重，质量下降。

（4）浮夸假报，破坏了实事求是的优良传统。

1958年，全路日均装车数不到3万车，硬要“放卫星”，声称最高日装达5.2万车。为了层层“放卫星”，月月“放卫星”，以倒短运输的方法“增加”装车数，有的一天两装两卸甚至三装三卸。各铁路局都忙于完成本省的运输任务，“一卸、二排、三装”的运输原则被忽视。“放卫星”破坏了正常的运行秩序，经常出现“一曝十寒”的状况。为了使统计表上出现好的成绩，许多车站假报列车正点。同时，提出了许多脱离实际、浮夸冒进的计划，如：要求全路在一两个月内普遍安装超声波助燃器，让机车不冒黑烟；要求装卸、养路、施工实现机械化；要求3年内每个铁路局搞10万吨钢、100万吨煤；要求各局、厂、院、校在一两年内建立一套“高、大、中、小、幼”、“工、师、医、体、艺”的教育体系，8年到10年内在全路普及高等教育。仅1958年4月到10月，全路就新办了31所高等学校，但大部分名不副实。

五、问题与反思

1958年，在“大跃进”的形势下，这种改革没有触及赋予企业自主权这个核心问题，因而未能取得积极效果。相反，造成了地区分割和调度不灵的不良后果，影响运输生产。在汽车运输企业下放的同时，有30%～40%的运输合作社在“大跃进”中盲目过渡为国营运输企业，从集体所有制改为全民所有制。另外，还有一部分运输合作社在“共产风”中被“一平二调”，成为人民公社的专业运输队，给集体运输业造成很大损失。

全国各地大炼钢铁以后，不仅铁路运量急剧增长（特别是煤炭），而且不合理运输增多，运输距离延长，空车走行公里加大。这就更加剧了运输的紧张情况。由于片面强调矿石、煤炭、材料的运输，挤掉了农业和轻工业产品的运输，一些区段落地货物堆满沿线，许多车站、专用线产生了堵塞的问题。1958年9月23日，中共中央发出《关于加强当前运输工作的指示》，要求在运输紧张地区成立运输委员会或运输指挥部，负责统一调配各种运输工具和装卸力量；组织各机关、企业、军队、学校和合作社等部门的运输工具参加运输；动员一切可能动员的力量，包括机关、学校、军队的力量，组织突击运输。此后，不断组织大批机关干部、军人、学生及铁路职工、家属义务抢装抢卸。

“钢帅”要升帐，其他行业要“万马奔腾”，都需要交通运输。水运事业的广大职工发扬艰苦创业的精神，全力投入紧张的物资运输和技术革新、技术革命群众运动中，涌现出大批先进模范人物，完成了水路计划规定的各项运输生产任务。各港以自制的简易小型机械设备提高了运输机械化程度，有1/6左右的木帆船实现了机动拖带。但是，“大跃进”运动和管理权限匆忙而草率的层层下放，既打乱了生产建设计划，又挫伤了管理机制。在运输安排上，常常顾此失彼，捉襟见肘，导致运输秩序失常；群众运动组织不周，占用了过多的劳动力和运输工具；运输工具和设备失修失养，尤其是地方运输工具中的机动船舶经常待修停航，50%带“病”航行；木帆船增不敷损，减少了50万吨运力；沿海和长江主要港口的机械完好率一般只达到50%，货运质量下降，事故增多。

同时，在思想作风上的“共产风”、浮夸风和对生产建设的乱指挥，也使工作受到不少阻挠。

1958年春夏之交，交通部提出了“依靠地方、依靠群众、普及为主”的地方交通建设方针，即“地、群、普”方针。这个方针反映了广大农村迫切要求修建地方道路的普遍愿望。在农村人民公社化，特别是大炼钢铁运动的迅猛推动下，一个新的筑路高潮如火如荼地开展起来。各省、自治区、直辖市参加筑路的群众，一般都在10万人以上，有的多达数十万人，群众筑路热情可见一斑。从1958年到1960年，全国公路骤增26.48万多公里，不通公路的县减少到20个，不通公路的公社也减少到50%左右。第二次筑路高潮，是在“大跃进”的形势下兴起的，是在缺乏统一规划，前期工作准备不足，资金、材料和技术人员短缺的情况下仓促上马的。虽然它把全国县乡公路网的雏形勾画出来了，但留下了许多后遗症，其中最主要的是公路标准过低，质量很差。另外，有的平原地区的人民公社，盲目修筑了一些又宽又直的公路；还有个别地区修筑的公路实用价值甚微，不得不改路为田，浪费了大量人力、物力和财力，挫伤了群众的积极性。

第二节　交通业在困难中前进

在1958年开始的“大跃进”中，交通业和全国各条战线一样，尽管受“左”倾指导思想的不利影响，但在各级干部和广大职工的努力下，还是取得了一定的成绩。

一、完成了部分建设计划和运输任务

1958年，汽车货运计划超额完成。与1957年相比，货运量增长110.6%，货物周转量增长76.7%。进入1959年，"大跃进"的势头有增无减，汽车货运任务更为繁重。除发动群众利用人力、兽力车大搞短途运输外，交通部于1959年3月发出关于在汽车运输企业中开展"安全、节约、车吨月产万吨公里"运动的指示。中共八届八中全会后，交通部要求各地公路交通部门克服右倾保守思想，进一步把"安全、节约、车吨月产万吨公里"运动推向新的高潮。在"左"的思想指导下，高指标、乱指挥导致浮夸风愈演愈烈，各地汽车运输企业紧步农业后尘，大放高产"卫星"，甚至"车吨月产万吨公里省"亦相继出现。1960年，汽车运输企业拥有货车6.28万辆。

在"地、群、普"方针指导下，结合贯彻执行"民办公助"、"民工建勤"政策，公路交通有较大发展。从1958年到1960年的3年中，新建公路26.48万公里（大部分为县、社公路），全国不通公路的县，从1957年的151个减少到20个。公路桥梁建设，按照"因地制宜、就地取材"的原则，继续修建了很多石拱桥。湖南省黄虎港大跨径石拱桥（单孔跨径达60米）的建成，解放了人们的思想，对推动大跨径石拱桥建设，起了很大的促进作用。先后建成的有湖北省高岚河大桥、浙江省白沙大桥、河南省洛阳龙门大桥等。其中，云南省的长虹桥单孔最大跨径达112.5米。在此期间，全国共计修建大中型石拱桥217座，长1.79万米，为前8年的3.22倍。[①]

公路运输在"大跃进"年代压力很大。为确保大炼钢铁的物资运输，各地从省（自治区、直辖市）到地、县普遍成立了运输指挥部，实行物资排队制度，首先保证矿石、生铁、焦炭、炼钢设备和器材等物资运输。钢铁物资分布广、运量大、要求急，汽车运输部门拥有的货车严重不足。为此，中共中央发出《关于征用政府机关载重汽车支援钢铁生产运输的指示》。1959年3月，交通部又号召开展"安全、节约、车吨月产万吨公里"运动。各地汽车运输企业普遍推行双班运输，实行"人歇车不歇"的政策；广泛开展拖挂运输；综合利用各种交通运输工具，组织接力运输、循环运输或直达运输，力求最大限度地提高车辆运输效率。此外，还组织了大量人力、畜力车等非机动车辆参加运输。到1960年年末，公路交通部门的营运汽车比1957年

① 《当代中国的公路交通》编辑委员会编：《当代中国的公路交通》，当代中国出版社、香港出版社2009年版，第21页。

增加了2.52万辆，厂矿企业的自备汽车增加了7.26万辆，分别增长了57%和88%。许多公路交通部门的工业企业开始从修理转向制造，形成了修造结合的模式，制造了一些汽车、挂车和专用机具，有些厂还制造了汽车。

二、改进了工作方法，提高了工作效率

(一) 公路方面

在“大跃进”中，围绕提高汽车运输效率，也采取了不少行之有效的办法。

1. 推行双班运输

采取“人歇车不歇”的办法，组织双班运输。上海市汽车运输企业针对许多工厂、企业夜间开工，上下班时间不一的特点，普遍推行“两工一休”制，即每辆货车配备三班工人，一班值日班，一班值夜班，一班轮休，这样可以保持每天24小时都有大批车班营运，不论工厂、企业、港口、铁路车站采用哪种作息制度，汽车运输企业都能适应。

2. 开展“一条龙”运输大协作

在运输过程中，使企业内部各环节之间，汽车、船舶、火车和人力、畜力车之间，以及运输、生产和供销部门之间形成一个有机的、密切配合的整体，综合利用各种水陆交通运输工具，组织接力运输、循环运输或直达运输，以加速货物周转和最大限度地节约运力。

3. 组织机关企业汽车投入运输

各地公路交通部门把当地可以利用的机关企业汽车组织起来，分别按系统或地区组成车队或汽车运输公司，统一领导，统一调度，挖掘了机关企业汽车的巨大潜力，弥补了公路交通部门汽车运输企业运力不足的部分缺口。

4. 自制、革新装卸机械

装卸作业是汽车货运工作的薄弱环节。为了避免汽车跑在中间、窝在两头，尽可能压缩装卸时间，许多汽车运输企业自制脱底漏斗、滚动滑梯、吊车卷扬机、皮带输送机，有效地提高了装卸效率。

5. 领导干部现场办公

为了及时发现、解决运输生产中的问题，许多汽车运输企业的领导干部走出办公室，深入生产第一线，实行现场办公，与职工同吃、同住、同劳动，以身作则，调动了职工的生产积极性。

1959年年末，大批新疆石油开始突击东运，同时发展代燃车，制造汽车维修配件，努力支撑汽车运输企业维持简单的再生产工作。

（二）铁路方面

“大跃进”时期出现的错误，给铁道事业造成了巨大损失，但也取得了一定成绩。

1. 承担了大幅度急剧增长的运输任务

“大跃进”时期运量大，来势猛，要求急。在这种形势下，全路职工一方面努力增强技术设备能力，一方面想尽各种办法“向时间要车，向协作要效率”。1958年铁路客运量占比19.8％，之后平均每年增长25.5％。

2. 新线建设与旧线改造有成就，提高了运输能力

3年中，线路总长共增加11036公里（包括新建干线、支线、第二线、路内专用线和延长股道），平均每年增加数相当于“一五”期间年均增长数的2.3倍。在1958年以前，青海、宁夏、新疆等省、自治区都没有铁路，到1960年，除西藏外，全国各省、自治区都有了铁路。西北、西南地区营业线路占全国的比重，由11％提高到19.4％，铁路分布不平衡的情况有所改变。这3年对营业铁路的改造是非常重视的，新建了陇海、津浦、京广等线部分区段的第二线2761公里，使得双线地段比“一五”期末增加1.4倍；新建和扩建编组站18个，延长股道698公里；修建自动闭塞1132公里，半自动闭塞4899公里；营业铁路的投资为33.41亿元，超过了对新建铁路的投资。有些工程规模之大、进度之快，确实是惊人的。如北京站工程宏伟，技术复杂，从1958年12月开始设计到全部完工，只用了10个月。这个时期新建的大桥有南昌赣江大桥（1958年10月开工，1959年6月建成）、重庆白沙沱长江大桥（1958年9月开工，1959年12月建成）、郑州黄河铁路大桥新桥（1958年5月开工，1960年4月建成）和广州珠江大桥（1958年10月开工，1960年6月建成）。

3. 铁路工业的生产能力有了加强

在“大跃进”中，国务院曾经决定把机车车辆生产列为必须确保的机械产品之一，要求各有关部门在材料、设备供应和协作安排上，给予优先保证。为了多造车，许多工厂更新设备由修转造，与1957年相比，1959年制造蒸汽机车的工厂由2个增至13个，制造客车的工厂由3个增至6个，制造货车的工厂由6个增至17个。3年共新造机车1010台、货车37794辆、客车1841辆，都超过了过去8年的总和。猛增的运量要求机车向大功率、高速度，车辆向大吨位的方向发展。

因此,在机车、货车、客车制造中,都增加了新品种。特别是1958年秋季以后,大连、四方、戚墅堰机车车辆工厂,先后试制成功了内燃机车。1958年12月,株洲机车车辆厂在湘潭电机厂、中国铁道科学研究院等单位的大力援助下,试制成功了中国第一台电力机车。从此,揭开了铁路牵引动力改革的序幕。3年中,其他铁路工业也有较大发展。通信信号厂、桥梁厂、枕木防腐厂以及其他专用器材厂等,从113个发展到249个,并且有许多工厂进行了扩建和改建。全路金属切削机床从9309台增加到19822台,提高了生产能力。

4. 技术装备和科技水平有了提高

线路的技术状况大为改观,不仅双线增加,而且正线上铺设每米43千克以上钢轨的比重,已从42.6%提高到63%,使不少线路的允许速度有了提高。在1958年以前,全路只有一个驼峰调车场,到1962年已有159个简易驼峰调车场和2个机械化驼峰调车场。新造的机车全部为新型的和大型的。新造的货车载重在50吨以上的占99%。装卸、养路、施工、机车装备的机械化,也有了不同程度的提高。铁路科学技术人员,1957年为48868人,1960年增加到100135人。全路有相当规模的铁道科学研究院1所、设计院5所和机车车辆专业科研所4所。在新建的大专院校中,有的师资队伍、教学水平和办学条件较好,如1958年建立的上海铁道学院、兰州铁道学院、大连铁道学院、南京铁道医学院、上海铁道医学院,1960年建立的长沙铁道学院等,为发展铁路事业培养了大批科技人才。

随着科技人员的成长和技术装备的改善,我国可以独立地解决一些比较复杂的科学技术问题。如设计建筑大口径管柱基础的大桥、大跨度钢筋混凝土拱桥和长隧道,以及在软土、永久冻层、沙漠地带筑路。此外,在大型枢纽、电气集中、自动闭塞、12路载波、大跨度预应力结构和薄壳结构、水文勘测、爆破技术等方面都取得了成功的经验。在此期间,还建成了中国第一条电气化铁路——宝成铁路的宝鸡至凤县段。这段电气化铁路的建成,使运输能力由每年262万吨提高到1320万吨,增大4倍,机务运营成本降低60%,职工劳动条件得到显著改善。

5. 解决了一些运输上的关键问题

在运量与运能的尖锐矛盾面前,广大铁路职工和各级干部,以主人翁的态度,发扬敢想敢干、大胆革新的创造精神,在运输生产上创造了许多行之有效的办法。如推广了唐山车站和天津车站的简便易行、提高装卸效率的高站台、低货位,推广了丰台站的投资少、工期短、提高车站编组能力的土驼峰，还推广了渭南车站的利用回空车和没有装满的货车进行“捎脚运输”等经验，从而在一定程度上缓和了运量与运能的矛盾。此外，到 1962 年铁路部门还协助地方修建了 296 条共计 3706 公里的地方铁路。这些铁路不但成为一支承担短途运输的重要力量，还有 34 条共计 729 公里与国家铁路接轨联运，成为国家铁路运输的补充和支脉，在国家投资修建铁路以外开辟了新的投资渠道，在路网建设上初步做到了“两条腿走路”。

1958 年，由于一些厂矿企业积压货车，车辆周转缓慢，使得本来就不敷应用的空车更加紧张。为了解决这种浪费运力的问题，1959 年 4 月，铁道部、煤炭部和辽宁省在阜新联合召开现场会议，推广阜新铁路分局和阜新矿务局开展路矿协作的经验。5 月，铁道部、冶金部和辽宁省在本溪召开了全国路厂协作现场会议。10 月，铁道部和其他六个部又在推广秦皇岛路港协作经验的基础上，推广了矿山、铁路、港口、船舶和收货单位结合在一起，实行快装、快卸、快运的“一条龙”运输大协作的经验。在路矿协作中，铁路职工还从煤炭的运量大、煤运任务完成度既关系国计民生的全局，又影响铁路运输全局的实际情况，加深了对搞好煤运重要性的认识，总结出了“倒了煤就倒不了霉，倒不好煤就倒霉”的经验教训。同时，铁路内部各单位的联劳协作也有发展，创造了运输综合作业方案，在加强各单位作业的密切配合，减少各环节之间的衔接时间上起了重要作用，使得铁路这个大联动机的运转更加合理。1959 年 6 月，在全国铁路运输综合作业方案会议上，把它作为一项重要制度固定下来。这是铁路职工在运输组织工作中的一项重要成就。

第三节　交通业贯彻“八字方针”

1961 年，国民经济开始执行“调整、巩固、充实、提高”方针。中共中央在《关于调整管理体制的若干暂行规定》中提出：1958 年以来，各省、自治区、直辖市和中央各部下放给区、县、公社和企业的人权、财权、商权和工权，放得不适当的一律收回。同时，要求切实改变权力下放过多、分得过散的状况。

一、体制调整

（一）公路方面

1961 年，交通部开始贯彻执行“调整、巩固、充实、提高”的八字方针。

经国务院批准，交通部于1963年重新恢复组建了3个设计院、4个公路工程局，收回了以前下放地方近万人的公路建设队伍。同时，组建华北、华东、西北3个汽车运输局。1964年8月，3个运输局下放所在省、直辖市以后，1965年10月，为支援四川省攀枝花(原渡口市)钢铁基地的建设，交通部又成立了直属的第一汽车运输总公司，下辖5个分公司(由北京、辽宁、山东、安徽、河南五省、直辖市组建)和1个大型车队(由云南省组建)，与四川、云南两省的汽车运输职工一起，在极其困难的条件下，按时完成了攀枝花市工业基地建设的各项设备和物资的运输任务，开创了用汽车运输来建设大型钢铁企业的先例。在此期间，各省、自治区、直辖市交通厅(局)也成立了厅(局)直属的汽车队，以承担紧急运输任务。由于上述机动力量的适当恢复和发展，基本适应了后方战略基地建设和工农业生产对公路交通的需求。

第一，各省、自治区交通厅(局)收回了下放的公路运输企业和干线公路养护权力；第二，调整了投资方向，把资金集中到现有公路的养护改善、车辆设备的维修和重点厂房的建设上；第三，贯彻《国营工业企业工作条例(草案)》(即《工业七十条》)，恢复各项管理制度，加强了企业管理；第四，按农、轻、重的次序调整了运力布局，大力支援农业；第五，按“以修为主、修造结合”的原则，调整了公路交通工业；第六，在人民公社化运动中过渡为全民所有制的民间运输企业，仍然退回集体所有制，对平调集体所有的公积金和生产资料进行退赔；第七，对公路里程进行普查核实，到1962年年底，全国公路通车里程核实为46.36万公里，虽比1960年的51.95万公里减少了5.59万公里，但公路技术状况有所改善。同时，公路交通部门所属运输企业的管理水平，以及车辆完好率、车吨月产量和运输成本等主要技术经济指标，通过贯彻“八字方针”以后，都有显著回升。1962年的公路交通工业产值为4.24亿元，虽然低于“大跃进”期间的水平，但产品质量提高了，更适合使用要求。

1962年5月，中共中央和国务院发出了《关于当前民间运输业调整工作中若干政策问题的指示》。同年7月，国务院又批转了国家计委、国家经委和交通部《关于汽车运输工作若干问题的请示报告》。据此，交通部制定了若干具体规定、办法，要求各地交通部门对民间运输业进行调整，以巩固集体所有制；对汽车运输企业则要求面向农村，加强为农业服务。1962年年底，交通部又召开了全国地方交通支援农业会议，王首道部长作了题为《把交通工作转移到以农业为基础的轨道上来》的报告，提出了“继续进行调整、巩固、充实、提高的工作，面向农村，调整运力，大抓保修，改进经营，加强短途运输的组织和建设工作，提高综合生产能力，广泛开展以支援农业为中心的增产节约运动，全面完成国家计划”的工作方针。会后，各地公路交通部门重新安排了运输计划，本着支援农业、方便群众的原则，修订了企业管理的有关制度和规定，并认真贯彻“合理使用，科学管理，强制保养，计划修理”的原则，重点加强了车辆保修工作，提高车辆完好率。

1962 年 6 月，中共中央、国务院发出《关于加强公路养护和管理工作的指示》，强调公路养护管理由省、自治区、直辖市统一安排，并切实加强领导。根据这个指示，各省、自治区、直辖市先后恢复或重建了各级公路交通管理机构，实行统一领导，分级管理。同时，从下放地、县干部中调回部分技术力量，建立或充实勘测、设计、施工等机构。1963 年 4 月，交通部调整了内部机构，撤销了基本建设总局，另行组建公路工程管理局，对公路建设工作加强了领导。同年末，在北京、西安、福州、成都重新组建第一至第四公路工程局；在西安、武汉重新组建第一、第二公路勘察设计院，同时恢复交通部公路设计院。根据这个精神，各省、自治区、直辖市人民政府决定将下放的汽车运输企业收回。大体有两种情况：一种是把下放到专区和县的汽车运输企业收回，恢复省（自治区）汽车运输公司、分公司或地区运输公司、县运输管理站，由省统一领导，分级经营，这种情况属多数；另一种是将过去下放到县的汽车运输企业大部分收到专区经营管理，省汽车运输公司除保留少量机动力量外，只是从方针政策、业务技术等方面，对地区运输公司进行指导。

集体运输业也进行了调整。1962 年 5 月，中共中央和国务院发出《关于当前民间运输业调整工作中若干政策问题的指示》，要求对民间运输业采取保护、整顿、恢复并适当发展的方针。据此，交通部颁发了《关于民间运输业若干政策问题的规定》（试行草案），并于 1963 年成立民间运输管理局，省、自治区、直辖市交通厅（局）成立了民间运输管理处（局），专区（州、盟）、县交通局也都建立了相应机构或设专职人员，全面加强民间运输工作。同时，根据有关政策，对民间运输业的生产关系进行了调整：“大跃进”中盲目过渡为国营运输企业的，仍然退回到原来的运输合作社，从全民所有制改为集体所有制；下放给人民公社的，从公社中划出来，成为独立核算、自负盈亏的集体运输企业。

（二）水运方面

根据国务院的统一部署，交通部调整水运事业的内部结构，收回了下放地方的大型直属企业、事业单位，充实了远洋运输、内河运输和水运工业等方面的生产能力。

1961年4月，中国远洋运输总公司及其广州分公司正式成立。它们连同中波轮船股份有限公司、中捷合营的捷克斯洛伐克国际航运公司、中阿轮船股份有限公司以及中国外轮代理总公司和香港招商局等，形成了以自营船队为主导、跨国合营船队相协调的运储兼备、多种经营的远洋运输体系。随后，经过探索，国务院于1963年11月批准交通部利用中国银行积存的游资，以贷款方式和“滚雪球”的方法，扩大了远洋运输船队。1965年，中国远洋运输总公司的运输船队超过60万载重吨，为1957年的6倍多。远洋运输船队的壮大，为发展对外贸易和支援第三世界国家的经济建设，发挥了重要作用。内河航道建设，诸如长江、珠江、松花江、京杭运河等水系的航道工程，各地方政府在国家财政资助下，发动群众以“愚公移山”的精神，结合农田水利建设综合实施，取得了初步成效。1962年，全国内河通航里程延伸到16万余公里。京杭运河苏北段第一次整治工程完成后，既改善了航运条件，又提高了防洪排涝能力，1962年的实际货物通过量为250万吨，是历史最高纪录的2.7倍。小北江的渠化工程，促进了广东省北部山区经济的繁荣。港口建设取得良好的进展，在技术革命和技术革新的基础上，进行了局部环节的半机械化和机械化改造。一批港口的扩建和改建工程采用了新工艺、新材料、新设备和新技术，较快地完工投产，扩大了吞吐能力。南京港两个机械化煤炭泊位，形成了年中转600万吨煤炭的能力。天津新港第二期扩建工程，4年建成5个1.5万吨级泊位。水运工业建设也有了起色。各地方的中心船厂都兴建了机械化船台滑道，缩短了修造船周期，提高了工效。长江干线的金陵船厂和青山船厂新建工程完工投产，不仅提高了修船能力，而且为长江航运提供了大量的驳船。中国自行设计和施工的第一座大型修造船厂——文冲船厂第一期工程按期完成投产，缓解了华南地区修船紧张的局面。1960年1月改建的上海港口机械制造厂，8月即试制成功国内第一台港口用的5吨门座式起重机，此后又制成5吨叉车和1立方米单斗装载机。1965年，交通部直属水运工业总产值达12597万元，其中，修船7054万元、造船2915万元、其他2628万元。

(三)铁路方面

1961年年初，铁路部门开始贯彻执行“八字方针”，以调整为中心，全面整顿铁路工作，纠正管理和生产中“左”的做法。

根据铁路运输企业需要集中统一领导的特点，1961年2月4日，中共中央在铁道部党组《关于在铁路系统建立政治工作部门和改进铁路管理体制的报告》上批示："铁路是国民经济大动脉，是高度集中的企业，带有半军事性质，必须把一切权力集中在铁道部。在运输生产指挥、物资资金分配、设备调动、干部安排和职工调动等方面，完全由铁道部负责处理。"并决定成立中共铁道部委员会，在铁路系统重新建立起在"大跃进"中撤销的政治部门，党的思想政治工作和组织工作由铁道部和地方双重领导，以铁道部为主。各铁路局、工程局、设计院、直属工厂对其所属单位实行垂直领导。为了加强集中统一领导，铁道部召开全路领导干部会议。会议明确提出，限期把机车、车辆、线路等一切设备和各种生产的责任制，机车、车辆、基建的验收制，站段、班组的经济核算制恢复和健全起来。没有的进行订立，正确的进行恢复，重复的进行合并，不完善的进行补充，先粗后细，以解决存废不明、章乱难循的问题。

针对"大跃进"造成的多头领导，一省一个铁路局各自为政的状况，先后撤销了长沙、贵阳、西宁、牡丹江、蚌埠、武汉、南昌、太原等铁路局和海拉尔工程局，并撤销了38所名不副实的高等院校，成立了东北、西北、华北、西南4个工程局和华北、西北、西南、大桥4个发包组，关、停、并、转了87个不宜继续生产的部属工业企业。同时，对铁路企业、事业单位的计划、运输指挥、人事、财务、材料等方面的管理体制，作了相应的规定，收回了过去下放过多的权限。到1962年年底，三大制度重新确定，八大规程也陆续修订公布；建立健全了党委领导下的厂长负责制和统一的生产行政指挥系统，纠正了党委委员分点把口、分片包干的做法；建立健全了以总工程师为首的技术负责制，以总会计师为首的经济责任制，职能科室的职务负责制，工人岗位责任制；恢复了计件工资和奖励制度，把班组管理的内容和要求落实到个人。

铁道部根据《国营工业企业工作条例（草案）》（即《工业七十条》）及铁路的具体情况，在总结经验教训的基础上，制定了《铁路工作条例》（即《铁路六十条》）。《工业七十条》和《铁路六十条》都先在一些铁路单位试行，然后逐步推广至其他单位，从而促进了铁路企业的整顿工作，提高了铁路企业的管理水平。同时，铁路工业部门制定了《机车车辆工厂生产技术管理工作细则》和降低成本的十项措施。铁路基建部门也建立了一套设计、勘测、施工、工程发包、技术监察、竣工验收、交接等暂行办法，修订颁布了《标准轨距铁路设计技术规范》。为了严肃变更设计、预算纪律，颁布了《铁路基建工程变更设计及预算暂行处理办法》，恢复了验收制，收回了基建项目审批权。

对铁路基本规章制度的审查和修改，有一个逐步完善的过程。1961 年基本上是恢复、重申、修订。1962 年又集中力量，全面系统地进行整顿，组织专业人员和职工群众相结合，在总结经验教训的基础上，以专业人员为主修改拟定。1965 年铁道部又派工作组到天津蹲点，对运输部门的规章制度进行进一步的修改。这次修改突出了“负责运输”和提高客运、货运服务质量的要求。

在整章建制的同时，整顿运行秩序，狠抓安全正点。根据铁道部决定，全路普遍开展了安全正点“四爱”(爱车、爱路、爱货、爱设备)立功运动。

二、支农为重，改善服务

根据中共中央关于全党动手，大办农业、大办粮食的指示，公路交通部门加强了对农业的支援，并按照农、轻、重次序安排运输生产。各行各业支援农业，反映在汽车货物运输上即是产生了一系列变化：服务对象从一些大宗货主转向千家万户，由点向面扩展，货物批多量少，单程货多，运距也短，大多由单车运行。面对新的运输形势，各地汽车运输企业重新部署运力，把集中在城市的许多货车调往农、牧业地区和边远山区，延伸营运线路，增设农村站点，以适应农业物资运输需要。在调整运力的同时，许多汽车运输企业发动群众讨论、制定生产责任制度，要求做到事有人管，人各有责。行车方面，实行驾驶员“定、包、奖”责任制，即定人、定车、定各项消耗指标，包安全、包任务、包车况完好，凡完成定、包的有奖，多超多得，奖金当月兑现。并号召驾驶员开展爱车竞赛，对待汽车要像爱护自己的眼睛一样。

长期以来，铁路运输一直把重点放在大宗、成批、长途的煤、铁、木、油等物资运输方面，对于零星、分散、短途的货物运输往往不够重视。这些货物大部分是农业物资。在中共中央确定了发展国民经济“以农业为基础，以工业为主导”的总方针，调整了农、轻、重的顺序和比例关系后，中共铁道部委员会于 1962 年 12 月召开了第六次扩大会议，印发了《支援农业支援人民公社集体经济的决定》，以“面向农村，支援农业，促进工业，保证物资交流，保证国防需要，城市乡村兼顾，客运货运兼顾，整车零担并重，长途短途并重”作为铁路工作的方针。会后，立即将农业机具、化肥农药、粮食、棉花、其他经济作物、农村土特产品、鲜活易腐货物 7 种品类和零担运输列为重点，并加强了对季节性和临时性重点支援农业物资的掌握。为了满足农业客货运输的需要，适应支农物资零星分散的特点，大力加强了中间小站的工作。调整初期由于铁路运量下降很大，在编制列车时刻表时，陆续封闭和停办了一些会让站和营业站。在支援农业决定实施后，对已停办的营业站，根据业务量大小逐步恢复。增开了31对零担列车，有的沿途零担摘挂列车增加了中间小站的停车时间。为了加速鲜活易腐货物的运输，先后开行了武汉到广州、上海到广州、郑州到广州的快速货物列车，平均运送时间缩短50%以上。因此，家畜家禽等鲜活货物的死亡率大为降低，水果蔬菜等易腐货物腐坏的比例也大为减少。基建施工单位到1962年年底，向人民公社退还了多征少用、早征迟用、征而不用的多余土地约11万亩，还开展了大量的支农工程项目，如建筑桥梁、增设道口、清挖河道等，有力地支援了农业。

1964年，全国交通会议提出了“安全优质，准确及时，经济方便，热情周到”的服务标准。各地汽车运输企业开始重视提高货运服务质量，北京市运输公司第八汽车厂结合运输生产实际，制订了6条改善服务质量的细则：登门调查货源、受理业务和计算运费；代客托运、提货、取送提单；选择经济路线，正确计算里程，安排适当车型，合理配载各种货物；按约定时间起运，按约定数量派车，按约定期限完成；装卸干净，堆放整齐，数量准确，货物完整；接待货主热情诚恳，说话文明礼貌。从而把企业服务水平提到新的高度。

1965年年末，交通部对1956年颁布的汽车运价进行了重大修改，货物不分类别，不分整车、零担，不分汽车类型，不分运距长短，不分道路条件，不分地区差别，每吨公里的运价一律为0.2元。汽车运输企业经过5年的不懈努力，货运服务质量、各项技术经济指标以及企业管理水平都已经达到或超过1957年的水平。货运量和货物周转量逐年回升，不少企业变亏损为盈余。1965年，货车保有量上升到6.56万辆，营运里程也有较大增长。汽车运输企业的调整任务基本完成。

1957—1965年人、畜力运输和汽车运输完成的货运情况见表2-1。

表2-1　人、畜力运输和汽车运输完成的货运情况(1957—1965)

年份	1957年	1958年	1959年	1960年	1961年	1962年	1965年
人、畜力运输货运量/万吨	30070	38738	41778	37522	23711	19319	26424

续表

年份	1957年	1958年	1959年	1960年	1961年	1962年	1965年
人、畜力运输货物周转量/亿吨公里	13.98	18.7	17.69	16.75	11.25	9.19	9.78
汽车运输货运量/万吨	7435	14347	25154	33264	19327	13475	22563
汽车运输货物周转量/亿吨公里	34	58.78	89.05	115.72	64.83	52.94	85.28

资料来源：根据相关资料整理所得。

三、开始重视技术改造及技术活动

从1962年年末开始，交通部会同有关部门按大区分片对公路建设进行了规划，并按国家基建程序加强了公路建设的管理。1963年，各地公路交通部门认真贯彻执行了中共中央和国务院《关于加强公路养护和管理工作的指示》，在广大养路职工的积极努力下，公路路况迅速得到改善。1965年，中共交通部委员会成员王西萍在南昌主持召开了公路与汽车运输会议。会上制定了以国防和后方战略基地为中心加快公路网建设，积极改善现有公路技术状况，以适应国防建设和经济发展需求的方针；总结推广了山东省坚持民工建勤，不断改善现有公路的经验和湖南、江苏等省依靠地方政府，依靠群众，3年基本完成危桥改建任务的经验，以及利用国产渣油铺筑路面的经验等，有力地促进了公路建设的发展。这个时期的科技开发工作也获得了重大的突破：1963年，河南省公路部门试验成功了钻孔灌注桩桥梁基础；1964年，江苏省无锡县（今无锡市）交通局建桥职工创建了双曲拱桥；同年，交通科学研究院与河北、北京等省、直辖市公路部门协作试验，利用国产渣油铺筑路面获得成功。这3项成果被广大公路职工誉为公路建设的“三大法宝”，在全国推广以后，对加快公路建设、危险桥梁的改造和改渡为桥等工作都发挥了显著作用。同期，还采用推广了国外悬臂浇注与预制悬臂拼装等新工艺，修建了多座T型钢构等新型桥梁，也有力地促进了大跨径桥梁的建设与发展。在从1963年到1966年的4年中，全国新增公路里程1.52万多公里，新建特大桥梁30座，共长1.87万米。到1966年年底，公路通车里程达到54.36万公里。与1962年相比，有路面的里程增长了26.9%，其中，高级、次高级路面增加了7595公里，增长了3.6倍；桥梁永久化的水平达到了57.2%，提高了25.6%。公路技术状况有了明显改善和提高。

1963年，国家计划经济委员会确定公路客车的改装由交通部负责，列入国家机械产品计划，并供应相应的汽车底盘和钢材。此后，交通部组织部分省、直辖市交通厅(局)在总结过去公路客车改装经验的基础上，联合设计试制了JT660型公路客车，并投入批量生产。同时，还统一设计和定点生产3吨和4吨的全挂车。西安筑路机械厂生产了沥青洒布机、凿岩机、压路机和沥青洒布车。一些省、自治区、直辖市交通厅(局)也建立了筑路机械修造厂，生产了一些筑路、养路机械和专用机具。1965年，汽车配件制造重新划归第一机械工业部管理，交通部门有29个汽车配件制造厂同时划归一机系统，为支援和发展中国的汽车工业做出了贡献。但另一方面也削弱了公路交通工业，挫伤了各省、自治区、直辖市交通厅(局)办工业的积极性。

1961年年初，铁路工业部门根据设备质量差、修造比例严重失调的情况，提出了“先修后造，以修为主”的方针。大多数工厂停造转修。铁道部工厂总局组织的50个检修组，带着材料工具到各机务段、车辆段抢修机车、车辆。失修3年，用了5年的时间集中力量搞修理，才基本扭转了机车、车辆破损严重的状况。根据机车车辆工厂之间的可比性比较大，很多工厂都做同一类型产品的特点，工厂总局组织同类工厂开展了“对标”活动。通过“对标”，激发和带动了广大职工管好企业的自觉性和积极性，激励了学先进、比先进、赶先进的上进心。针对工作中的薄弱环节，加强企业管理的基础工作，制订了切实可行的技术组织措施计划，促使大多数工厂的各项技术经济指标都有显著提高。1962年，全年共修机车2423台(包括为工矿企业修理的320台)，比1961年增加了24.4%。产品质量与劳动生产率稳步提高，机车在厂日数大为缩短。到1962年年底，全路有30%的机车经过了架修以上的修程，绝大部分局、段消灭了超过正常清洗修理公里数的现象，机破临修事故逐步减少。使用中的客货车也都经过了一次定期检修，车体状况明显好转。

四、开展新的建设活动

(一) 公路方面

1962年夏季，东南沿海地区形势紧张，中央临时拨款整修了福建省和内地连接的公路,并开始修建水(口)漳(平)公路。同时,还从一些省、市临时抽调了部分技术人员和汽车,支援福建前线。主管公路交通的副部长潘琪率领部分干部参加了福建前线的运输指挥工作,并总结了东南沿海地区公路交通"通不过、联不上"影响国防安全的教训,中共交通部委员会据此向中央战备领导小组专门写了报告,得到了有关方面的重视。1963 年,国家计划中开始对国防、边防公路建设列专项投资。1964 年,公路交通虽然被划入 19 个非工业生产部门,造成了各省、自治区、直辖市地方财政对公路交通拨款的下降(全国 1966 年比 1965 年下降 9.8%),但中央对国防、边防公路建设的投资再未中断。在此阶段,先后修建了浙江省的东坑到西坑、云南省的小孟养到勐拉、福建省的水口到漳平等公路,以及云南省允景洪澜沧江大桥、新疆叶尔羌河大桥、西藏拉萨河大桥和青海省通天河大桥。由于该阶段各地养路费收入有所增加,不少省、自治区、直辖市开始有计划地从养路费中挤出部分资金作为自筹资金,用于公路建设、危桥改造、渣油沥青路面铺筑和县社公路修建补贴,加上"调整、巩固、充实、提高"方针全面深入的贯彻执行,从 1963 年到 1965 年,公路交通又出现了正常稳定发展的良好形势。

(二) 铁路方面

1964 年,铁道部在巩固发展铁路调整成果的基础上,组织了"三线一机"大会战。这就是集中优势兵力,修建西南 3 条铁路,试制内燃机车并尽快批量生产。

1964 年 8 月,中共中央制定了加快西南经济建设和国防建设的战略决策。毛泽东主席提出"成昆路要快修"、"川黔、贵昆路也要快修"的要求。周恩来总理亲自部署,调集了铁道兵、铁路职工和民工 30 余万人,展开了一场西南铁路大会战。9 月,西南铁路建设总指挥部成立,由中共中央西南局第一书记李井泉任总指挥,吕正操、刘建章、郭维城、彭敏、张永励、熊宇忠任副总指挥,彭敏兼任总工程师。下设工地指挥部、技术委员会和支援铁路修建委员会,统一领导和集中指挥这场大会战。总指挥部研究确定:大会战以成昆线为中心,以速取川黔、贵昆来保成昆。川黔线 1965 年"八一"接轨,"十一"通车;贵昆线 1966 年"五一"接轨,"十一"通车;成昆线南北并进,主攻北段,争取 1968 年"七一"通车。西南 3 条铁路经过的地方,山高、川大、坡陡、流急,常年阴雨,云雾弥漫。北起四川成都、南抵云南昆明,全长 1091 公里的成昆线,地貌、地质更为复杂,桥隧工程投资占全线总投资的 65.8%,为筑路史上所罕见。有些地方因找不到设置车站的处所,不得不在桥梁上或隧道内设站，在全线122个车站中，这样的车站就有41个。铁路勘测设计人员背上行装，跋山涉水，到现场进行设计，只用1年多时间就交出了2000公里的设计文件。共完成大面积地质测绘1500平方公里，地质钻探21.2万多米，物理勘探500多处，各种地质试验1万多组，前后共做了300多个线路比选方案，最后确定了所修的线路。为了克服山区地势的巨大变化，保证线路有较大的运输能力，采用了长隧道加力坡与适当展线相结合的方法。从甘洛到喜德的120公里地段内，4次盘山展线，13次跨尼日河，才爬到海拔2200多米的制高点。由喜德往南进入安宁河谷，8次跨安宁河，下至海拔1000米左右的金沙江河谷，又3次盘山展线，47次跨龙川江及其支流，再次升高至海拔1900米的滇中台地。

铁路会战开始不久，工地指挥部就专门做出了《关于成昆线采用和发展新技术的决定》，确定在牵引动力、通信信号、线路上部建筑、桥隧土石方各项工程快速施工等四个方面，有目的地采用各种新技术、新设备、新工艺和新的施工方法，以改变中国铁路技术装备和施工技术的落后面貌。为了采用新技术，集中了来自全国的许多科研、院校、设计、施工、机械制造、运营单位的1200多名科研和技术人员，分项组成40多个组，对65个新技术项目，分别进行攻关。实行研究、试验、设计、制造、检验、安装、使用一贯到底的负责制，并把所需资金、材料、设备，由确定负责实施新项目的施工单位纳入工程计划。这就保证了在较短时间内取得了许多科技成果。会战取得了较大成绩，川黔、贵昆铁路均按期铺轨通车。成昆铁路工程进展因受“文化大革命”的影响，较原定计划延后，于1970年7月1日才全线通车。

在加紧修建西南3条铁路的同时，为了推进铁路现代化技术改造，适应国民经济发展的需要，牵引动力的改革列入了紧急议事日程。1963年8月，“国家大功率牵引动力内燃化、电气化领导小组”成立，组长为铁道部代理部长吕正操，机械、化工、冶金、石油等有关部的领导人加入了领导小组。根据当时预测的中国石油工业发展情况，确定牵引动力改革以内燃机车为主，组织了试制内燃机车大会战。确定大连、四方、戚墅堰3个工厂为会战基地。参加试制的科研人员、工人、干部发扬自力更生、奋发图强的精神，解决了一个又一个科学难题，攻下了一个又一个技术难关。到1964年年底，共制成4种类型9台机车，性能基本良好，比原来设想提前一年进入批量生产。1965年，每月内燃机车生产能力，由年初的2台提高到年底的7台；全年制成48台，超过会战要求将近1倍。同时，又开始了更大功率的内燃机车的研究和试制工作。

在这个时期,电力机车的研制也取得了新的进展。内燃机车和电力机车的试制,得到全国各地有关科研、生产部门的大力支持。在会战过程中,建成了初具规模的试制研究和生产基地,培养和锻炼了上万名具有一定水平的试验、制造、检修、运用的工作人员,落实了百余个机电产品协作点,组成了全国范围的科研生产协作网。这次会战为中国机车工业的进一步发展奠定了基础。

(三)水运方面

1958年到1965年,国家用于水运基本建设的投资总额为24.84亿元(其中11.63亿元用于资助地方发展水运事业),与“一五”时期相比,平均年投资高而效果差。水路货运量和货物周转量年递增率分别为4.5%和6.5%,远低于“一五”时期,而在全国所占比重也由1957年的19.2%和23%下降至19%和19.4%。运输成本也增加了,交通部直属水运企业每千换算吨公里运输成本提高到8.15元,海港每千换算吨吞吐量的装卸成本上升到1360.74元。

五、整顿效果初显

由于重视配套,重视投资效益,铁路在1962年虽然投资最少,但效果很好。1961年工程施工亏损8546万元,1962年下降为671.33万元。1962年累计全部和部分交付使用的重大和一般建设项目有219个,占累计施工项目486个的45.1%。这些工程对提高铁路运输能力,支援工农业生产起了积极作用。由于执行了验收交接制度,改变了过去几年来拖延交付、长期不验收和长期使用无人维修的现象。1962年竣工工程一次验收合格率稳步上升,一级品率由年初的40%提高到年底的83%。

经过调整,铁道事业克服了“大跃进”造成的困难,得到稳步发展。货运量在1965年达到4.84亿吨,比1962年增长39.8%,平均每年增长11.8%。1964年和1965年,是安全生产成绩较好的两年,1964年每百万机车总走行公里平均重大、大事故件数只有0.19件。旅客列车正点率出发为99.6%,运行为97.1%;货物列车正点率出发为95.1%,运行为94.7%,都取得了较好的成绩。由于劳动生产率提高,成本降低,1965年每万元运输收入产生的利润达到4650元,是历史上的最好成绩。在1958年到1965年的8年中,扣除国家巨额投资后,铁路向国家净缴利税累计为72.26亿元,约为以前8年的11倍。

铁路扩大再生产所必需的新线建设、既有线路技术改造和工业生产，都取得了可喜的成就。8年中，新增营业铁路里程9698公里。兰新、包兰、干武（干塘至武威）、兰青（兰州至西宁）、昆一（昆明至一平浪）、内昆线内江至安边段、川黔线以及黔桂线都匀至贵阳段，都是在这8年中建成通车的。不仅西北、西南地区铁路长度占全国路网的比重显著增加，还建成了武大（武昌至大冶铜绿山）、南福、萧穿、京承（北京至承德）等线，为经济比较发达的地区增添了交通动脉。新建南京长江大桥工程，突破了水中基础施工的难关，发展了修建武汉长江大桥时的施工技术，1965年年底，基本建成了水中桥墩，为全桥的建成提供了保证。8年中，还建成了中国第一条电气化铁路，新建第二线3235公里，扩建和新建枢纽30个。在既有铁路上大量改铺重轨，延长站线，铺设无缝线路，全面改善通信信号设备。铁路工业部门提供了大量新产品，除各种新型的机车、车辆外，还有预应力钢筋混凝土轨枕和桥梁、高锰钢辙叉、栓焊和全焊钢梁、载波电话设备、AX系列安全型继电器等。1964年7月，铁路有21项新产品荣获国家奖励。

到1965年年底，铁路营业里程达到3.64万公里，比1957年增加36.3%；新建和改建了70多条公路干线，总里程约3万公里，各地还兴建了大量标准较低的公路，使公路通车里程达到51.45万公里，比1957年增加1倍多；内河通航里程达到15.77万公里，比1957年增加9.4%；扩建了上海、秦皇岛、大连等港口；民用航空航线里程达3.94万公里，比1957年增加49.2%；管道运输开始起步，建成了第一条输送原油管道。技术装备水平的提高表现在：铁路双线比重由1957年的8.2%提高到1965年的15.3%，北京、沈阳、郑州等铁路枢纽开始建设机械化、半机械化驼峰、编组场，研制成功电力、内燃机车，建成宝鸡至凤县电气化铁路。水路运输增加了大量新型装卸设备，造船工业迅速发展。有路面公路比重由1957年的47.6%提高到1965年的59.5%，民用汽车拥量达到29.95万辆，比1957年增加1.37倍。民用飞机达287架，比1957年增加1.7倍。

第三章

顿挫中的探索与三线建设（1966—1976）

“文化大革命”的发动给国民经济带来了严重的损害，各地混乱现象日益严重，经济发展处于相对无序的状态。“大串联”、“停产闹革命”更是给交通运输带来巨大的压力，一方面干扰了正常的客货运输，另一方面人员的大规模流动又打乱了运输秩序。面临几方面的压力，交通业也在不断调整自身的发展之路，尽力服务于国民经济建设。与此同时，以“备战”、“备荒”为政策出发点的三线建设不仅极大地改善了中西部地区的产业结构，更重要的是为西部进一步发展打下了重要的交通基础。

第一节　“文化大革命”发动影响交通业发展

1966—1976年进入国民经济动荡发展的十年，经济建设受到破坏和冲击，打乱了正常的发展计划，国民经济受到严重伤害。与此关联的是，交通业也进入失序发展状态，有乱有治，乱中前进。

一、“文化大革命”造成国民经济缓慢发展

1966年开始，席卷全国的“文化大革命”严重冲击了经济建设，造成了经济混乱。中国由此陷入十年内乱。“文化大革命”初期，在混乱的局势下，各种合理的规章制度被批判砸烂，大批经济管理干部受到冲击和迫害，国民经济基本处于无计划、无政府状态。1967年年度计划到当年2月，绝大多数地区仍没有安排进行。1968年甚至连年度计划也无法制定。受“造反”、“夺权”的影响，各个行业的正常经济秩序普遍被打乱，有的甚至陷入

瘫痪。

据统计，这十年国民经济呈现明显的“三起三落”。

“一起”：1966 年工农业总产值比上年增长 17.3%（国民收入增长 17%）。“一落”：1967 年比上年下降 9.6%（国民收入下降 7.2%），1968 年比上年下降 4.2%（国民收入下降 6.5%）。

“二起”：1969 年工农业总产值比上年增长 23.8%（国民收入增长 19.3%），1970 年比上年增长 25.8%（国民收入增长 23.3%），1971 年比上年增长 12.2%（国民收入增长 7%），1972 年比上年增长 4.5%（国民收入增长 2.9%），1973 年比上年增长 9.2%（国民收入增长 8.3%）。“二落”：1974 年比上年只增长 1.4%（国民收入增长 1.1%）。

“三起”：1975 年工农业总产值比上年增长 11.9%（国民收入增长 8.3%）。“三落”：1976 年比上年增长 1.7%（国民收入下降 2.7%）。

从 1967 年至 1976 年（考虑到“文化大革命”在 1966 年年中虽已开始，但经济尚未受到严重冲击，当年不计入内），社会总产值年平均增长 6.8%，其中 1967 年、1968 年出现倒退现象，分别比上年下降 9.6%和 4.2%，1974 年和 1976 年比上年分别只增长了 1.4%和 1.7%。工农业总产值年平均增长 7.1%，国民收入（净产值）年平均增长 4.9%。和“文化大革命”之前 14 年（1953 年至 1966 年）和之后 6 年（1977 年至 1982 年）的指数相比，可以看出，这种发展速度是十分缓慢的。社会总产值年平均增长 6.8%，分别低于前者的 8.2%和后者的 8.9%；国民收入年平均增长 4.9%，分别低于前者的6.2%和后者的 7.5%。如果按持续“文化大革命”前的国民收入增长速度计算，可以说“文化大革命”十年使我国国民收入损失了应增长的 2793 亿元。

就 1967 年至 1976 年这十年来说，社会总产值年平均增长 6.8%；工农业总产值年平均增长 7.1%，其中工业为 8.5%，农业为 3.3%；工农业总产值指数（以 1952 年为 100）与上年相比，除 1967 年、1968 年外，其余各年均为正增长。国民收入年平均增长 4.9%，其中工业为 7.2%，农业为 2.5%。

1965 年至 1976 年工农业总产值见表 3-1。

表 3-1　1965 年至 1976 年工农业总产值　　单位：亿元

年份	工农业总产值	农业总产值	工业总产值	在工业总产值中	
				轻工业总产值	重工业总产值
1965 年	2235	833	1402	723	679
1966 年	2534	910	1624	796	828

续表

年份	工农业总产值	农业总产值	工业总产值	在工业总产值中	
				轻工业总产值	重工业总产值
1967年	2306	924	1382	733	649
1968年	2213	928	1285	690	595
1969年	2613	948	1665	837	828
1970年	3138	1058	2080	960	1120
1971年	3482	1107	2375	1020	1355
1972年	3640	1123	2517	1079	1438
1973年	3967	1226	2741	1189	1552
1974年	4007	1277	2730	1213	1517
1975年	4467	1343	3124	1376	1748
1976年	4536	1378	3158	1395	1763

资料来源:根据相关资料整理所得。(注:本表按当年价格计算。)

工业方面,到1976年,全国主要工业产品年产量与1966年相比的增长情况是:钢2046万吨,增长33.6%;原煤4.83亿吨,增长91.7%;原油8716万吨,增长499%;发电量2031亿千瓦小时,增长146%;化肥524.4万吨,增长117.7%;水泥4670万吨,增长131.8%;机床15.7万台,增长186%;汽车13.52万辆,增长141.9%。全国工业总产值指数(以1952年为100),1976年为1274.9,与1966年相比,增长128%。农业方面,1976年粮食产量5726亿斤,比1965年增加了1836亿斤。在人口迅速增长的情况下,人均粮食产量由544斤增加到610斤,增长了12.1%。1976年全国农业总产值指数为185.5,比1966年增长24.5%。[①]

总之,“文化大革命”时期国民经济发展的特点,表现在各项数字上,是低速度、低消费、高消耗;表现在整体运行上,受政治形势严峻、动荡不定影响,极不平衡。值得注意的是,尽管国民经济建设遭受了巨大损失,但整体上仍在缓慢地发展。总体来看,和“文化大革命”前正常的经济建设时期相比,和世界上发展较快国家相比,我国失去了10年的宝贵时间,国家综合实力没有得到相应的提高。

① 以上数字据国家统计局编的《中国统计年鉴(1991)》(中国统计出版社1991年版)各表计算所得。

二、交通业艰难行进

“文化大革命”不仅对国民经济造成很大混乱，交通业发展也受到严重影响。首先是各级交通部门遭受巨大冲击，中央和省、自治区、直辖市相关部门几乎无法正常开展工作。领导干部和业务技术人员中的大多数人都被下放到“五七”干校劳动，仅留少数人参加各级“生产班子”，交通管理体制受到严重破坏。

交通部和各地交通主管部门无法正常履行职责，各级负责人或是被揪斗或是“靠边站”，各种规章制度多被废除。为了恢复正常生产秩序，铁道部、交通部和邮政总局相继实行“军管”，又于 1970 年 7 月合并成立新的交通部。主管公路交通的政府职能部门有的合并，有的撤销。绝大多数省、自治区汽车运输企业又一次被下放。许多汽车运输公司直接下放到县，但也有少数下放到专区经营。集体所有制运输企业刚刚理顺的生产关系，被指责为向资本主义倒退，一批集体所有制运输企业再次改变为全民所有制的国营运输企业。公路工程管理局也被撤销，取而代之的是公路组，公路组之下又设工程养护组，形成大组套小组的畸形机构。1971 年，交通部公路规划设计院并入交通部第一公路工程局，改为设计所。出于战备和援外需要，交通部第一、第二公路勘察设计院，交通部第一、第二公路工程局没有被撤销。“文化大革命”期间，尽管多数省、自治区公路交通管理机构被再次裁并、下放，但基层管理单位基本保留，公路建设工作并未停顿。1972 年，交通部从“五七”干校逐渐抽回人员充实公路组，并于 1973 年重建公路局。交通部公路规划设计院也于 1974 年恢复。1975 年，交通部再次改组，铁道、交通分开，交通部仍设公路局主管公路工作。各省、自治区交通厅(局)的情况也大体类似。

“文化大革命”开始后，公路交通工作在艰难的道路上前进。大批领导干部和业务技术专家被批斗、下放，生产指挥系统遭到破坏，许多行之有效的规章制度被当作资产阶级的“管、卡、压”被破除了。1968 年，全国汽车货运量比 1966 年减少了 23.8%，车吨年产量从 42473 吨公里下降到 28180 吨公里。1970 年 7 月，铁道部、交通部、邮电部所属邮政部分合并以后，绝大部分公路运输企业再次被下放到地、县，进一步造成车辆调度失灵，港口和火车站经常堵塞。特别是在客运方面，给群众乘车带来许多不便，使生产和建设遭到了破坏。但是在“山、水、田、林、路”实行综合治理的统筹安排下，县社公路建设仍然继续进行。特别是在周恩来、邓小平主持中央工作期间,公路交通仍有明显发展。

不少省、自治区交通部门每年从养路费收入中拿出约20%的资金,继续用于公路建设、危桥改造、渣油沥青路面铺筑和县社公路修建补贴。中央每年还有2亿元左右的国防、边防公路建设投资。再加上渣油、沥青等材料供应比较宽松,公路建设不论新建、改建均有发展。这个阶段,新增公路通车里程34.66万公里;新建特大桥梁157座,共长9.9万米;铺筑高级、次高级路面13.34万公里,比1966年增加了14.2倍。这个阶段建成的主要公路有楚雄至勐捧、北京至原平、临汾至宜川、宜都至来凤、五常至白城等线;新建的大桥有福建省乌龙江大桥、山东省平阴黄河大桥与山东省滨州黄河大桥等。在公路交通工业方面,随着公路和汽车的增加,公路交通专用机械的需求量越来越大。1969年到1970年,交通部在湖南、四川两省新建了2个筑路机械厂和1个汽车保修机械厂。各省、自治区、直辖市公路交通部门也先后扩建、新建了一些工厂,专门生产客车、挂车和筑路养路机械。为了适应石油、化工、电力、钢铁等部门引进的特大、特重设备的运输需要,从1966年开始,一些省、市公路交通部门先后制造了100吨至450吨的大型平板车;同时,国家还从法国引进了载重200吨至600吨的超重型车组。由于国产汽车供不应求,一些省、自治区、直辖市公路交通部门的汽车修理厂还自制汽车。此外,汽车配件和水泥等筑路材料的生产也都有所发展。

1965年交通部召开的公路与汽车运输会议和1970年全国交通工作会议所提出的“三五”、“四五”期间公路交通的主要任务是:改建干线公路上的危险桥梁;完善提高8万公里的国防、经济干线;公路通车里程达到80万公里;发展汽车运输和民间运输。这个时期工作上的主要失误:一是由于1958年下放时,中央停止了对公路交通的基本建设投资,影响了“二五”期间干线公路的建设和公路网的形成,使已建成的公路联不成网,不能发挥其应有的经济效益和社会效益。二是交通部所属的公路建设专业队伍下放也有弊端。在条件艰苦的边疆、高寒地区修建公路,以及高等级公路、大型桥梁和隧道等工程的测设、施工中,没有专业化建设队伍,就无法保证工程质量。三是国家对厂矿企业自备汽车实行“谁有钱谁买车”的政策,对自备汽车的发展进行必要的调控,结果形成非公路交通部门的汽车增长过快,空驶浪费的情况严重。与此同时,为全社会服务的公路交通部门营运汽车却因地方财政投资不足而长期得不到应有的发展。公路交通部门的营运汽车和厂矿企业的自备车辆，在构成的比例上越来越不合理。[①]

三、“文化大革命”中对交通业进行整顿

1972年，周恩来总理为了改变国民经济受到不利影响的现象，开始对极左思潮进行批判，开展整顿并恢复和制定合理的规章制度。1973年2月26日，周恩来总理在听取国家计委汇报年度计划和《关于坚持统一计划，加强经济管理的规定(草稿)》时指出：“林彪一伙破坏经济所造成的恶果这两年表现出来了。”“运输能力也不行，进出口货物拥挤不堪。”“按劳分配的问题，现在是四个一样嘛！还有干难干易一个样。”“不利于调动职工的积极性，也不利于控制职工人数的增加。”“必要的奖励制度是可以的。”10月，交通部在黄埔港试行计件工资制，劳动生产率明显提高，货物装卸质量得到保证，受到国内外船员和货主的称赞。1975年1月召开的第四届全国人民代表大会第一次会议决定恢复铁道部、交通部和邮电部，并任命叶飞为交通部部长。按照国务院的统一部署，交通部相继恢复和健全了一批旨在保证安全生产和提高生产质量的规章制度，使生产建设中的混乱局面有所改变，各项工作开始好转。

1975年1月，全国人民代表大会四届一次会议以后，邓小平主持中央日常工作，从铁路的整顿开始，着手整顿各条战线。从这一年起，铁道部和交通部分开(邮政部分已于1974年划归恢复了的邮电部)，重新成立的铁道部由万里任部长。邓小平在2月15日至3月8日中共中央召开的解决铁路问题的各省、自治区、直辖市主管工业的党委书记会议上明确指出：要把国民经济搞上去，当前的薄弱环节是铁路。铁路运输问题不解决，生产部署统统被打乱，整个计划都会落空。解决铁路运输问题的办法是：加强集中统一；建立必要的规章制度，增强组织性纪律性；反对派性，切断铁路系统和地方上闹派性的人的联系，对闹派性的人要从原单位调开，不服从调动不发工资，钻出来新的派头头也要调开。3月5日，中共中央发出《关于加强铁路工作的决定》，决定指出：“铁路运输当前仍然是国民经济中一个突出的薄弱环节，不能适应工农业发展的需要，不能适应加强战备的需要。”为了迅速改变这种状况，中央要求：①全国所有铁路单位都必须贯彻执行安定团结的方针，掀起社会主义建设新高潮。②全国铁路由铁道部统

① 中国社会科学院、中央档案馆合编：《1953—1957中华人民共和国经济档案资料选编·交通通讯卷》，中国物价出版社1998年版，第28页。

一管理,集中指挥;铁路职工由铁道部统一调配。③各省、自治区、直辖市党委要对铁路单位的政治运动、地区性社会活动和思想政治工作继续抓紧抓好,对问题较多的铁路单位要采取措施限期解决。④建立健全岗位责任制、技术操作规程、质量检验制及设备管理维修制,确保安全正点;铁路职工一切行动听指挥,做好本职工作;派性严重、经批评教育仍不改正的干部和派头头要及时调离,对严重违法乱纪的要给予处分。⑤整顿铁路秩序,任何人不得以任何借口妨碍正在进行指挥、调度和各种勤务的工作人员的正常工作,阻拦列车、中断运输、损坏列车和铁路设施都是违法的,必须坚决制止,严重的要严肃处理。

邓小平的讲话和中共中央文件提出了整顿铁路的方针政策,得到了广泛的拥护。铁路系统认真贯彻文件,运输生产形势迅速好转。在铁路的带动下,整顿工作迅速在整个工业和交通战线开展起来,取得了明显的成效。铁道部在邓小平等国家领导人的支持下顶住干扰,坚决把整顿工作推向深入。整顿取得了成效,也减少了损失,1975 年全年货运量比 1974 年增长 12.7%。在基本建设方面,由于坚决压缩新线建设规模,停建和缓建了一些项目,铺轨里程少于 1974 年。但因保证了重点,注意工程的配套收尾,营业里程的增加比 1974 年提高 19.3%,并完成了宝成铁路全线的电气化改造。铁路工业坚持"修造并举,以修为主"的方针,坚持"挖潜、革新、改造",总产值超过了过去最高的 1973 年,改变了 1974 年总产值下降的状况。①

四、水运业艰难发展

持续 10 年之久的大动乱,给水运事业的发展带来了严重干扰和破坏。"大串联"等群体行为造成陆运交通受阻,大量重要物资只能依靠水运。在周恩来总理的直接领导和部署下,水运事业在确保"北煤南运,南粮北运",以及援外物资、外贸物资和西南地区战备物资的运输方面,在发展远洋运输、建设沿海港口和水运工业方面都取得了巨大的成就。

(一) 远洋运输船队得到发展

20 世纪 60 年代,交通部利用中国银行贷款买船取得了良好的效果,积累了经验。1970 年 2 月,周恩来总理在听取全国计划会议的情况汇报后,

① 《当代中国》丛书编辑部编:《当代中国的铁道事业》(上),中国社会科学出版社 1990 年版,第 69 页。

果断地决定在"四五"期间将中国的远洋运输船队由110万载重吨扩大到400万载重吨，力争在1975年基本改变长期依靠租用大量外国船舶的被动局面。经周恩来总理批准，李先念副总理和余秋里副总理亲自组织国家计委、交通部、外贸部和中国人民银行实施，计划利用中国银行贷款（相当于每年租用外轮船的费用），平均每年购置近100万载重吨船舶（包括国内建造的10万载重吨），交通部则以营运收入按期偿付本息。这项计划还包括以贷款购买大型船舶主机和造船设备，以支持国内船舶工业的发展。1975年，远洋运输船队达到500万载重吨。

（二）港口建设成效显著

以往因国力不足，港口建设规模小且进展慢，生产能力普遍不高。1973年2月27日，周恩来总理指示：港口问题一定要解决，3年时间基本解决港口问题，港口是发展水运、繁荣经济的基础，要配套建设，包括装卸机械，供油、供水和港务船及其他运输生产设施，等等。他委派粟裕和谷牧负责，组成国务院建港领导小组。沿海各省、自治区和直辖市相继成立了地区建港领导小组和指挥部。9月27日到10月17日，全国首次港口建设会议在北京召开，确定到1976年的基本目标是：①沿海港口货物吞吐能力由1亿吨提高到1.6亿～1.7亿吨，基本适应国内外贸易和援外货运的需要，使进出口的原油、矿石、钢铁和杂货的运输状况有较大的改善；②大幅度缩短远洋运输船舶平均停港时间，基本改变压船、压货的严重情况；③保证远洋运输船舶的供油、供水，并为外籍船舶航次修理和船员生活服务提供必要条件；④适当改善客运条件。港口建设的方针和政策是：注意合理布局，重点在有城市作为依托的已有沿海港口，并为以后港口建设制定长远规划；统一计划、统筹安排、远近结合和分期建设；坚持勤俭建港，处理好新建和改建的关系；"集中力量打歼灭战"，按照基本建设程序办事，没有勘察不能设计，没有设计不能施工，建成一个项目，投产一个项目，尽快形成生产能力；积极引进和采用新技术，加强科学技术研究，因地制宜，"土洋结合"，大胆创新；提高装卸机械化水平，组织科研、设计、制造和生产等部门对港口机械进行选型和定型，逐步做到标准化、通用化、系列化，对稳定的大宗散货尽量采用高效率的流水作业线，有条件的可使用集装箱。

到1976年，港口建设计划基本得到实现，沿海主要港口面貌一新，一批机械化、半机械化的大型专业码头在海滨蔚为大观。其中有以千里输油管道连通大庆油田的大连港鲇鱼湾10万吨级原油装船码头（年输油能力1500万吨）和秦皇岛港的2万吨级原油装船码头（年输油能力1000万吨），有湛江港的5万吨级油码头以及其他沿海和长江港口的原油卸船码头，使原油的吞吐能力净增约3000万吨。与此同时，秦皇岛港第一期煤炭码头工程形成年度装船1000万吨的能力，连云港煤炭码头工程形成年度装船275万吨的能力，上海港北票煤炭码头的机械化改造工程和黄埔港、宁波港的煤炭码头，使煤炭吞吐能力净增约2000万吨。大连、天津新港、上海、黄埔、湛江和八所等港还增加了散粮、矿石等散装货物的吞吐能力。此外，还着手建设集装箱码头。

(三) 水运工业的发展

1970年2月，周恩来总理还对发展船舶工业和水运工业进行筹划。粟裕受周恩来总理委托，于1971年组织交通部、六机部、水产部和海军等就修造船工业和港口机械工业的全国性统筹发展问题进行调查研究。1972年12月22日，交通部在北京召开水运工业会议，着手制订统筹发展规划和近期计划。其侧重点是：①扩大修造船工业生产能力，将13个大中型工程(含6座1万～5万吨级修船干坞、6座1万～2.5万吨级浮船坞)列为国家重点建设项目。其中，新建山海关修船厂、北海(时称“红星”)船舶修造厂、立丰修船厂、荻港修船厂、澄西修船厂、南海修船厂(1980年并入文冲船舶修造厂)、阳逻工程船修造厂、镇江锚链厂、红旗船舶配件厂，扩建上海、新港、文冲和青山等船舶修造厂。②加强造船、造机和制造船舶配套产品的生产分工协作并提高其专业化水平。在具有发展造船生产能力的上海、新港和青山等船舶修造厂，兴建大型造船车间和造船台，并在原有基础上新建或扩建船用柴油机制造车间。在镇江市兴办船舶配套产品制造工业群，并对原有船厂的柴油机配件、铸工和锻工车间进行调整和扩建，将其纳入专业化、协作化的生产轨道。在港口机械制造方面，扩建上海港口机械制造厂，改建山海关桥梁厂的起重机车间，新建广州、川江、武汉等港口机械制造厂。③新建和改建中小型修造船台滑道56个船位，其中3000吨级的18个(青山船厂8个、金陵船厂10个)，1000吨级的22个(新河船厂9个、东海船厂7个、宜昌船厂6个)，1000吨级以下的16个(江东船厂8个、吴淞船厂3个、川江驳船厂5个)。④扶植地方水运工业发展，并将部分工厂的生产建设纳入全国水运工业生产建设计划。此外，为了改善和加强船舶的航次修理能力，在沿海主要港口还新建或改建一批航修站。1973年11月5日，粟裕向周恩来总理提交了《关于发展我国水运工业的意见》，说明“水运工业是发展水运的物质基础，多年来的经验证明，交通部也要搞水运工业，才能适应水运发展的多方面需要，对增强国家的造船能力是有利的。交通部不仅要担负起船舶的维修任务,保持现有船舶的正常营运,而且也要造一些辅助船、中小型运输船和装卸机械,使现有船舶和港口、航道配套成龙,更好地为远洋、沿海和长江运输服务;同时还要造一些中小功率的柴油机,加快木帆船的技术改造,增加机动船舶,支援地方水运,促进水运事业的全面发展”。提出交通部发展水运工业的方针是“修造并举,以修为主”和“造船大中小结合,以中小为主,从小到大”。

1976年,全国交通系统水运工业企业(职工总数在200人以上的)共计535家,完成工业生产总值86251万元,其中修船19785万元,造船42842万元;完成民用船舶修理29575艘,钢质船舶制造965艘、307742综合吨,水泥船制造2232艘、164266满载排水量吨;制造各类装卸起重机械773台、5吨集装箱55只和抓斗等属具248个。

在加强国内水运建设的同时,中国还加强了国际航运合作和支援发展中国家的建设,其中包括援建坦桑尼亚海军船厂、马耳他30万吨级巨型修船干坞和码头等大规模工程。通过国际交往,既提高了中国在世界上的影响力,增进了各国人民之间的友谊,又开阔了水运事业从业人员的视野,提高了他们的科学技术水平。

五、铁路事业乱中前进

1966年5月“文化大革命”一开始,铁路系统的运输生产形势便出现波动。7月全路没有完成货运计划,8月货运量继续下降;这两个月的基本建设投资只完成计划的77%;一些铁路工厂间断停产。客货列车晚点严重,大量物资积压待运。

中共中央、国务院十分重视维持铁路的运输生产,于9月2日发出通知,要求整顿车站和列车秩序,规定铁路分局和分局以下单位暂缓开展运动,指示各级铁路管理部门要组成专门领导班子负责运输生产工作。10月31日,中共中央、国务院又发出维持铁路运输秩序的紧急通知。在极为困难的情况下,铁道部仍然能够采取一些措施,运输生产基本上得以暂时保持稳定。

1967年和1968年两年,铁路形势更加恶化,运输生产出现了十年动乱期间的第一次全面的大幅度下降。为了稳定铁路形势,中共中央、国务院于1967年5月31日决定对铁道部实行军事管制。6月1日,军事管制委员会进入铁道部,苏静任军管会主任(苏静调离后,由杨杰主持工作)。6月12日,中共中央、国务院又决定对铁路实行全面军事管制。8月11日,中共中央、国务院命令人民解放军维护铁路交通,才相对地稳定了形势。在这两年之中,由于极左思潮泛滥,无政府主义现象严重,行车事故件数急剧增加。1967年事故件数比1966年猛增25.9%;1968年又比1967年增加21%,其重大、大事故件数比1965年增加5.1倍。

1967年1月,铁道部被夺权后,周恩来在李富春、李先念等协助下,直接过问铁路工作,周恩来的指示,得到各级军管会和广大铁路职工、铁道兵指战员的拥护,减少了动乱对铁路的破坏,使得铁道事业有所发展。1969年4月,株洲电力机车工厂试制成功韶山1型电力机车并基本定型,大连机车车辆工厂于同年试制成功第一台东风4型内燃机车。10月1日,南京长江大桥铁路桥部分建成通车,从此,津浦、沪宁铁路联成一体。公路桥部分也在12月29日建成。经过努力,运输生产全面回升:1969年全路运输货物5.179亿吨,比1968年增长26.4%;新建铁路铺轨里程达到459.5公里,比1967年和1968年两年总数还多了135.8公里;铁路工业总产值比1968年增长59.4%。

由于铁路形势日趋稳定,中共中央、国务院决定于1970年6月底结束对铁路的军事管制。7月,铁道部、交通部和邮电部所属邮政部分合并成立新的交通部,杨杰任交通部革命委员会主任。铁路运输生产虽然有了回升,但仍面临巨大的困难。据交通部1971年第三季度的调查,当时全路有1.9万多名线路桥梁维修工人、近7700名机车乘务员去"突出政治",做非本职工作。有的工区只剩下一名工长带着两个家属维修线路,全路有689台蒸汽机车无人包乘,因而全路工务部门的线路不合格率高达14.8%,为"文化大革命"前的7倍,有23.2%的机车只能勉强使用。电务、车辆等部门都有类似情况。基建工程片面追求高速度,不讲科学、不讲质量的现象时有发生。1971年9月,林彪叛逃坠机死亡。主持中央日常工作的周恩来,对极左思潮进行针锋相对的批判,取得明显的效果。广大铁路职工在交通部领导下,在增产节约、落实政策、安全生产、学习技术、建立健全规章制度、整顿企业管理、加强组织性纪律性、提高设备质量等方面进行努力,保持并发展了自1969年以来的运输生产的上升势头。1973年,全路货运量首次突破8亿吨。从1972年起,铁路行车事故连年递增的局面得到扭转。和1971年相比,1973年运量增加9.6%,行车事故件数却减少17.3%,其中,重大、大事故减少27.2%。

从1972年起,国务院着手压缩过于膨胀的基本建设规模。铁路系统压缩新线建设规模以后,1972年,新建铁路投资占全路基建投资的比重由

1971 年的 76.7%下降到 68.4%，1973 年又下降到 59.3%；虽然投资减少了，但注意给重点工程提供更多的财力、物力保证。同时，既有铁路的技术改造和扩大工业生产能力的投资有所增加，虽然调整幅度不大，但成效显著。新线铺轨里程连续两年超过 1971 年。既有铁路技术改造在这两年中建成了陇海线郑州至宝鸡间、武大线武昌至铁山间、丰沙线（丰台至沙城）全线的第二线和京沪线南京至上海间的自动闭塞，等等。

1974 年，江青反革命集团在“批林批孔”运动中攻击周恩来，全国形势逆转，铁路运输生产出现了十年动乱期中的第二次全面下降，严重影响工农业生产和人民生活。全国铁路在 1974 年前 5 个月欠运货物 2100 万吨。6 月，徐州、长沙、贵阳、包头等铁路枢纽相继产生堵塞问题，大量列车保留在津浦、京广、贵昆、京包等铁路沿线，致使山西煤炭外运受阻。7 月全路日均装车数又比 6 月减少，保留列车达 200 多列。8 月，长沙、衡阳堵塞，京广、湘桂 2 条铁路一度几乎全部瘫痪。到 1974 年年底，全国铁路全年比 1973 年少运货物 4321 万吨，下降了 5.3%；行车事故增加 15%，其中，重大、大事故增加 48%。由于运输原因，大庆、克拉玛依等油田曾经被迫关井减产；许多省市的磷肥生产受到影响，南方几省的氮肥减产 1/3；缺煤使华东电网发电量减少 1/3，江苏、湖南等省有 40%以上的工厂停产或大幅度减产。1974 年新建铁路投资只比 1973 年减少 3.9%，铺轨里程却减少 21.5%。铁路工业生产虽然取得了北京型内燃机车定型和东风 4 型内燃机车正式生产等成就，但在新建洛阳机车工厂、眉山车辆工厂、永济电机工厂相继投产的情况下，总产值却比上年减少 2.4 亿元。

1976 年，人祸、天灾频发。7 月 28 日，唐山大地震，近 600 公里的铁路干线支线受到破坏。京山、通坨、津蓟铁路中断，线路桥梁、通信信号设备毁坏严重。京山线张贵庄至北戴河间 230 多公里线路，永定新河、蓟运河、沙河、滦河等大桥以及一些中小桥损坏严重。唐坊附近地段上下行线钢轨拧成麻花。唐山、古冶地区和芦台至卑家店九个区间绝大多数站舍倒塌。唐山机车车辆工厂除一个车间的钢屋架还存在外，全部设备和厂房被毁。第三设计院的 3 个勘测总队、铁路公安干校、西南交大留守组等单位损失也很严重。唐山、古冶两个地区伤亡职工占全体职工的 40%以上。地震发生以后，铁道部立即组织抢修。北京、上海、沈阳、锦州、吉林、哈尔滨、齐齐哈尔、郑州、济南、西安、太原、武汉等铁路局，第一、第二、第三、第四工程局和大桥工程局等单位，组织了十几支共 1.6 万多人的抢修队伍和 1500 多人的医疗队伍，昼夜兼程奔赴灾区，进行抢救抢修。8 月 1 日，因地震被阻停在灾区的3列客车的2900多名旅客全部安全转移,无一伤亡;铁路职工和铁道兵指战员共同奋战,共开出抢修列车39列、医疗卫生列车96列、军用列车37列。此外,还将3600多车药品、食品、衣服、建筑材料及其他物资运到灾区;修通了津蓟铁路。3日,修通了通坨铁路,7日,修通了京山铁路,10日,开通了京山铁路双线,17日,京山、通坨铁路除个别区段外,行车速度达到每小时60公里。灾区铁路行车和线桥养护人员迅速补齐,人人坚守岗位。救灾中,铁路医疗队共收容和治疗伤员2.1万多人,卫生列车运出伤员6.8万人。经过铁路运进灾区的救灾物资、抢修物资达到1.5万多车。

由于灾害造成的破坏极其严重,经过多年努力,重建铁路设施的任务才得以完成。

1976年10月,江青反革命集团被粉碎。11月,国务院采取措施,解决一些铁路局存在的问题。12月,段君毅任铁道部部长。

受“文化大革命”的影响,铁路方面1976年仍比1975年少运货物4630万吨。全国有800多万吨煤炭运不出来,不少地区缺煤少电,相当一批工厂停工减产。行车重大、大事故比1975年增加17.3%。1976年新线铺轨里程和铁路工业总产值都是1970年以来最少的一年。具体表现在以下几个方面:①运量增长缓慢,行车事故增加。1976年铁路货运量为8.2亿吨,与1965年的4.8亿吨相比,增长70.8%;11年中平均每年增长4.9%,大大低于1950年到1965年的平均每年增长11.1%的幅度。行车事故件数却以惊人的速度增加,1976年为1965年的3.58倍,11年中平均每年增加12.3%;而且性质严重,1976年和1965年相比,重大、大事故件数增加642.8%,直接经济损失增加808.2%。②铁路内部发展比例严重失调。这个时期,虽然自1972年起进行了调整,用于新线建设的投资占全路基本建设投资的比重仍然高达68.4%,远远超过“一五”和“二五”时期的47%和30.8%。既有线路技术改造和铁路工业的发展因资金不足而受到影响。因而,承担着85%运量的既有线路运输日趋紧张,许多区段运输已达饱和,出现了许多限制口,有的只能满足运输要求的40%。这个时期,铁路客货周转量增长51.7%,而平均每百营业公里占用机车台数只增加20%;货运量增长69.8%,而平均每百营业公里占有货车辆数只增加28%;客运量增长73%,而平均每百营业公里占有客车辆数只增加2%。而且,运行机车车辆质量下降,货车有70%带“病”运行。③经济效益大幅度下降。1976年铁路上缴利税为36.96亿元,和1965年相比,绝对数增加了10.57亿元。但从1966年到1976年，国家共向铁路投资326.13亿元，铁路部门固定资产净值由211.9亿元增加到415.3亿元，增长近96%，其中运输部门固定资产净值增长1倍，上缴利税只增加40.6%，经济效益实际上是下降了。1976年运输部门每万元固定资产实现利税只有755元，不仅低于1965年的1044元，而且低于1953年的881元。运输部门1976年利润率为32.9%，低于1966年的46.5%。同时，铁路工程的投资效益很差，造价很高。"文化大革命"以前建成11288公里铁路只需投资88.81亿元，"文化大革命"期间建成的9055公里铁路却需投资214.64亿元。除了工程难易不同、线路标准不同、材料价格不同等因素，动乱造成的巨大浪费是工程造价提高的重要原因。成昆铁路停工两年，损失即达7.3亿元。①

第二节　三线建设与西部交通业发展

三线建设是中国共产党在20世纪60年代面临内忧外患的形势下做出的战略决策，面对周边发展环境的紧张局面，苏联、美国和蒋介石集团的军事威胁，把三线建设作为国家经济建设的重点成为共识，并纳入第三个五年计划(1966—1970)予以实施。

一、三线建设的决策和实施

所谓三线，是由沿海、边疆地区向内地划分为3条线。一线指沿海和边疆地区；三线指四川、贵州、陕西、甘肃、湖南、湖北等内地地区，其中西南、西北地区(川、贵、陕、甘)俗称为大三线，中部及沿海地区的腹地俗称小三线；二线指介于一线、三线之间的中部地区。从1964年到1980年，我国在内地的十几个省、自治区开展了一场以战备为中心，以工业交通、国防科技工业为基础的大规模基本建设，称为三线建设。三线建设主要是指三线和二线地区的建设，也包括一线的迁移。它历经3个五年计划，共投入2050余亿元资金和几百万人力，安排了几千个建设项目。在我国建设史上是空前的，对以后的国民经济结构和布局，产生了深远的影响。

在1964年5月讨论"三五"计划设想的中央会议上，毛泽东明确指出：只要帝国主义还存在，就有战争的危险。我们不是帝国主义的参谋长，不

① 《当代中国》丛书编辑部编:《当代中国的铁道事业》(上)，中国社会科学出版社1990年版，第73-74页。

晓得它什么时候要打仗。要下决心搞三线建设，一、二线也要搞点军事工业，准备游击战争有根据地，有了这个东西就放心了。8月6日，美国制造北部湾事件，悍然大规模轰炸越南北方的第二天，毛泽东批示说："要打仗了，我的行动(指他原计划骑马考察黄河)得重新考虑。"①他和中央领导人下决心改变原定的国民经济建设部署。8月17日和20日，他在中央书记处会议上两次指出，要有帝国主义可能发动侵略战争的准备。现在工厂都集中在大城市和沿海地区，不利于备战。各省都要建立自己的战略后方。这一决策思想得到了中央领导人的赞同。会议决定，首先集中力量建设三线，在人力、物力、财力上给予保证。第一线能搬迁的项目要搬，明后年不能见效的项目一律缩小规模。原定的"三五"计划设想由解决"吃穿用"向以战备为中心转移。

1965年3月29日，中央决定成立西南三线建设总指挥部，李井泉任总指挥，程子华、阎秀峰为副总指挥，后又增加彭德怀等人；不久，又成立西北三线总指挥部，刘澜涛任总指挥，王林、安志文、宋平任副总指挥。4月，中央再次成立国家建设委员会，谷牧任主任，主要任务之一是抓好西南、西北的三线建设和一、二线的重点项目。1965年11月至1966年1月，邓小平、李富春、薄一波带领中央有关部委负责人视察了西北、西南的三线部署。

三线建设初期的主要项目有：四川、云南交界的攀枝花钢铁工业基地，成都至昆明的成昆铁路，以重庆为中心的常规兵器工业基地，以成都为中心的航空工业基地，以重庆至万县为中心的造船工业基地，陕西的航空工业、兵器工业基地，甘肃的航空工业基地、酒泉钢铁厂等。在三线建设的规划中，中共中央和毛泽东形成了一系列重要的经济建设指导思想。由于近代历史造成的原因，中国工业的70％分布在东北和东南沿海一带，西南、西北内地十分薄弱，工业交通极不发达。毛泽东和中共中央抓住战备的契机，同时也提出了建设内地的长远战略要求。毛泽东在视察天津时询问："大三线建设，小三线建设，会不会是浪费？会不会化为水？"地方负责人回答："不会的，就是敌人不来，从经济建设上说，也是有用的。"毛泽东听了很满意，他指出："要争取快一点把后方建设起来，三五年内要把这件事情搞好。后方建设起来，敌人如果不来，也没有什么浪费。"他认为：三线是一个阵地，一、二线是一个阵地，以一、二线的生产来支援三线建设，也就是沿海工业支援内地工业，使内地工业逐步赶上沿海工业的发展水平。因此，他

① 《建国以来毛泽东文稿》第11册，中央文献出版社1996年版，第120页。

要求在加强三线建设的同时，做两手准备，即战备和长期建设。针对党内有些人认为大规模战争打不起来的看法，他说："他们的看法也是有些道理的，我们本来就是做两手准备的。"周恩来具体贯彻了这一思想。他指出："我们现在一方面备战，一方面还要摸长期规划，要备战和长期结合。""所以，像包钢、武钢、太钢这样的新项目，还有像德阳的重型机械，过去布置也不够，现在也要把它加快。""搞小三线，要看到长远规划，十五年要全国搞成一个独立完整的经济体系。"在三线建设过程中，毛泽东和中央负责人还注意到要照顾人民的利益。1966 年 3 月，他在给刘少奇的信中，对此作了高度概括，就是"备战备荒为人民"。

从 1964 年到 1966 年，经过 2 年多的努力，三线建设取得了很大的进展。在西北、西南三线部署的新建、扩建、续建的大中型项目达到 300 余项。其中包括钢铁工业 14 项、有色金属工业 18 项、石油工业 2 项、化学工业 14 项、化肥工业 10 项、森林工业 11 项、建材工业 10 项、纺织工业 12 项、轻工业 8 项、铁道工程 26 项、交通工程 11 项、民航工程 2 项、水利工程 2 项等。但是，"文化大革命"的爆发，打乱了这个庞大的建设计划。

1967 年，三线建设受到了严重冲击。从中央到地方负责三线建设的各级领导班子中，刘少奇、邓小平、薄一波等中央领导人遭到林彪、江青一伙的污蔑批判，李井泉、彭德怀等地方三线负责人作为"走资派"、"修正主义分子"被揪斗迫害，少数仅存未被打倒的干部也因"夺权"而"靠边站"。造反武斗浪潮更使地方三线建设工程陷于混乱之中。许多科技人员在"批判反动权威"、"清理阶级队伍"运动中遭到伤害，致使重要科研攻关项目停滞不前。林彪、江青等人的直接干扰和他们煽动的极左思潮，也使三线科研、建设工作严重偏离正常轨道。从 1967 年到 1969 年，不少三线建设项目如成昆铁路、重庆兵器工业基地等处于停顿或半停顿状态，其余的也在艰难维持之中。

1969 年 3 月，中苏两国在珍宝岛发生边界武装流血冲突。8 月，苏联军队又出动直升机、坦克、装甲车和数百人，侵入中国新疆裕民县铁列克提地区，攻击中国边防巡逻队，制造了又一起严重武装流血事件。为了抵御可能发生的侵略战争，全国进入了战备高潮。三线建设作为当务之急迅速得到恢复。6 月，中共中央批准成立地区三线建委，组织各省执行中央批准的三线建设计划，对施工力量、设备材料、物资运输进行统一指挥。随后，国家基本建设委员会成立，主要任务之一是采取各种措施，加快三线建设进度。12 月，中共中央向全国批转成都军区、四川省革命委员会关于加速四川地区三线建设的报告。报告提出了7项措施，要求把国防工业、科研的重点项目迅速抢上去。1970年2月，全国计划工作会议拟定当年计划和“四五”计划纲要，强调重点是大三线战略后方，规定1970年计划用于三线建设的投资和项目占全国计划的一半以上。经过这些部署，三线建设的领导班子、施工力量、物资资金得到充实，三线建设重新全面铺开。

1970年7月1日，总长1085公里的成昆铁路通车。全线修建桥梁991座，总延长92.7公里，相当于56座武汉长江大桥；金沙江大桥主跨192米，是当时全国铁路上跨度最大的钢梁桥。全线修凿隧道、明峒427座，总延长341公里；沙马拉达隧道长6379米，是当时全国铁路上最长的隧道。桥梁和隧道相加的总长度，占全线总长度的39.4%。全线有1/3的车站因地势险恶，找不到建站地方，只好建在桥梁上和隧道里。

三线建设重中之重的项目攀枝花钢铁工业基地坐落在四川横断山脉的渡口，气候炎热干燥，交通十分闭塞。民谣说：“两山夹一沟，大沟连小沟，走路凭两腿，运货靠肩头。”建设者的粮食要自己用骡子运，吃水要下到谷底端，常常是野菜就着干粮吃，条件非常艰苦。来自全国各地的工人、干部、专家，发扬“干打垒”、“人拉肩扛”的大庆精神，经过10余年的艰辛创业和科研攻关，在面积仅2.5平方公里、坡度达10%～20%、通常不具备大规模施工条件的荒凉山坡上，建起了一个现代化的大型钢铁联合企业，主要产品产量达到和超过了设计水平，成为西南最大的钢铁工业基地。

进入20世纪70年代前期，随着越南战争和平谈判取得进展和中美、中苏关系逐步缓和，三线建设基本上不再投入新的项目，进入了搞好续建和配套工程的后期阶段。这一时期的重点工程有四川西昌卫星发射中心等。在1972年周恩来主持中央工作时，国家计委果断提出进口设备大部分放在沿海、小部分放在内地的原则，指出：“沿海工业发展得快一些，从长远看，对促进内地建设是有利的。”①三线和沿海地区的建设开始得到并重。1975年邓小平复出主持中央工作时，积极执行了三线建设的部署，同时尽可能地注意纠正一些片面强调战备的偏差。他具体指出：“许多三线的工厂，分散在农村，也应当帮助附近的社队搞好农业生产。一个大厂就可以带动周围一片。”②“文化大革命”结束后，到1980年，国家经济战略方针实行重大转变，三线建设基本结束。

---

① 陈东林：《七十年代前期的中国第二次对外引进高潮》，《中共党史研究》1996年第2期。

② 《邓小平文选》第2卷，人民出版社1994年版，第28页。

二、三线建设与西部交通业发展

三线建设取得了重大成就。它初步改变了我国内地基础工业薄弱、交通落后、资源开发水平低下的工业布局不合理状况；初步建成了以能源交通为基础、国防科技为重点、原材料工业与加工工业相配套、科研与生产相结合的战略后方基地。到20世纪70年代末，三线地区的工业固定资产由292亿元增加到1543亿元，增长4.28倍，约占当时全国的1/3。工业总产值由258亿元增加到1270亿元，增长3.92倍。

在交通运输方面，先后建成了一批重要的铁路、公路干线和支线。从1965年起相继建成的川黔、贵昆、成昆、湘黔、襄渝、阳安、太焦、焦枝和青藏铁路西宁至格尔木段等10条干线，加上支线和专线，共新增铁路8046公里，占全国同期新增里数的55%，使三线地区的铁路占全国的比重，由1964年的19.2%提高到34.7%，货物周转量增长4倍多，占全国的1/3。这一时期，公路建设也得到很快发展，新增里数22.78万公里，占全国同期的55%。这些铁路、公路的建设，较大地改变了西南地区交通闭塞的状况，不仅在当时适应战备的需要，而且对以后内地的四个现代化建设起到了重要作用。

在基础工业方面，建成了一大批机械工业、能源工业、原材料工业重点企业和基地。1965年至1975年，三线地区建成的机械工业大中项目共124个。湖北第二汽车制造厂、陕西汽车制造厂、四川汽车制造厂等骨干企业的汽车年产量已占当时全国的1/3。东方电机厂、东方汽轮机厂、东方锅炉厂等重点企业，形成了内地电机工业的主要体系。12个重型机器、矿山、起重、压延机械厂使三线地区具有了较强的重型机器设备制造能力。三线地区初步形成了重庆、成都、贵阳、汉中、西宁等新的机械工业基地。能源工业是三线建设的重点部门。主要有贵州六枝、盘县（今盘州）、水城地区和陕西渭北地区的煤炭基地，湖北的葛洲坝水电站，甘肃的刘家峡、八盘峡水电站，贵州的乌江渡水电站，四川石油天然气开发，陕西秦岭火电站等。四川除建成攀枝花钢铁基地外，还有以重庆钢铁公司、重庆特殊钢厂、长城钢铁厂、成都无缝钢管厂为骨干的重庆、成都钢铁基地；铜、铝工业基地分布在四川西昌、兰州等地，其中，西南铝加工厂是当时全国唯一一个可以生产大型军用铝锻件的企业。这一时期共建成钢铁企业984个，工业总产值比1964年增长4.5倍；建成有色金属企业945个，占全国总数的41%，10

种有色金属产量占全国的50%。[1]

三线建设还促进了内地省区的经济繁荣和科技文化进步,给内地以后的建设带来了发展机遇。攀枝花、六盘水、十堰、金昌等过去是人烟稀少的荒山僻野,现在成为著名的新兴工业城市。铁路的开通,矿产资源的开发,科研机构和大专院校的内迁,使长期不发达的内地和少数民族地区涌现了几十个中小工业城市,社会经济、文化水平得到显著提高,缩小了内地与沿海地区的各种差距,人民生活水平有了一定的提高。

三、绩效分析

三线建设中也存在着不少问题。第一,在片面强调战备的要求下,建设规模铺得过大,战线拉得过长,超过了国家的承受能力。特别是1969年至1971年,新建和内迁的大中项目达1000多个,资金、设备、原料难以到位,一部分工程只好中途下马,还有些则长期不能投产,带来了经济损失。第二,进程过快、过急,有些项目未进行资源环境的调查和论证,就匆忙动工,造成了严重后果。如陕西的一个飞机部件装备厂,投建前未弄清地质条件,结果发生大规模滑坡,损失达1000多万元,并留下长期隐患。第三,过分强调战备需要,忽视经济效益和长期生产要求。一些现代化工业企业远离城市,按"靠山、分散、进洞"的原则建设在山沟里,造成生产管理、协作十分不便。如陕西汉中012基地,下属28个单位分布在3000多平方公里的2个地区7个县,其中一个企业的生活区分散在6个自然村中。各个企业为了解决生活需要,都必须拿出资金建设"小而全"的商店、医院、学校等封闭社会设施,造成重复浪费。第四,在"文化大革命"的干扰下,不惜代价地片面追求政治目标,打破了正常的经济管理制度,造成了一些不应有的损失。如陕西阳(平关)安(康)铁路,是我国的第二条电气化铁路,全长358公里,修建中就有1512人受重伤,384人牺牲,平均每公里牺牲一人以上,代价是极大的。[2]

尽管存在着这些问题,三线建设仍然是我国经济建设史上空前的壮举。

第一,它为中国抵御帝国主义、霸权主义的战争威胁奠定了坚实的基础。有材料证明,毛泽东做出三线建设决策时,正在研究苏联卫国战争的

① 未注明出处数字见国务院三线办公室编的《三线建设》。

② 何金铭等主编:《当代陕西简史》,当代中国出版社1996年版,第203、187页。

教训。邓小平在1990年就指出:"国际形势的变化怎么看?""看起来,我们过去对国际问题的许多提法,还是站得住的","和平与发展两大问题,和平问题没有得到解决,发展问题更加严重"。1992年,他更加明确地说:"世界和平与发展这两大问题,至今一个也没有解决。社会主义中国应该用实践向世界表明:中国反对霸权主义、强权政治,永不称霸。"[①]事实正是如此,90年代初期的海湾战争和末期的北约轰炸南联盟,说明战争的危险性依然存在。1991年1月26日,刘华清在国务院三线办第八次成员会上就特别指出:建设三线是一个伟大的战略措施。这个问题,过去就很清楚。当前看来,特别是从海湾战争爆发后来看,都证明我们过去建设三线是对的,不能后悔。

第二,三线建设虽然是以战备为中心,但客观上初步改变了我国工业东西部布局不合理的状况,具有深远的历史意义和长期的经济意义。如果没有当年的大规模内地建设改善了内地的工业、交通和科技状况,我们在改革开放时期建设内地的任务将更加繁重,内地与沿海地区的经济差别将十分大,甚至会影响整个国家的发展。[②]

从1979年到1983年,中央和国务院决定对三线建设进行调整。一是缩短基本建设战线,调整投资方向,停建、缓建了一批基建工程。二是将一些生产任务严重不足的企业开始转向民品生产。三是对极少数选址不当,难以维持生产,或者重复建设、重复生产的工厂和科研所,实行关、停、并、转、迁。1983年年底,国务院成立专门机构,领导三线建设进行全面调整改造,总方针是调整、改造、发挥作用。具体做法是调整企业布局,调整产品结构,进行技术改造。国家不再负担全部投资,而是给予一定资金和政策扶持,主要依靠企业发展生产积累资金来完成。经过军民结合的产品改造,到1990年,原三线军工企业的民品产值已经达到155亿元,占当年军工企业总产值的75%,比1985年增长了1.93倍。同时,开发生产了国民经济需要的一批重大技术设备与人民生活需要的一大批高中档耐用消费品和著名民族品牌,如民用飞机、汽车、电视机、电冰箱等。许多重点三线企业,经过转换机制,成为全国驰名的现代化企业集团,如四川长虹集团、陕西长岭集团、重庆嘉陵集团等。

① 《邓小平文选》第3卷,人民出版社1994年版,第353、383页。

② 马泉山:《新中国工业经济史(1966—1978)》,经济管理出版社1998年版,第3页。

第三节　1966—1976年交通业发展成就

“文化大革命”十年，尽管受到“左”的干扰和破坏，交通业在全国干部职工的努力下，也取得了令人瞩目的建设成就。通过10年建设，到1975年年底，中国各种运输方式线路总长度达到105.47万公里，比1965年增加40.9%，运输网布局有较大改变。其中，铁路营业里程达到4.6万公里；公路通车里程达到78.36万公里；内河通航里程达到13.65万公里；民用航线里程达到8.42万公里；油、气管道长度达到0.53万公里。1975年，交通运输业完成客、货运量为19.3亿人次、20.2亿吨，分别比1965年增加1倍和67.2%。

一、公路的发展

2000多个县基本上都通了公路，改变了全国交通干线的落后状况。建成了包括滇藏公路、韶山至井冈山公路在内的许多贯穿各省城乡的公路干线，晴雨通车的公路比重由1965年的50.8%提高到1975年的76.6%。公路运输业得到发展，还推动了汽车工业的发展。在20世纪60年代初建成了南京、上海、北京、济南4个汽车制造厂。在“文化大革命”期间，湖北二汽、四川汽车制造厂、陕西汽车制造厂等带动了全国各地的汽车工业，建立了近200家汽车制造厂，汽车产量达22.2万辆，拖拉机产量达9.8万台，手扶拖拉机产量达21.8万辆，跻身世界汽车制造行列的第14位；1975年，民用汽车拥有量达到91.71万辆，比1965年增加2.1倍。

二、铁路的发展

铁路网进一步扩大，布局有明显改善，在京广铁路以西，建成了成昆、贵昆、兰青、湘黔、焦枝等重要干线，使该地区的铁路长度从1949年的3900公里增加到1975年的2万多公里，形成了中西部地区的路网骨架。营业里程从1965年的3.64万公里增加到4.62万公里。全国铁路网密度由1965年的每百平方公里0.38公里提高到0.48公里；西南、西北地区的铁路长度由1965年占全国20.8%提高到24.5%，增加双线1697公里，电气化铁路由94公里增加到745公里；运输生产得以维持，提供了相当的运输保证；在整个动乱期间，扣除国家的巨额投资后，铁路向国家净缴利税76.1亿元。东风474型内燃机车、北京型内燃机车、韶山1型电力机车以及一批新型车辆正式投入生产；资阳、眉山、贵阳、永济、洛阳、铜陵等新建工厂投产。成昆铁路、南京长江大桥的修建，把中国筑路建桥技术提高到新的水平。在援外事业方面，建成了坦赞铁路等工程，并为支援越南人民运送了大量的物资。

三、航运的发展

远洋运输、沿海港口建设和水运工业都取得了显著成就。在远洋运输中，中国远洋运输总公司和三大海运局发挥了骨干作用。至“六五”期末，上海海运的运输和陆岸产业配套基本完善，各类船舶拥有量达 180 艘、195 万载重吨、2.24 万客位，成为中国沿海运输的中坚力量。到 1975 年，中国远洋运输船队达到 500 万载重吨。1971—1976 年共建成商用运输泊位 78 个，内含 1 万吨级以上泊位 55 个。为改变沿海港口压船、压货的情况，加快了沿海主要港口建设，扩大了船队规模。10 年间，全国交通系统水运部门运输船舶平均每吨船的年度货运量递减 7.8%，长江航运管理局拖船的年货运量递减 4.2%；在沿海主要港口，平均每万元建设资金所增加的吞吐能力，仅为“二五”时期的 58.8%，主要经济效益指标均处于低谷。

航运在 20 世纪六七十年代的快速发展，带动了造船工业的发展。1958 年，我国能够建造万吨级“大跃进”等远洋货船，到 70 年代发展到能够建造 2.5 万吨的货船，还有 7500 吨的客货两用船。到 70 年代末 80 年代初逐步提高到造 5 万吨和 10 万吨巨轮的水平，中国开始迈入世界造船大国行列。

四、管道运输的发展

1958 年，修建了中国第一条现代输油干线管道。进入 60 年代，随着大油田的相继开发，在东北、华北、华东地区先后修建多路输油管道。1970 年 8 月 3 日，国务院做出了开展东北地区“八三工程”会战决议，使得停滞近 10 年的油气管网建设再次提上议事日程，此后 6 年，先后建成庆抚线、庆铁线、铁大线、铁秦线、抚辽线、抚鞍线、盘锦线、中朝线 8 条管线，总长 2471 公里，基本使东北、华北、华东地区形成了原油管道网。随后还建成了其他输油、输气管道，共达 5000 多公里，在东北、华北和华东地区初步形成了连接大庆、大港、胜利等油田与炼油厂、港口等之间的原油输送管道网和四川天然气管道网。

第四章

交通业改革从起步走向深化（1977—2000）

“文化大革命”结束后，经过拨乱反正，统一了大家的思想和认识，大规模的经济建设又一次掀起高潮。20世纪70年代末，交通运输欠账问题显现出来，成为制约国民经济快速发展的瓶颈。数据显示，从1949年到1980年，交通运输业尽管得到很大发展，客运量增加了24倍，货运量增加了14倍，但是交通建设滞后，运输能力不足，与经济建设很不适应。随着改革开放走向深入，经济社会环境的制度变迁极大地解放了生产力，对外开放在广度深度上不断拓展，观念和制度的变革也推动了交通业改革从初步走向深化，带来了该行业的快速发展，并为加入世界贸易组织（WTO）更深刻的变革打下了坚实的基础。

第一节　交通业“瓶颈效应”显现

1978年12月，中共十一届三中全会召开，中国从此走上了改革开放的道路，传统计划经济逐渐向市场经济过渡，同时对外开放的脚步也在加快。

一、向市场经济过渡

这一时期，中国经济向市场经济过渡大致经历了以下几个阶段。

（一）计划经济为主，市场调节为辅

从1978年到1984年，提出了国民经济改革和开发的基本思想，确立了计划经济为主、市场调节为辅的渐进性改革之路，明确了建设有中国特色社会主义理论。允许对部分产品的生产流通不做计划，而是通过市场进行调节，这对于以前单一的指令性计划经济来说，有很大的突破。1978年9月5日，国务院召开全国计划会议，确定了经济工作必须实行三个转变：一是从上到下都要把主要注意力转到生产建设和技术革命上来；二是从那种不计经济效果、不讲工作效率的官僚主义的管理制度和管理方法，转到按经济规律办事、把民主和集中很好地结合起来的科学管理轨道上来；三是从那种不与资本主义国家进行经济技术交流的闭关自守或半闭关自守状态，转到积极地引进国外先进技术，利用国外资金，大胆地进入国际市场。

（二）有计划的商品经济阶段

从1985年到1992年，随着农村推行联产承包责任制取得成功，城市经济体制改革也开始被提上改革进程。1984年10月召开的中共十二届三中全会做出了《中共中央关于经济体制改革的决定》，标志着我国经济体制改革进入了一个全面改革的新阶段，决定指出："要突破把计划经济同商品经济对立起来的传统观念，明确认识社会主义计划经济必须自觉依据和运用价值规律，是在公有制基础上的有计划的商品经济。"1987年10月，党的十三大明确指出："社会主义有计划商品经济体制，应该是计划与市场内在统一的体制。社会主义商品经济的发展离不开市场的发育和完善，利用市场调节决不等于搞资本主义。"在此基础上，党确立了社会主义初级阶段的基本路线，即"领导和团结全国各族人民，以经济建设为中心，坚持四项基本原则，坚持改革开放，自力更生，艰苦创业，为把我国建设成为富强、民主、文明的社会主义现代化国家而奋斗"。党的十三大提出改革和建设"三步走"战略，即第一步，实现国民生产总值比1980年翻一番，解决人民的温饱问题。这个任务已经基本实现。第二步，到20世纪末，使国民生产总值再增长一倍，人民生活达到小康水平。第三步，到21世纪中叶，人均国民生产总值达到中等发达国家水平，人民生活比较富裕，基本实现现代化。然后，在这个基础上继续前进。

（三）社会主义市场经济体制初步形成阶段

1992年邓小平在南行时发表讲话，"计划多一点还是市场多一点，不是社会主义与资本主义的本质区别。计划经济不等于社会主义，资本主义也有计划；市场经济不等于资本主义，社会主义也有市场。计划和市场都是手段"。1992年10月，党的十四大明确指出，我国经济体制改革的目标是建立社会主义市场经济体制，使市场在国家宏观调控下对资源配置起基础性作用。1993年11月，中共十四届三中全会通过《关于建立社会主义市场经济若干问题的决定》，提出了继续深化改革的总体蓝图，标志着我国改革进入全局性整体推进阶段。

二、交通运输"瓶颈效应"

1978年之前，总体上对交通投入有限，交通运输的发展并没有与社会经济的发展同步。1978年，中国公路里程数只有89万公里，只相当于美国的14%，相当于印度的64%；高速公路里程数为零，而美国已经有8.2万公里高速公路；铁路通车里程数为5.17万公里，而美国是30.7万公里，是中国的近6倍；民航线路里程数为14.89万公里，也只有美国的一半左右。[①] 随着改革开放对生产力的解放，交通运力运量的局限显现出来，严重制约了国民经济的发展。

铁路运输能力严重不足，落后于运量的增长，主要干线已经形成10余个限制区段，通过能力只能满足需要的50%～70%。1978年，国家工作重心转移到经济建设上来，社会和经济的发展对铁路运输的需求迅速增加，运能不足的局面开始出现。因此，"六五"期间把重点放在提高晋煤、豫煤外运能力和加强沿海港口后方铁路运输能力，特别是运输卡脖子区段通过能力上。1985年，农村改革初见成效，城镇改革起步，运能不足的矛盾又显现出来，铁路难以支持国民经济的高速增长，在1978年调整供求矛盾基础上又出现新的危机。1988年，铁路再次出现更为严重的危机，在国民经济持续较快发展之后，供求矛盾尖锐，铁路不得不超负荷运转，全路货运需求平均只能满足60%～70%，繁忙干线只能满足货运需求的40%～50%，客运超员平均达30%，有的线路高达100%。1989年《人民日报》为此开辟专栏，就如何改变交通运输滞后局面展开讨论。[②] 据测算，当我国工业产值和铁路运量二者之间的弹性系数维持在1∶0.5时，铁路运输能力符合国民经济发展的要求，但由于铁路运输能力增长过于缓慢，从1978年开始，弹性系数不断下降，到1988年下降到1∶0.147，铁路运输呈现全面紧张状态。1992年、1993年，铁路又陷入了新一轮更为严重的危机，甚于1988年，严重制约了国民经济的发展。按铁路运能30%缺口和国民经济发展速度7%计算，由于铁路运能不足，1991—2000年工业总产值减少共计60363

---

① 《铺就大国腾飞之路——新中国60年交通发展巡礼》，新华网2009年8月17日。

② 李学伟、赵新刚：《中国铁路投入产出分析》，中国铁道出版社2004年版，第1-4页。

亿元。铁路对国民经济的适应程度已从20世纪80年代初的90%左右下降到20世纪90年代的60%左右。[①] 港口能力紧张，沿海主要港口完成吞吐量超过核定能力的16%，导致港口压船压货现象严重。旅客运输能力也很薄弱，全国铁路41个主要客运站能力饱和，25条主要干线很难增加客车对数，公路客车数量少，运能不足，造成车船乘客严重超员，拥挤不堪。交通运输业在20世纪80年代初仍是国民经济中的薄弱环节。随着经济政策进一步放宽，工农业生产有了很大的发展，商品经济空前活跃，整个国民经济发生了深刻的变化，"对外开放、对内搞活"和"调整、改革、整顿、提高"八字方针对交通运输也有很大影响，外贸运量急剧增长，货源结构发生了很大的变化，百杂货和短途运输运量显著增加，客运量大幅度上升，各行各业对交通运输提出了许多新的要求，交通运输展现出更加不适应的状态。在基础设施方面，公路的里程少，标准低、路况差、断头路多、通行能力不足；客货运汽车数量少、车型老、车况差。在管理体制和管理方法方面，还没有完全突破老框框、老办法，影响了运输能力、运输效率、管理水平和经济效益的提高。

1979年，随着对国民经济实行"调整、改革、整顿、提高"的方针，不久即提出"改革、开放、搞活"的总方针。1981年11月3日，第五届全国人民代表大会第四次会议通过的政府工作报告中指出：国民经济能否保持较快的增长速度，在很大程度上取决于能源、交通问题能否得到恰当的解决。能源和交通的建设要结合起来进行，交通还应该先走一步。目前，运输能力不足的铁路区段和吞吐能力不足的港口，必须首先加强技术改造。交通和水利部门要通力合作整治内河航运，大力提高航运能力。同时，要充分利用沿海的海运能力。要想尽一切办法，使交通运输适应整个生产建设事业发展的需要。1982年9月1日召开的中国共产党第十二次全国代表大会，把交通列为经济发展的战略重点之一。

第二节　交通体制改革探索

1979年夏，中国运输经济学界在北京召开了理论研究会，会议着重讨论了运输经济的性质和地位以及经验、教训等问题，认为加强综合运输经

① 王海生、季令：《市场经济下中国铁路与区域经济发展》，《地域研究与开发》1996年第1期。

济研究和调整、改革运输体制是十分紧迫而必要的。改革开放以后,我国逐步明确了公有制为主体、多种所有制经济共同发展的基本经济制度,从制度和政策上支持、鼓励除公有制之外的其他多种所有制经济共同发展。

一、进行管理体制改革

1981 年 3 月,全国交通工作会议指出,交通运输生产要在坚持国营运输的主导地位和发展多种运输形式的原则下进行改革,全面推行以承包为中心的多种形式的经济责任制。1982 年,交通部根据国务院的部署,开展扩大企业自主权的管理体制改革,进行"政企分开"试验。管理体制改革并不是单纯的"下放、扩权、让利",而是要根据具体情况,区别对待,有计划、有步骤地深化和配套进行。

(一) 水运业体制改革

自 1980 年以来,交通部批准中国远洋运输总公司与江苏、河北等省合资建立地方远洋运输公司。此外,各航运企业也纷纷以不同方式联合经营专业公司。此后,水运事业即形成了多种经济成分、多种经营方式的格局。这种格局与 50 年代前半期的不同点在于:各企业均为经济实体,自筹发展基金,自主经营,自负盈亏;各合营企业实行董事会制,用经济办法而不是用党、政部门直接干预的办法开展生产经营活动。1985 年,全国经营国际贸易海运的企业,已由 1980 年以前的 4 家国营企业增至 66 家各种经济成分企业,共计经营运输船舶 1204 艘、1680 万载重吨。其中,中国远洋运输总公司经营 614 艘、1332.6 万载重吨,完成货运量 5895.4 万吨,货物周转量 2841 亿吨海里,分别超过"六五"计划指标的 11.22%和 21.82%;对外经济贸易部所属的中国对外贸易运输总公司经营运输船舶 100 万载重吨,并在国内外设立分支机构或联营企业,成为仅次于中国远洋运输总公司的远洋航运企业。交通部香港招商局也发展成为从事多种经营的集团企业。活跃在乡镇和支线运输上的水运专业户也有迅速发展,1985 年共有运输船舶 239132 艘、328 万载重吨,超过了 50 年代民间运输木帆船的数量。其经营方式有三种:船舶为个人所有,自行经营;由个人或联户承包集体所有制航运企业的船舶,定承包年限、定交纳规定金额;由专业户之间或专业户与企业之间签约联营,留利后分红。

随着经济的发展和航运市场的变化,专业户的经营趋向企业化,出现了多种形式的联合体、合作车船队、联合运输组织,以及产、运、销联合组织等。国营航运企业经营方式的改革也在逐步深入发展,由最初的责任制、经济承包责任制向企业的全面经营承包制过渡。1982年,交通部首先在上海和烟台两个沿海港口试行"单船承包责任制",使货物装卸工班效率提高,货损率下降,安全、质量、成本等项指标创出优异成绩,职工收入明显增加。

1983年3月召开的全国交通工作会议充分肯定了"单船承包责任制"的积极作用,并决定进行全面推广。1984年9月5日,交通部正式批准重庆、武汉和南京三个长江主要港口以及烟台、湛江和哈尔滨等港口为首批试行工资制度改革的单位,以探索改革经验。①

1979年,交通部直属的几个港口增加了42个万吨级深水泊位,吞吐能力比1972年增加了62%;远洋运输船队也有很大发展,1979年我国远洋船队由1970年居世界第28位,上升到第14位。1981年,交通部召开计划会议,提出了振兴中国水运事业的工作任务,其中关于海洋运输方面的主要任务是:①加速发展远洋船队。我国的进出口物资,90%要靠海运来完成,而我国远洋船队的运输能力与之很不适应,要加快发展。②加快港口建设速度,扩大港口吞吐能力。长期以来,我国海运船舶的增长速度超过港口建设速度,港口泊位严重不足,主要港口都在超负荷工作。因此,必须一方面抓好现有港口的技术改造和设备更新,另一方面发挥国家、地方和厂矿企业的积极性,加快港口的建设步伐。③积极支持沿海和长江沿线各省区市发展远洋运输,增加对外开放港口。④调整运价,实行薄利多运政策,提高竞争能力。在国际市场上,改变"一刀切"和一定几年不变的运价办法,实行浮动运价,以适应瞬息万变的国际运价。⑤大力开展对外经营业务,在国际市场上进一步打开局面。⑥大力发展集装箱运输。以远洋运输总公司为主,把远洋、港口、外轮代理公司、汽车运输总公司等组织起来,形成集装箱运输网,扩大集装箱的运输能力。1982年,海洋运输战线的广大职工贯彻"调整、改革、整顿、提高"的方针,以提高经济效益为中心,努力提高运输效率和服务质量,取得了较大成绩。在指导思想上进一步明确了我国的交通运输业是多层次、多形式、多渠道的结构,必须调动各方面的积极性;交通运输既是物质生产部门,又是公共服务部门,必须把提高整个社会经济效益放在第一位;改变交通运输的落后面貌必须依靠科学技术进步,加速进行技术改造。1982年,全国沿海货运量达到7700万吨,比上年

① 《当代中国》丛书编辑部编:《当代中国的水运事业》,中国社会科学出版社1989年版,第26页。

增长 8.16%，货物周转量 1057.31 万吨公里，比上年增长 12.2%；远洋运输货运量达 4600 万吨，比上年增长 1.6%，远洋货物周转量 3768.96 万吨公里，比上年增长 3.4%。①

自中共十一届三中全会以来，为适应外贸杂货的运输需要，我国远洋运输比较重视发展国际集装箱运输，大连、天津、青岛、上海、黄埔、广州等港口开展了集装箱进出口业务。1978 年开辟中国—澳大利亚线，开始使用半集装箱船在上海、天津新港与悉尼、墨尔本港之间营运。1980 年改用滚装船参加该线营运并途经香港加载。1981 年年底，原从黄埔出发途经香港去欧洲的航线改为直达欧洲，同时新开辟我国至美国西海岸和至日本的集装箱运输线。1982 年，又新开辟了中国至波斯湾的半集装箱船航线。到 1982 年年末，新开辟的国际集装箱运输航线已达 15 条。仅 1982 年载运各类集装箱就达 66758 箱。

我国远洋集装箱运输发展的一个重要标志是，1982 年 10 月开辟了天津港、上海港至美国的全集装箱班轮航线。它由原来只到美国的西海岸港口的集装箱运输，扩展到美国的东海岸和墨西哥湾休斯敦港。首航这一新航线的“汾河”号从天津出发，途经上海、美国西海岸长滩港、美国东海岸纽约港和美国查尔斯港，最后到达美国休斯敦港。这样，正如美国商界代表所说：“中国货直达纽约不经香港或日本转船，既可提早运到，又可降低成本。”

1983 年，集装箱运输又取得了新的进展。我国至地中海、北欧和西欧港口间的集装箱航线投入运营。8 月上旬，我国至西欧的全集装箱班轮开航。由上海远洋运输公司派出“濰河”、“唐河”、“沙河”3 艘集装箱船投入该航线营运。航次周转期为 30～35 天。靠港顺序是从天津新港和上海港发船，途经香港和新加坡后直驶伦敦、安特卫普、鹿特丹及汉堡。

（二）合资铁路开始出现

经济体制改革也推动了铁路投资单一状况的改善，出现了与地方合作的合资铁路。合资铁路的出现不仅为我国铁路的路网建设、缓解铁路的“瓶颈”制约做出了重大贡献，而且实现了多方面的制度创新。

我国合资铁路的发展经历了以下 3 个阶段。①20 世纪 80 年代初期是探索起步阶段。广西壮族自治区政府与铁道部合作修建南防铁路，构建了合资铁路的雏形，“七五”末期，广东省政府与铁道部合作共同出资建成了

① 《当代中国》丛书编辑部编：《当代中国的海洋事业》，中国社会科学出版社 1985 年版，第 30 页。

我国第一条合资铁路。②"八五"期间是稳步发展阶段。先后有13个合资铁路项目开工建设，合资铁路遍布18个省区，总长度发展到7933公里。③进入21世纪后是规范管理阶段。改革开放后，铁路运输瓶颈的问题十分突出，严重影响了国民经济的快速发展。有鉴于此，我国政府开始重视合资铁路的发展工作，先后出台了一系列鼓励和支持的政策，明确了其市场主体的地位。1992年8月，国务院批转国家计委、铁道部《关于发展中央和地方合资建设铁路的意见》，明确指出"合资铁路是对传统的铁路建设和管理体制的一大突破，是深化铁路改革的一条新路"。为贯彻落实国务院文件精神，铁道部于1993年11月颁布《〈关于发展中央和地方合资建设铁路的意见〉实施办法》，就合资铁路投资、建设、经营以及有关政策等方面做出规定。在此基础上，1996年5月，《合资铁路管理办法(试行)》颁布实施。随后又陆续出台了一系列配套法规，极大地促进了合资铁路的规范快速发展。

与仍具有显著计划经济特点的国有铁路相比，合资铁路具有明显的市场优势。合资铁路具有以下特征：①多元化的投资主体。合资铁路打破了铁路建设长期以来形成的单一国家投资、铁道部独家建路经营的格局，开辟了由多个投资主体合资建路、共同管理的新路径。②运营管理与国有铁路有效关联。合资铁路在建设和运营过程中，不可避免地与国有铁路产生许多关联业务和经济关系，成为国有铁路发展的有益补充。③经营管理具有独立性。合资铁路公司是由铁路与其他投资主体设立的公司制企业，实行自主经营、独立核算、自负盈亏，依法享有民事权利，承担民事责任。④差异化的运输站段管理体制。合资铁路公司的法人治理结构设有股东会(或股东协商制度)、董事会、监事会，其权力机构是股东(股东会)，决策机构是董事会，监督机构是监事会，实行董事会领导下的总经理负责制。而国有铁路系统上级主管部门是铁道部、铁路局，运输站段是铁路局下属的运输生产单位，实行铁路局领导下的站段长负责制，在管理体制上与合资铁路公司有明显的区别。

自合资铁路出现以来，新增线路长度不断增加，"九五"期间合资铁路新增长度为2738公里，比国家铁路(系指铁道部投资建设)新增长度1238.6公里还多1倍；合资铁路新增长度1996年为306.3公里，除1997年外，其余年份的增长较多；合资铁路对路网的贡献率"九五"期间达到59.7%，"九五"时期有3个年份稍低，分别为1996年的12%、1997年的1.9%、2000年的38.7%，其余年份均在40%以上，其中1998年达到了186.1%(见表4-1)。

表 4-1　合资铁路对路网发展的贡献率

时间	全国铁路新增长度/公里	国家铁路新增长度/公里	合资铁路新增长度/公里	地方铁路新增长度/公里	国家铁路贡献率/(%)	合资铁路贡献率/(%)	地方铁路贡献率/(%)
“九五”时期	4586.7	1238.6	2738	609.8	27	59.7	13.3
1996 年	2542.6	2061.2	306.3	175.4	81.1	12	6.9
1997 年	1038.1	888.8	19.9	129.4	85.6	1.9	12.5
1998 年	459	17.2	854.1	－412.3	3.7	186.1	－89.8
1999 年	965.5	339	777.2	－150.7	35.1	80.5	－15.6
2000 年	1255.6	733.4	485.6	36.6	58.4	38.7	2.9

资料来源:历年铁道统计公报。(注:某类铁路增长贡献率＝该类铁路新增长度/全国铁路新增长度。)

合资铁路作为铁路运能新的增长点,为缓解铁路运输供求矛盾、促进区域经济协调发展、改善铁路生产力布局结构也做出了重要贡献。合资铁路线路中有 80%以上是区域干线或路网干线的联络线。

合资铁路的产生和发展,打破了传统计划经济体制下铁路投资主体单一、建设资金来源完全依赖中央政府的局面,标志着初步形成了铁路投资主体多元化的新格局。

在管理体制上,合资铁路充分汲取国家铁路的经验并进行了大胆的改革和创新。一是企业制度创新基本按《中华人民共和国公司法》要求组建了规范化公司,建立健全了较为规范的法人治理结构。二是组织模式创新。按照“突出主业、专业协作”原则,建立了精干的专业化组织体系。三是运营管理模式创新。积极探索适合自身特点的运营管理体系,出现了全委托、半委托和自管自营等多种模式。四是内部管理体制创新。以提高管理效率和经济效益为中心,尽量减少管理层次,并通过对职能业务的综合化管理,精简管理机构,取得了良好成效。五是机制创新。实行灵活多样的劳动用工制度,建立“效率优先、兼顾公平”的分配机制,有效地提高了劳动生产率。

(三) 公路方面

改革开放后,在运输生产方面,开始允许机关企业和个体运输工具参加营运性运输。1983 年,交通部提出了“有路大家行车、有河大家行船”、“国营、集体、个体三者一起上”的改革原则,并出台实施了一系列相互配套的改革举措，打破了国营运输企业垄断经营的局面，交通部打破单一所有制限制，开放交通运输市场，促进了经济模式和管理方式等改革。允许私人购买汽车从事运输，大力扶植发展个体和集体运输，提倡多家经营，鼓励竞争。在交通基础设施建设方面，调动社会各方面的积极性，共同兴办，实行“谁建、谁用、谁受益”的政策，充分利用国内外多方面的资金，形成了多元化的投资新格局。全国交通运输行业呈现出“多家经营、鼓励竞争”和“各地区、各部门、各企业一起干；国营、集体、个人一起干”的新局面，这对解决运输困难、繁荣城乡物资交流等起到重要作用。

1984 年，交通部结合全国价格形势和汽车运价水平，把调整运价结构作为改革重点，颁布《汽车运价规则》，规定企业可以根据运输市场供求变化，在一定范围内和一定时间内对运价做适当调整和浮动，给予地方和企业一定的定价自主权。1984 年建成的东莞中堂大桥收费站，是我国第一个收费站，从而为我国路桥建设找到了新模式。随后，国务院将“贷款修路，收费还贷”确定为公路事业发展的四项优惠政策之一。1986 年，全国交通工作会议提出，公路建设要适应国家经济战略由东向西发展的特点，从经济中心向外辐射，从沿海向内地辐射，重要城市干线修建高速公路的战略要求。1987 年，交通部做出了深化企业改革、推行两个层次承包经营责任制的部署。这一时期企业改革以扩大企业自主权，增强运输企业活力为主。1987 年 12 月，交通部向直属企业发出《全面推行和完善厂长（经理）负责制工作的通知》，1988 年，全交通系统有 90％以上的全民所有制交通企业实行了厂长（经理）负责制。90％的企业实行了不同形式的承包经营责任制。承包经营责任制的推行调动了企业和职工的积极性，提高了企业的经济效益。吉林、辽宁、山东、甘肃、深圳、成都、大连等省市的公路运输企业，承包后实现的利润和承包前相比，每年递增 20％以上。1987 年又提出要制定交通运输长远发展规划。1990 年 9 月提出《2000 年中国公路运输发展报告》和《关于加速中国公路运输发展的建议》。到 90 年代初全国收费公路总里程只有 4096 公里。

1992 年，交通部发布《关于深化改革、扩大开放、加快交通发展的若干意见》，进一步加大交通运输改革开放力度。在运输市场上，交通部对国有大中型汽车运输企业的产权关系、经济利益进行了改革，使国有运输企业成为具有独立经济利益与法人财产权的经营性主体。1993 年，为了建立市场交易规则，加强市场组织管理和制度建设，反对不正当竞争，健全市场秩序，交通部发布了《道路旅客运输业户开业技术经济条件（试行）》和《道路货物运输业户开业技术经济条件(试行)》,为道路运输市场的发展提供了政策保障。1994年,交通部把改革、开放、培育和发展道路运输市场作为宏观调控的重点,出台了一系列开放、培育和发展道路运输市场的政策法规。在这个阶段,道路运输市场对外商采取的是一种有限制、适度的开放政策。交通部在1995年发布了《省际道路旅客运输管理办法》,打破地区封锁,加强省际客运管理。同年,交通部制定实施了《关于加快培育和发展道路运输市场的若干意见》,通过健全运输法规,鼓励经营者自主经营、平等竞争,加快建立全国统一、开放、竞争、有序的道路运输市场体系。为整顿市场秩序,提高了市场准入门槛,并开始实行"经营许可证"、"道路运输证"等管理制度,逐步形成"国家调节市场,市场引导企业"的运输市场机制。1997年后开始对国有大型汽车运输企业进行债转股改制,使国有企业成为股份制企业。

这一时期,国家相关部门、地方政府等出台的一系列促进和改革交通业发展的法规、政策和规章制度,基本健全了交通业发展的政策法规,为交通业健康发展奠定了法律法规基础,有利于交通市场法制化的形成。道路运输政策法规的出台,促进了企业组织经营方式的突破,使国有大中型汽车运输企业产权关系明晰、权责明确、政企分开、管理科学,也为这些企业改革创新、规模化和集约化经营奠定了基础。

二、效果显现

"七五"期间,铁路展开了"北战大秦,南攻衡广,中取华东"三大战役。"八五"期间,提出了"强攻京九、兰新,速战侯月、宝中,再取华东、西南,配套完善大秦"的目标,确定了京九线等12项重点工程,在全路展开了铁路建设大会战。"八五"交付运营新线3719公里,复线3847公里,电气化2973公里。复线率由"七五"期末的24%上升到29%;电气率由"七五"期末的13%上升到18%。同期,还完成了78项扩能工程,合资铁路铺轨2430公里,地方铁路铺轨1041公里。"八五"期末,铁路营业里程突破了6万公里。[①]

图4-1是1979—2000年GDP增长率与铁路里程增长率曲线图,可以观察到二者的发展趋势和关联性。

图4-1显示,这一时期,铁路投资(表现在通车里程上)增速并没有与GDP增速显现同步性,原因有二:一是公路、民航等其他运输方式分流了大

① 资料摘编自中国铁道通网站。

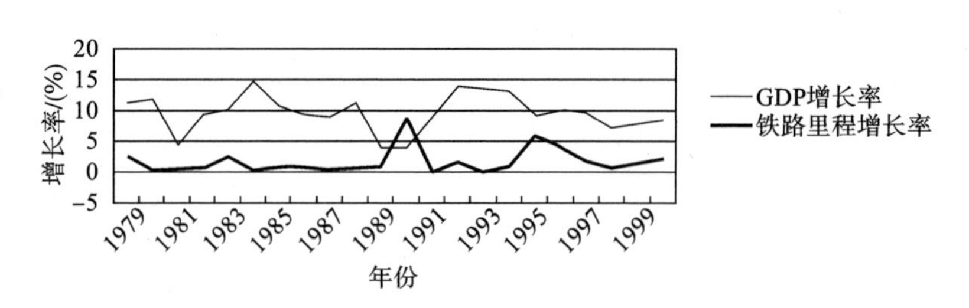

图 4-1　1979—2000 年 GDP 增长率与铁路里程增长率曲线图

资料来源：根据铁道部网站以及相关年份的统计年鉴整理所得。

部分新增运量；二是铁路运能仍受计划调节，使“瓶颈”问题可能有所解决。

在加入世界贸易组织前夕，交通运输业的快速发展为国民经济的飞速增长奠定了坚实基础。铁路线路总长由 1979 年的 5.3 万公里增加到 2000 年的 6.87 万公里，增长 1.3 倍；公路里程由 1979 年的 87.59 万公里增加到 2000 年的 142.27 万公里，增长 1.6 倍；民航里程由 1979 年的 16 万公里增加到 2000 年的 150.29 万公里，增长 9.4 倍；内河航道由 1979 年的 10.78 万公里增加到 2000 年的 11.93 万公里，增长 1.1 倍；输油气管道由 1979 年的 0.91 万公里增加到 2000 年的 2.47 万公里，增长 2.7 倍。

第三节　交通业投资结构变化及改革深化

在改革开放后，随着国民经济快速发展，对各种交通方式产生了极大的推动作用，产生了极大的投资需求，但由于行业发展的差异性以及对投资规模需求的不同，交通业在相关领域的投资存在不同程度的变化。在经济发展和交通改善的同时，交通业改革也逐步走向深化。

一、“六五”至“九五”时期交通业投资结构分析

在改革开放后，国民经济的发展以及经济体制改革的稳步推进，交通业的“瓶颈效应”制约了经济的发展和城乡居民生活水平的提高，铁路单一方式的投资模式越来越不适应交通网络的构建和运力的增长，不能适应不断增长的客货运需求和服务于地方经济建设，只有多种运输方式的共同发展，才能改善供给能力，缓解运输紧张的局面。

(1)“六五”、“七五”时期交通投资占 GDP 比重维持在 0.83%～1.9%，占社会投资总额的比重在 4%～6%，最低是 3.27%，最高是 6.72%，只在个别年份出现。“六五”期间全社会固定资产投资合计7997.6

亿元,交通投资只有455.2亿元,只占5.69%;“七五”期间,全社会固定资产投资合计20593.5亿元,交通投资只有837.4亿元,只占4.07%,呈现出回落的态势(见表4-2)。

表4-2　“六五”、“七五”交通固定资产投资及占GDP、全社会固定资产投资比重变化情况

年份	GDP(当年价)/亿元	全社会固定资产投资/亿元	交通固定资产投资/亿元	交通固定资产投资占GDP比重/(%)	交通固定资产投资占全社会固定资产投资比重/(%)
1981年	4891.6	961	40.5	0.83	4.21
1982年	5323.4	1230.4	57.2	1.07	4.65
1983年	5962.7	1430.1	78	1.31	5.45
1984年	7208.1	1832.9	108.5	1.51	5.92
1985年	9016	2543.2	171	1.9	6.72
“六五”合计	32401.8	7997.6	455.2	1.4	5.69
1986年	10275.2	3120.6	180.8	1.76	5.79
1987年	12058.6	3791.7	137.7	1.14	3.63
1988年	15042.8	4753.8	190.6	1.27	4.01
1989年	16992.3	4410.4	144	0.85	3.27
1990年	18667.8	4517	184.3	0.99	4.08
“七五”合计	73036.7	20593.5	837.4	1.15	4.07

资料来源:1981—1990年各年《中国统计年鉴》。

各种运输方式基本建设投资情况如表4-3所示。铁路依然是投资大头,基本维持在60亿元左右的规模,最高达82.8亿元,最低是12.53亿元。公路投资在“六五”、“七五”期间变化较大,“六五”期间前期大致在10亿元以下,后两年突破10亿元,分别达到11.67亿元、19.55亿元;“七五”期间从29.45亿元急剧上升到70多亿元。水运投资从10多亿元上升到50多亿元,也是上升状态。航空投资相对较少,不超过10亿元,最多是1990年的7.35亿元,“六五”期间2亿元左右,“七五”期间5亿元左右。

表4-3　20世纪80年代各种运输方式基本建设投资　　单位:亿元

年份	交通运输基本建设投资	铁路	公路	水运	航空	管道
1980年	51.1	26.97	9.78	12.82	0.99	0.54
1981年	31.47	12.53	6.85	11.34	0.75	—

续表

年份	交通运输基本建设投资	铁路	公路	水运	航空	管道
1982 年	49.26	24.59	8.23	15.46	0.98	—
1983 年	65.08	37.24	7.12	17.96	2.76	—
1984 年	103.02	65.99	11.67	22.71	2.65	—
1985 年	140.61	82.8	19.55	32.04	3.03	3.19
1986 年	128.27	61.5	29.45	34.65	2.67	—
1987 年	148.38	65.8	38.57	38.76	5.25	—
1988 年	158.3	66.51	53.05	33.92	4.82	—
1989 年	164.51	54.03	63.73	41.1	5.65	—
1990 年	206.87	67.33	73.96	55.35	7.35	2.88

资料来源:《中国统计年鉴》、《全国铁路统计资料汇编》、《全国交通统计资料汇编》、《中国民航统计年鉴》。其中,管道数据摘自《中国交通运输发展改革之路》(综合运输研究所,2009)。

随着国家对各种运输方式的重视,在建设资金方面,国家也采取了多途径汇拢资金,加大对交通业的投入。1982 年,国务院颁布了《关于征集国家能源交通重点建设基金的通知》,对各地区、各单位的预算外资金按 10%征收率计征(从 1983 年 7 月 1 日起,征收比例提高到 15%),用于能源交通方面的基本建设。1985 年,国务院批准《车辆购置附加费征收办法》,对购买或自行组装使用的车辆(不包括人力车、兽力车和自行车)征收车辆购置附加费,国内生产和组装的车辆按实际销售价格的 10%计征,进口车辆按计算增值税后的计费组合价格(即到岸价格+关税+增值税)的 15%计征,用于加快公路建设。1985 年,国务院颁布《港口建设费征收办法》。1986 年 1 月,交通部制定《港口建设费征收办法施行细则》,对大连港等 26 个港口的货物征收港口建设费,用于沿海港口的码头、防波堤、港池、航道和港区道路等基础设施工程的建设。此后,公路方面出台了“贷款修路,收费还贷”政策,并允许集资修路和允许省区市调整养路费收费费率,以增加用于公路改造和建设的资金;港口方面推出了“谁投资、谁使用、谁受益”的政策,鼓励货主单位自建货主专用码头,允许中外合资建设港口码头并给予优惠待遇;民航方面实施了政企分开,管理局、航空公司、机场分设为主要内容的管理体制改革,组建了六大骨干航空公司,作为自主经营、独立核算、自负盈亏的经济实体。同时,开始利用国际金融组织贷款和国外政府优惠借款投资建设公路、铁路、机场等。铁路方面,在国家对预算内基本建设投资改为“拨改贷”和上缴利润实行“利改税”的同时,“七五”期间铁道部实现了“投入产出、以路建路”的经济承包责任制，由于物价高涨、铁路运价不涨，铁道部留存收益和投资建设能力并未实现之前的预想，10 年间铁路营业里程仅增加了 4500 公里。不过，公路、水运、民航的发展开始有所突破，投融资渠道加大发展，1985 年，在公路和水运固定投资中，自筹资金除了国家投资外，还有国内贷款，1986 年，国内贷款超过了国家投资。由于公路、水运、航空投资的快速增长，交通业的基本建设投资占全社会基本建设投资的比重从 1980 年的 9%提高到 1990 年的 12%，尽管铁路投资仅增长了 1.5 倍，但公路、水运、航空分别增长了 6.6 倍、3.3 倍和 6.7 倍。1988 年第一条高速公路——沪嘉高速通车，1990 年沈大高速全线通车，我国公路建设进入新时代。机场方面，重点建设了洛阳北郊、西宁曹家堡、沈阳桃仙、长沙黄花、宁波栎社、重庆江北、西安咸阳、深圳宝安、三亚凤凰等机场，改建扩建了南京校场、常州奔牛、成都双流等机场。

1981—1990 年，公路里程增加了 13 万公里，其中二级以上公路增加了 3.2 万公里；沿海主要港口从 15 个发展到 45 个，泊位增加了 642 个，其中，万吨级泊位增加了 143 个；机场增加 32 个，民航航线里程增加了 50.46 万公里，一定程度上弥补了铁路发展缓慢的不足。

(2)“八五”、“九五”时期交通投资占 GDP 比重维持在 2%～3%，占社会投资总额的比重在 5%～10%，均比“六五”、“七五”期间增大很多。“八五”期间全社会固定资产投资合计 63808.3 亿元，交通投资 4423.5 亿元，已占 6.93%；“九五”期间，全社会固定资产投资合计 139033.2 亿元，交通投资 11724.6 亿元，突破万亿元，占 8.43%，呈现快速增长的态势(见表4-4)。

表 4-4　“八五”、“九五”交通固定资产投资及占 GDP、全社会固定资产投资比重变化情况

年份	GDP(当年价)/亿元	全社会固定资产投资/亿元	交通固定资产投资/亿元	交通固定资产投资占 GDP 比重/(%)	交通固定资产投资占全社会固定资产投资比重/(%)
1991 年	21781.5	5594.5	309.4	1.42	5.53
1992 年	26923.5	8080.1	402.4	1.49	4.98
1993 年	35333.9	13072.3	751.3	2.13	5.75
1994 年	48187.9	17042.1	1372.9	2.85	8.06
1995 年	60793.7	20019.3	1587.5	2.61	7.93
“八五”合计	193020.5	63808.3	4423.5	2.29	6.93

续表

年份	GDP(当年价)/亿元	全社会固定资产投资/亿元	交通固定资产投资/亿元	交通固定资产投资占 GDP 比重/(%)	交通固定资产投资占全社会固定资产投资比重/(%)
1996 年	71176.6	22913.5	1494.7	2.1	6.52
1997 年	78973	24941.1	1807.1	2.29	7.25
1998 年	84402.3	28406.2	2708.5	3.21	9.53
1999 年	89667.1	29854.7	2835.4	3.16	9.5
2000 年	99214.6	32917.7	2878.9	2.9	8.75
“九五”合计	423433.6	139033.2	11724.6	2.77	8.43

资料来源:1991—2000 年各年《中国统计年鉴》。

各种运输方式基本建设投资情况如表 4-5 所示。铁路依然是投资大头,变化较大,1991 年 130.36 亿元,其后 7 年间基本维持在 400 亿元左右的规模,最高达 562.45 亿元,最低是 266.69 亿元,但 1999 年滑落到 87.09 亿元,2000 年也只是小幅度升到 130.36 亿元,起伏较大。公路投资在“八五”、“九五”期间变化较大,“八五”期间从 90.73 亿元急剧上升到 597.34 亿元,“九五”期间从 668.66 亿元急剧上升到 1731.3 亿元,10 年间最高增长了 22 倍。水运投资从 55.35 亿元上升到 130.97 亿元,也是上升状态。航空投资也有增长,从 1990 年的 7.35 亿元增长到 2000 年的 57.4 亿元,增长了 6.8 倍。另外,管道运输也有了长足发展,投资额从 1990 年的 2.88 亿元增加到 2000 年的 21.57 亿元,其中 1995 年投资额更是达到了 119.7 亿元。

表 4-5　20 世纪 90 年代各种运输方式基本建设投资　　单位:亿元

年份	交通运输基本建设投资	铁路	公路	水运	航空	管道
1990 年	226.63	87.09	73.96	55.35	7.35	2.88
1991 年	291.85	130.36	90.73	60.07	8.65	2.04
1992 年	544.5	266.69	181.1	77.68	11.37	7.66
1993 年	799.46	363.45	320	92.08	22.46	1.47
1994 年	991.2	365.52	467.25	121.9	33.87	2.66
1995 年	1269.02	368.4	597.34	137.85	45.73	119.7

续表

年份	交通运输基本建设投资	铁路	公路	水运	航空	管道
1996 年	1247.82	387.65	668.66	127.74	59.85	3.92
1997 年	1674.77	562.45	907.25	135.26	64.13	5.68
1998 年	2312.31	558.51	1511.61	134.27	102.46	5.46
1999 年	1838.86	87.09	1540.74	144.46	56.1	10.47
2000 年	2071.6	130.36	1731.3	130.97	57.4	21.57

资料来源:《中国统计年鉴》、《全国铁路统计资料汇编》、《全国交通统计资料汇编》、《中国民航统计年鉴》。其中,管道数据摘自《中国交通运输发展改革之路》(综合运输研究所,2009)。

经过 80 年代的建设,交通基础设施状况总体有了改善,尤其是公路、水运、民航基础建设增长较快。随着 1992 年邓小平南方谈话和党的十四大明确建立社会主义市场经济的发展目标的推动,我国经济建设和现代化建设再次进入了快车道,解决交通问题的要求更加迫切。1991 年的《国民经济和社会发展十年规划和第八个五年计划纲要》提出了“搞好综合运输体系的建设,以增加铁路运力为重点,同时积极发挥公路、水运、空运、管道等多种运输方式的优势,并使各种运输方式衔接配套”;1996 年《国民经济和社会发展“九五”计划和 2010 年远景目标纲要》提出了“以增加铁路运输能力为重点,充分发挥公路、水运、空运、管道等多种运输方式的优势,加快综合运输体系的建设,形成若干条通过能力强的东西向、南北向大通道。合理配置运输方式,贯彻统筹规划、条块结合、分层负责、联合建设的方针,加快交通干线建设,突出解决交通薄弱环节,提高运输效率”。这些规划从政策上为交通业各种方式的发展提供了政策指导。

铁路方面扩大了资金来源,1991 年,国务院批准设立铁路建设基金以及部分铁路建设任务重的省征收铁路建设附加费,对国家铁路运输的货物进行征收,用于建设新铁路;1992 年,出台了中央和地方合资建设铁路的政策;1995 年,开始批准铁路发行中国铁路建设债券,铁路建设资金有了一定的资金来源渠道,改善了“七五”期间发展缓慢的局面。由于体制僵化以及来源渠道有限,铁路投资很快被公路投资超越,2000 年铁路投资不到公路投资的一半。从铁路运输密度来看,货运密度由 1979 年的 1199.8 万吨公里/公里增长到 1999 年的 2171.5 万吨公里/公里,增长 1.8 倍;客运密度由 1979 年的 260.6 万人公里/公里增长到 1999 年的 698.6 万人公里/公里,增长 2.68 倍。但从铁路线路增长有限、瓶颈作用不断显现的情况看,这种货运密度、客运密度增长表明了国民经济快速发展的活力。

1979—1999年货运密度、客运密度见表4-6。

表4-6 1979—1999年货运密度、客运密度

年份	换算密度 万换算/(吨公里/公里)	货运密度 /(万吨公里/公里)	客运密度 /(万人公里/公里)
1979年	1460.4	1199.8	260.6
1980年	1489	1199	290
1981年	1499.3	1192	307.3
1982年	1605	1276.5	328.5
1983年	1752.4	1382.8	369.6
1984年	1923.8	1500.1	423.7
1985年	2091.4	1612	479.4
1986年	2218.6	1712.9	505.7
1987年	2352.4	1809.1	543.3
1988年	2485.9	1868.6	617.3
1989年	2520.8	1950.3	570.5
1990年	2475.1	1986.1	489
1991年	2578.4	2049.6	528.8
1992年	2743.7	2156	587.7
1993年	2862.9	2216.2	646.7
1994年	2974.3	2301.5	672.8
1995年	2998.8	2350.2	648.6
1996年	2866	2279.9	586.1
1997年	2881.9	2266.3	615.6
1998年	2770.4	2129.4	641
1999年	2870.1	2171.5	698.6

资料来源:《中国交通运输统计年鉴(2011)》。

在交通相关机制和政策的支持下，各地对建设公路、港口的积极性高涨，在已建成高速公路释放的巨大经济和社会效益的影响下，社会各界对投资高速公路热情极大；同时，在交通部“三主一支持”和五纵五横国道主干线的规划和部署下，并在投资补助和收费还贷、经营权转让等政策的支持下，高速公路、港口建设投资规模不断扩大，增速较快。公路建设投资从

1990年的73.96亿元跃升到2000年的1731.3亿元，到2000年公路总里程达到了168万公里，高速里程达到16314公里，居世界第二位。航空在管理体制改革和机制创新的影响下获得了较快发展，“八五”期间航空基本建设投资122.08亿元，技术改造投资61亿元；“九五”期间航空基本建设投资增至339.94亿元，技术改造投资126亿元，建成了上海浦东等枢纽机场，新建、改建、迁建了一批特大城市、大城市的干线基础，发展了一部分支线机场，初步改善了我国机场基础设施较为落后的局面。管道方面，建成了库尔勒—鄯善等原油管道和陕京一线等天然气管道，10年间共投资180.63亿元，增加输油气管道8800公里。

1979—2000年输油气管道、铁路、公路(不含村道)、内河航道、民航里程见表4-7。

表4-7　1979—2000年输油气管道、铁路、公路(不含村道)、内河航道、民航里程

单位:万公里

年份	输油气管道	铁路	公路(不含村道)	内河航道	民航
1979年	0.91	5.3	87.59	10.78	16
1980年	0.87	5.33	88.83	10.85	19.53
1981年	0.97	5.39	89.75	10.87	21.83
1982年	1.04	5.29	90.7	10.86	23.27
1983年	1.08	5.41	91.51	10.89	22.91
1984年	1.1	5.45	92.67	10.93	26.02
1985年	1.17	5.5	94.24	10.91	27.72
1986年	1.3	5.57	96.28	10.94	32.43
1987年	1.38	5.58	98.22	10.98	38.91
1988年	1.43	5.61	99.96	10.94	37.38
1989年	1.51	5.69	101.43	10.9	47.19
1990年	1.59	5.78	102.83	10.92	50.68
1991年	1.62	5.78	104.11	10.97	55.91
1992年	1.59	5.81	105.67	10.97	83.66
1993年	1.64	5.86	108.35	11.02	96.08
1994年	1.68	5.9	11.78	10.02	104.56
1995年	1.72	5.97	115.7	11.06	112.9
1996年	1.93	6.49	118.58	11.08	116.65

续表

年份	输油气管道	铁路	公路(不含村道)	内河航道	民航
1997 年	2.04	6.6	122.64	10.98	142.5
1998 年	2.31	6.64	127.85	11.03	150.58
1999 年	2.49	6.74	135.17	11.65	152.22
2000 年	2.47	6.87	140.27	11.93	150.29

资料来源:《中国交通运输统计年鉴(2011)》。

二、交通业市场化改革走向深入

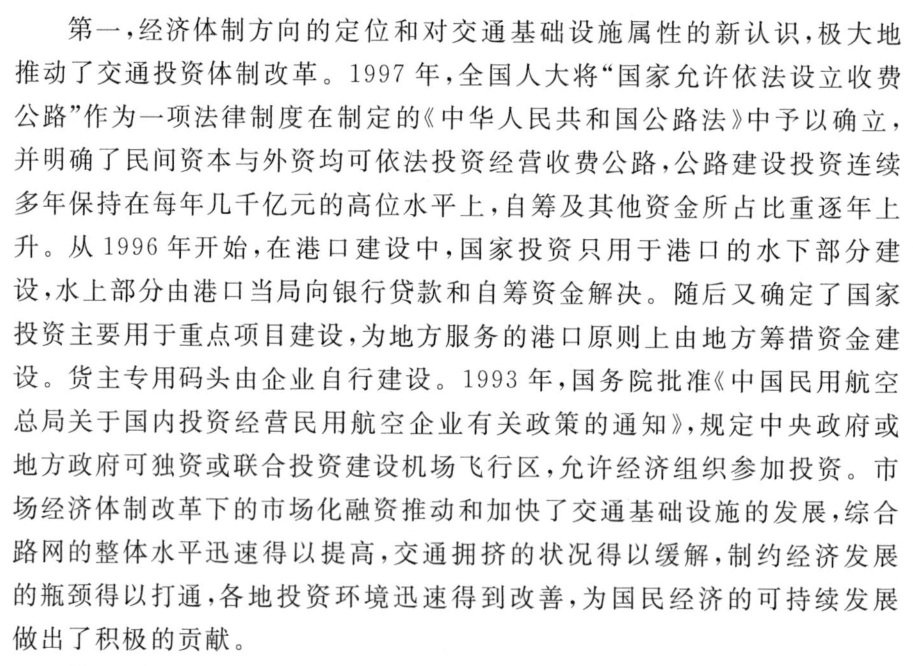

第一,经济体制方向的定位和对交通基础设施属性的新认识,极大地推动了交通投资体制改革。1997 年,全国人大将“国家允许依法设立收费公路”作为一项法律制度在制定的《中华人民共和国公路法》中予以确立,并明确了民间资本与外资均可依法投资经营收费公路,公路建设投资连续多年保持在每年几千亿元的高位水平上,自筹及其他资金所占比重逐年上升。从 1996 年开始,在港口建设中,国家投资只用于港口的水下部分建设,水上部分由港口当局向银行贷款和自筹资金解决。随后又确定了国家投资主要用于重点项目建设,为地方服务的港口原则上由地方筹措资金建设。货主专用码头由企业自行建设。1993 年,国务院批准《中国民用航空总局关于国内投资经营民用航空企业有关政策的通知》,规定中央政府或地方政府可独资或联合投资建设机场飞行区,允许经济组织参加投资。市场经济体制改革下的市场化融资推动和加快了交通基础设施的发展,综合路网的整体水平迅速得以提高,交通拥挤的状况得以缓解,制约经济发展的瓶颈得以打通,各地投资环境迅速得到改善,为国民经济的可持续发展做出了积极的贡献。

第二,交通业的发展受区域发展非均衡政策的影响,在不同地区产生了不一样的发展绩效。改革开放以来,政府为了促进国内经济的快速发展及适应各发展阶段的具体社会经济形势,其区域政策的重心处于不断调整和演变的过程之中,总体趋势是经济发展重心由东部沿海地区逐步向内陆地区转移的演进,与邓小平提出的一部分地区先富起来,然后共同富裕的发展思想相吻合。

20 世纪 80 年代,我国实施了以东部沿海地区为重点的非均衡区域经济发展战略。这一阶段形成了沿海经济特区及对外开放格局,与区域政策相一致,国家对东部实行投资倾斜、产业结构调整及系列优惠政策支持。

我国交通运输发展的重点是东部沿海港口和沿海公路铁路。如“六五”时期，铁路的发展重点是提高晋煤外运和出关铁路的运输能力、缓和东南沿海地区的运输紧张状况等，水运的重点则是加强15个沿海港口的煤炭、矿石、集装箱等深水泊位。

20世纪90年代，我国进入注重效率兼顾公平的发展阶段，在区域发展政策上，沿海地区在继续发挥其增长优势的同时，加快了对中西部的开发开放，并先后开放了沿江、沿边、沿黄、沿陇海线等内陆地区，区域政策的重心由东部沿海地区的带状式发展演变为“以东部带中部及西部”的轴线式发展模式。这一时期，我国的交通运输发展继续加快沿海地区主干线建设，如沿海运输繁忙地带的高速公路、汽车专用公路。与此同时，一方面加快了中西部地区的交通基础设施建设，其中最为引人注目的是1996年纵贯中部地区的京九铁路的开通；另一方面加大横亘东中西部的交通干线建设，“八五”、“九五”期间加强东西煤运通道、西北和西南地区铁路干线的建设，铁道部也做出了“决战西南，强攻煤运，建设高速，扩展路网，突破七万”跨世纪5年(1998—2002)铁路建设会战的战略部署，掀起新一轮铁路建设高潮。同时，长江、珠江内河航运得到大力发展。

进入90年代末，经过20多年的经济发展，中国的整体经济实力有了明显的增强。但是，东中西部地区的差距并没有缩小，反而在逐步拉大，这时区域政策的重心放在了区域之间的公平问题上。中共十四届五中全会提出要把解决地区发展差距，坚持区域经济协调发展作为一项战略性任务来抓。1999年，党中央正式提出西部大开发战略，标志着中国区域政策的中心实现了第三次转移。至2003年这一阶段进入聚焦区域发展时期，除继续实施西部大开发战略外，又相继制定出振兴东北地区等老工业基地、中部崛起等区域开发战略。这一时期，西部地区等成为交通重点建设区域，交通运输得到快速发展：公路提出建设西部8条省际通道，到2007年西部高速公路超过1万公里，2/3左右都是西部大开发以后建成的；铁路提出拓展内外通道、强化技术改造、提高运输能力、适应发展要求的加快西部铁路建设的总体要求，青藏铁路等重大建设项目建成；民航明确要突出支线机场建设并向西部倾斜；管道运输建成了西气东输管线。

第三，交通业发展理念由赶超向可持续发展、以人为本转变。在经济增长理念指导下，交通发展走过了一条“经济发展—交通滞后，加快交通发展—经济继续增长—交通再次滞后，成为经济发展瓶颈—加大交通投资促进交通运输发展—经济继续发展”的交通追赶型发展路径。一般只有到了严重影响经济增长，成为国民经济“瓶颈”的时期，国家才会进行大规模的投资建设活动。

第四，受益于交通业的快速发展，内陆地区与沿海地区经济增长速度发生了显著的转变，GDP增速出现了内陆赶超沿海的局面。在1978—2008年的30年中，东部沿海地区受惠于国家采取的区域非均衡发展战略、率先改革开放的体制政策优势和全球消费需求的持续增长局面，形成了具有较强外部依赖性的出口导向型发展模式，成为中国经济高速增长的主导区域。1990—2007年，沿海地区的GDP增速高达12.4%，大大超出中部和西部地区的10.6%和10.2%，这导致了在国家综合经济实力大幅度提升的同时东西部地区的经济差距快速拉大。自2008年全球金融危机发生以来，沿海地区的GDP增速已经被内陆地区赶超，地处内陆的湖南、湖北、重庆、四川、陕西、江西等多个省市3年来的年均GDP增速都达到了12%～17%的较高范围。[①]

具体来说，1979—1991年为第一时期，内陆地区虽也获得较大发展和提高，但经济增长速度比沿海地区年均低1.28个百分点，从水平提高的程度来讲，处于明显滞后状态。1992—1999年为第二时期，内陆地区与沿海地区在1992—1999年的年均增速差距达2.55个百分点，内陆地区与沿海地区的发展差距急剧扩大。

沿海地区与内陆地区在1979—1991年、1992—1999年的平均增长率及两者的差距见表4-8。

表4-8　沿海地区与内陆地区在1979—1991年、1992—1999年的平均增长率及两者的差距

年份	1979—1991年	1992—1999年
沿海地区	9.98%	13.54%
内陆地区	8.7%	10.99%
差距	1.28%	2.55%

资料来源：根据中国经济社会发展统计数据库相关数据整理所得。

① 魏后凯、白玫、王业强等：《中国区域经济的微观透析——企业迁移的视角》，经济管理出版社2010年版，第2页。

第五章

交通业迎来快速发展阶段（2001—2012）

在世界历史上，任何一个大国的崛起都离不开发达的交通，以及由此带来的顺畅的资金流、贸易流、货物流。一个“世界中心”、一个制造业中心、一个“世界工厂”的形成，交通业的先导性、基础性作用毋庸置疑。荷兰、西班牙、英国的崛起与其航运大国地位相匹配，铁路时代的美国、德国又将它们带到世界强国的位置。运河时代、航运大国、铁路王国、高速公路大国、航空大国，它们的背后都是一个个崛起的“世界工厂”、制造业中心以及发达的现代化大国。中国的现代化离不开交通业的基础性作用，加入世界贸易组织以后，中国经济融入全球化，中国逐渐成为名副其实的“世界工厂”，中国的交通业也迎来了快速发展的大好局面。

第一节　“世界工厂”的变迁与中国航运大国的形成

在经济全球化的今天，海上贸易和运输日益成为一国经济增长的生命线，海运格局的变迁佐证了各国经济地位的更迭。几个世纪以来，世界经济发展的规律表明，伴随着“世界工厂”地位确立的同时必然是海运大国的成长。考察中国海运事业的发展和变迁，可以清楚地发现中国崛起不仅深刻地改变了世界海运格局的版图，而且随着我国从海运大国向海运强国的过渡，中国经济在全球化中的地位和影响力必将更为显著。在此发展过程中，我国海运事业既有与世界海运发展规律相吻合的一面，又在走向海运强国过程中，面临着较大的发展机遇和挑战。

一、世界海运格局变迁的特点与趋势

海运业是国际贸易的桥梁和纽带。目前，全球商品贸易货运量的90%以上是通过海运完成的，海洋运输是国际贸易中主要的运输方式，在国际贸易货物运输中占有极其重要的地位。

实际上，在15世纪后，拥有最先进的造船和航海技术的国家就拥有了全世界的话语权，新大陆的发现形成了真正意义的世界市场和贸易的全球化，由海上贸易霸权带来的经济扩张，造成了世界范围内几个海运大国的形成和地位的转换。西班牙、荷兰、英国先后成为世界海运大国，第二次世界大战以后，美国、日本先后凭借制造业的“世界工厂”地位成为新的海运大国。

综观世界海运格局的发展和变迁，呈现出的特点和趋势表现在以下方面。

（1）合理的区位优势对一个海运大国的形成至关重要。

西班牙、荷兰、英国成为世界海运大国首先具有一个合理的区位优势。[①] 美国成为世界海运大国也得益于其濒临两大洋、优良港口多的区位优势，海上贸易和运输得天独厚。日本、韩国能够成为海运大国、造船大国也得益于它们地处岛国的优势。

中国三面环海，环渤海、珠三角、长三角等天然优良港口的地理位置也为海运大国的形成提供了区位优势，即以天津、大连、青岛等港口为支撑的北方航运中心；以江浙为两翼，上海为中心的上海国际航运中心；以深圳、广州、香港为支撑的香港国际航运中心。以这三大港口群为依托的三大国际航运中心在世界海运格局中的地位日益重要。

（2）海运大国的形成往往伴随着经济的快速增长以及全球影响力的加强，“世界工厂”、制造业基地的形成与变迁影响了海运大国的兴盛和衰落。

海运大国的形成往往与全球制造业基地的形成正相关。自18世纪英国工业革命后，海运大国的兴衰更多依赖于“世界工厂”地位的形成和位置

---

① 15—16世纪称霸世界的葡萄牙、西班牙也得益于其三面环海的地理位置，“位于欧洲的大西洋南海岸和靠近地中海的出口而获得明显的战略利益”（安格斯·麦迪逊著，伍晓鹰、许宪春译：《世界经济千年史》，北京大学出版社2003年版，第46页）。16—17世纪的荷兰，优良的港口和发达的海上运输网是其成功的重要因素。英国海岸富有很深的河口和避风港，新世界发现后，其地理优越性加强，岛国的位置也使得国内经济发展较少受到战争的干扰。大量英属殖民地的存在也给英国提供了广阔的海外市场（保尔·芒图著，吴绪等译：《十八世纪产业革命——英国近代大工业初期的概况》，商务印书馆1997年版，第87页）。

更替。正如马克思所说,“蒸汽和机器引起了工业生产的革命”[1],在18世纪的后20年中,英国几乎60%的新增工业产量用于出口。1870年,英国在世界贸易总额中占到36%,成为世界上最大的殖民帝国和“世界工厂”。[2]

美国在独立之前一直是英国世界商业网的主要支撑,80%的进口来自英国,30%的出口地是英国。[3] 得益于纺织业工业革命的影响,以及内战统一南北,美国经济开始起飞。1860年,美国成为仅次于英国的世界第二大制造业国家。[4] 到20世纪初,美国已经取代英国,成为世界工业第一强国和世界工业制成品主要出口基地。第一次世界大战后,美国工业生产已占资本主义世界的42%~53.4%,在世界出口总额的份额激增至32.5%。[5] 第二次世界大战后,美国的经济规模已占全球的50%。直到20世纪70年代末,制造业在各产业门类中仍高居首位。进入后工业化的80年代,美国产业升级,第三产业成为国民经济的主要支柱,失去了世界工业的主导地位。

1960—1973年美国制造业生产指数尽管增加99%,而同期日本制造业却增长362%,其中机械工业增长612%。到1973年,日本的船舶、无线电、电视机等主要工业品产量居世界第一位,还有不少产品产量居世界第二、三位。1980年汽车年产量、1982年机床年产量、1983年机械工业出口量均位居世界第一。[6] 日本成为名副其实的世界制造业基地,一跃成为世界第二大经济体。

亚洲四小龙的崛起也得益于制造业的发展,直接带动了海运事业的发展,促成了新加坡、韩国和中国的香港、台湾等航运中心和造船业基地的形成。

中国在改革开放后经济高速发展,制造业的出口对GDP的贡献率达到35%~40%,中国制造业的增长是全球最快的,1985—1990年工业生产指数上升了1.86倍,1991—1996年又上升了3.75倍,21世纪以后增长势头

---

① 《马克思恩格斯选集》第1卷,人民出版社1995年版,第273页。

② 张明之:《“世界工厂”变迁》,江苏人民出版社2009年版,第87页。

③ R.C.西蒙斯著,朱绛、常绍民、林鲁卿等译:《美国早期史——从殖民地建立到独立》,商务印书馆1994年版,第260页。

④ 里压·格林菲尔德著,张京生译:《资本主义的精神——民族主义与经济增长》,上海人民出版社2004年版,第567页。

⑤ 郑伟民:《衰落还是复兴——全球经济中的美国》,社会科学文献出版社1998年版,第444页。

⑥ 张明之:《“世界工厂”变迁》,江苏人民出版社2009年版,第151页。

仍然强劲，2006年工业生产指数是世界平均值的2倍，也是日本、美国制造业生产指数的2倍多，中国制造日益成为世界的新生力量。

(3) 国际航运中心的兴衰往往同国际经济中心、贸易中心的形成相关，并呈现出从地中海到大西洋、从大西洋到太平洋的路径转换。

国际航运中心的兴衰往往同国际经济中心、贸易中心的布局形态息息相关。从19世纪末到20世纪70年代，世界贸易中心经历了从地中海到大西洋，从大西洋到太平洋两次大的转移，并由此形成了西北欧、北美和东亚地区三大贸易中心。与此同时，国际航运中心形成了由“西欧板块”向“北美板块”再向“东亚板块”的递进，同时出现此强彼弱的局面。

19世纪三四十年代，英国完成工业革命，伴随着国际货物贸易的迅猛增长，英国航运业走向繁荣，造就了伦敦国际航运中心的地位。从20世纪开始，世界经济向大西洋区域发展，带动了美国东海岸的纽约港和欧洲一些门户港(鹿特丹、汉堡、奥斯陆、比雷埃夫斯)的崛起，大西洋独占全球海运量的3/4，直到80年代；从20世纪后期开始，世界经济重心向亚洲转移，使得香港、新加坡、上海等一些港口成为新的国际航运中心。1960年亚洲经济占全球GDP的10%，而20世纪末21世纪初占全球GDP的25%，再过20年可能会超过40%。我国的崛起与国际航运中心的转移不期而遇，2009年我国已成为世界第二大经济体、第一大贸易出口国和第三大航运国家。港口吞吐量和集装箱装卸量连续几年居世界第一。

(4) 海运装备工业的强弱左右了海运大国的传统优势和地位的更替。

作为海运大国，其海运装备工业水平也是一个重要的参考指标，这在造船业方面有着明显的表现。随着世界产业结构的调整，造船产业重心在逐渐产生变化，不断由先行工业化国家向后起工业化国家转移，表现在以下两个方面。一是船舶工业中心从西欧向东亚的转移。20世纪50年代之前，以英国为代表的西欧造船界一直占据统治地位。进入50年代，日本船舶工业的崛起打破了西欧造船界一统天下的局面。从70年代开始，韩国的船舶工业逐步发展起来并超过了日本，成为新的世界造船霸主。目前，东亚地区占世界造船市场的份额超过80%。二是东亚内部的产业转移。主要是随着中国船舶工业的崛起，世界船舶市场份额呈现由日、韩向中国转移的趋势。① 我国已经成为全球重要的造船中心之一。

① 季建伟:《世界船舶工业的产业转移及我国船舶工业支柱产业的选择》,《研究与探讨》2006年第2期。

二、我国海运事业发展的阶段和特点

新中国成立后,我国海运事业的发展大致可以分为3个阶段:1949—1978年,我国海运事业在面临经济封锁的情况下缓慢发展;1978—2000年,随着改革开放逐步走向深入,中国海运事业取得了长足发展,海运大国地位渐趋形成;2001—2012年,随着中国加入世界贸易组织,中国逐步成为世界制造业基地,在经济融入全球化的同时,中国经济快速增长,我国海运事业也面临着深刻变革,从海运大国向海运强国转变。

我国近代的海洋运输事业是在19世纪中后期开始出现的,1865年创办的江南制造局是起点。1916年,中国各轮船公司共有海轮135艘,总吨位67443吨;外国各轮船公司在我国沿海航行的船舶,有150艘,总吨位212889吨。抗日战争胜利后,遭到破坏的海运公司大部分得以恢复。到1949年,当时全国轮船公司已有116家,向国民党政府航政司登记的船舶达3830艘,总吨位1159897吨。[①] 新中国成立60多年来,我国海运事业大致经历了3个阶段的发展。

(1) 1949—1978年,我国海运事业缓慢发展,粗具规模。这一时期的发展特点表现在以下方面。

①管理体制初步建立。在新中国成立之初,由于国民党政权对海港及海运设施的大肆破坏,当时只留下23艘轮船,总吨位3.4万吨。1950年3月,政务院发布《关于一九五〇年航务工作的决定》,规定了海洋和内河航务工作的方针、政策和中心任务;成立全国航务机构。在第一个五年计划期间,我国政府取消了海港、航运分管制度。1958年,我国的海运管理体制进行了大调整。交通部将设在各地的管理局所属海港和海运船队分开管理,并把一大批原为交通部直属的港口、船舶及附属单位下放给地方,包括安东(丹东)、营口、龙口、威海、宁波、温州等港。交通部直属企业只留上海、广州两个海运局。进入70年代后,由于内外贸易海运的发展,海港建设比例失调的情况突出地暴露出来,港口压船、压货情况十分严重。为此,周恩来总理批示外贸、交通两部"扭转这一形势"。随后在我国沿海进行了较大规模的港口建设工作。

②远洋运输发展显著。新中国成立初期,我国船舶品种单一、吨位小、

① 《当代中国》丛书编辑部编:《当代中国的海洋事业》,中国社会科学出版社1985年版,第10页。

技术落后，中国海轮吨位在世界所占比重不足0.3%。20世纪50年代，我国远洋运输主要是利用外国船舶进行的。从60年代开始，我国着手有计划、有步骤地建立自己独立的远洋运输业。1961年，交通部正式成立中国远洋运输总公司，专营远洋船舶运输。当时只有25艘船、22万载重吨。70年代，我国远洋船队迅速发展，为国际海运界所瞩目。按照英国劳氏船级社的统计（100总吨为基数），我国船队1970年为96.8万总吨、119万载重吨，居世界商船队的第28位；1980年已达到955艘、687万总吨，为1970年的7倍多，跃居世界第14位。公司总部设在北京，先后在大连、天津、青岛、上海、广州等对外开放港口城市设远洋运输分公司。总公司在日本东京设有办事处，在英、美、联邦德国、澳大利亚、荷兰、埃及、巴基斯坦、阿尔及利亚、罗马尼亚等国派有代表。到达的地方，已由1961年的5个国家、13个港口，发展到100多个国家和地区、几百个港口。交通部直属沿海海运企业，1952年完成货运量为430万吨，1978年完成货运量为4980万吨，1978年为1952年的11.6倍。完成的货物周转量1952年为20.61亿吨海里，1978年为386.66亿吨海里，1978年为1952年的18.8倍。

③开展广泛的国际合作和参加国际公约。从20世纪50年代开始，我国就采取多种形式，积极开展国际合作发展远洋运输。从1951年6月我国与波兰合办中波轮船公司起，又先后与捷克、阿尔巴尼亚、坦桑尼亚等国成立联合海运公司或轮船股份公司。自70年代以来，中国远洋运输总公司还先后与外国私营公司合营“跨洋轮船代理公司”（鹿特丹）、“考斯菲尔航运代理公司”（安特卫普）、“五星航运代理独占股份有限公司”（悉尼）、“中铃海运服务公司”（横滨、神户）、“远通海运服务公司”（鹿特丹）、“汉远船舶服务中心”（汉堡）等。除此以外，与我国订有“通商航海条约”的国家5个，交换“航运互惠换文”的国家5个，签订“海运协定”的国家32个。我国自开展远洋运输以来，还陆续承认并参加了国际海运公约的修约、订约。先后参加了《政府间海事协商组织公约》等公约10余个。

④造船能力有一定提高。新中国成立之初，我国造船能力水平有限、能力不高，进入20世纪60年代后期至70年代初，由于十年动乱，我国造船年产量一直徘徊在30万吨～40万吨之间。70年代后期，我国造船工业开始回升。在民用船舶方面，建造了许多远洋船舶，包括散货船、油轮（从1.5万吨到5万吨）、客货船、运木船、集装箱多用途货船、最大起重能力为120吨起重机的大舱口货船，以及万匹马力以上的救助拖轮、万吨级耙吸式挖泥船，还有海洋调查船、海洋测量船、海上钻井平台、1.7万载重吨的浮动

船坞等,钢质船年产量已达到80多万吨。

(2) 1979—2000年,随着改革开放政策的实行,我国经济快速增长,海运大国地位逐渐建立。

改革开放以来,随着内外贸易的大规模发展,进出口货物急剧增加,我国的远洋运输业开始了与国际接轨的步伐,大力开展集装箱运输,不少沿海港口城市都发展成为有影响力的货运码头,国际集装箱运输业务蒸蒸日上。国际运输航线远达澳大利亚、欧洲、美国、日本等地。航线的开辟与集装箱货运量的增长与日俱增,一个航运大国正在逐渐形成。

(3) 2001—2012年,中国由海运大国向海运强国转变。

①加入WTO之后,中国航运业加快进入国际航运市场的步伐,促进了中国航运业的发展。随着国内市场更加开放,对外贸易的国际环境进一步得到改善,中国参与世界经济的分工交换,经济对外依存度提高,大大促进了中国具有比较优势的产业的发展,国际贸易运输量也得到了较大的提高,在1999年到2008年的10年里,中国的贸易增长量占海运贸易增长总量的30%。近年来,占世界海上运输半壁江山的干散货流量增加8%,主要就是因为中国大量进口铁矿砂等原料;在另一项大宗海上运输业务——原油运输中,中国进口石油约占世界油轮总运力的1/3。2010年全球石油海运量为31.5亿吨,同比增长3.1%;其中,原油海运量为22.76亿吨,同比增长3%。2010年中国进口原油量占全球原油海运量的10.5%。[①] 同时,我国也是世界港口大国。目前,水路货物运输量、货物周转量在综合运输体系中分别占12%和63%,承担了90%以上的外贸货物运输量,内河干线和沿海水运在“北煤南运”、“北粮南运”、油矿中转等大宗货物运输中发挥了主通道作用,对产业布局调整和区域经济发展发挥了重要作用。其中,全国拥有港口生产性泊位3.1万个,是1949年的193倍,内河航道通航里程12.3万公里,是1949年的1.7倍;我国国际和沿海水路运输航线多达几千条,国际集装箱班轮航线2000余条,全国港口货物吞吐量连续六年稳居世界第一。[②]

②随着经济实力的增强,我国在世界海运界的地位显著提升。2010年我国已成为世界第二大经济体、第一大贸易出口国和第三大航运国家。港口吞吐量和集装箱装卸量连续几年位居世界第一。我国已发展成为世界

① 《2010年公路水路交通运输行业发展统计公报》。

② 《中国海运物流“变频”60载》,中国国际海运网2009年9月15日。

港口大国、航运大国和集装箱运输大国，金融危机后我国更成为世界海运发展的主要推动力，是世界海运需求总量、集装箱需求量和铁矿石进口量最大的国家。上海在 2010 年登上集装箱装卸量世界第一的高峰。从 2000 年到 2009 年，中国经济增量对世界贡献率达到了 15%，成为拉动世界经济增长贡献最大的国家，中国力量在推动国际海运的发展中发挥着重要作用。截至 2010 年年底，中国已与世界主要海运国家和地区签订了海运协定，连续 12 届当选为国际海事组织 A 类理事国。截至 2010 年，我国拥有轮驳船 18.4 万艘、1.24 亿载重吨，分别为 1949 年的 41 倍、310 倍。运输船舶基本实现大型化、专业化，全面淘汰了帆船、挂桨机船和水泥质船。中远集团（中国远洋运输集团）船舶总运力跃居世界第二位，中远、中海集装箱船队运力双双进入世界十强。

③随着海运大国地位的确立，中国企业"走出去"的步伐加快，全球布局设点的力度加大。2008 年 11 月，中远集团成功获得希腊比雷埃夫斯港集装箱码头 35 年特许经营权，并于 2010 年 6 月 1 日全面接管希腊比雷埃夫斯港集装箱 2 号、3 号码头。海外资产和收入已超过总量的半数以上。[①] 中远集团在全球投资经营 32 个码头，总泊位达 157 个。中外运（中国对外贸易运输（集团）总公司）以 2.28 亿港元的总价，认购英保客集团 1.65 亿新普通股。交易完成后，中外运将持有英保客集团扩股后约 35.3% 的股权。在伦敦上市的英保客集团是一家液态、干散货运输全球物流解决方案供货商。此前不久，中外运为在迪拜落地发展，收购了当地一家物流企业。[②] 从中远集团接管的希腊比雷埃夫斯港集装箱码头，到"上港集团"成功收购马士基旗下泽布吕赫码头公司 25% 的股权，[③]表明我国有远见的港航企业把目光投向海外市场，积极推进国际化战略，目的在于提高港航企业国际竞争力，打造具有较强实力的跨国公司。

④中国造船改变了世界船舶工业的格局。目前，造船业是我国重加工工业中走在世界前列、能与世界先进水平较量的行业之一。船舶工业是劳动力密集、资金密集、技术密集的产业。和发达国家相比，中国劳动力成本低；和其他发展中国家比，中国的技术、资金和工业基础比较雄厚。造船在国民经济 116 个产业序列中，其产业链涉及 97 个行业，其影响力系数居前十名。

历史经验表明，一个国家造船业的振兴，往往都是在其经济起飞期间、

① 《中远集团海外资产和收入已超过总量的半数以上》，中国经济网 2011 年 5 月 3 日。

② 《中外运收购海外物流企业》，*tradewinds* 2011 年 5 月 24 日。

③ 《中国港航业迈出国际化坚实步伐》，《中国水运报》2010 年 6 月 8 日。

货物贸易急剧增加的过程中完成的。所以,日本才能在20世纪中期全面超越欧洲成为世界造船的新中心,而韩国则在20世纪90年代开始超越日本并于21世纪初成为世界造船工业的新宠。有资料显示,由于国内外需求旺盛,未来10～20年世界造船市场需求量被看好。2006—2015年全球新船年均需求量在5000万载重吨左右,比过去10年间年均产量高20%以上,三大主力船型(散货、集装箱、油)需求旺盛。这10年中我国年均新船需求700万载重吨,海洋开发装备市场前景广阔,仅海洋钻井平台就需建造70多座。造船业被誉为“面向海洋的装备业”,最能体现一个国家的综合实力,建造一条大船需要有200多个配套企业密切合作。可见,船舶工业对国民经济的带动作用十分显著。20世纪80年代初期,中国造船产量占世界份额的比例不足1%(世界第17位)。自90年代以来,我国造船产量以17%的速度持续增长。中国造船产量曾于2010年赶超日、韩成功登上世界第一的宝座。资料表明,我国不仅能够设计制造散货船、油船等普通常规船型,而且能够开发建造成品油轮、大型集装箱船、超大型油船等大型(超大型)船舶以及化学品船、滚装(客滚)船、液化石油气船等具有国际先进水平的高附加值船舶。近年来,我国建造的船舶中,出口船达到70%,且出口到世界60多个国家和地区。

2010年世界造船三大指标及市场份额见表5-1。

表5-1 2010年世界造船三大指标及市场份额

指标		世界	中国	韩国	日本
2010年造船完工量	万载重吨	14607.4	6120.5	4655.7	3138.8
	占比重/(%)	100	41.9	31.9	21.5
2010年新接订单量	万载重吨	12060.2	5845.9	4614.2	729.9
	占比重/(%)	100	48.5	38.3	6.1
2010年12月底手持订单量	万载重吨	47259.6	19291.5	15660.5	8298.8
	占比重/(%)	100	40.8	33.1	17.6

资料来源:《中国船舶工业年鉴(2010)》。

另外,我国船舶工业总产值从1952年的1亿元左右跃升到2008年的4143亿元;年造船产量从1952年的1万吨左右攀升至2008年的2881万吨;人均造船产量由20世纪80年代初的4吨左右提升到2008年的122吨;利润总额2008年突破300亿元,是2001年的近170倍,进入世界造船经济效益较高的国家行列；全面掌握三大主流船型的系统化设计技术，在一些“双高”船和海洋工程装备研制方面取得重大突破。

近年来，随着世界造船中心向亚洲转移，船舶配套产业向亚洲（尤其是中国、日本和韩国）转移的趋势日益明显。在船舶配套产业方面，中国的全球市场份额由2004年的4%上升到2009年的11%，与造船完工量占世界1/3的市场情况相比，中国船舶配套产业的发展有待提高。[①]

全球船舶配套产能分布演变情况（2004年、2009年）见图5-1。

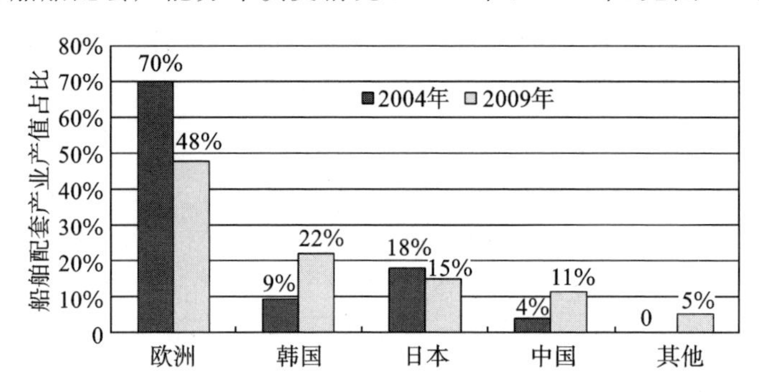

图5-1 全球船舶配套产能分布演变情况（2004年、2009年）

资料来源：《中国船舶工业年鉴（2010）》。

三、迈向海运强国的机遇与挑战

随着世界贸易中心向亚洲转移，高速增长的中国经济对航运需求巨大，中国海外航运业务发展迅速。每年新增的海运量中，超过60%是中国的进出口货物，中国由海运大国向海运强国转变的时机已经成熟，当然，这一过程充满了机遇和挑战。

（一）中国经济快速发展是海运强国形成的重要基础

改革开放以来，中国经济以年均近10%的增长速度大大高于世界经济平均增长速度，也高于发达国家的增长速度，是世界各大经济体中增长最快的地区。1970年中国GDP为272亿美元，占世界第13位。2010年GDP达到了5.879万亿美元，高于日本的5.474万亿美元，跃升世界第二位，2010年中国对世界经济增长的贡献达到1/3，远远超过美国。从2000年到2009年10年间，中国对于全球GDP增长的贡献率超20%，略高于

① 许嵩：《嬗变中的全球船舶配套产业格局》，载《2010年国际船舶配套产业发展论坛论文集》，2010年。

美国。①

中国贸易总额在世界主要国家和地区中也是发展最快的,份额占比逐年提高。1990 年我国占世界货物进出口总额为 1.6%,美国为 13%;2000 年中国为 3.6%,美国是 15.4%;2010 年中国就提高到了 9.7%,美国占 10.7%。② 图 5-2 是 2001—2010 年中国进出口总体情况。

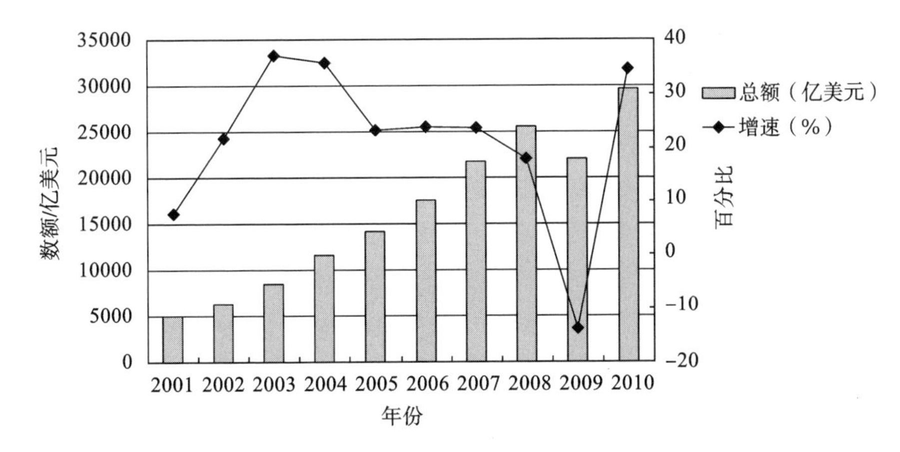

图 5-2　2001—2010 年中国进出口总体情况

资料来源:中国海关统计。

总的来看,截至 2010 年,伴随着对外贸易的发展,中国在国际市场上的地位也在不断提升。1980 年,中国的出口额和进口额分别为 181 亿美元和 199 亿美元,分别占全球贸易的 0.89%和 0.96%,在全球均排名第 20 位。2010 年中国的贸易总额占世界的 9.7%,在全球排名第二位,仅次于美国的 10.7%;出口总额为世界第一。1950 年我国进出口额仅有 11.3 亿美元,2010 年达到 29727.6 亿美元,增长近 2630 倍,年均增长 14.2%,是 1949—1978 年 30 年总和的 17 倍。这是一个海运强国形成的经济基础。

(二) 中国海运面临的主要问题

1. 在世界海运总运力中所占份额有待提升

2006 年,在国际运输方面,我国海运量占货物贸易总量的 85%,然而,我国航运企业的船舶总运力仅占世界海运总运力的 2%。希腊海事咨询公司 N. Cotzias 统计数据显示,希腊仍是全球最大船东国,总计现役的干散货船和油轮船队运力,希腊运力排名第一,中国船队运力排名第三,而日本仍

① 高盛:《中国过去十年对世界经济增长贡献超美国》,中国新闻网 2010 年 10 月 30 日。

② 世界贸易组织数据库。

排第二。在现役船舶当中，希腊船东的干散货船占同型船总运力的22%，日本和中国商船运力分占总运力的20%和12%。目前，全球有1148艘油轮属于希腊船东，占全球同型船总运力的18.9%；日本占总运力的11.4%，中国占总运力的4.7%。中国在杂货船队中虽占首位，但仅占同型船总运力的12%。希腊则排在第11位，占总运力的3%。①

2. 中国海运无法有效满足国内需要

21世纪初期，中国进口石油约占世界油轮总运力的1/3。中国海上船运的进口石油中，90%由外轮承担，包括欧洲、北美、亚洲等各大航运巨头。如丹麦的马士基，日本的“日本邮船”、“川崎汽船”、“商船三井”，以及韩国、新加坡和中国香港等地的航运公司。② 马士基目前在中国业务比例已占到全球业务的1/4。③ 中央政策研究室经济局原局长李连仲说：“只有达到50%以上的远洋石油运输能力，才能保障国家的石油安全。”

在1999年到2008年之间的10年里，中国的贸易增长量占海运贸易增长总量的30%，与之相比，中国船队占全球船队规模的10%左右，远远低于贸易份额。中国航运市场目前仍由外国航运业主导，由中国船只承运的，集装箱贸易不到10%，干散货运输不到12%，油轮则不到5%。

3. 中国造船工业与欧美先进国家相比还有不小差距

我国已成为造船大国，但目前我国船舶工业自主创新能力较弱、增长方式粗放等问题还比较突出，我国距离造船强国还有一定距离。全球船市主要是韩国、中国、日本，但在整体竞争水平和实力方面，中国造船业还有待加强。中国造船业的现状依然主要靠低成本优势取得订单，配套设施大多依靠国外进口，这些设施的国内研制生产尚处于初级阶段。

全球市场规模在500亿美元左右的海洋工程装备，目前主要由新加坡、韩国、欧洲与美国等少数国家和地区的企业所占据，我国的市场份额尚不足5%。

船舶配套产业水平较低，已成为制约中国造船业未来发展的最大障碍。日本、韩国等世界主要造船国家无一例外都拥有门类齐全、实力雄厚的船舶配套工业。日本船用设备业国产化率不仅高达97.8%，而且有大量出口，年产值达80亿美元。韩国船用设备业发展历史不长，但发展速度很快，国产化率已达到80%左右。中国造船业由于配套行业水平低，不得不

---

① 《希腊船队运力世界排名第一》，《大公报》2010年6月8日。

② 《“国油国运”——阵痛中加速突围》，《中国水运报》2007年8月10日。

③ 朱雪峰：《中远船务：中国“蓝海战略”领军者》，中国国际海运网2010年8月25日。

从欧洲、日本、韩国等国家进口配套产品,从而大大压缩了中国造船业的利润空间。①

据中国船舶工业行业协会报告,相较于欧美和日韩,中国造船业目前仍以中低端为主,利润率不高,消化成本上升的能力比较弱。尽管中国在散装船等领域具有竞争优势,但在高附加值的超大型油轮、天然气船、超级集装箱船等船型的研发、工艺与生产技术上还无法与日、韩等造船强国相抗衡。

4. 面临国际海事新规则的约束和挑战

21 世纪初,国际海事组织已有的 51 个公约中有 21 个与环境问题相关。《船舶防污染国际公约》(MARPOL)附则 VI《船舶气体污染防治公约》于 2010 年 7 月强制执行,2015 年有关限制更为严格;《船舶压载水管理公约》于 2012 年强制执行,而有关压载水处理装置的规定在 2014 年被纳入该公约;《香港公约》于 2012—2015 年间强制执行;能效指数(EEDI)于 2014 年成为强制规定;"挥发性有机物排放管理计划"于 2010 年 7 月被纳入 MARPOL 附则 VI,该规定对油轮提出了新的环保要求;《船舶有害防污系统公约》已于 2008 年强制执行,《生物有害物质防治准则》于 2011 年执行。② 上述公约规范大多由欧盟提出和制定,它们的实施必将为欧洲航运公司创造新的竞争优势。

据相关资料来看,已经进入实施的新标准有协调共同结构规范(HCSR)、目标型新船建造标准(GBS)、国际拆船公约(《2009 年香港国际安全与无害环境拆船公约》)、压载水公约、NOx/SOx 排放新标准、新船能效设计指数(EEDI)、原油船货油舱涂层性能标准等。这些新规则的出台及实施,对造船业产生了重大且深远的影响,造船业全球竞争版图也为之改变。显然,欧美等国掌握了最核心的技术,并发挥优势,通过规则达到限制新兴造船国、保住其金字塔尖的位置。③ 作为掌握最前沿技术的欧美国家,优势在于标准制定和新技术储备,通过新规范构筑更高技术壁垒,全球造船业版图可能被改写。中国造船无疑面临着新的考验。

5. 欧洲海运的传统优势还将持续

21 世纪初,欧洲航运航线覆盖全球,重点分布在太平洋、跨大西洋、

---

① 顺风:《中国造船业的复兴》,《中国科技财富》2004 年第 12 期。

② 刘潇:《海事大国:从腼腆走向从容》,中国船舶在线 2011 年 3 月 11 日。作者按:有关资料已变化更新。

③ 王培霖:《中国造船遭遇国际新规则　韩国重夺第一》,《第一财经日报》2011 年 4 月 23 日。

亚—美航线三大航线上，欧洲在三大航线投入的船队尤其是集装箱船队运力约为全球总量的50%；欧洲航运成功地进行了产业转移，放弃了劳动力成本高，不便于大型化、现代化的运输产品，发展重点集中在集装箱船、特种船、大型钻井平台等成本低、运价高、利润高、技术高、附加值高的“精”、“尖”产品上；欧洲拥有实力雄厚的市场研究机构，正在从拥有商船队向拥有市场转变，欧洲通过建立市场交易规则和交易制度，抢占了市场制高点；欧洲的航运巨头们通过垄断油价，控制成本，并在全球建立自己的码头，通过中转站串联其全球的物流节点，使其效率高速运转；欧洲航运的管理水平高，货物装卸、港口管理、安保等实现了智能化管理。[①]

欧盟还于2009年提出了“到2018年欧盟海运政策战略目标和建议”（简称“海运战略2018”），保证欧盟海上运输体系持续发挥作用，确保欧洲保持一个核心的人力资源和技术能力，进一步强化航运竞争力。“海运战略2018”进一步清晰地描绘出欧盟在海事领域强势崛起的意愿与路径。

（三）必须形成一整套海运立法体系

在世界海运历史上，很多国家为了赢得或保证海运大国、强国的地位，都曾出台过不少政策和措施，从制度上进行保驾护航。

1651年，英国先后颁布了一系列航海法案，禁止国外船只涉足英国殖民地之间的贸易，并强迫其殖民地通过英国港口出口本国商品。[②] 1871年，美国国会制定了《沿海运输法》，完全禁止外国船舶从事沿海运输，从而限制外国船舶加入美国国内的运输市场。《1916年航运法》明确规定对美国的海运企业进行保护，鼓励它们向海外扩张。美国利用两次世界大战创造的有利时机，由航运大国一跃成为首屈一指的航运强国，这一时期较有影响的海运政策立法有《商船销售法》、《1954年货载优先法》、《1970年商船法》、《受控承运人法》、《1984年商船法》和《1998年远洋航运改革法》。1896年，日本为促进本国航运发展，先后颁布《航海奖励法》、《远洋航线补助法》和《造船奖励法》，1963年实施《关于海运业的重建整备临时措施法》和《利息补贴法的部分修改案》，1997年发布《为适应新的经济环境，远洋海运的发展方向》。日本政府对海运业的大力支持，配合以优惠贷款及税收政策，使之成为仅次于希腊的世界第二大海运强国。

---

① 刘江洁：《欧洲航运缘何强者恒强》，《中国船检》2010年第7期。

② W. W. 罗斯托著，黄其祥译：《这一切是怎么开始的——现代经济的起源》，商务印书馆1997年版，第106页。

自改革开放以来,我国也先后制定了一系列的政策加快中国向海运强国迈进。1992年7月,交通部提出了《深化改革、扩大开放、加快交通发展的若干意见》,同年11月,国务院发布了《关于进一步改革国际海洋运输管理工作的通知》,对从事国际海洋运输业务的行业及部门的限制条件进一步放宽。2003年,国家着手制定《中国船舶工业发展政策》,目标锁定打造第一船舶大国,2006年3月,船舶工业发展列入国家"十一五"规划;8月,国务院通过《船舶工业中长期发展规划(2006—2015年)》,再一次表明国家对船舶工业的重视和支持,对于加快我国船舶工业结构调整和产业升级,使之成为带动相关产业全面参与国际竞争的强势产业,推进我国创建世界造船大国强国具有重大意义。"十二五"规划把发展海洋运输列为发展海洋经济的重要内容。2010年,《国务院关于加快培育和发展战略性新兴产业的决定》将高端装备制造列入其中,海洋工程榜上有名。通过一系列政策的出台,中国有望在2020年实现水运业的现代化,届时将实现我国由海洋大国、航运大国向航运强国的转变。

第二节　交通全行业发展规划出台

自20世纪90年代以来,我国加强了交通发展总体目标、长远规划和战略步骤的研究,特别是在公路水运交通"三主一支持"发展长远规划的基础上,对建设公路主骨架、水运主通道、港站主枢纽和支持保障系统进行了深化和细化。公路主骨架主要是建设"两纵两横三个重要路段",进而建成"五纵七横"国道主干线。水运主通道主要是建设"两横一纵两网"和长江、珠江出海深水航道。港站主枢纽主要是建设上海国际航运中心、沿海主枢纽港和45个公路主枢纽。中国交通业进入快速发展阶段。

2003年,中共十六届三中全会确定下一步的任务是完善社会主义市场经济体制,更大程度发挥市场在资源配置中的基础性作用成为改革的重要目标之一,主要任务之一是完善公有制为主体、多种所有制经济共同发展的基本经济制度。全会明确提出"放宽市场准入,允许非公有资本进入法律法规未禁入的基础设施、公用事业及其他行业和领域"。2005年2月,国务院发布《关于鼓励支持和引导个体私营等非公有制经济发展的若干意见》,明确提出今后一个时期鼓励、支持和引导非公有制经济的总体要求,提出了一系列促进非公有制经济发展的政策措施。以此为契机,航空和铁路加大加快向非公有制经济的开放力度。2005年3月11日,奥凯航空的正式开航，被业界视为民营资本打破航空业国有垄断的标志性事件。此后，多家民营航空公司相继获批。2005 年 7 月，铁道部发布《关于鼓励支持和引导非公有制经济参与铁路建设经营的实施意见》，宣布向非公资本开放铁路建设、铁路运输、铁路运输装备制造、铁路多元经营四大领域。自此，铁路相关部门吸引民间资本进入铁路建设领域，积极扩大合资建路规模等取得很大进展，随后几年，在客运专线、运煤专线等的建设中，社会经济组织成为重要的投资力量。

一、出台综合交通网发展规划

2007 年 10 月，国务院常务会议审议并原则通过了《综合交通网中长期发展规划》。按照“宜路则路、宜水则水、宜空则空”的原则，规划首次提出了“综合运输大通道”的概念，并经过优化比选提出了“五纵五横”10 条综合运输大通道和 4 条国际区域运输通道。按照综合交通枢纽所处的区位、功能和作用，衔接的交通运输线路的数量，吸引和辐射的服务范围大小，以及承担的客货运量和增长潜力，可将其分为全国性综合交通枢纽、区域性综合交通枢纽和地区性综合交通枢纽。规划提出了 42 个全国性综合交通枢纽(节点城市)。

《综合交通网中长期发展规划》对促进我国可持续发展战略、缩小区域间差距和实现各种运输方式统筹协调发展具有十分重要的现实和长远意义。从我国经济地理特征分析，未来东西向和南北向大运量、长距离的资源和产品运输将长期存在。交通运输作为基础产业，对经济发展具有较强的带动作用。综合交通网中长期规划，综合考虑我国资源分布、工业布局、城市分布以及人口分布的特点，特别是我国未来可能形成的经济区划及经济中心布局，着眼于尽快形成沟通东西和南北的若干条国家级运输大通道，将引导和促进国土均衡开发，为缩小我国地区间差距提供基础条件。

二、出台《中长期铁路网规划》

2004 年年初，国务院常务会议批准《中长期铁路网规划》，预计《中长期铁路网规划》项目全部实施后，到 2020 年铁路建设投资总规模将突破 5 万亿元，铁路营业里程将达到 12 万公里。我国现有高速铁路为京津城际、昌(南昌)九(江)城际、石(家庄)太(原)客运专线、长(春)吉(林)城际铁路、胶济客运专线、沪(上海)宁(南京)高铁、武(汉)广(州)客运专线、郑(州)西(安)高速铁路、温(州)福(州)线、汉宜线、福厦铁路、成灌高铁、沪杭高铁、沪宁城际铁路、广珠城际铁路、海南东环铁路、京沪高速铁路。营业里程超过9358公里,全国铁路每天开行动车组列车近1200列,已成为世界运营里程最长、运营速度最高的国家。预计到2020年,高铁总里程将达到1.6万公里。届时,北京到全国省会城市都将在8小时以内。

"四纵"客运专线:

北京—济南—南京—上海客运专线,贯通京津至长江三角洲东部沿海经济发达地区;北京—武汉—广州—深圳客运专线,连接华北和华南地区;北京—沈阳—哈尔滨(大连)客运专线,连接关内和东北地区;杭州—宁波—福州—深圳客运专线,连接长江三角洲、珠江三角洲和东南沿海地区。

"四横"客运专线:

徐州—郑州—西安—兰州客运专线,连接华东和西北地区;杭州—南昌—长沙—贵阳—昆明客运专线,连接华东、华中和西南地区;青岛—济南—石家庄—太原客运专线,连接华东和华北地区;上海—南京—武汉—重庆—成都客运专线,连接华东和西南地区。

三个城际客运系统:环渤海地区、长江三角洲地区、珠江三角洲地区城际客运系统,覆盖区域内主要城镇。

为进一步完善铁路网布局,使西部地区形成铁路网骨架,同时完善中东部铁路网结构,提高对东西部地区经济适应能力,远期规划建设新线约4.1万公里。

(1)新建中俄通道同江—哈鱼岛段、中吉乌铁路喀什—吐尔尕特段,改建中越通道昆明—河口段,新建中老通道昆明—景洪—磨憨段、中缅通道大理—瑞丽段等,形成西北、西南进出境国际铁路通道。

(2)新建太原—中卫(银川)线、临河—哈密线,形成西北至华北新通道。

(3)新建兰州(或西宁)—重庆(或成都)线、哈达铺—成都线,研究建设张掖—西宁—成都线、格尔木—成都线,形成西北至西南新通道。

(4)新建乌鲁木齐—哈密—兰州线、库尔勒—格尔木线、龙岗—敦煌—格尔木线、喀什—和田线、日喀则—拉萨线,研究建设和田—狮泉河—日喀则线,形成新疆至甘肃、青海、西藏的便捷通道。

(5)新建拉萨—林芝、大理—香格里拉线,研究建设成都—波密—林芝线、香格里拉—波密线,形成四川、云南至西藏的便捷通道。

(6)新建太原—侯马—西安—汉中—绵阳线,研究建设郑州—重庆—昆明线,形成华北、中原至西南新通道。

(7) 新建重庆—贵阳线、乐山—贵阳—广州线、南宁—广州线，形成西南至华南新通道。

(8) 新建向塘—莆田(福州)线、合肥—福州线、阜阳—六安—景德镇—瑞金—汕头线，形成内陆腹地至东南沿海地区新通道。

(9) 新建北京—张家口—集宁—呼和浩特—包头线，形成北京至内蒙古呼包鄂地区便捷通道。

(10) 新建内蒙古中西部、山西中南部煤运铁路，形成“三西”地区煤炭外运新的大能力通道。

(11) 新建精河—伊宁、奎屯—阿勒泰、乌鲁木齐—富蕴—北屯、哈密—若羌、二连浩特—锡林浩特—乌兰浩特、正蓝旗—虎什哈、昭通—攀枝花—丽江、昆明—百色、南宁—河池、永州—玉林和茂名、合浦—河唇、西安—平凉、柳州—肇庆、桑根达来—张家口、准格尔—呼和浩特、集宁—张家口等西部区内等铁路线，研究建设安康—恩施—张家界等铁路线，完善西部地区铁路网络。

(12) 新建哈尔滨—佳木斯、青岛—连云港—盐城、南通—上海—宁波、广州—湛江—海口—三亚、上海—江阴—南京—铜陵—安庆、怀化—衡阳—赣州、九江—景德镇—衢州、浦城—建宁—龙岩等铁路线和福州—厦门货运线，铜陵—九江、赣州—韶关、龙岩—厦门、湖州—嘉兴—乍浦、金华—台州及东北东边道等铁路线，完善东中部和东北地区铁路网络。

加强既有路网技术改造和枢纽建设，提高路网既有通道能力。其中包括：在建设客运专线、完善路网布局和西部开发性新线的基础上，对既有线进行扩能改造，在大同(含蒙西地区)、神府、太原(含晋南地区)、晋东南、陕西、贵州、河南、兖州、两淮、黑龙江东部10个煤炭外运基地，形成大能力煤运通道。规划前期将优先考虑大秦线扩能、北同蒲线改造、黄骅至大家洼铁路线建设和石太线扩能，实现客货分运，加大煤炭外运能力。重点强化“三西”地区煤炭下海和铁路直达中南、华东内陆地区通道和新疆地区煤炭外运通道等；结合客运专线的建设、完善路网布局和西部开发性新线的建设，对既有京哈、京沪、京九、京广、陇海—兰新、沪汉蓉和沪昆7条主要干线进行复线建设和电气化改造；按照综合交通枢纽布局和城市发展规划，加强主要客货枢纽建设，注重与城市轨道交通等公交系统以及公路、民航和港口等其他交通方式的衔接，实现旅客运输“零距离换乘”、货物换装“无缝衔接”和交通运输一体化。以北京、上海、广州、武汉、成都、西安枢纽为重点，调整编组站，改造客运站，建设机车车辆检修基地，完善枢纽结构，使铁路点线能力协调发展;建设集装箱中心站,改造集装箱运输集中的线路,开行双层集装箱列车。

据专家测算,我国公路网远景规模约为 596.5 万公里。其中,国家高速公路网 15 万公里,普通国道 26.5 万公里,省级公路 55 万公里,农村公路 500 万公里。铁路网远景规模约 19 万公里,其中,客运专线 4 万公里,普通铁路 15 万公里。

三、出台国家干线公路网规划

公路主骨架是根据国家干线公路网规划(简称国道网,包括首都放射线、南北纵线和东西横线,见表 5-2)并考虑其他相关因素确定的。公路主骨架包括总长约 3.5 万公里、纵贯东西和横穿国境南北的"五纵七横"12 条(见表 5-2)主要由高等级公路组成的国道主干线,其贯通首都和直辖市及各省(自治区)省会城市,将人口在 100 万以上的所有特大城市和人口在 50 万以上大城市的 93%连接在一起,贯通和连接的城市超过 200 个,覆盖人口约 6 亿。

表 5-2　公路放射线与纵横线　　单位:公里

首都放射线							
编号	路线简称	主控点	里程	编号	路线简称	主控点	里程
G101	京沈线	北京—承德—沈阳	858	G107	京深线	北京—郑州—武汉—广州—深圳	2449
G102	京哈线	北京—山海关—沈阳—长春—哈尔滨	1231	G108	京昆线	北京—太原—西安—成都—昆明	3356
G103	京塘线	北京—天津—塘沽	142	G109	京拉线	北京—银川—兰州—西宁—拉萨	3763
G104	京福线	北京—南京—杭州—福州	2284	G110	京银线	北京—呼和浩特—银川	1063
G105	京珠线	北京—南昌—广州—珠海	2361	G111	京加线	北京—通辽—乌兰浩特—加格达奇	2034
G106	京广线	北京—兰考—黄冈—广州	2497	G112	京环线	北京环线(宣化—唐山(北)天津—涞源(南))	942

续表

南北纵线							
编号	路线简称	主控点	里程	编号	路线简称	主控点	里程
G201	鹤大线	鹤岗—牡丹江—大连	1822	G215	红格线	红柳园—敦煌—格尔木	645
G202	爱大线	爱辉—大连（原：黑河—哈尔滨—吉林—大连—旅顺）	1696	G216	阿巴线	阿勒泰—乌鲁木齐—巴仑台	826
G203	明沈线	明水—扶余—沈阳	656	G217	阿库线	阿勒泰—独山子—库车	1082
G204	烟沪线	烟台—连云港—上海	918	G218	伊若线	伊宁—若羌（原：清水河—伊宁—库尔勒—若羌）	1129
G205	山深线	山海关—淄博—南京—屯溪—深圳	2755	G219	叶孜线	叶城—狮泉河—拉孜	2139
G206	烟汕线	烟台—徐州—合肥—景德镇—汕头	2324	G220	北郑线	北镇—郑州（原：东营—济南—郑州）	526
G207	锡海线	锡林浩特—张家口—长治—襄樊—常德—梧州—海安	3566	G221	哈同线	哈尔滨—同江	639
G208	二长线	二连浩特—集宁—太原—长治	737	G222	伊哈线	伊春—哈尔滨	332
G209	呼北线	呼和浩特—三门峡—柳州—北海	3315	G223	海榆（东）线	海口—榆林（东）	322
G210	包南线	包头—西安—重庆—贵阳—南宁	3005	G224	海榆（中）线	海口—榆林（中）	296
G211	银陕线	银川—西安	604	G225	海榆（西）线	海口—榆林（西）	431
G212	兰渝线	兰州—广元—重庆	1084	G226	楚墨线	楚雄—墨江	后撤销
G213	兰磨线	兰州—成都—昆明—景洪—磨憨	2852	G227	西张线	西宁—张掖	345
G214	西景线	西宁—昌都—景洪	3008	G228	台湾环线	资料暂缺	—

续表

东西横线							
编号	路线简称	主控点	里程	编号	路线简称	主控点	里程
G301	绥满线	绥芬河—哈尔滨—满洲里	1448	G316	福兰线	福州—南昌—武汉—兰州	1985
G302	珲乌线	珲春—图们—吉林—长春—乌兰浩特	1024	G317	成那线	成都—昌都—那曲	1917
G303	集锡线	集安—四平—通辽—锡林浩特	1265	G318	沪聂线	上海—武汉—成都—拉萨—聂拉木	4907
G304	丹霍线	丹东—通辽—霍林河	818	G319	厦成线	厦门—长沙—重庆—成都	2631
G305	庄林线	庄河—营口—敖汉旗—林东	561	G320	沪瑞线	上海—南昌—昆明—畹町—瑞丽	3315
G306	绥克线	绥中—克什克腾	689	G321	广成线	广州—桂林—贵阳—成都	1749
G307	岐银线	岐口—银川(原:黄骅—石家庄—太原—银川)	1193	G322	衡友线	衡阳—桂林—南宁—凭祥—友谊关	1045
G308	青石线	青岛—济南—石家庄	659	G323	瑞临线	瑞金—韶关—柳州—临沧	2316
G309	荣兰线	荣城—济南—宜川—兰州	1961	G324	福昆线	福州—广州—南宁—昆明	2201
G310	连天线	连云港—徐州—郑州—西安—天水	1153	G325	广南线	广州—湛江—南宁	771
G311	徐峡线	徐州—许昌—西峡	694	G326	秀河线	秀山—毕节—个旧—河口	1239
G312	沪霍线	上海—南京—合肥—西安—兰州—乌鲁木齐—霍尔果斯	4708	G327	连荷线	连云港—济宁—菏泽	395
G313	安若线	安西—敦煌—若羌	后取消	G328	宁海线	南京—海安(原:南京—扬州—南通)	243
G314	乌红线	乌鲁木齐—喀什—红其拉甫	2073	G329	杭沈线	杭州—宁波—沈家门	190
G315	西莎线	西宁—莎车(原:西宁—若羌—喀什)	2746	G330	温寿线	温州—寿昌	318

续表

编号	路线简称	主控点	里程	编号	路线简称	主控点	里程
七横							
G015	绥满线	绥芬河—哈尔滨—满洲里	1280	G055	沪蓉线	上海—南京—合肥—武汉—重庆—成都(含万县—南充—成都支线)	2970
G025	丹拉线	丹东—沈阳—唐山(含唐山—天津支线)—北京—集宁—呼和浩特—银川—兰州—拉萨	4590	G065	沪瑞线	上海—杭州(含宁波—杭州—南京支线)—南昌—贵阳—昆明—瑞丽	4090
G035	青银线	青岛—济南—石家庄—太原—银川	1610	G075	衡昆线	衡阳—南宁(含南宁—友谊关支线)—昆明	1980
G045	连霍线	连云港—徐州—郑州—西安—兰州—乌鲁木齐—霍尔果斯	3980	—	—	—	—
五纵							
G010	同三线	同江—哈尔滨(含珲春—长春支线)—长春—沈阳—大连—烟台—青岛—连云港—上海—宁波—福州—深圳—广州—湛江—海安—海口—三亚	5700	G040	二河线	二连浩特—集宁—大同—太原—西安—成都—昆明—河口	3610
G020	京福线	北京—天津(含天津—塘沽支线)—济南—徐州(含泰安—淮阴支线)—合肥—南昌—福州	2540	G050	渝湛线	重庆—贵阳—南宁—湛江	1430
G030	京珠线	北京—石家庄—郑州—武汉—长沙—广州—珠海	2310	—	—	—	—

资料来源：根据相关资料整理所得。

四、出台水运主通道总体布局规划

按照我国生产力布局和水资源“T”形分布的特点，重点建设贯通东南沿海经济发达地区的海上运输大通道和主要通航河流的内河航道。全国水运主通道总体布局规划是发展“两纵三横”共5条水运主通道。“两纵”是沿海南北主通道、京杭运河淮河主通道；“三横”是长江及其主要支流主通道、西江及其主要支流主通道、黑龙江松花江主通道。除沿海南北主通道外，内河主通道由通航千吨级船队的四级航道组成，共20条河流，总长1.5万公里左右。这些主通道连接了17个省会和中心城市，24个开放城市，5个经济特区。

自2010年以来，我国基本全面建成了与外贸运输和海上运输相适应的海上南北高效运输大通道。内河航运，重点建设长江干线及其重要支流，进一步完善珠江及京杭运河，初步形成以“一纵三横”为主骨架，包括20条主要内河航道总长约1.5万公里的内河运输主通道，使之成为沿江工业带经济发展服务的航运体系。

全国主枢纽港口的布局规划是发展43个主枢纽，其中沿海港口20个，内河港口23个，覆盖了沿海14个开放城市、4个经济特区、海南经济特区的省会以及水运主通道上全部省会城市和66%的大中城市。全国公路主枢纽站的布局规划是发展45个客货主枢纽站。这45个客货主枢纽站覆盖了全国30个省会城市、80.6%的人口在100万以上的特大城市和73.3%的工业产值在100亿元以上的城市。①

2003年，国家着手制定中国船舶工业发展政策，目标锁定打造第一船舶大国，2006年3月，船舶工业发展列入国家“十一五”规划；8月，国务院通过《船舶工业中长期发展规划(2006—2015年)》，再一次表明国家对船舶工业的重视和支持，对于加快我国船舶工业结构调整和产业升级，使之成为带动相关产业全面参与国际竞争的强势产业，推进我国创建世界造船大国强国具有重大意义。“十二五”规划把发展海洋运输列为发展海洋经济的重要内容。2010年，《国务院关于加快培育和发展战略性新兴产业的决定》将高端装备制造列入其中，海洋工程榜上有名。通过一系列政策的出台，中国有望在2020年实现水运业的现代化，届时将实现我国由海洋大国、航运大国向航运强国的转变。另外，我国在该领域与世界积极互动，互

① 《中华人民共和国交通部2010年统计公报》。

利双赢的局面正在出现。在交通基础设施方面，积极推动与周边国家的互联互通战略，与相关国家合作建设交通运输基础设施项目进展顺利。与美国、欧盟、俄罗斯等签署了交通合作谅解备忘录或合作协议。中国—东盟及大湄公河次区域交通合作稳步推进，上海合作组织成员国间的交通运输合作进一步加强，实现中韩陆海联运，建立东北亚物流信息服务网络，中日韩运输与物流合作取得实质性进展。连续当选为国际海事组织A类理事国、国际民航组织一类理事国，成功当选为万国邮联行政理事会和邮政经营理事会理事国。推动建立马六甲海峡国际合作机制。协助我国海军护航编队共完成了亚丁湾索马里海域278批3100艘次商船护航任务，成功解决了多起涉及我国交通运输企业员工人身及船舶等财产安全的海外突发事件。与立陶宛政府联合举办了首届亚欧交通部长会议和亚欧交通发展论坛，成功举办了第三届上海合作组织交通部长会议、中国2009世界集邮展览、第二届世界农村公路大会等国际性会议。从2000年到2009年，中国经济增量对世界贡献率达到了15%，成为拉动世界经济增长贡献最大的国家，中国力量在推动国际海运的发展中发挥着重要作用。截至2010年年底，中国已与世界主要海运国家和地区签订了海运协定，连续12届当选为国际海事组织A类理事国。

五、民航业规划发布

改革开放30多年来，民航年均增长17.6%，远远高于其他交通运输方式。我国已成为仅次于美国的全球第二大航空运输系统，今后十几年，仍将是民航快速发展的历史黄金期。在“十二五”期间，我国计划新建机场70余座、改（扩）建机场101座，全行业投资将超过1.5万亿元。预计在2020年、2030年我国旅客运输量将分别达到7亿人次、15亿人次。[①]

目前，基础设施资源缺乏是制约我国民航发展的首要问题。以机场为例：一是总量不多，我国机场数量仅为城市总数的1/5；二是密度仍较低，相当于美国的1/4，特别是目前我国还有30%的县、24%的人口和9%的经济活动区不能得到航空运输服务；三是布局仍不合理，机场“东密西疏”的格局与带动中西部地区经济社会发展的矛盾比较突出；四是容量和功能不足，许多大型机场现有设施容量已经饱和或趋于饱和，而中小型支线机场

① 陈姗姗：《国内机场再现扎堆批复　多数靠补贴维持运营》，《第一财经日报》2012年3月16日。

普遍存在设施设备不完善等问题。为了提高国家对于民航强国战略的支持,加强地方政府对于发展本地区民用航空业的重视,我们有必要组织专业力量开展航空业和机场业对于国民经济和区域经济的经济效应研究。

围绕建设民航强国战略目标,中国民用航空发展第十一个五年(2006—2010年)规划发布。规划认为,从现在起到2020年,是我国实现由民航大国向民航强国历史性跨越的关键时期,也是建设新一代航空运输系统的重要起步时期。"十一五"期间的发展目标是:航空运输快速增长,质量有较大改善;通用航空总量扩大,结构趋于优化;基础设施建设得到加强,保障能力显著提高;体制和法制基本完善,行业文化基本形成。到"十一五"期末,行业综合实力全面增强,在国家综合交通中的作用更加突出,对世界民航的影响进一步扩大,基本适应国民经济和社会发展需要。到2010年,全国民用运输机场达到190个左右,比2005年净增约50个。其中,枢纽机场3个、大型机场8个、中型机场40个、小型机场140个左右。

2008年,《全国民用机场布局规划》获得国务院批准出台。根据该规划,到2020年,我国民航运输机场总数将达到244个,新增机场97个(以2006年为基数),形成北方、华东、中南、西南、西北五大区域机场群。上述布局规划实施后,全国80%以上的县级行政单元能够在地面交通100公里或1.5小时车程内享受到航空服务,所服务区域的人口数量占全国总人口的82%、国内生产总值(GDP)占全国总量的96%。

2012年、2013年我国机场旅客排名前20位及相关机场货邮吞吐量情况见表5-3。

表5-3　2012年、2013年我国机场旅客排名前20位及相关机场货邮吞吐量情况

机场名称	旅客吞吐量/人			货邮吞吐量/吨		
	名次	2012年	2013年	名次	2012年	2013年
北京/首都	1	81929352	83712355	2	1799863.7	1843681.1
广州/白云	2	48309410	52450262	3	1248763.8	1309745.5
上海/浦东	3	44880164	47189849	1	2938156.9	2928527.1
上海/虹桥	4	33828726	35599643	6	429813.9	435115.9
成都/双流	5	31595130	33444618	5	508031.4	501391.2
深圳/宝安	6	29569725	32268457	4	854901.4	913472.1
昆明/长水	7	23979259	29688297	9	262272.3	293627.7
西安/咸阳	8	23420654	26044673	15	174782.7	178857.5
重庆/江北	9	22057003	25272039	10	268642.4	280149.8
杭州/萧山	10	19115320	22114103	7	338371.1	368095.3

续表

机场名称	旅客吞吐量/人			货邮吞吐量/吨		
	名次	2012 年	2013 年	名次	2012 年	2013 年
厦门/高崎	11	17354076	19753016	8	271465.8	299490.8
长沙/黄花	12	14749701	16007212	20	110608	117588.7
武汉/天河	13	13980527	15706063	19	128196.2	129450.3
乌鲁木齐/地窝堡	14	13347188	15359170	16	131372.5	153275.3
南京/禄口	15	14001476	15011792	11	248067.5	255788.6
青岛/流亭	16	12601152	14516669	14	171891.9	186195.7
大连/周水子	17	13337184	14083131	18	136546.8	132330.4
郑州/新郑	18	11673612	13139994	12	151193.5	255712.7
三亚/凤凰	19	11343387	12866869	30	52603.9	62945.5
沈阳/桃仙	20	11011800	12106952	17	131931.3	136066.1

资料来源:民航局网站。

到 2012 年全国共有 27 个省区市的 51 个城市,先后提出 54 个临空经济区的规划与设想。今后,这一数字还会有较大的变化,因为我国现有 180 个左右的机场均有这种投资冲动。

根据国际机场协会的数据,2011 年,在全球国际贸易中,航空运输的货物重量比例只占 1%,但金额比例却占到 36%。从 1975 年到 2005 年,全球 GDP 增长了 154%,世界贸易增长了 355%。与此同时,全球货运额的增长达到 1395%。而从香港地区外贸的统计数据看,过去 20 年间,在香港地区外贸货物运输中,空运的比重由 20 年前的 17.7%增加到 35.8%。

资料显示,全球范围内有价值 6.4 万亿美元的物品通过航空运输周转,占世界贸易总额的 35%,还有近 30 亿人次通过航空运输进行商务活动或旅游休闲。

第三节 2001—2012 年交通业发展状况

在改革开放前期,我国交通运输业的发展呈现出与经济增长不太适应的局面,瓶颈作用明显;进入 21 世纪以来尤其是加入 WTO 以后,随着社会主义市场经济的逐步建立,中国正在融入全球化的发展进程中,该领域的发展随着经济体量的增大以及投资力度的增强,我国开始逐渐进行与经济发展相匹配的综合交通发展体量改革,于是各种行业规划和制度设计纷纷出台并得到批复,冀望赶上世界交通业发展的潮流,各种有效制度的探索、设计在不断完善中。金融危机爆发后，世界经济周期下行趋势明显，我国对该领域的大规模投资不仅提振了中国的经济增长，而且为全球经济发展贡献了可观的份额，为走出发展的桎梏提供了一条可资借鉴的路径。

一、铁路的发展

在铁路投资进入大提速阶段后，铁路投融资体制开始改革，改变了过去单一的投资模式、发展多元化的投资体制；2004 年公布了铁路发展的《中长期铁路网规划》，尤其是在应对国际金融危机过程中，铁路投资又成为保增长促内需的有力手段，至此，铁路投资在这一阶段从形式到内容上都进入了实质的大提速之中。特点如下。

(1) 延续改革开放以来的战略部署，铁路投资出现新特点并向重点工程倾斜。

进入“九五”以来，铁道部调整计划，做出了“决战西南，强攻煤运，建设高速，扩展路网，突破七万”跨世纪 5 年(1998—2002 年)铁路建设会战的战略部署，掀起第 4 个铁路建设高潮，到 2008 年年末铁路营业里程达到 8 万公里。2004 年年初，国务院常务会议批准《中长期铁路网规划》，宁西线、渝怀线等一批重大项目建成投产，大秦重载铁路 2 亿吨配套改造完成，青藏铁路全线铺通，武广、郑西、石太、京津等一批客运专线和城际轨道交通项目相继开工建设。2002 年到 2006 年是新中国成立以来我国铁路建设投资最多的时期，特别是 2006 年我国铁路基本建设投资达到 1553 亿元，比 2002 年增长了 149%，比“七五”和“八五”10 年完成投资的总和还要多。[①]

2009 年，为了应对国际金融危机，国家加大了对铁路建设的投资力度，按照规划，2009 年国家批准新建铁路里程 1 万公里左右、投资规模 1 万亿元；2010 年，国家再批准新建铁路里程 1 万公里、投资规模 1 万亿元。预计《中长期铁路网规划》项目全部实施后，到 2020 年铁路建设投资总规模将突破 5 万亿元，铁路营业里程将达到 12 万公里。新中国铁路史上的这次建设高潮规模更大，持续时间更长。这样的铁路建设里程和投资规模在我国铁路建设史上是前所未有的，中国铁路对经济发展的作用正在由限制型向适应型转变。

(2) 铁路投资多元化政策出台，合资铁路成为国家铁路(主要由铁道部

---

① 《中国交通运输统计年鉴(2007)》。

投资)的补充作用正在逐步增加。①

自20世纪90年代以来,国家积极出台鼓励铁路建设投资多元化的政策,使各类合资铁路如雨后春笋般迅速发展,并随着国家在铁路建设方面的不断改革,取得了长足进展,逐步成为全国路网的重要组成部分。

2005年,铁道部发布了《关于鼓励支持和引导非公有制经济参与铁路建设经营的实施意见》,明确了对国内非公有资本开放铁路建设领域、铁路运输领域、铁路运输装备制造领域和铁路多元经营领域,使得国家政策不仅仅停留在较高的层面上,而是能为各类社会资金进入铁路提供政策支持。

2006年,铁道部制定了《"十一五"铁路投融资体制改革推进方案》。按照"政府主导、多元化投资、市场化运作"的基本思路,以构建投资主体多元化、资金来源多渠道、融资方式多样化、项目建设市场化的铁路投融资体制新格局为目标,研究制定《"十一五"铁路投融资体制改革推进方案》,并得到国家有关部门的大力支持。

中央投资带动了地方投资的积极性,在推进铁路投融资体制改革上发挥了"四两拨千斤"的作用。到2008年年底,铁道部与31个省区市共签署铁路建设协议220多个,商定规划建设铁路项目300多个,涉及铁路规模5万多公里,投资金额4万多亿元,地方承诺直接出资及提供贷款担保余额达6000多亿元。②

目前,铁路投资主要由政府主导,资金主要来源于铁道部,在2007年完成的铁路基本建设投资资金中,铁道部资金占比达83.5%,地方政府和企业资金占比为16.5%。③

2009年前4个月,铁路建设完成投资总额1032.3亿元,同比增加了170.5%,创历史同期最高水平。铁路行业成为扩内需保增长的"火车头"。据铁道部透露,2009年,铁路计划完成上万亿元的基本建设投资。完成这一规模的投资,需用钢材2000万吨、水泥1.2亿吨,能够提供600万个就业岗位,可以直接带来全国GDP增幅提高1.5%的拉动效应。④ 可见,加快推进大规模铁路建设对拉动投资和内需的作用是十分明显的。

---

① 有关合资铁路的问题,详见笔者发表在《中国经贸导刊》(2009年第16期)上的文章《我国合资铁路发展的现状、问题与前瞻》。

② 《铁路投资成为扩内需"火车头" 前4月铁路投资增170.5%占中央投资比重最大》,《人民日报》2009年5月17日,第1版。

③ 《中华人民共和国铁道部2007年铁道统计公报》。

④ 《铁道部:到2020年将投资5万亿新建4万公里铁路》,新华网2008年11月27日。

(3) 铁路投资总体来说在 2007 年以前虽然较 20 世纪有大规模增加，但还是不能适应快速增长的国民经济的需求，铁路的“瓶颈效应”没能得到有效缓解。

图 5-3 是 2001—2015 年 GDP 增长率与铁路里程增长率曲线图，可以观察到二者的发展趋势和关联性。

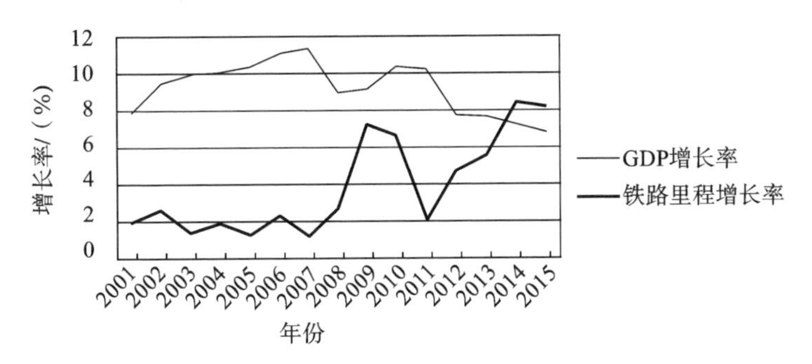

图 5-3　2001—2015 年 GDP 增长率与铁路里程增长率曲线图

资料来源：根据铁道部网站以及相关年份的统计年鉴整理所得。

从图 5-3 可以看出，进入 21 世纪的前 8 年以来，GDP 增长率均在 10% 左右的高位增长，铁路营业里程的增长率却在 2% 左右的低位徘徊，反映出以下情况：①政府对基础设施投资政策导向偏好的某些特点；②铁路投资若能快速增长，对 GDP 增速的推动作用更大。而在 2008 年以后，受国际金融危机的影响，中国加大了对交通业等基础领域的投资，中国铁路里程增长率达到 4%，其中 2009 年达到接近 8% 的增长，这对中国交通业的发展，不能不说是重大利好。

“九五”时期主要开展了铁路、高速公路、电站、通讯设施等大规模基础设施建设。铁路营业里程由 2000 年的 6.87 万公里增至 2012 年的 9.8 万公里，增加了 2.93 万公里。与此同时，公路通车里程由 2000 年的 140.27 万公里(不含村道)增至 2012 年的 423.75 万公里(含村道)，其中高速公路由 1988 年的 0.01 万公里增至 2012 年的 10 万公里，增长了 1000 倍，居世界第二位。①

投资不足严重制约了铁路的发展。2007 年，全国铁路投资不足 3000 亿元，而公路投资已经达到 6000 亿元的规模。1997 年至 2002 年，全国在公路建设上的投资额达 1.4 万亿元，铁路却只有 2000 亿元左右。这就造

① 《中华人民共和国铁道部 2012 年铁道统计公报》。

成了铁路运需矛盾非常突出的现象，按照原铁道部运输局副局长苏顺虎对外公布的数据，全国每天的请车满足率仅35%左右。以货运为例，从2003年到2007年，中国铁路货物发送量每年增加2亿吨以上，年均增长8.7%，这种增速已是铁路运量增长最快的情况。尽管如此，4年中，中国铁路营业里程年均增幅只有3.4%，这与我国每年30多亿吨的总发送量很不相称。

二、公路的发展

截至2010年年底，全国公路网总里程达到398.4万公里，5年增加63.9万公里。国省干线公路里程达到46.22万公里，其中，国道16.39万公里、省道29.83万公里，比“十五”末分别增加了3.12万公里和6.44万公里。2007年年底，“五纵七横”12条国道主干线提前13年全部建成，西部开发8条省际通道基本贯通，全国公路网密度由“十五”末的每百平方公里34.8公里提升至40.2公里。国家高速公路网中重点建设的“五射两纵七横”14条线路中，已建和在建路段达到95%。“十一五”末高速公路里程达到7.41万公里，居世界第二位，比“十五”末增加了3.31万公里，增长80.7%，年均增长12.6%，“十一五”新增高速公路里程占全部高速公路的44.5%。高速公路进一步实现了大规模跨省贯通，加强了各大区域间的经济交流，分担了各省、经济区之间的客货运输，通道效应日趋显著。高速公路骨架的基本形成，构建了城市间的公路运输通道，提高了综合运输通道能力，优化了综合运输体系结构。同时，强化了对铁路、机场和沿海港口的集疏运功能，促进了综合运输体系结构的优化。按照国务院公布的高速公路网发展规划，我国正在全力以赴地加快国家高速公路网主骨架建设。从2006年开始，国家组织实施了“五年千亿元”工程，中国农村公路建设步入了历史上最大规模的快速发展新时期。通过大规模的农村公路建设，农村公路交通条件得到明显改善，为加快社会主义新农村建设，进一步解决“三农”问题提供支撑和服务。“十一五”期间，新建和改造农村公路120万公里，基本实现全国所有具备条件的乡（镇）通沥青（水泥）路，东、中部地区所有具备条件的建制村通沥青（水泥）路，西部地区基本实现具备条件的建制村通公路。到“十一五”期末，全国农村公路里程达到345.5万公里，新增里程53.97万公里，农村公路建设让人民感受到了实实在在的幸福。由于公路投资和路网的建设，运输能力和运输量迅速增长。2010年，公路运输共发送旅客306.26亿人次、旅客周转量14914亿人公里，发送货物242.53亿吨、货物周转量43005亿吨公里。

三、民航的发展

改革开放30多年来，我国紧紧抓住交通业发展的潮流，不仅大力发展铁路、公路运输，而且瞄准国际发展航空业的大趋势，使得我国的民航业取得了长足进展，逐步成为全球重要的航空大国，跃升至仅次于美国的世界第二大航空市场的地位。今后，我国对民航的投资仍会加大，全行业投资将超过1.5万亿元。可以预见，我国民航市场在客运量、货运量方面将有一个飞速发展的过程，将会在世界航空运输版图上占据重要的位置。①

"十一五"期间，我国民航航空业务规模快速增长，已成为全球第二大航空运输系统。截至2010年年底，民用飞机达1604架，是2005年的1.86倍；2010年，全国民航共发送旅客2.7亿人次，比2005年增长93.1%，年均增长14.1%；旅客周转量4031.6亿人公里，比2005年增长97.2%，年均增长14.5%；共发送货物557.4万吨，比2005年增长81.7%，年均增长12.7%；货物周转量176.6亿吨公里，比2005年增长123.8%，年均增长17.5%。航空运输已成为大众化的出行方式。

四、成就

2001—2012年我国输油气管道、铁路、公路(含村道)、内河航道、民航发展里程见表5-4。

表5-4　2001—2012年我国输油气管道、铁路、公路(含村道)、内河航道、民航发展里程

单位：万公里

年份	输油气管道	铁路	公路(含村道)	内河航道	民航
2001年	2.76	7.01	169.8	12.15	155.36
2002年	2.98	7.19	176.52	12.16	163.77
2003年	3.26	7.3	180.98	12.4	174.95
2004年	3.82	7.44	187.07(以上不含村道)	12.33	204.94
2005年	4.4	7.54	334.52	12.33	199.85
2006年	4.82	7.71	345.7	12.34	211.35
2007年	5.45	7.8	358.37	12.35	234.3
2008年	—	8.6	373.02	12.28	—

① 陈姗姗:《国内机场再现扎堆批复　多数靠补贴维持运营》,《第一财经日报》2012年3月16日。

续表

年份	输油气管道	铁路	公路(含村道)	内河航道	民航
2009年	—	9.1	386.08	12.37	—
2010年	7.9	9.8	400.8	12.42	276.5
2011年	8.3	10.3	410.6	12.5	349.1
2012年	—	12	423.75	12.5	—

资料来源:根据《中国交通年鉴》、交通部统计公报整理所得。

由表5-4可以看出,中国交通业全领域的发展状况,可以说成就喜人。而据交通部统计公报显示:2012年,全国公路总里程达423.75万公里,国家高速公路里程达6.8万公里,已完成国家高速公路网规划目标的79%;全国高速公路里程达9.62万公里,全国农村公路(含县道、乡道、村道)里程达367.84万公里。全国通公路的乡(镇)占全国乡(镇)总数的99.97%,通公路的建制村占全国建制村总数的99.55%;全国公路桥梁达71.34万座、3662.78万米,比上年年末增加2.4万座、313.34万米。其中,特大桥梁2688座、468.86万米,大桥61735座、1518.16万米。全国公路隧道为10022处、805.27万米。其中,特长隧道441处、198.48万米,长隧道1944处、330.44万米。集中连片特困地区贫困县(简称贫困县)国道中二级及二级以上公路占77.2%。国道中沥青(水泥)混凝土路面铺装率为84%。通沥青(水泥)路的乡(镇)占96.9%,通沥青(水泥)路的建制村占67.1%。全国内河航道通航里程12.5万公里,各水系内河航道通航里程分别为长江水系64122公里、珠江水系16091公里、黄河水系3488公里、黑龙江水系8211公里、京杭运河1437公里、闽江水系1973公里、淮河水系17285公里。全国内河航道共有4186处枢纽,其中具有通航功能的枢纽有2360处。

全国港口拥有生产用码头泊位31862个,全国港口拥有万吨级及万吨级以上泊位1886个。全国营业性客车完成公路客运量355.7亿人次、旅客周转量18467.55亿人公里,全国完成水路客运量2.58亿人次、旅客周转量77.48亿人公里,分别增长4.9%和4%。全国港口完成货物吞吐量107.76亿吨,其中,沿海港口完成68.8亿吨,内河港口完成38.96亿吨,分别增长8.2%和5.9%。货物吞吐量超过亿吨的港口由2011年的26个增加到29个。其中,沿海亿吨港口19个,内河亿吨港口10个。而2002年,水运货运量为14.18亿元,客运量为18693万人次。[①]

全年全国完成公路水路交通固定资产投资14512.49亿元,比上年增长0.3%,占全社会固定资产投资的3.9%。分地区看,西部地区完成交通固定资产投资5400.26亿元,所占比重为37.2%,比上年提高1.2个百分点;东、中部地区分别完成投资5478.96亿元、3633.26亿元,所占比重分别为37.8%和25%。集中连片特困地区贫困县完成公路水路交通固定资产投资2697.76亿元。[②]

2012年,全国铁路营业里程达到9.8万公里,新组建合资铁路公司4家,铁路建设里程约2500公里,投资总额约2200亿元,项目资本金约860亿元,吸引社会资本协议出资约570亿元。全国铁路货运总发送量(含行包运量)完成39.04亿吨,铁路旅客发送量完成18.93亿人次,全国铁路固定资产投资(含基本建设、更新改造和机车车辆购置)完成6339.67亿元。2002年全社会主要运输方式完成客运量160.8150亿人次,旅客周转量14126亿人公里;货运量148.2737亿吨,货物周转量50543亿吨公里。

2012年,全国民航运输机场完成旅客吞吐量6.8亿人次,全国运输机场完成货邮吞吐量1199.4万吨,民航全行业运输飞机期末在册架数1941架,我国共有颁证运输机场183个。北京首都机场完成旅客吞吐量0.82亿人次,位列亚洲第一;上海浦东机场完成货邮吞吐量293.8万吨。全行业累计实现营业收入5561.4亿元,民航固定资产投资总额为1464.6亿元。[③] 2002年,民航货运量为202.1万吨,旅客吞吐量为8594万人次。

第四节 2001—2012年我国交通运输业发展绩效分析

以2001—2012年为时间段来考察我国交通运输业的发展基于以下想法:以2008年金融危机为分界线可以清楚地发现,对交通运输业等基础行业的投资是如何支持一个发展中国家的经济增长的,并且在一定时期是必要和不可或缺的。在改革开放前期,我国在该领域的发展出现了与经济增长不太适应的局面,瓶颈作用明显;加入WTO以后,该领域的发展随着经济体量的增大以及投资力度的增强,我国开始逐渐进行与经济发展相匹配

① 《2012年公路水路交通运输行业发展统计公报》。
② 《2012年公路水路交通运输行业发展统计公报》。
③ 《2012年民航行业发展统计公报》。

的综合交通业发展体量改革，于是各种行业规划和制度设计纷纷出台并得到批复，冀望赶上世界交通运输业发展的潮流，各种有效制度的探索、设计在不断完善中。金融危机爆发后，世界经济周期下行趋势明显，我国对该领域的大规模投资不仅提振了中国的经济增长，而且为全球经济发展贡献了可观的份额，为走出发展的桎梏提供了一条可资借鉴的路径。下文将在发展成就、制度设计、理论逻辑等方面对2001—2012年我国交通运输业发展做一点探讨。

一、2001—2012年我国交通运输业发展及特点

看待2001—2012年交通运输业的发展应该将其放在较长时段的视野下，才能理解其发展的进程和阶段性。

首先，将2002年、2012年这两个时间点上统计数据的变化进行对比。数据表明，中国在高速公路、高铁、海运等领域均处于世界的前端，但取得这些发展成就殊为不易。

2002年，我国公路总路程达176.5万公里，其中，高速公路达2.5万公里。2012年，我国公路总里程达423.75万公里，其中，高速公路里程达9.62万公里。在公路总里程、高速公路里程方面，2012年分别比2002年增加了约1.4倍、2.8倍。全国农村公路（含县道、乡道、村道）里程达367.84万公里。全国通公路的乡（镇）占全国乡（镇）总数的99.97%，通公路的建制村占全国建制村总数的99.55%。

2002年，我国水运货运量为14.18亿元，客运量为18693万人次。2012年，全国港口完成货物吞吐量107.76亿吨，完成水路客运量2.58亿人次。① 分别增加了约6.6倍、0.4倍。

在投资方面，2002年，全国交通固定资产投资共完成3491.5亿元，2012年完成公路水路交通固定资产投资14512.49亿元，增加了3倍有余。②

2002年，铁路营运里程7.19万公里、铁路建设投资额623.52亿元、货运量14.8亿吨、客运量16亿人次；2012年，全国铁路营业里程达到9.8万公里，固定资产投资（含基本建设、更新改造和机车车辆购置）完成6339.67亿元③，货运总发送量（含行包运量）完成39.04亿吨，铁路旅客发送量完成

---

① 《2012年公路水路交通运输行业发展统计公报》。

② 《2012年公路水路交通运输行业发展统计公报》。

③ 《中华人民共和国铁道部2012年铁道统计公报》。

18.93亿人次。在营运里程、投资额度、货运量、客运量方面，2012年比2002年分别增加了约0.36倍、9.17倍、1.64倍、0.18倍，可见变化之大。

2002年，民航固定资产投资总额150亿元、旅客吞吐量8594万人次、货运量为202.1万吨。2012年，全国民航运输机场完成固定资产投资总额1464.6亿元、旅客吞吐量6.8亿人次、货邮吞吐量1199.4万吨。① 在固定资产投资、客运量、货运量方面，2012年比2002年分别增加了约8.8倍、6.9倍、4.9倍。

2012年，邮政行业业务总量完成2036.8亿元，邮政行业业务收入(不包括邮政储蓄银行直接营业收入)完成1980.9亿元。全国规模以上快递服务企业业务量完成56.9亿件，快递业务收入完成1055.3亿元，全年东部地区完成快递业务量46.6亿件，实现业务收入868.1亿元；中部地区完成快递业务量6亿件，实现业务收入98.7亿元；西部地区完成快递业务量4.3亿件，实现业务收入88.6亿元。东、中、西部地区快递业务量比重分别为81.9%、10.5%和7.6%，快递业务收入比重分别为82.3%、9.3%和8.4%，全年国有快递企业业务量完成13亿件，实现业务收入299.1亿元；民营快递企业业务量完成42.9亿件，实现业务收入638.7亿元；外资快递企业业务量完成1亿件，实现业务收入117.5亿元。国有、民营、外资快递企业业务量市场份额分别为22.8%、75.4%和1.8%，业务收入市场份额分别为28.4%、60.5%和11.1%。②

2012年，全行业完成电信业务总量12984.6亿元，实现电信业务收入10762.9亿元，完成电信固定资产投资3613.8亿元，全国电话用户达到139030.8万户。其中，移动电话用户达到111215.5万户，在电话用户总数中所占的比重达到80%。全国网民数达到5.64亿人。全国光缆线达到1480.6万公里。行政村通宽带比例提高到87.9%，全国20户以上自然村通电话比例提高到95.2%。③

2002年，全年局用交换机总容量达到28358万门。固定电话用户达到21442万户，其中城市电话用户13595万户，乡村电话用户7847万户。年末全国固定及移动电话用户总数达到42104万户，电话普及率达到33.7部/百人。通信业增加值约2750亿元，占国内生产总值的比重达到

① 《2012年民航行业发展统计公报》。

② 《2012年邮政行业发展统计公报》。

③ 《2012年全国电信业统计公报》。

2.69%,完成固定资产投资2106亿元。①

"十五"、"十一五"交通固定资产投资及占GDP、全社会固定资产投资比重变化情况见表5-5。

表5-5 "十五"、"十一五"交通固定资产投资及占GDP、全社会固定资产投资比重变化情况

年份	GDP(当年价)/亿元	全社会固定资产投资/亿元	交通固定资产投资/亿元	交通固定资产投资占GDP比重/(%)	交通固定资产投资占全社会固定资产投资比重/(%)
2001年	109655.2	37213.5	3261.4	2.97	8.76
2002年	120332.7	43499.9	3763	3.13	8.65
2003年	135822.8	55566.6	4787.2	3.52	8.62
2004年	159878.3	70477.4	6875.7	4.3	9.76
2005年	184937.4	88773.6	8585.1	4.64	9.67
"十五"合计	710626.4	295531	27272.4	3.84	9.23
2006年	216314.4	109998.2	10832.5	5.01	9.85
2007年	265810.3	137323.9	12371.9	4.65	9.01
2008年	314045.4	172828.4	14747.1	4.7	8.53
2009年	340506.9	224598.8	21823.2	6.41	9.72
2010年	403260	278121.9	27883.1	6.91	10.03
"十一五"合计	1539937	922871.2	87657.8	5.69	9.5
2011年	471564	301933	27260.3	5.78	9.03

资料来源:2001—2011年各年《中国统计年鉴》。

其次,我国在该领域与世界积极互动,互利双赢的局面正在出现。中国积极推动的"一带一路"发展倡议,首先就体现在交通基础设施的建设上,发展与周边的贸易往来很大程度上依赖这些基础设施的完善。中国主要采取以下措施来实现这一发展目标:第一,在政策上与相邻国家以及主要发达国家开展交通领域方面的合作,签署合作协议或备忘录;第二,在构建次区域发展目标上,与周边国家搭建网络信息平台,在运输及物流方面紧密协作;第三,积极参与国际相关组织,提高行业话语权,比如中国在国际海事组织、国际民航组织、万国邮联等领域都是理事会成员国。另外,中国在维护国际航运、水运通道方面也积极参与其中,比如亚丁湾护航就为

① 《2002年通信发展统计公报》。

国际商贸安全做出了突出贡献。中国还积极参与以及举办相关国际会议，积极为人类命运共同体做出自己的独特贡献，完美诠释一个负责任大国的良好形象。

随着海运大国地位的确立，中国企业"走出去"步伐加快，全球布局设点的力度加大。2008 年 11 月，中远集团成功获得希腊比雷埃夫斯港集装箱码头 35 年特许经营权，并于 2010 年 6 月 1 日全面接管希腊比雷埃夫斯港集装箱 2 号、3 号码头。海外资产和收入已超过总量的半数以上。[①] 中远集团在全球投资经营 32 个码头，总泊位达 157 个。中外运以 2.28 亿港元的总价，认购英保客集团 1.65 亿新普通股。交易完成后，中外运将持有英保客集团扩股后约 35.3%的股权。从中远集团接管的希腊比雷埃夫斯港集装箱码头，到"上港集团"成功收购马士基旗下泽布吕赫码头公司 25%的股权，[②]表明我国有远见的港航企业把目光投向海外市场，积极推进国际化战略，目的在于提高港航企业国际竞争力，打造具有较强实力的跨国公司。

2009 年，在世界金融危机形势下，国务院发布的《电子信息产业调整和振兴规划》与《关于 2009 年深化经济体制改革工作意见的通知》。提出了"落实国家相关规定，实现广电和电信企业的双向进入，推动'三网融合'取得实质性进展"。2012 年 6 月，出台《工业和信息化部关于鼓励和引导民间资本进一步进入电信业的实施意见》，体现了政府打破行业垄断、放开民间资本进入基础电信业领域的决心，也是我国电信业体制改革的重要政策走向。

最后，交通运输业的发展逐渐改善中国四大区域的发展失衡状况。2001 年年底，西部 12 个省区市的铁路营运里程已上升到 2.832 万公里，占全国的 40.4%；公路里程也从新中国成立初的 1.96 万公里上升到 2001 年的 69.88 万公里，占全国的 41.15%，内河航道里程 2.352 公里，占全国的 19.36%，输油气管道里程 1.46 公里，占全国的 52.9%。相对而言，中西部地区的交通基础设施发展仍处于落后状态，运输网布局不平衡，尤其是广大农村地区交通基础设施严重短缺，已成为制约中西部地区特别是广大农村地区经济发展的重要因素之一；而东部地区某些省份的交通发展水平已接近或基本接近国外中等发达国家的水平。2002 年，东、中、西部地区对应客运量和旅客周转量的比例分别是 45.6%、30.6%、23.8%和53.1%、

① 《中远集团海外资产和收入已超过总量的半数以上》，中国经济网 2011 年 5 月 3 日。

② 《中国港航业迈出国际化坚实步伐》，《中国水运报》2010 年 6 月 8 日。

28.7%、18.2%，对应货运量和货物周转量的比例分别是49.3%、31.6%、19.1%和47.9%、32%、20.1%。西部地区的客货运量所占比重远小于东、中部地区，原因在于西部地区交通不便、生活水平不高、市场经济不发达，从而导致分工、交易、出行的频率远低于东部地区，由此对交通运输的需求也不如东部那么巨大。①

毋庸置疑，交通业的快速发展对于改善东、中、西、东北的区域经济特征以及缩小内陆与沿海的发展差距作用非常突出。改革开放以来，东部沿海地带以出口导向型的发展模式赢得了经济腾飞的机遇，拉大了与内地的发展差距。而随着交通投资力度向中西部倾斜，很好地改善了这些地区受到的发展制约，尽管交通投资效应有一定的滞后性，但它产生的巨大生产力不容小觑。在1979—1991年、1992—2000年这两个阶段，沿海地区的经济增长率仍然高于内陆省份的经济增长率(见上文表4-8)，增速分别高出1.28、2.55个百分点。但是到了2001—2007年这个阶段两者的差距缩小为1.19个百分点；到了2008—2011年内陆地区的发展增速已经反超沿海发展增速，达到1.78个百分点。具体来说，2000—2007年为第三时期。20世纪末期，国家开始全面实施区域均衡协调发展战略、西部大开发战略、振兴东北老工业基地战略和中部崛起战略，改善了内陆地区的基础设施和投资环境。2001—2007年，内陆呈现明显的加速增长态势，年均增长率与沿海地区的差距缩小为1.19个百分点，两大区域2007年的增长率已经基本持平。② 2008—2011年，内陆地区的年均增长率超过沿海地区1.78个百分点。

沿海地区与内陆地区在2001—2007年、2008—2011年的平均增长率及两者的差距见表5-6。

表5-6 沿海地区与内陆地区在2001—2007年、2008—2011年的平均增长率及两者的差距

年份	2001—2007年	2008—2011年
沿海地区	13.08%	11.36%
内陆地区	11.9%	13.14%
差距	1.19%	−1.78%

资料来源：根据中国经济社会发展统计数据库相关数据整理所得。

① 姚新胜、王清宇、徐杏：《我国交通运输业区域分布特性》，《经济地理》2006年第4期。

② 刘伟、蔡志洲：《我国地区发展差异与经济高速增长持续能力——地区发展差异是提高反周期能力和保持持续增长的重要资源》，《经济学动态》2009年第4期。

内陆地区能够取得GDP增速赶超沿海地区的成就，很大程度得益于国家对这些地区交通投资政策带来的交通运输能力的提升。

二、发展模式:从制度到理念的转型

为了快速赶上世界交通运输业的发展趋势，我国在制度设计、市场化改革等方面为该领域产业的转型发展进行了一系列有益的尝试。

第一，在制度设计上，该领域进行了有效的转型实践。

为了发展一体化交通，加强各种运输方式的综合协调发展，建设综合交通枢纽和提高运输效率，党的十七大报告明确了"加快发展综合运输体系"，并于2008年成立了综合管理公路、水路、民航、城市交通的交通运输部。

自20世纪90年代以来，国家积极出台鼓励铁路建设投资多元化的政策，使各类合资铁路如雨后春笋般迅速发展，并随着国家在铁路建设方面的不断改革，取得了长足进展，逐步成为全国路网的重要组成部分。

第二，创新的投融资模式。

面对由于实施积极稳健的宏观经济调控政策带来的日益"收紧"的金融信贷环境和转向的财政支出环境，针对当前及未来我国公路发展投融资工作面临的财政投入不足、资本金短缺、主要融资渠道单一、融资成本增高以及偿债风险日益突出等问题，提出以下措施建议。①积极发展直接融资模式。完善公路投资管理体制机制，鼓励通过发行企业债、公司债、短期融资券、中期票据、信托、资产支持商业票据等方式从资本市场融资，拓宽融资渠道，降低融资成本。②推动项目收益债券在交通发展中的应用。结合交通发展规律，总结交通项目的特点，积极地将项目收益债券融资创新方式引入交通基础设施建设和发展中。③推动金融租赁在交通发展中的应用。④抓紧研究设立普通公路建设专项基金。借鉴国内外的经验，设立普通公路建设专项基金，并以法律手段固定和规范基金的运行和使用。⑤建立公路债务风险防范和化解机制。[①] 2005年，铁道部明确了对国内非公有资本开放铁路建设领域、铁路运输领域、铁路运输装备制造领域和铁路多元经营领域，使得国家政策不仅仅停留在较高的层面上，而是能为各类社会资金进入铁路提供政策支持。

---

① 杨建平、邹光华:《积极稳健、审慎灵活的宏观经济调控政策对我国交通发展的影响》,《交通财会》2011年第3期。

第三，交通运输业科研投入增加，培养了大量具有创新精神的科研人才。

在“十一五”时期全行业科研投入比“十五”期增长60%以上，取得一大批科技创新成果，获得30多项国家级科技奖励，行业科技进步贡献率达到50%。沙漠、冻土、膨胀土、盐渍土等特殊地质条件下筑路技术取得新突破，长大桥隧建设技术、深水筑港技术、河口航道治理技术跻身世界先进行列。电子政务、公众出行信息服务、道路水路运政信息化、高速公路不停车收费、港口物流管理、集装箱电子标签、国家空中交通管理系统、邮件自动化处理等方面的应用管理技术研究取得新进展，智能交通和物流信息化实现研究试验向集成应用转变。涌现出常年冻土区公路建设与养护技术重点实验室、船舶通信导航技术团队、上海振华重工技术中心、民航数据通信与新航行系统科研基地、信函自动分拣系统项目组等优秀科技创新团队。

受统计口径调整影响，2012年，纳入统计的交通运输科技机构共完成科研基础条件建设投资14.4亿元，同比减少28.7%(同口径相比减少9%)。其中，基本建设资金10.6亿元，占73.6%；科研经费中科研设备投资3.8亿元，占26.4%。截至2012年年底，纳入统计的交通运输科技机构共拥有实验室166个，其中，国家(重点)实验室8个，行业(重点)实验室46个，省级(重点)实验室59个。纳入统计的交通运输科技机构共拥有工程技术(研究)中心94个，其中，国家工程技术(研究)中心10个，行业工程技术(研究)中心4个，由交通运输部认定的行业工程技术(研究)中心1个，省级工程技术(研究)中心46个。当年在研科技项目共计5756个，计划总投资104.9亿元。其中，新签科技项目约1600个，研发资金总规模接近27亿元，当年完成科技项目1524个，共有4项科技成果获得国家科学技术进步二等奖；418项科技成果获得专利授权，18项科技成果成功转让，分别增长22%和29%。截至2012年年底，交通运输科技活动人员总规模达到38288人，其中，高级职称人员11019人，占28.8%；研究生学历人员13406人，占35%；硕士学位以上学历人员13624人，占35.6%。从项目数量看，超前或按计划进度执行的项目3191个，占在研项目总数的55.4%；从计划总投资看，超前或按计划进度执行的项目计划投资74亿元，占在研项目计划总投资的70.5%。全年共形成研究报告1939篇，发表科技论文3356篇；出版专著72本；全年专利申请受理666项，获得专利授权415项，形成新产品、新材料、新工艺、新装置224项；全年鉴定科技成果529项、登记科技成果409项、登记软件著作权46项；全年共获得46项政府设立的科技奖,其中国家级科学技术进步奖 4 项;获得社会设立的科技奖 318 项;全年共有 560 个科技项目研究成果得到推广应用;通过科技项目培养人才 1788 人,其中博士生 353 人,硕士生 1087 人。截至年末,累计培养“交通青年科技英才”353 人,有 118 人入选“新世纪十百千人才工程”第一层次人选,3 人获得“中国技能人才楷模”称号,5 人获得“中华技能大奖”称号,91 人获得“全国技术能手”称号,821 人获得“全国交通技术能手”称号。[①]

2008 年颁发的《公路水路交通节能中长期规划纲要》,实行营运车辆燃料消耗准入制度,推广节能减排示范项目,开展低碳交通运输体系研究,组织开展“车、船、路、港”千家企业低碳交通运输专项行动,营运车船单位运输周转量能耗、港口生产综合单耗分别比“十五”末下降了 5%、7%和 4%。

第四,交通强国的发展目标更加注重以人为本、和谐共享、绿色出行的理念。2017 年,在党的十九大会议中,习近平总书记指出,高铁、公路、桥梁、港口、机场等基础设施建设快速推进。在明确下一阶段发展目标、发展重点时,习近平总书记要求加强铁路、公路、水运、航空、管道、物流等基础设施网络建设,十九大报告明确提出“交通强国”的战略目标。我国将分两步走实现交通强国战略目标:从 2020 年到 2035 年,奋斗 15 年,基本建成交通强国,进入世界交通强国行列;从 2035 年到 21 世纪中叶,奋斗 15 年,全面建成交通强国,进入世界交通强国前列。

在交通强国战略目标引导下,通过以下手段实现以人为本的发展理念。①争取达到“时空流畅”的出行方式,使得客运和货运不仅在长途出行、城际出行、城市出行中更快,而且在由多个程段组成的点到点运输中,衔接也更为平稳顺畅,各种交通方式将充分发挥各自技术经济优势,以网络化布局、组合协调发展、一体化紧密衔接。建成主要都市圈 1 小时通勤圈、主要城市群 2 小时商务圈、全国主要城市间 3 小时交通圈;形成国内 1 天送达的快递物流交通圈。②到 2050 年,大都市圈将实现无差体验的全域“泛城市交通”。国内主要城市以交通运输系统为重要依托打破城乡二元化格局,根据不同地区的人口密度配置交通运输基础设施硬件,以针对性服务,如需求响应类交通、共享交通等,弥合交通体验的不同,使人民的体验感受进一步无差别化。同时,还将形成完善的交通枢纽体系,依托信息系统、“精微”设计的场站相关设施设备等,实现多种运输方式、长途交通与城市交通的真正一体化、无缝衔接。③旅客出行体验更加美好,无人车、

---

① 《2012 年公路水路交通运输行业发展统计公报》。

无人船、无人机、个人城市交通系统等新型交通工具使交通“移动新时空”在发挥原本功能的同时，还将具备办公、休闲、娱乐、消费等多重属性，强调出行中的美感、舒适感以及其他精神层面的享受，与旅游、住宿、餐饮等不同产业逐渐融合，共同形成经济新业态。随着科技的进步和交通需求的演变发展，我国体验交通体系的内涵和组成不断丰富完善，并与便捷高效的综合运输系统相互融合，形成系统的景观铁路、景观公路、休闲步道、汽车营地等体验交通服务。建成服务覆盖全球的“出行即服务”联运经营人平台。在城市中，以完整街道概念为步行等与自然环境直接接触的交通方式提供系统、充分的空间。提供“定制化”货运服务，实现货运物流的全链条一体化运作、“一单式”的世界一流服务，提升全程货运物流服务效率，实现货运物流行业与制造业、商贸流通业、农业、金融等相关行业甚至军事领域的高度协同融合发展。④到2050年，我国将建成社会主义现代化强国，在人民物质生活极大富裕的情况下，安全、公平等社会性需求水平也进一步提高，不同区域、不同群体共享的公平交通运输体系将更好地保障人民生命财产安全和国防安全。⑤到2050年，我国将实现人性化、过程性、多元化、生态化、定制化的体验交通与传统交通运输系统相互渗透、相互融合，为交通使用者提供绿色体验交通运输服务。交通基础设施、交通工具、交通服务设施的设计，将从出行者的视觉感和美学的角度出发，力求与周围的自然环境协调共生、交相辉映、融为一体。城市将“以人为本”，有效解决交通拥堵、污染问题。人们处于“交通移动空间”中时，能够充分享受出行过程的美妙时光；人们在驾驶出行间隙、交通换乘空间中，能够体验到人与自然亲近的种种乐趣、购物娱乐的种种便利。出行全过程成为美好体验，出行者能够充分观赏出行过程中的多变景观、接受出行过程中的多样服务、分享出行中的多种乐趣，放松自我、愉悦身心。

三、承上启下：2001—2012年我国交通运输业发展地位和作用

考察2001—2012年中国交通运输业发展的地位和作用，可以发现其承上启下的特点尤为突出。

第一，这一时期伴随中国经济的快速发展，交通运输业的基础性地位逐渐得以显现，由于国家投资的偏好，尽管资金分别有一定的差异，但总体上对其认识在深化。

在改革开放后，国家将工作重点转向经济建设，经济发展提速，对能源和原材料的需求日益强劲，运能不足问题开始显现，“七五”期间，展开了

“北战大秦,南攻衡广,中取华东”三大战役。“八五”期间,提出了“强攻京九、兰新,速战侯月、宝中,再取华东、西南,配套完善大秦”的目标,确定了京九线等12项重点工程,在全路展开了铁路建设大会战。这一时期,铁路建设虽然取得了重要进展,增强了铁路干网运输能力。但由于铁路建设长期滞后,欠账较多,运输能力不足的矛盾仍未解决。改革开放后的5次运输危机就是这种趋势的反映。铁路行业成为扩内需保增长的“火车头”。据铁道部披露,2009年,铁路计划完成上万亿元的基本建设投资。完成这一规模的投资,需用钢材2000万吨、水泥1.2亿吨,能够提供600万个就业岗位,可以直接带来全国GDP增幅提高1.5%的拉动效应。① 可见,加快推进大规模铁路建设对拉动投资和内需的作用是十分明显的。

2001—2012年各种运输方式基本建设投资见表5-7。

表5-7　2001—2012年各种运输方式基本建设投资　　单位:亿元

年份	交通运输基本建设投资	铁路	公路	水运	航空	管道
2001年	3468.73	515.67	2732.75	220.52	101.61	7.06
2002年	4056.16	623.53	3261.79	217.88	91.8	1.27
2003年	4610.24	528.64	3777.44	342.34	107.8	143.46
2004年	5822.75	531.55	4747.51	543.69	107.8	107.02
2005年	7146.29	880.18	5523.07	879.92	212	79.6
2006年	8609.07	1542.2	6273.25	1034.9	314.5	71.3
2007年	9212.18	1789.99	6568.3	1151.47	457.1	—
2008年	12072	3375.54	6959.1	987.34	568.1	—
2009年	18782.6	7045.3	9668.8	1059.87	594.5	—
2010年	22285.8	8426.5	11500	1171.41	646.5	—
2011年	21058	5809.1	12596	1404.88	687.7	—
2012年	—	6128.8	17466.4	1493.82	1585	—

资料来源:《中国统计年鉴》、《全国铁路统计资料汇编》、《全国交通统计资料汇编》、《中国民航统计年鉴》。管道数据摘自《中国交通运输发展改革之路》(综合运输研究所,2009)。(注:本表格后五项的总和略大于交通运输基本建设投资。原因在于,交通运输建设投资一般是指铁路、公路、水运甚或远洋,不包括航空和管道,这是狭义上的范围;广义是上述五种形式都属于交通运输,但我国没有将它们列入总盘子,还是沿袭传统分类。)

另外,基础设施建设具有所谓“乘数效应”,即能带来几倍于投资额的

① 《铁道部:到2020年将投资5万亿新建4万公里铁路》,新华网2008年11月27日。

社会总需求和国民收入。一个国家或地区的基础设施是否完善,是其经济能否长期持续稳定发展的重要基础。2008年,为了应对由于全球性金融危机及国内诸多因素造成的经济下滑的巨大风险,中国政府推出"四万亿"投资的经济刺激计划,"四万亿"经济刺激预计每年拉动经济增长约1个百分点,其中近一半资金投向交通基础设施和城乡电网建设,这不仅可以使我国加快摆脱全球金融危机所带来的负面作用,而且可以扩大内需,刺激我国经济的发展和消费的增长。配合中央政府的计划,全国各省区市政府纷纷以基础建设项目为重点,以投资拉动经济增长,2008年,全社会总投资超过16万亿元。

沿海地区经济快速发展和某些区域开发的成功,一条共同的经验就是通过率先启动大规模的基础设施建设,为经济高速增长奠定坚实的基础。经过这些年的超常规发展,中国的基础设施面貌有了翻天覆地的变化,促进了全国经济社会的快速持续增长。

2013年提出"一带一路"倡议,无疑也得益于我国在交通运输领域的技术、资金和人才储备,其拉动经济增长的基础性地位愈发明显,必将在国内外产生良好的作用。自改革开放以来,我国已经形成长江三角洲、珠江三角洲、环渤海三大经济增长极;已经形成以数十个大城市为空间依托、跨行政区域的大城市圈;已经形成东部沿海开放经济带,中部经济发展崛起带,以铁路、高速公路等交通网络为依托的欧亚大陆桥和第二条欧亚大陆桥经济带,以长江、黄河为依托的长江经济带和沿黄经济带等。国内经济带又正在拓展成国际合作经济带,如借助欧亚大陆桥延伸,建设丝绸之路经济带;借助高速发展的海洋运输经济,建设21世纪海上丝绸之路经济带;以环渤海经济圈为空间依托,建立东北亚经济合作区等。同时,已经形成或正在建设以城市群为空间依托的经济合作区。

在改革开放后的30余年里,我国边疆地区的基础设施建设得到很大程度的完善,尤其是在交通基础设施、电力通信基础设施、水利基础设施、教育卫生基础设施等相关领域十分明显,这些基础设施的不断完善,为推进次区域经济合作提供了很好的支撑。我国已经在次区域合作方面迈出重要步伐,形成了面向东南亚、南亚,面向中亚和面向东北亚的次区域合作格局,这是我国今后进一步推进次区域合作的重要基础。

第二,交通基础设施是国家公共投资的重要组成部分,交通运输等基础设施建设与经济增长的关系,对于发展中国家的赶超战略尤其重要。中国在这个方面已经探索出一条成功的道路。早在亚当·斯密的经济学巨著《国富论》中就有所体现,斯密论述了运输对城市和地区经济繁荣所起的促进作用、政府在交通设施方面的开支问题,并指出“一切改良中,以交通改良为最有实效”。马克思在《资本论》中也阐述了铁路和航运对资本主义大工业发展的作用。到了现代,Ahmed(1976)认为,交通基础设施不足是发展中国家社会发展和民族融合的重要“瓶颈”之一。Aschauer(1989)把基础设施建设作为影响经济增长的一个独立变量进行考虑,通过利用计量经济方法,得出两者关系的定量结论。在后续研究中,Banister 和 Berechman(2000)在广泛研究基础设施建设与经济增长关系的基础上,具体分析了交通基础设施建设的作用,得出交通基础设施建设对经济增长具有正向推动作用的结论。Cantos、Gumbau-Albert 和 Maudos(2003)利用面板数据分析了西班牙全国及各地区交通基础设施建设(公路、港口、机场、铁路)对于各产业(农业、工业、建筑业和服务业)的产出弹性,结果表明,交通基础设施建设对各产业增加值有显著的正向作用。

改革开放以来取得了长足进展,铁路、公路等运输方式逐渐走到了世界前列,并取得了经济总量世界第二的好成绩,成为引领东亚甚至世界经济发展的排头兵。“十五”期间,我国交通基础设施建设取得历史性突破,我国公路通车里程达到 195 万公里,比“十五”计划预期目标增加了 35 万公里,比“九五”末增加了 55 万公里。其中,高速公路通车里程达到 3.9 万公里,比“十五”计划预期目标增加了 9200 公里,比“九五”末增加了 2.4 万公里。沿海港深水泊位达到 912 个,比“十五”计划预期目标增加了 112 个,比“九五”末增加了 266 个。全世界铁路总营业里程 120 多万公里,2012 年中国电气化铁路 4.8 万公里,居世界第一。世界公路通车总里程大约为 7000 万公里,中国通车公路以 424 万公里居世界第一,我国 10 万公里高速公路超过美国的 8.8 万公里,居世界第一。

据专家测算,我国公路网远景规模约为 596.5 万公里,其中,国家高速公路网 15 万公里,普通国道 26.5 万公里,省级公路 55 万公里,农村公路 500 万公里。铁路网远景规模约为 19 万公里,其中客运专线约 4 万公里,普通铁路约 15 万公里。

改革开放 30 多年来,我国民航年均增长 17.6%,远远高于其他交通运输方式。我国已拥有仅次于美国的全球第二大航空运输系统,今后十几年,仍将是民航快速发展的历史黄金期。在“十二五”期间,我国计划新建机场 70 余座、改(扩)建机场 101 座,全行业投资将超过 1.5 万亿元。预计在 2020 年、2030 年我国旅客运输量将分别达到 7 亿人次、15 亿人次。

第三，在2001—2012年交通运输业发展过程中，政府和市场的作用都很重要，二者相互配合确保了该领域健康高效的运行。在这一过程中，行政性作用在一定时期会产生显著影响，只有发挥其引导、规划与协调作用，以及适时出台各种发展规划，才能促进该领域走上科学、理性之路。行业发展需要放眼国际，把握相关领域的发展趋势，采取跟随战术，在适当的时候进行超越，并引领行业革命，将可持续、以人为本的发展理念在更广、更大范围内传播才能收到成效。在注重其经济功能的同时，还要发挥其文化传播、生活方式扩散等其他的社会配套功能，探讨和谐发展的经验和模式，达到合理复制、有效推广的目的，促进社会进步、民生发展。

第四，不能忽略的是，加入WTO对中国交通业发展具有巨大的促进作用。据海关统计，加入世界贸易组织最初10年间，中国GDP从2001年的11万亿元增加到2010年的39.8万亿元，年均增速15.4%，出口从3596亿增长到15779亿美元，年均增速17.9%。入世10年，中国成功从低收入国家进入中等收入国家的行列，成为世界第二经济大国和第一出口大国。我国进出口总值由2001年的5096.51亿美元增长至2010年的2.97万亿美元，成为世界第一大出口国和第二大进口国。根据英国一家会计师事务所对680家在华投资的外资企业的调查显示，中国入世后，90%的亚太地区公司、70%以上的美国公司和80%的欧洲公司都计划扩大在华的业务与投资。中国加入WTO后，提升了国内产业的国际化程度和竞争力，促进相关产业转型升级。作为一个不断成长的、吸引力巨大的市场，人口近14亿的大国，不仅成为欧盟、美国等发达国家特别关键的市场，是他们不可或缺的合作伙伴和重要的出口市场，而且对发展中国家和新兴经济体也非常重要。正是由于中国加入WTO带来的发展机遇，中国才取得了惊人的发展成就。一个“世界工厂”、一个制造业基地、一个重要的贸易大国，这一切都为交通业的快速发展带来了难得的机遇，中国交通业乘势而上，行业先导性、基础性地位逐渐发力，服务于经济建设的作用开始显现。

第六章

中国交通业规模效应初显（2013—2018）

自改革开放以来，随着中国经济政治体制改革走向深入，国民经济飞速发展，经济总量迅速上升到全球第二的位次，成为仅次于美国的世界第二大经济体。国民经济与交通基础设施之间的"推拉效应"得以良好显现，经济壮大使得交通基础设施的投资呈现阶梯性上升的局面，投融资改革使得各类资金向基础设施领域倾斜，连续多年投资规模超过2万亿元，中国交通业大国效应日益突出，高铁通车里程全球第一，高速公路通车里程全球第一，民航、水运位居世界前列，成为世界上当之无愧的交通大国。

第一节　我国公路、铁路投融资结构变迁与绩效分析

自改革开放以来，中国交通业的快速发展极大地改善了经济发展的通道问题，瓶颈约束得到缓解。2015年，中国铁路营业里程达到12.1万公里，其中，高铁营业里程超过1.9万公里；公路总里程457.73万公里，高速公路里程12.35万公里，高速公路、高速铁路通车里程均为世界第一。铁路固定资产投资8238亿元，公路建设投资16513.3亿元，均处在历史高位。交通业的快速发展得益于我国投融资体制面向市场化的变迁——由单一的财政性投资向市场化的多元化转变。不过，通过数据分析，公路、铁路两个行业投融资结构同中有异，发展绩效虽总体向好的方向发展但不同步，对经济的影响表现各异。

一、投融资结构影响交通业发展

对于铁路、公路等基础设施的重要性，经济学家有过诸多论述：亚当·斯密等认为，政府主导基础设施建设；凯恩斯认为，在私人投资不足时，政府要加大对基础设施的投资。罗森斯坦·罗丹的"大推进理论"、赫希曼的"不平衡增长理论"和罗斯托从基础设施投资与经济增长的关系角度分析基础设施投融资。海根（Ian Heggie）和维克尔（Piers Vickers）明确提出了道路融资问题。M. Fouzul Khan 和 Robert J. Parra 全面系统地介绍了在超大型基础设施项目中如何利用项目融资问题。在国外还有很多文献集中研究了铁路的自然垄断属性和准公共属性。

在研究投融资模式方面，雷蒙特（Reymont）的 PPP 模式，拉弗、弗里德曼、华莱士等的公共产品产权问题，经济学家 Garden Mona、Kopff、斯蒂文·L. 西瓦兹等的资产证券化问题对交通投融资问题产生一定影响。

国内在研究交通业投融资体制方面，针对铁路存在的问题，有学者认为，我国铁路投融资体制改革应按照项目属性分类建设、明确设立国有投资主体、确立企业法人投资主体地位、合理使用债务性融资、积极推进权益性融资、加强投资管理和监督等。[①] 从投资主体多元化的角度，有学者分析了多元经营是企业普遍存在的问题，提出实施投资主体多元化策略。[②] 有学者通过借鉴国内外基础产业的发展经验，探索我国铁路投融资制度的改革模式。[③] 有学者建议要构建多元化投资主体、拓宽多渠道资金来源、创新多样化筹资方式，为大规模铁路建设提供资金保证。[④] 针对投融资体制改革，有学者提出要着力解决投资主体、筹资渠道单一及融资方式和投资管理方式落后等问题。[⑤]

大多学者的研究表明，投融资结构的变化无疑会极大地影响交通业的发展，作为基础性、先导性的产业，巨大的资金投入需要多元化的筹资渠道，这是关乎该国经济成功起飞的重要因素。

---

① 孙永福：《对铁路投融资体制改革的思考》，《管理世界》2004 年第 11 期。

② 孙东明：《强化管理　规避风险　多主体投资　推动郑州铁路局多元经营发展》，《铁道运输与经济》2007 年第 4 期。

③ 肖翔：《铁路投融资体制改革的关键》，《综合运输》2003 年第 10 期。

④ 张举博：《铁路建设投融资相关问题探讨》，《发展》2008 年第 3 期。

⑤ 王兆成：《铁路利用外资的过去、现在和未来》，《中国铁路》2004 年第 1 期。

二、我国公路、铁路投融资体制的变化过程

(一) 中国交通业投融资体制的变迁

1953 年到改革初期的投融资体制是以计划经济为特征的传统投融资体制，其基本特征是投资主体单一，包括中央政府、集体所有制的城镇小企业、农村人民公社，以政府(包括中央政府和地方政府)为主导。[①] 新中国成立初期，经济发展水平落后，企业生产规模小，特别在一些自然垄断产业中存在着一大批小规模的生产经营企业。由于基础设施大都具有规模经济和自然垄断性的特性，基础设施领域的小规模经营，难以取得规模经济效益，通过国家投资和国有化，有利于发挥基础设施的规模效益，提高基础设施的投资效率。

在改革开放后，随着市场经济体制改革的展开，基本建设投资体制也进行了一系列的改革：从 1984 年开始全面实施的“拨改贷”政策，基本建设投资全部由拨款改为贷款；生产企业作为市场投资主体的地位逐步确立；资金来源渠道逐步增加；开始发行国债；征收国家能源重点建设基金等。

“十五”计划开始时，国家明确提出了投融资改革方向，即“投资主体自主决策，银行独立审贷，政府宏观调控，完善中介服务”。新的投融资体制逐步确立：①将投资项目分为公益性、基础性和竞争性三类。公益性项目由政府投资建设；基础性项目以政府为主，并广泛吸引企业和外资参与投资；竞争性项目由企业投资建设。②停止“拨改贷”办法，实行项目资本金制度。另外，由于中央政府与地方政府财政分权制度的确立，政府投资由原来的中央政府为主转变为地方政府为主。

基础设施投融资改革开始向民间、社会资本放开，先后出台相关政策。1993 年通过《中共中央关于建立社会主义市场经济体制若干问题的决定》，2004 年制定和发布《国务院关于投资体制改革的决定》。前者确立了我国经济体制转向社会主义市场经济体制，后者主要鼓励社会投资，放宽社会资本的投资领域，鼓励和引导社会资本以独资、合作、联营、合资、项目融资等方式参与经济性的公益事业、基础设施项目建设。

这些措施极大地改善了我国公路、铁路的投融资状况，表 6-1 是 1993—2014 年中国 GDP、固定资产投资、铁路投资与公路投资情况。

---

① 吴秋艳、周国栋：《政府投资项目管理体制的形成和发展》，《中国投资》2008 年第 5、6 期。

表 6-1　1993—2014 年中国 GDP、固定资产投资、铁路投资与公路投资情况

单位：亿元

年份	GDP	固定资产投资	铁路投资	公路投资
1993 年	35524.3	13072.3	373.7	184.5
1994 年	48459.6	17042.1	537.8	302.7
1995 年	61129.8	20019.3	526.6	409.2
1996 年	71572.3	22913.5	558.3	560.9
1997 年	79429.5	24941.1	600.1	744.6
1998 年	84883.7	28406.2	729.5	1187.4
1999 年	90187.7	29854.7	782.1	1230.3
2000 年	99776.3	32917.7	770.7	1401.1
2001 年	110270.4	37213.5	786.6	1534.5
2002 年	121002	43499.9	838.3	1750.9
2003 年	136564.6	55566.6	705.7	3313.7
2004 年	160714.4	70477.4	846.3	4665.5
2005 年	185895.8	88773.6	1267.7	5581.4
2006 年	217656.6	109998.2	1966.5	6481.6
2007 年	268019.4	137323.9	2492.7	6926.6
2008 年	316751.7	172828.4	4073.2	7411.5
2009 年	345629.2	224598.8	6660.9	10577.6
2010 年	408903	251683.8	7622.2	12764.5
2011 年	484123.5	311485.1	5915	13856.4
2012 年	534123	374694.7	6128.8	17466.4
2013 年	588018.8	446294.1	6690.7	20502.9
2014 年	636138.7	512020.7	7707.2	24513.2

资料来源：根据 1994—2015 年各年《中国统计年鉴》相关数据整理所得。

由表 6-1 可以看出，在 1993—1998 年，铁路、公路投资额度大致较为平均，铁路前几年额度超过公路，从 1996 年开始，公路投资额领先于铁路投资，并且成倍地增长，由此可以得出结论：铁路相较于公路来说，投融资渠道相对单一、滞后，公路尤其是高速公路投资由于机制灵活，更容易分区域进行各种融资业务，并且因为收费权转让更容易实现投资回报，因此取得了远较于铁路投资更多渠道的资金支持。

（二）我国公路投融资发展过程

新中国成立初期，在计划经济体制下，除国防公路仍由中央政府出资修建外，其他公路的建设与管理全部下放给了地方。地方政府由于财力有限，公路建设长期落后于经济发展的需要，制约了国民经济的发展。

在改革开放之后，国家为了缓解公路基础设施的瓶颈问题，对投融资体制进行了改革。

1980 年，部分项目试行由原先的无偿拨款变为有偿贷款。从 1983 年开始征收能源交通重点建设基金，扩大了公路养路费的征收范围。1985 年，开始征收汽车购置附加费作为公路建设资金来源。各省区市也加大了公路建设资金的投资力度。1984 年，允许贷款或集资修路收取车辆通行费的改革，各省开始了收费公路的实践。1987 年，《中华人民共和国公路管理条例》明确规定“公路主管部门对利用集资、贷款修建的高速公路、一级公路、二级公路和大型的公路桥梁、隧道、轮渡码头，可以向过往车辆收取通行费，用于偿还集资款和贷款”。1988 年颁布了《贷款修建高等级公路和大型公路桥梁、隧道收取车辆通行费规定》。[①] 收费公路政策的出台，明显缓解了财政资金的压力，促进了公路基础设施建设的快速发展。1994 年发布的《关于在公路上设置通行费收费站(点)的规定》将收费条件进一步具体化；1996 年，交通部又颁布了《公路经营权有偿转让管理办法》，规范了公路经营权转让活动，保障了道路使用者的权益；1997 年公布的《中华人民共和国公路法》进一步规定了收取车辆通行费的条件[②]；2004 年通过了《收费公路管理条例》明确提出我国公路发展要适当发展收费公路。在此期间，为了充分调动社会各界投身公路建设的积极性，国家对公路投融资进行了有效的改革，在投资主体上，由单一依靠国家投资转变为“国家投资、地方筹资、社会集资、利用外资”的投资体制。[③]

随着国家政策的陆续出台与完善，收费公路政策稳步发展。2006 年，交通部发布了《关于进一步规范收费公路管理工作的通知》，界定了政府还贷收费公路与经营性收费公路。2008 年颁布了《收费公路权益转让办法》，允许高速公路经营权进行转让。从 2009 年开始，改革成品油税费，取消养路费。为鼓励收费公路的发展，国家还出台了一系列鼓励民间资本进入公

① 公路经营权有偿转让管理办法于 1996 年 9 月 18 日第十五次部长办公会议通过，1996 年 11 月 1 日起实施，经营权转让使得公路建设投资和经营模式由原来的收费还贷，变为通过收取车辆通行费获取收益的公司制经营模式，而公司大都采取股份制，且股票可以上市交易，这样，实现了公路投资主体多元化。2008 年 10 月 1 日起失效。

② 《中华人民共和国公路法》已由中华人民共和国第八届全国人民代表大会常务委员会第二十六次会议于 1997 年 7 月 3 日通过，自 1998 年 1 月 1 日起施行。《中华人民共和国公路法》第二次修订已于 2004 年 8 月 28 日公布实施。

③ 《收费公路管理条例》于 2004 年 11 月 1 日起实施。

路基础设施建设领域的政策。党的十八大报告强调,要更广范围地发挥市场在资源配置中的基础性作用,极大地调动了各级地方政府建设公路基础设施的积极性,公路投融资方式也越来越多样化。

目前,我国公路建设基本上实现了投融资主体多元化,公路投融资方式包括:①各级交通运输主管部门,利用部分财政资金及贷款筹集资金,修建收费公路;②各级政府集资修建收费公路;③国内外各类经济组织投资修建高等级公路;④成立股份有限公司,发行股票和企业债券融资。公路投资的资金来源主要有:车辆购置附加税;银行贷款;发行股票,股票市场融资是我国公路投资资金的重要补充;利用外资和其他新型融资方式筹集资金,外资主要包括国外政府贷款和国际金融组织贷款,创新型融资方式主要有BOT、信托、资产证券化等。表6-2和表6-3分别反映了2007—2012年公路建设资金的构成情况和2009—2012年高速公路项目投资完成额及资金来源结构。

表6-2 2007—2012年公路建设资金构成情况 单位:%

年份	车辆购置税以及预算内资金	国内贷款	利用外资	自筹及其他资金
2007年	13.5	38	0.8	47.7
2008年	14.3	36.4	1	48.3
2009年	14.9	38.5	0.6	46
2010年	15	39.9	0.4	44.7
2011年	20.2	35.5	0.5	43.8
2012年	18.5	36.4	0.4	44.7

资料来源:《全国交通运输统计资料汇编》。

表6-3 2009—2012年高速公路项目投资完成额及资金来源结构

年份	年度投资预算/亿元	年度投资到位合计/亿元	中央预算内及国债/亿元	地方预算内及转贷/亿元	车购税/亿元	国内贷款/亿元	外资/亿元	地方自筹/亿元	企事业单位资金/亿元	其他资金/亿元
2009年	5323.1	4633.5	20	70.7	312.9	2960.7	38.3	631.4	529.8	69.7
	—	100%①	0.4%	1.5%	6.8%	63.9%	0.8%	13.6%	11.5%	1.5%
2010年	6862.2	5744.5	9.1	56	759.2	3350	37.4	849.1	628	55.7
	—	100%	0.2%	1%	13.2%	58.3%	0.6%	14.8%	10.9%	1%

① 此处为各种资金来源所占百分比。表6-3至表6-5同。

续表

年份	年度投资预算/亿元	年度投资到位合计/亿元	中央预算内及国债/亿元	地方预算内及转贷/亿元	车购税/亿元	国内贷款/亿元	外资/亿元	地方自筹/亿元	企事业单位资金/亿元	其他资金/亿元
2011 年	7424.1	5971.2	9.3	38.6	954.6	3367	51.8	818.5	604.2	127.2
	—	100%	0.2%	0.6%	16%	56.4%	0.9%	13.7%	10.1%	2.1%
2012 年	7238.3	6019.7	4.2	40.6	665.9	3728.4	41.7	858.8	559.1	121
	—	100%	0.1%	0.7%	11%	61.9%	0.7%	14.3%	9.3%	2%

资料来源:《全国交通运输统计资料汇编》。

由表 6-3 可以看出,在高速公路资金来源中,国内贷款和地方自筹占大部分,这几年国内贷款占比一般在 60%左右,地方自筹比例在 15%左右。另外,车购税及企事业单位资金分别占 10%左右,而中央预算内及国债、地方预算内及转贷、外资、其他资金占比相对不高,各在 1%上下。

表 6-4 和表 6-5 分别反映了 2009—2012 年一般性公路项目和农村公路项目建设资金的构成情况。

表 6-4　2009—2012 年一般性公路项目投资完成额及资金来源结构

年份	年度投资预算/亿元	年度投资到位合计/亿元	中央预算内及国债/亿元	地方预算内及转贷/亿元	车购税/亿元	国内贷款/亿元	外资/亿元	地方自筹/亿元	企事业单位资金/亿元	其他资金/亿元
2009 年	3214.5	2905.2	42.2	102.6	176.1	1105.6	16.1	1056.1	336	70.5
	—	100%	1.5%	3.5%	6.1%	38.1%	0.5%	36.3%	11.6%	2.4%
2010 年	3357.6	2836.1	12.3	68.9	157.9	1056.2	13.6	1078.6	406.5	42.1
	—	100%	0.4%	2.4%	5.6%	37.2%	0.5%	38%	1[illegible].4%	1.5%
2011 年	4179.1	3521.6	11.2	54.4	530.3	936.2	8.7	1492.2	381.9	106.7
	—	100%	0.3%	1.5%	15.1%	26.6%	0.3%	42.4%	10.8%	3%
2012 年	4103.6	3677.5	15.3	75.3	649.5	886.5	1.9	1616	373.2	59.8
	—	100%	0.4%	2.1%	17.7%	24.1%	0.1%	43.9%	10.1%	1.6%

资料来源:《全国交通运输统计资料汇编》。

由表 6-4 可以看出,在一般性公路资金来源中,国内贷款和地方自筹占大部分,这几年国内贷款占比一般在 24.1%～38.1%;地方自筹比例在

36.3%～43.9%，该部分占比逐渐上升。另外，车购税及企事业单位资金分别占10%左右，而中央预算内及国债、地方预算内及转贷、外资、其他资金占比相对不高，各在2%上下。

表6-5　2009—2012年农村公路项目投资完成额及资金来源结构

年份	年度投资预算/亿元	年度投资到位合计/亿元	中央预算内及国债/亿元	地方预算内及转贷/亿元	车购税/亿元	国内贷款/亿元	外资/亿元	地方自筹/亿元	企事业单位资金/亿元	其他资金/亿元
2009年	2132.9	1879.86	146.4	23.7	405.4	88.7	2.2	1153.7	33.56	26.2
	—	100%	7.8%	1.3%	21.6%	4.7%	0.1%	61.3%	1.8%	1.4%
2010年	1923.8	1651.5	25.2	25.6	286.5	101	1.9	1163.8	14.3	33.2
	—	100%	1.5%	1.6%	17.3%	6.1%	0.1%	70.5%	0.9%	2%
2011年	2010.1	1733	24.2	24	394	72	0.1	1169.2	24.6	24.9
	—	100%	1.4%	1.4%	22.7%	4.2%	0	67.5%	1.4%	1.4%
2012年	2145	1845.2	16.3	36.9	424.6	61.2	—	1258.7	17.3	30.2
	—	100%	0.9%	2%	23%	3.3%	0	68.3%	0.9%	1.6%

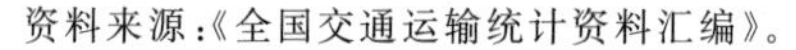
资料来源：《全国交通运输统计资料汇编》。

由表6-5可以看出，在农村公路资金来源中，车购税和地方自筹占大部分，这几年车购税占比一般在20%左右，地方自筹比例在70%左右。另外，国内贷款占比在5%左右，企事业单位资金占1%上下，而中央预算内及国债、地方预算内及转贷、外资、其他资金占比相对不高，各在1%上下。可见，农村公路资金来源渠道单一，重要推动力主要来自地方。这种局面也需要改善。

（三）我国铁路投融资情况

我国铁路投资体制在1978年以前具有明显的计划经济色彩。中央政府投资是绝对的主体，管理铁路的投资与建设、运营与生产一切领域。国家财政预算内拨款是唯一投资渠道。国内外信贷基金极少用于铁路建设项目，其他资金难以进入铁路。铁路建设诸如项目决策、成本控制、物资分配、人员安排以及项目设计、项目施工等活动都按国家指令性计划进行。

自改革开放以来，随着国民经济的快速发展，紧张的铁路运力成了国民经济发展的瓶颈。为了加快铁路发展，铁道主管部门进行了一系列投融资体制的改革与探索。在“政府主导、多元化投资、市场化运作”的总体思路下，出台了一系列改革政策。①2005年的《关于鼓励支持和引导非公有制经济参与铁路建设经营的实施意见》，全面开放铁路建设、客货运输、运输装备制造与多元经营四大领域，鼓励国内非公资本进入。②2006年的《"十一五"铁路投融资体制改革推进方案》，确保铁路投融资体制改革取得突破进展。③2009年的《关于2009年深化经济体制改革工作的意见》，提出改革过程中拓宽民间资本投资的领域和渠道，明确由国家发改委、工信部等共同负责，加快研究民间资本进入石油、铁路等重要领域的相关政策，带动社会投资。

据统计，在国有基本建设投资中，主要资金来源包括国家财政性资金、国内贷款、股票债券资金、自筹资金以及其他形式的资金。由于行业属性不同，各类资金的权重会有较大差异，当然，这五大资金来源渠道也就是铁路建设项目的主要资金来源。表6-6和表6-7分别是1995—2010年铁路投资比例和资金来源比例情况。

表6-6　1995—2010年铁道部投资比例情况　　单位：%

年份	铁道部完成投资	地方政府及路外企业投资
1995年	89.78	10.22
2000年	89.59	10.41
2005年	84.45	15.55
2010年	78.28	21.72

资料来源：《全国铁路统计资料汇编》。

表6-7　1995—2010年铁道部各项建设资金来源比例情况　　单位：%

年份	合计	建设基金	财政预算内资金	债券	专项资金	资产变现资金	企事业单位自筹资金
1995年	100	82.59	1.25	6.7	0	0	9.46
2000年	100	64.8	16.84	0	0	0	18.36
2005年	100	62.75	10.91	9.21	9.61	0	7.52
2010年	100	23.7	5	36.33	15.18	16.62	3.17

资料来源：《全国铁路统计资料汇编》。

从表6-6和表6-7反映出，铁道部投资比例在2010年前均占到80%左右，地方政府及路外企业投资占比在20%甚至以下，这是整体情况。细分铁道部资金来源中，铁路建设基金占大部分，但在2010年下降到23.7%，财政预算内资金2010年占5%,铁路建设债券占比逐渐上升,2010年达到36.33%,专项资金、资产变现资金、企事业单位自筹资金也有了不同的变化,说明铁路建设资金来源出现多元化的迹象,尽管市场化行为较少。

表6-8反映出2008—2012年铁路投资构成情况。

表6-8　2008—2012年铁路投资构成情况　　单位:%

年份	2008年	2009年	2010年	2011年	2012年
国家财政	21.5	13.6	10.1	6.9	5.7
铁路建设债券	19.1	15.9	13.3	18.9	30.6
国家开发银行贷款	10.2	13.1	11.8	15.9	9.1
商业银行贷款	23.6	43.5	53.9	52.4	50.1
国有铁路企业自筹	10.7	3.1	2.3	1.6	0.8
地方及企业完成投资	14.6	10.7	8.5	4.2	3.6
其他(国家专项补助、水利专项基金返还)	0.3	0.1	0.1	0.1	0.1

资料来源:《全国铁路统计资料汇编》。

数据显示,2010年、2011年和2012年,铁道部负债分别为18918亿元、24127亿元、27316亿元,负债率则分别为57.44%、60.63%、61.13%,负债和负债率均呈逐年上升之势。2013年3月,原铁道部撤销,中国铁路总公司成立之时,批复的注册资本金为10360亿元,总资产为43044亿元,总负债为26607亿元,资产负债率为61.81%。2014年,铁路总公司资产总负债率达63.22%,2015年,铁路总公司负债合计约4.09万亿,资产总负债率达66.41%。"十二五"完成固定资产投资3.5万亿元,是铁路基础设施建设投资最多的5年。中国铁路总公司既管线路运营又负责铁路建设,债务压力甚大。"十三五"时期,铁路投资仍会在高位运行,在投融资领域必须走多元化发展之路。

(四)公路、铁路投融资结构比较

从2004—2014年的投资构成来看,铁路投资额以中央投资为主,地方投资为辅,其中内资占绝对支配地位,差不多是九成以上(见表6-9);而同期公路投资额中,地方投资为主,中央投资为辅,其中内资处于绝对支配地位(见表6-10)。

表 6-9　2004—2014 年铁路投资额分类　　单位:亿元

年份	投资额(不含内资)	中央	地方	内资
2004 年	846.3	752.7	93.6	846.3
2005 年	1267.7	1121.8	145.9	1267.2
2006 年	1966.6	1765.5	201.1	1965.6
2007 年	2492.7	2239.5	253.2	2491.4
2008 年	4073.2	3694.8	378.4	4058.7
2009 年	6660.9	6059.2	601.7	6641.7
2010 年	7622.2	6623.2	999	7587.2
2011 年	5914.9	5045.2	869.7	5890
2012 年	6128.8	5303.2	825.6	6118.1
2013 年	6690.7	5424	1266.7	6662.5
2014 年	7707.1	6278.4	1428.7	7684.7

资料来源:根据 2002—2015 年各年《中国统计年鉴》相关数据计算整理所得。

表 6-10　2004—2014 年公路投资额分类　　单位:亿元

年份	投资额(不含内资)	中央	地方	内资
2004 年	4665.5	200.7	4464.8	4626.5
2005 年	5581.4	284.4	5297	5505.8
2006 年	6481.7	164	6317.7	6408.5
2007 年	6926.6	311	6615.6	6846.4
2008 年	7411.5	311.3	7100.2	7339.2
2009 年	10557.6	189.2	10368.4	10519.7
2010 年	12764.5	353.4	12411.1	12731.8
2011 年	13856.3	479.6	13376.7	13800.3
2012 年	17466.4	571.2	16895.2	17384.1
2013 年	20502.9	713.8	19789.1	20420.7
2014 年	24513.1	706	23807.1	24409.5

资料来源:根据 2002—2015 年各年《中国统计年鉴》相关数据计算整理所得。

从二者投资来源的所有制属性(见表 6-11 和表 6-12)看,铁路和公路这一时期的投资大部分属于国有控股,集体控股作为补充,而私人控股的资金只占很少一部分。二者在这一领域高度一致。

表 6-11　2004—2014 年铁路投资额所有制属性分类　　单位:亿元

年份	投资额	国有控股	集体控股	私人控股
2004 年	846.3	837.8	4.2	0.4
2005 年	1267.7	1244.5	9.9	0.5
2006 年	1966.5	1917.9	36.1	11.6
2007 年	2492.7	2450.1	23.8	18.5
2008 年	4073.2	4010	22.9	40.1
2009 年	6660.9	6539.8	65.5	55.4
2010 年	7622.2	7381.1	75.4	159.2
2011 年	5915	5760	26.4	110.9
2012 年	6128.8	5969.9	30.4	123.7
2013 年	6690.7	6479.6	53.2	138
2014 年	7707.2	7427.2	75.6	172.7

资料来源:根据 2002—2015 年各年《中国统计年鉴》相关数据计算整理所得。(注:除国有控股、集体控股和私人控股外,还有其他属性的投资,因其表现不显著,本表不标明。)

表 6-12　2004—2014 年公路投资额所有制属性分类　　单位:亿元

年份	投资额	国有控股	集体控股	私人控股
2004 年	4665.5	4442.1	33.3	19.8
2005 年	5581.4	5203.1	42.1	42.2
2006 年	6481.6	6043.5	149.1	243.5
2007 年	6926.6	6357.4	193.7	309.3
2008 年	7411.5	6748.1	236	389.9
2009 年	10557.6	9704.6	281.8	545
2010 年	12764.5	11729.8	325.7	650.9
2011 年	13856.4	12404.3	456	784.7
2012 年	17466.4	15385.8	526.9	1124.6
2013 年	20502.9	17814.1	592.8	1482.8
2014 年	24513.2	20943.7	695.2	1879.6

资料来源:根据 2002—2015 年各年《中国统计年鉴》相关数据计算整理所得。(注:除国有控股、集体控股和私人控股外,还有其他属性的投资,因其表现不显著,本表不标明。)

从公路、铁路投资规模看,公路投资 10 多年来占 GDP 的比例均在 3% 左右,基本满足经济发展的需求,保持这样的增速是合适可行的;同一时期铁路投资水平GDP占比往往不足1%，很多时候在0.5%上下，显然不能满足经济发展的需要，今后还需要加大铁路的投资规模，尤其是铁路还承担着“一带一路”走出去的发展需要，这种相对单一的投融资渠道需要更多元化的投资。

从公路、铁路资金来源看，银行贷款均在50%左右，其中全国高速公路的负债率、铁路公司的负债率均在60%以上，尽管低于国有银行80%的负债水平，但债务规模的相对高位以及在区域间的分配不均，也存在潜在的金融风险。比如，西部地区的公路收费情况显然比东部差。客运量、货运量的区域不均也是影响二者投融资在区域间不均衡的主要表现。

三、公路、铁路发展绩效分析

通过分析公路、铁路投融资体制和结构的发展情况，可以发现，投融资结构的改善极大地促进了行业的快速发展，集中体现在通车里程、客运量、客运周转量、货运量、货运周转量的大幅度提升方面，但以2008年为界，受国际金融危机、国内调结构、经济转型等因素影响，公路、铁路发展绩效前后有所差异，与GDP增长相关性强弱有别，即基础设施投资对GDP增长的贡献率开始下降。本节通过构建两个关于公路、铁路在2001—2014年的发展模型，分析各自内在发展的相关性。选取2001年之后的数据原因在于，之前交通业投资一直处于短缺、紧张运行状态，投资与GDP、客货运量、客货运周转率均呈高度正相关；2001年加入WTO后，中国经济融入全球发展洪流中，国际经济波动对我国影响显著。

(一) 公路方面

2001—2014年公路发展情况见表6-13。

表6-13　2001—2014年公路发展情况

年份	里程/万公里	高速公路/万公里	客运量/万人次	客运周转量/亿人公里	货运量/万吨	货运周转量/亿吨公里
2001年	169.8	1.94	1402798	7207.08	1056312	6330.44
2002年	176.52	2.51	1475257	7805.77	1116324	6782.46
2003年	180.98	2.97	1464335	7695.6	1159957	7099.48
2004年	187.07	3.43	1624526	8748.38	1244990	7840.86
2005年	193.05	4.1	1697381	9292.08	1341778	8693.19
2006年	345.7	4.53	1860487	10130.85	1466347	9754.25

续表

年份	里程/万公里	高速公路/万公里	客运量/万人次	客运周转量/亿人公里	货运量/万吨	货运周转量/亿吨公里
2007 年	358.37	5.39	2050680	11506.77	1639432	11354.69
2008 年	373.02	6.03	2682114	12476.11	1916759	32868.19
2009 年	386.08	6.51	2779081	13511.44	2127834	37188.82
2010 年	400.82	7.41	3052738	15020.81	2448052	43389.67
2011 年	410.64	8.49	3286220	16760.25	2820100	51374.74
2012 年	423.75	9.62	3557010	18467.55	3188475	59534.86
2013 年	435.62	10.44	1853463	11250.94	3076648	55738.08
2014 年	446.39	11.19	1908198	12084.1	3332838	61017

资料来源：根据 2002—2015 年各年《中国统计年鉴》相关数据计算整理所得。

2001—2014 年公路投资额及与 GDP 占比情况见表 6-14。

表 6-14　2001—2014 年公路投资额及与 GDP 占比情况

年份	公路投资额/亿元	GDP/亿元	公路投资额与 GDP 占比/(%)	年份	公路投资额/亿元	GDP/亿元	公路投资额与 GDP 占比/(%)
2001 年	2670	95933	2.78	2008 年	6645	300670	2.21
2002 年	3211.7	102398	3.14	2009 年	9668.45	335353	2.88
2003 年	3714.9	116694	3.18	2010 年	11482.28	397983	2.89
2004 年	4702.28	136515	3.44	2011 年	12596.36	471564	2.67
2005 年	5484.97	182321	3.01	2012 年	12713.95	519322	2.45
2006 年	6231.05	209407	2.98	2013 年	13692.2	588018.8	2.33
2007 年	6489.91	246619	2.63	2014 年	15460.94	636138.7	2.43

资料来源：根据 2002—2015 年各年《中国统计年鉴》相关数据计算整理所得。

（二）铁路方面

2001—2014 年铁路发展情况见表 6-15。

表 6-15　2001—2014 年铁路发展情况

年份	营业里程/万公里	客运量/万人次	客运周转量/亿人公里	货运量/万吨	货运周转量/亿吨公里
2001 年	7.01	105155	4766.82	193189	14694.1
2002 年	7.19	105606	4969.38	204956	15658.4
2003 年	7.3	97260	4788.61	224248	17246.7
2004 年	7.44	111764	5712.17	249017	19288.8
2005 年	7.54	115583	6061.96	269296	20726
2006 年	7.71	125656	6622.12	288224	21954.4
2007 年	7.8	135670	7216.31	314237	23797
2008 年	7.97	146193	7778.6	330354	25106.3
2009 年	8.55	152451	7878.89	333348	25239.2
2010 年	9.12	167609	8762.18	364271	27644.1
2011 年	9.32	186226	9612.29	393263	29465.8
2012 年	9.76	189337	9812.33	390438	29187.1
2013 年	10.31	210597	10595.62	396697	29173.9
2014 年	11.18	235704	11604.8	381334	27530

资料来源：根据 2002—2015 年各年《中国统计年鉴》相关数据计算整理所得。

2001—2014 年铁路投资额及与 GDP 占比情况见表 6-16。

表 6-16　2001—2014 年铁路投资额及与 GDP 占比情况

年份	铁路投资额/亿元	GDP/亿元	铁路投资额与 GDP 占比/(%)	年份	铁路投资额/亿元	GDP/亿元	铁路投资额与 GDP 占比/(%)
2001 年	515.67	95933	0.54	2008 年	3375.54	300670	1.12
2002 年	623.53	102398	0.61	2009 年	6006	335353	1.79
2003 年	528.64	116694	0.45	2010 年	7091	397983	1.78
2004 年	531.55	136515	0.39	2011 年	4611	471564	0.98
2005 年	880.18	182321	0.48	2012 年	5185.1	519322	1
2006 年	1542.2	209407	0.74	2013 年	5327.7	588018.8	0.91
2007 年	1789.99	246619	0.73	2014 年	6623	636138.7	1.04

资料来源：根据 2002—2015 年各年《中国统计年鉴》相关数据计算整理所得。

从长期来看，将来我国交通运输总需求与国民经济增长之间的弹性系数会逐步下降,但仍会保持较快的增长。1980—2010 年分阶段我国客货运输需求增长弹性系数见表 6-17。

表 6-17　1980—2010 年分阶段我国客货运输需求增长弹性系数

年份	旅客周转量弹性系数	客运量弹性系数	货物周转量弹性系数	货运量弹性系数
1980—1990 年	1.02	0.92	0.87	0.64
1990—2000 年	0.78	0.64	0.52	0.33
2000—2010 年	0.82	0.79	1.18	0.87
1980—2010 年	0.86	0.78	0.85	0.61

资料来源:罗仁坚等著《交通基础设施投融资体制改革》,人民交通出版社 2014 年版,第 58 页。

表 6-17 反映出,1980—2010 年 30 年间,我国客运量增长速度与 GDP 增长速度之间的弹性系数为 0.78,货运量弹性系数为 0.61。随着经济结构调整和发展方式的转变、产业转型升级,未来货运需求的弹性系数会逐步降低。据预测,未来货运量弹性系数仍会保持在 0.5 的水平之上,客运量弹性系数随着城镇化加快、城际交通和都市圈交通的快速增长,仍会达到 0.7 左右的水平。

四、我国公路、铁路投融资前瞻

总体来看,我国公路、铁路投融资结构的改善极大地促进了行业发展,对国民经济发展的制约因素逐步减少,成为拉动 GDP 高位运行的重要贡献者。2008 年,受国际金融危机影响,我国面临着发展方式的转变,调结构、促转型,传统发展模式向新型经济发展模式转变,诸多不利因素叠加造成我国经济增速回落。尽管投资效率下滑,但我国公路、铁路还有巨大的资金缺口,其基础性、先导性作用还没有完全释放,在“十三五”、“十四五”期间,交通业仍然是投资的重要阵地。依据交通业中长期发展规划及高铁“八纵八横”规划,据测算,在“十三五”、“十四五”期间,公路投资总需求在 5 万亿~6 万亿元、4 万亿~5 万亿元规模大小,公路总里程及高速公路里程分别在 480 万~490 万公里、510 万公里及 14 万~14.2 万公里、15.5 万~15.8 万公里;同期,铁路投资总需求在 2.5 万亿~3 万亿元、2 万亿~2.5 万亿元规模大小,铁路总里程及客运专线分别在 14.5 万公里、16 万公里及 6 万公里、7 万公里。[①] 促进行业发展还需要进行投融资体制多元化改革,

① 罗仁坚等:《交通基础设施投融资体制改革》,人民交通出版社 2014 年版,第 10 页。

这是我国跨越“中等收入陷阱”、实现“一带一路”倡议、实现全面小康、迈向中等发达国家的重要保障。

为了建立可持续发展的交通投融资体制，今后公路、铁路的发展应该遵循以下原则。

(1) 鉴于“十三五”及以后很长一段时间，公路、铁路仍是我国在交通领域的主要发展方向，必须建立符合改革发展的顶层设计和总体发展目标。交通行业具有基础性、先导性作用，按照适度超前的原则进行合理设计规划，全盘考虑综合因素影响，使得交通业中长期规划合理有效推进。

(2) 构建分类投资体系，充分发挥政府和市场的重要作用。铁路、高速公路、一般性公路、农村公路各有自己的要素结构，不可一视同仁对待，必须创新投资模式才能推进综合性交通体系的发展。对于准公益性、公益性项目，政府要建立投资和运营补偿制度，鼓励和吸引民间资本进行投资，从而解决政府投资资金不足问题。

(3) 加强市场化运作，提高政府资金的作用和投资效益。要按照政府和市场的职能分工，充分发挥市场配置资源的决定性作用，使投资模式由“政府全面主导”向“政府引导、分类投资、经营性项目全面市场化”的方向转变，减少政府投资对社会资本的挤出效应，发挥好政府资金的导向价值。

(4) 必须保障铁路、公路建设投资平稳发展规划的落实，这对我国工业化的发展具有举足轻重的作用。发达国家也要靠连续性的投入和规划来实现交通保障体系的完善。

(5) 借鉴国外交通业发展经验，探索具有中国特点的公路、铁路投融资发展模式。

(6) 维护公平竞争环境，保护各类投资者的合法权益。要除去行业中有碍公平竞争的政策法规，规范投资准入门槛，创造公平竞争、平等准入的市场环境，使各类投资者收入预期明确，权益得到保障。

第二节　经济转型、新常态与交通业发展

受2008年世界金融危机的影响，中国经济进入转型期，尤其是自2010年以来，中国经济增速开始下滑，开始破8、破7，2016年、2017年只达到6.9%，可见，中国已经不能维持大规模上行的GDP增速，经济进入迈向高质量增长的新常态。随着中国交通规模的壮大，装备制造的提升，交通业在呼应国家战略调整过程中地位日益突出，发挥的作用更加显著。中国的

交通不仅服务于国内的经济建设和人民生活的改善，而且走出国门为区域和全球提供发展红利。

一、中国经济进入转型升级新常态

2014年11月，在APEC（亚洲太平洋经济合作组织）工商领导人峰会开幕式上，习近平总书记指出，中国经济呈现出新常态，有几个主要特点：一是从高速增长转为中高速增长；二是经济结构不断优化升级，第三产业、消费需求逐步成为主体，城乡区域差距逐步缩小，居民收入占比上升，发展成果惠及更广大民众；三是从要素驱动、投资驱动转向创新驱动。

2014年12月9日至11日的中央经济工作会议阐述了新常态的九大特征。①从消费需求看，过去我国消费具有明显的模仿型排浪式特征，现在模仿型排浪式消费阶段基本结束，个性化、多样化消费渐成主流，保证产品质量安全、通过创新供给激活需求的重要性显著上升，必须采取正确的消费政策，释放消费潜力，使消费继续在推动经济发展中发挥基础作用。②从投资需求看，经历了30多年高强度大规模开发建设后，传统产业相对饱和，但基础设施互联互通和一些新技术、新产品、新业态、新商业模式的投资机会大量涌现，对创新投融资方式提出了新要求，必须善于把握投资方向，消除投资障碍，使投资继续对经济发展发挥关键作用。③从出口和国际收支看，在国际金融危机发生前国际市场空间扩张很快，出口成为拉动我国经济快速发展的重要动能，现在全球总需求不振，我国低成本比较优势也发生了转化。同时，我国出口竞争优势依然存在，高水平引进来、大规模走出去正在同步发生，必须加紧培育新的比较优势，使出口继续对经济发展发挥支撑作用。④从生产能力和产业组织方式看，过去供给不足是长期困扰我们的一个主要矛盾，现在传统产业供给能力大幅超出需求，产业结构必须优化升级，企业兼并重组、生产相对集中不可避免，新兴产业、服务业、小微企业作用更加凸显，生产小型化、智能化、专业化将成为产业组织新特征。⑤从生产要素相对优势看，过去劳动力成本低是最大优势，引进技术和管理就能迅速变成生产力，现在人口老龄化日趋发展，农业富余劳动力减少，要素的规模驱动力减弱，经济增长将更多依靠人力资本质量和技术进步，必须让创新成为驱动发展新引擎。⑥从市场竞争特点看，过去主要是数量扩张和价格竞争，现在正逐步转向质量型、差异化为主的竞争，统一全国市场、提高资源配置效率是经济发展的内生性要求，必须深化改革开放，加快形成统一透明、有序规范的市场环境。⑦从资源环境约

束看,过去能源资源和生态环境空间相对较大,现在环境承载能力已经达到或接近上限,必须顺应人民群众对良好生态环境的期待,推动形成绿色低碳循环发展新方式。⑧从经济风险积累和化解看,伴随着经济增速下调,各类隐性风险逐步显性化,风险总体可控,但化解以高杠杆和泡沫化为主要特征的各类风险将持续一段时间,必须标本兼治、对症下药,建立健全化解各类风险的体制机制。⑨从资源配置模式和宏观调控方式看,全面刺激政策的边际效果明显递减,既要全面化解产能过剩,又要通过发挥市场机制作用探索未来产业发展方向,必须全面把握总供求关系新变化,科学进行宏观调控。

这些经济现象说明,经过改革开放 40 年的努力,我国已经站在一个新发展阶段的历史起点上,已经是一个有影响的经济大国。但是,放眼世界来看,我国还不是真正的世界经济强国,只能靠改革和创新着力解决我国发展面临的一系列突出矛盾和问题,实现从经济大国向经济强国的跨越。

中国经济“新常态”的主要特征有以下五点。

一是经济增长减速,减速带有明显的结构性特征。[①] 如人口红利,二元经济下的廉价劳动力,工业化发展,技术进步中的“干中学”效应,全球大繁荣带来的需求等积极因素逐步消失,结构性加速因素变成了减速因素。改革开放 40 年来,我国经济年均增长率保持了接近两位数的超高速和高速增长。2008 年受国际金融危机影响经济增长速度有所放缓,而 2012 年和 2013 年的经济增速回落到 77％,2014 年的增长率为 74％,2015 年经济增速进一步呈现放缓态势。从国际经验看,第二次世界大战后的日本、韩国、德国等一些经济追赶型和工业化崛起型国家,在经历了 20 世纪六七十年代的持续高速增长之后,普遍地出现了经济增速回落的情形。从国内情况看,我国经历了 40 年高强度大规模开发建设后,能源、资源、环境的制约影响越来越明显,过度依靠要素驱动和投资驱动的经济高速增长模式已难以为继,经济发展面临转型升级压力。

二是经济结构调整向着更为广泛的领域迈进。经济结构调整的意义在于:第一,如何重振内需,即通过内需拉动中国经济;第二,内需调整如何提升消费需求比重,其重要的内容就是要调整收入分配;第三,持续改进服务业、制造业的效率;第四,新型城市化与空间结构调整,从空间布局上提

---

① 张平:《中国经济“新常态”与减速治理——2015 年经济展望》,《现代经济探讨》2015 年第 1 期。

升中国的发展空间。长期以来,我国产业发展方式较为粗放,高投入、高消耗、低产出的产业占据很大比重,产业结构主要位于全球价值链的中低端,比较利益不高,存在着科技创新能力不足、科技与产业的融合力度不够、产业竞争力不强、核心技术受制于他人等诸多问题。40 年的衬衫、拖鞋、玩具经济已经疲惫不堪,钢铁、水泥、玻璃经济已经到了峰值。2013 年的统计数据表明,我国第三产业增加值占 GDP 比重达 46.1%,首次超过第二产业,2014 年这一比例已超过 50%。同时,新兴产业、服务业、小微企业作用更加凸显,生产小型化、智能化、专业化、个性化逐步成为产业组织的新特征,这些趋势性变化显现了结构优化迹象。在经济新常态下,需要进一步大力推动战略性新兴产业、先进制造业等产业的发展,优先发展生产性和生活性服务业,通过逐步化解产能过剩风险等举措,提升我国产业在全球价值链中的地位。

三是高成本的要素供给成为新常态。中国经济增长的贡献者应该来自全要素生产率和人力资本的提升,市场化改革才能有效推动劳动生产率的提高和技术进步。面对世界科技创新和产业革命的新一轮浪潮,中国企业主动转型、加强创新的意愿明显加强,经济增长的动力正逐渐转入创新驱动新常态。我国 2013 年全要素生产率水平是 1978 年的近 3 倍,综合分析,这是由体制改革、技术进步、结构优化等一系列因素综合作用的结果。一些新技术、新产品、新业态、新商业模式无疑将会成为经济发展新的动力和增长点。

四是建设市场化配置资源制度为主线的全面深化改革成为新常态。中共十八届三中全会《中共中央关于全面深化改革若干重大问题的决定》提出“使市场在资源配置中起决定性作用和更好发挥政府作用”,中共十八届四中全会提出“社会主义市场经济本质上是法治经济”,表明了党对市场经济规律的认识达到了新的高度。传统赶超过程中过度依赖于政府配置资源的模式让位于市场配置资源模式,内容包括要素价格调整、国企改革、利率和汇率市场化改革、政府行政改革、事业单位分类改革以及农村土地改革、城市户籍制度改革、税收财政体制改革等多方面,这些改革将成为中国现阶段最为重要的、促进高效发展转型的常态内容。通过转变职能、简政放权、减税让利、鼓励创业、支持创新,加快形成统一、透明、有序、规范的市场环境,将资源配置的决定权限交给市场,通过市场方式解决好以高杠杆和泡沫化为主要特征的各类风险。

五是发展方式从规模速度型粗放增长向质量效率型集约增长转换。

这是经济新常态的基本要求。改革开放40年来,我国经济发展突飞猛进,取得了举世瞩目的成就。但重规模、重速度导致的发展不平衡、不协调、不可持续等问题也非常突出。“跑马圈地、占山为王”的粗放式增长极为普遍,多年来,我们被黑色的GDP、“带血”的GDP困扰,市场竞争主要靠数量扩张和价格的无序竞争,环境承载能力已经达到或接近上限,投资和消费关系不匹配,城乡区域发展不协调,就业总量压力和结构性矛盾并存,收入分配问题突出,等等。随着我国消费需求由模仿型排浪式特征向个性化多样化特征转变,出口由单纯的低成本快速扩张向高水平引进来大规模走出去并重转变,生产要素相对优势由传统人口红利优势向人力资本质量和技术进步优势转变,要求我们必须转变经济发展方式,打造中国经济升级版。[①]

从经济增长理论上理解,中国的“新常态”应该理解为过渡时期的形态,即是从以工业化推动的高增长阶段逐步向均衡增长阶段过渡的一个调整状态,过渡的方向就是从结构性赶超向着高效均衡增长阶段转换。①二元经济结构向现代部门的过渡。②市场经济制度已经初步建立,市场在资源配置中起决定性作用尚未建立。国有企业的改革,事业单位、管制部门、政府行政改革任重而道远。③当前在我国经济增长中,最大的问题是全要素生产率、贡献率提升不够,必须发挥技术进步与人力资本在完成生产方式转变过程中的决定性作用。

目前,我们面临着两大挑战和机遇。一是以美国为首的发达国家采取逆全球化举措破坏全球一体化的分工合作体系,以美联储为中心的六国实行货币互换,对我国深度融入全球经济和产业分工带来新挑战。二是世界正在酝酿新的科技革命和产业变革。这些变革对传统产业往往具有颠覆性甚至是毁灭性的冲击,可能会直接破坏现有的产业体系。当然,这对新常态下的中国经济而言,既是挑战,又是机遇。

在上述的新常态下,中国经济仍然可以继续支撑中国的和平崛起。[②]2014年,全世界钢产量不到16亿吨,中国生产了8亿吨;2014年,全世界的水泥产量40亿吨,中国生产了24.2亿吨;2014年,全世界的煤产量约70亿吨,中国生产了37亿吨。除了钢铁原料以外,依赖岩石采掘和井下采掘的水泥与煤的生产的主体都在中国境内。中国拥有人类在当今技术条

① 张占斌:《中国经济新常态的趋势性特征及政策取向》,《国家行政学院学报》2015年第1期。

② 《中国经济新常态与中国崛起》,人民网-国际频道2015年3月13日。

件下从事生产所需的几乎全部要素，并能在影响世界的规模上保持可持续发展。虽然中国人口的体力红利出现了转折点，但是我们人口的智力红利又处在无限供给的条件下，因此，中国经济增长所需要的第二个条件是特大人口规模为中国的崛起提供了所需要的世界级人力资源体力和智力的总和。在中国产业全覆盖性的国民经济体系中，支撑中国崛起需要多重经济发动机组合。中国超大城市群正在快速发展，城市带快速出现。两三角和环渤海城市群出现以后，又出现了成渝城市群、关天水城市群、沈长哈城市群、长株潭城市群，这些城市群都是世界级的。其背后是一个个由产业支撑的生产人群和消费人群形成的城市功能综合体。中国在文明包容性方面不仅超越了谋求建立单一纯正的大和民族的日本和本土精英意识强烈的欧洲国家，甚至超越了美国这样一个具有年轻历史的多民族文化融合的国家。一国具有文化包容性，智力的光彩才会有综合性绽放。中国的全面深化改革，是历史上任何一个国家、任何一个政党都难以望其项背的综合改革和创新能力的展现，这也成为中国接受新技术、新经济、新智力、新观念的速度比世界任何一个政党速度快的内在制度安排。世界上任何一个国家，以百年为单元或者以世纪为单元的历史视角来看都不具备上述条件，这也是中国能够继续崛起的重要原因。

二、高铁、装备制造、国际区域经济合作融入“一带一路”

国务院总理李克强2015年1月28日主持召开国务院常务会议，部署加快铁路、核电、建材生产线等中国装备“走出去”。

（一）高铁出海

2014年，中国公司在铁路领域对外累计签订合同额247亿美元。中国铁建同尼日利亚签署高达119.7亿美元的铁路建设合同，这是中国企业签署的最大金额的单笔合同。2014年，中国企业参与的境外铁路建设项目有348个，机车车辆出口额37.4亿美元。

中国四大铁路装备和建设公司于2015年3月30日公布2014年年报，盈利均创新高，营业总收入更是突破1.4万亿元，特别是海外业务也实现了大增长（见表6-18）。

表6-18　2014年中国四大铁路公司业绩对比

铁路公司	营收/增长率	净利润/增长率	海外新签合同额
中国南车	1197.24亿元(20.48%)	58.15亿元(27.61%)	29.94亿美元

续表

铁路公司	营收/增长率	净利润/增长率	海外新签合同额
中国北车	1042.9 亿元(7.3%)	54.9 亿元(33%)	37.6 亿美元
中国中铁	6125.59 亿元(9.3%)	103.59 亿元(10.51%)	未披露
中国铁建	5919.58 亿元(0.88%)	113.43 亿元(9.65%)	1278.027 亿元

资料来源：各公司 2014 年年度报告。

中国南车、中国北车新签的海外合同总金额超过 60 亿美元，同比增长 60%以上。其中，中国北车获得的出口波士顿地铁项目，是中国轨道交通装备首次登陆美国。2014 年，中国北车在国内轨道交通业务新签订单实现稳步增长的情况下，海外业务快速增长，全年出口签约额 29.94 亿美元，比上年增长了 73%。

中国北车的内燃机车首次进入欧盟市场，与南非签订的 232 台内燃机车出口合同是国内内燃机车出口海外的最大单笔订单；出口马来西亚的 160 公里准高速动车组是我国首次高铁出口项目；与美国签署的 284 辆地铁车辆首次登陆美国市场，也是中国轨道交通装备企业首次进入美国跨国投资/经营。在加大产品出口的同时，中国北车积极推动产品、技术、标准和服务“走出去”。海外战略布局速度不断加快，投资并购了澳大利亚太平洋铁路工程公司，投资新设了北车先锋(印度)电气公司、北车(美国)公司、北车车辆(南非)公司等。2014 年 5 月，公司 H 股在香港联交所成功上市，进一步推进资源配置的全球化。

2014 年，中国南车在海外市场“深耕”与“开拓”并举，完成 35 个机车车辆整车项目和多个铁路配件及新产业产品出口的签约，实现出口新签订单总额 37.6 亿美元，达到历史最好水平。其中，整车出口签约占到总出口签约的 90%以上，品种包括电力机车、内燃机车、电动车组、内燃动车组、地铁轻轨、客车、货车，签约方包括马其顿、南非、土耳其、印度、新加坡、澳大利亚、阿根廷等 38 个国家和地区。在南非市场，中国南车 2014 年获得超过 20 亿美元电力机车订单，成为我国高端轨道交通装备整车出口的最大订单；在新加坡市场，地铁 T251 项目实现了南车无人驾驶地铁车辆出口的零突破；在马其顿市场，6 列动车组采购合同使“中国制造”动车组整车产品首次登陆欧洲。

2014 年 12 月 30 日，中国两大铁路设备制造公司——北车集团与南车集团合并，这一合并不仅能强力加速中国轨道交通装备业由“中国制造”向“中国创造”的转变，而且会有力推动中国高端装备业的产业升级，推进中国由“制造大国”向“制造强国”迈进。这一合并顺应了经济全球化和市场一体化的大趋势，也符合“一带一路”倡议以及我国优化产业布局、发展高端装备制造业的产业政策。合并后的中车公司不仅将成为全球高铁技术的最大供应商，更将巩固合并后的中车公司作为全球最大轨道运输设备制造商的地位。尤其是合并后的实体公司将受益于更大规模、更高运营效率、更高研发效率、更低采购成本和统一的全球战略，将实现更高的国际竞争力。目前，两大集团的30多家工厂生产的电动、内燃机车和铁路设备占中国市场的80%，出口的国家超过80个。2014年它们在世界市场的份额为10%。其实，它们在合并前就已经是销售额遥遥领先的世界铁路技术生产商了——远远领先于西门子、阿尔斯通、庞巴迪和日本企业。

据塔斯社2015年4月30日报道，莫斯科—喀山高铁项目设计的中标者是俄中联合财团。该财团由莫斯科国家运输工程勘测设计所领导、下诺夫哥罗德地铁设计股份公司和中国中铁二院工程集团有限责任公司参与。中标者负责完成莫斯科—喀山段高铁2015年至2016年建设的工程勘测、土地测量、规划图和文件设计工作。合同金额为200亿卢布(1人民币约合8.22卢布)。莫斯科—喀山高铁总造价为1.068万亿卢布。未来莫斯科—喀山高铁或将成为莫斯科—北京高铁干线的一段和新丝绸之路项目的一部分。莫斯科—喀山高铁全长约770公里，设计最高时速达400公里。①

2015年6月3日，德国铁路集团将首次向中国机车设备制造商购买列车和零部件，而所采购的产品将用在中国至德国的亚欧货运线路上。此外，2015年秋季德铁也会在北京设立采购办公室。中国机车设备商与德企的合作，可被看作“一带一路”这一倡议影响下的强强联手。德铁始建于1835年，1920年其开始走国有化之路。2014年，德铁和轻轨共运输乘客超过26亿人次，同比增长2.1%；货物运输量3.65亿吨，该公司约有40%的货运量来自过境运输。德铁董事海克·汉那噶尔特说：“未来三到五年内，亚洲特别是中国可满足德国铁路对列车及配件的采购需求。”此前有媒体报道称，德铁在中国的货运物流盈利不错，2014年中德货运列车超过了300列，运送集装箱近3万个，这一数字在2013年是1.5万个。德铁有关人士也曾公开表示，该公司计划在2015年年底，由中国开到德国的列车，从现在的一周3班增加到一周4班，从德国回程的列车可以从现在的每周

① 《俄媒：中俄财团中标莫斯科—喀山高铁　总造价1万亿卢布》，参考消息网2015年5月2日。

1～2班增加到3～4班，也希望到2015年年底可以将从德国汉堡到中国上海的列车由两周1班增加到一周1班。目前，德铁的潜在合作伙伴包括中国南车和中国北车合并后的中国中车、太原重工和华为等企业。[①]

自2005年以来，中国开始大规模引进并自主开发高铁技术，借鉴了法国阿尔斯通公司、德国西门子公司、加拿大庞巴迪公司和日本川崎公司的技术，自主研制出时速超过350公里的高速列车，代表着中国的高科技实力与经济实力。中国在高铁领域的科技优势与生产实力处于世界领先地位，申请的高铁技术专利已经在2000项以上。在全球高速铁路技术专利申请中，中国的申请占70%，其后依次为日本、美国和欧洲国家，分别占13%、8%、7%。除此之外，中国高铁之所以在国际上具有竞争力，主要原因在于其高科技与实用性的完美结合。中国高铁的特点是速度快、运行稳定、成本相对较低。2014年7月，世界银行驻中国代表处在一份关于中国高铁建设成本的报告中指出，中国高铁的加权平均单位成本，时速350公里的项目为1.29亿元/公里，时速250公里的项目是0.87亿元/公里，这远远低于每公里3亿元以上的国际高铁建设成本。因此，中国不仅有技术能力而且有经济实力将高铁修到国外。目前，中国境内兰州到乌鲁木齐的高铁已经通车，连接中国西部与中亚国家的高速铁路网正在筹建之中，最终会与欧洲铁路网连接。建成后的高铁客运速度高达300公里/小时，货运速度高达200公里/小时，将把中国乌鲁木齐与中亚的哈萨克斯坦、乌兹别克斯坦、土库曼斯坦等国连接起来。另外，中国与伊朗、巴基斯坦就铺设高铁线也正在商谈中。[②]

（二）铁路网联通境内外

“一带一路”愿景与行动提出：“沿线国家要加强基础设施规划和技术标准体系的对接，共同推进国际骨干通道建设。”这为签署近10年的《泛亚铁路网政府间协定》注入了强大推动力，一批国际铁路建设项目正在不断提速。

据报道称，昆玉铁路(昆明至玉溪铁路)的控制性工程——宝峰隧道正在施工，这条7公里长的隧道，是中老、中越2条国际铁路线在中国境内的交汇点。未来从云南始发的列车，经由这里可直达泛亚铁路。

---

① 王佑：《德国铁路采购中国列车及零部件用于亚欧铁路》，《第一财经日报》2015年6月4日。

② 黄卫平：《新丝绸之路经济带与中欧经贸格局新发展——兼论跨亚欧高铁的战略价值》，《中国流通经济》2015年第1期。

泛亚铁路东南亚段包括东、中、西三条线，都是从我国的云南昆明出发，经过越南、柬埔寨、老挝、缅甸等国，在泰国曼谷汇合后经吉隆坡直达终点新加坡。其中，中国境内的玉溪到河口、昆明到大理段已经通车；昆明到玉溪、大理到瑞丽段正在建设中；连接中老、中泰铁路的玉溪到磨憨段已在2015年年内开工。长期处于铁路网末梢的昆明正在变成“一带一路”的新枢纽。

昆明北上（到西安）可以连接丝绸之路经济带，南下可以和太平洋以及印度洋相连，那么也就和21世纪海上丝绸之路相连接，向东可接入长江经济带，向西通过中缅印国际通道可以和孟中印缅经济走廊相接。境外铁路建设也正在加紧推进。老挝在2016年开始实施的“八五”规划中，把交通基础设施建设作为重要战略，排在首位的项目便是磨丁口岸—万象的中老铁路；印度尼西亚2016年的基础设施投资额调高到244亿美元，创下历史新高；2015年年底签约的中泰铁路于2016年下半年开工，建成通车后，曼谷将成为21世纪海上丝绸之路的重要站点。按照《泛亚铁路网政府间协定》的规划，一张连通欧亚大陆的四线铁路网已经成形：包括连接朝鲜半岛、俄罗斯、中国、蒙古国、哈萨克斯坦等国直达欧洲的北部通道；连接中国南部、缅甸、印度、伊朗、土耳其等国的南部通道；连接俄罗斯、中亚、波斯湾的南北通道；连接中国、东盟及中南半岛的中国—东盟通道。这4条线路将连接起28个国家和地区，总里程达8万多公里。

亚洲及周边地区：服务“一带一路”倡议，中国谋划铺设一条纵贯东南亚，直达马来西亚和新加坡的大通道；丝绸之路经济带，建设与中亚、欧洲联络的高铁桥梁。中泰双方已就铁路合作达成协议；老挝铁路只差“临门一脚”；与印度签署政府间合作文件，确定了中印铁路合作的领域和行动计划；中巴经济走廊、孟中印缅经济走廊正在规划之中，互联互通铁路通道规划有望成形。

非洲：从西非到东非，中国修筑的“钢铁长龙”将在非洲多国联通。2014年，横贯安哥拉全境的本格拉铁路全线竣工；尼日利亚连接首都阿布贾至卡杜纳铁路铺通，沿海铁路合同签订；连接埃塞俄比亚与吉布提铁路正在铺轨……

欧洲：中国企业在海外参与修建的第一条时速250公里高铁——土耳其安卡拉至伊斯坦布尔高速铁路二期顺利通车；中俄高铁合作已达成初步共识，签署了合作文件；积极推动中东欧、中吉乌等国铁路合作项目。

美洲：中国、巴西、秘鲁三国已经成立“两洋铁路”联合工作组；美国西部快速铁路,由铁路总局牵头组成的联合体正在与美方商谈。

目前,我国高铁的核心竞争力主要在全车制造、接触网、牵引供电系统和列车运行控制系统几个方面。其中,接触网和牵引供电系统是我国的宝鸡保德利电气设备有限责任公司吸收了德国和意大利的技术后实现国产化的。铝合金车体是由山东丛林集团铝业公司利用西安重型机械研究所设计的世界首套万吨油压双动铝挤压机制造的。而作为高铁的最核心技术——列车运行控制系统方面,是中国铁路通信信号集团公司吸收了西门子和日立公司的经验成功研发出的具有自主知识产权的 CTCS-3 级列控系统。除此之外,我国自主攻克的 250/350 公里高速转向架、高速铁路基础设施中的无砟轨道板也已拥有自主知识产权。

在"丝绸之路经济带"建设中,先行的是跨越亚欧大陆的物流,国内很多城市都开通了到欧洲和中亚的货运列车。在 2013 年之前,仅有渝新欧班列,现在则有三大通道、多条班列,如蓉新欧班列、郑欧班列、义(乌)新欧班列。多数班列经新疆阿拉山口这个西部通道到哈萨克斯坦,再去往欧洲各地。

(三) 国际区域合作走向深入

随着"一带一路"愿景和行动计划出台,中国周边的国际次区域合作也将走向深入,主要包括以下联通中外的经济合作带。

中蒙俄经济带:主要通过环渤海、东北地区与俄罗斯、蒙古等国家的交通与能源通道,并向东连接日本和韩国,向西通过俄罗斯连接欧洲。主要包括吉林省的长吉图开发开放先导区等。

新亚欧大陆桥经济带:通过原来的亚欧大陆桥向西通过新疆连接哈萨克斯坦及中亚、西亚、中东欧等国家。

中国—南亚—西亚经济带:通过云南、广西连接巴基斯坦、印度、缅甸、泰国、老挝、柬埔寨、马来西亚、越南、新加坡等国家;通过亚欧陆桥的南线分支连接巴基斯坦、阿富汗、伊朗、土耳其等国家。

海上战略堡垒:分别由长吉图开发开放先导区,环渤海、长三角、海峡西岸、珠三角、北部湾等地区的港口、滨海地带和岛屿共同连接太平洋、印度洋等沿岸国家或地区。

不久之后中国对"一带一路"地区的出口占比有望提升至 1/3 左右,我国在"一带一路"上的总投资有望达到 1.6 万亿美元。外交部国际经济司副司长刘劲松在"第十三届中国企业实施'走出去'战略论坛海外项目发布会"上表示,中国对"一带一路"周边 60 多个国家的投资占我国对外投资总额的比例为17%左右，中国吸收这些国家的投资额则只相当于中国吸收外资总额的7%左右，这说明，中国与“一带一路”沿线国家和地区在投资领域有很大的增长潜力，值得中国企业进一步发展。

2014年11月，李克强总理访问哈萨克斯坦，中哈签署140亿美元大单。2015年3月，中哈又签署了33份产能文件，涉及金额高达236亿美元，中国还与中亚其他国家有深化的合作。

2015年4月，习近平总书记访问巴基斯坦，中巴双方启动了总计460亿美元投资中的280亿美元基础设施项目，包括巴基斯坦铁路改造、建设发电厂等。据巴基斯坦媒体报道，双方共签署了51份协议，包括：中国工商银行与巴方签订43亿美元融资项目；中兴通讯持股23.26%的中兴能源，与巴方签署900 MW光伏电站的协议条款；上海电气与巴方签订煤田煤电一体化项目的合作协议等。共有至少15家中国公司参与合作协议和备忘录的签订。

随后，习近平总书记访问印尼，中印尼不但签署了60亿美元的印尼高铁项目，之后印尼称，中方将为印尼提供500亿美元的贷款，包括铁路、电力和冶金等项目。

（四）交通运输发展促进国际区域经济合作

输油输气管道、跨境高速公路、高速铁路、信息网络、飞行航路是新丝路的主要载体。其中，跨亚欧高铁是新丝路的重要标识，发挥着重要作用。新丝路战略一方面覆盖国际贸易、国际技术合作、国际投资合作、国际区域经济合作等多个领域；另一方面既有中欧建立跨亚欧大陆区域经济合作的远景，又有中国与中亚五国、伊朗、俄罗斯等建立多边或双边国际区域经济合作的近期目标，最终将形成一个多层次、多模式的国际区域经济合作架构。高铁在新丝路战略所导向的国际区域经济合作中扮演着重要角色。

贯通中欧的新丝路覆盖中亚五国、伊朗、俄罗斯、土耳其，高铁降低了所经过地区人、财、物的流动成本，通过高铁的“线”带动区域经济发展的“面”，最终形成新丝路经济带。

中国高铁技术成熟，具备向境外规模发展与投资的条件。中国高铁时速可达350公里以上，大大降低陆路成本。如郑新欧铁路10214公里，历经两次转关、两次换轨，运行时间只需要16～18天，比海运省20余天，比空运节省80%的费用。如果下一步货运时速能达100公里左右，则耗时将减少2/3，可降至4～5天，对海运的替代能力就会迅速提升。中东、南非、亚洲、南美等地区将成为铁路建设的主力军。中国铁路海外市场将随着

“一带一路”倡议的实施而逐步扩大，进一步与印度、泰国、缅甸等周边国家互联互通，将西亚、中亚，甚至欧洲大陆连接起来构成铁路版“丝绸之路”。

21世纪是亚欧大陆世纪，其表现如下。一是经济重心持续转移，由大西洋转向亚太、亚洲，具体来说即是东亚和中国将成为世纪经济新引擎。二是新型经济体大多在亚欧大陆。金砖国家集团中的5个国家，有3个在亚欧大陆，分别是中国、印度和俄罗斯。三国人口总和超过27亿，接近全球的2/5；GDP总量接近美国的90%。三是亚欧大陆区域融合与一体化态势明显加强。包括上海合作组织、中国东盟自贸区、亚信、亚欧联盟、中国中东欧16+1、中国欧盟全面战略合作伙伴关系等等，形成多元聚合、一体发展格局。四是中国和德国分别提出创新规划。中国提出互联网+和工业制造2025，德国提出制造业4.0，中国在高铁、核能、智能电网、电商、量子通信、绿色能源等方面走在世界前列。丝绸之路经济带基本以亚欧大陆为核心，海上丝绸之路也是环绕亚欧大陆，形成一个蓝色经济环。同时，辐射非洲、南太和南美等南南合作区域。中国倡导建立的亚洲基础设施投资银行(简称亚投行)，实际上也将主要服务于亚欧国家。

第三节　全面对接“一带一路”

区域政策一直是我国推动各地协调发展和全面发展的重要举措之一，由于中国幅员辽阔，因此，在整个社会发展的过程中，经济区设置始终是国家所面临的一个重要问题。

从20世纪五六十年代提出的七大经济区和十大经济区划分，到“七五”规划时期的东、中、西三大经济地带划分，随着中国经济发展进入新一轮增长上升期，东部、中部、西部和东北四大板块协调发展的整体战略逐步确立。进入21世纪以来，西部大开发、振兴东北老工业基地、促进中部地区崛起战略相继实施，与沿海共同构成区域发展格局，在资源要素的重新调配和机制体制的不断创新之下，四大板块竞争意识强烈，尤其是中西部地区在全国发展棋局中的地位明显上升，东中西部发展差距拉大的趋势得到初步缓解。

一、区域经济发展的全方位考察

总体上来看，我国经济区设置的特征呈现出典型的圈层结构特征：既有宏观层面上的东、中、西、东北四大板块的设置；又有中观层面的跨省经济区设置，比如中原经济区、长三角、珠三角、京津冀、沿江、沿边经济带等；还有微观层面的经济区设置，较大程度上在一个省域内设置，比如深圳特区、浦东新区、滨海新区。当然，以省为单位的经济区设置也算在微观层面的政策中，比如河南为粮食主产区，山西为资源综合利用改革试验区等。在一定时期内，宏观层面的经济区划大致不会有太大变动，而中观和微观层面的经济区设置将不断涌现，为资源的合理配置、以市场为导向的区划实验提供不同层面的发展可能。

自改革开放以来，我国区域设置在微观层面的发展方式是设立经济特区和各种类型的经济开发区，基本思路仍是形成区域规模较大的增长极，并遵循梯度规律带动其他地区的渐次发展。①改革开放初期的开发和开放集中在沿海和沿边地区，也有沿江地区（主要是长江），开放开发的形式为设立经济特区和各种类型的经济开发区。包括国家级和地方政府级两类，先是在沿海，接着扩展到内地。1984 年，开始逐渐在全国范围内形成了“经济特区—沿海开放城市—沿海经济开放区—沿江和内陆开放城市—沿边开放城市”的多形式、多层次的开发开放格局。经济特区、国家级经济技术开发区、保税区、高新技术产业开发区和出口加工区等特殊经济功能区成为一定区域范围内经济发展的引擎，经济特区的增加和新的经济特区、开发区的设立成为当前我国区域经济发展的新趋势，这“既体现了经济特区的生命周期理论，也反映了我国区域经济协调发展的需求”[①]。②2005 年前后，经济开发区在经过 20 多年的发展以后，原来设计的单项经济开发功能无法应对不断增加的社会管理和服务需求。面对整体性改革的需要，国家对区域经济发展模式进行了适当调整，综合配套改革试验区应运而生。自 2005 年 6 月 21 日浦东新区获批为全国首个综合配套改革试验区开始，目前已有滨海新区、深圳特区、天府新区、西咸新区、两江新区等几个综合型综改区。③自 2007 年 6 月至 2018 年，国家先后批复了成都、重庆、武汉城市圈、长株潭城市群、沈阳、山西、义乌、海南、舟山 9 个专题型综合配套改革试验区。④“十一五”末期，国内出现地方政府寻求把地方区域规划上升到国家战略的热潮，2009 年和 2010 年，共有 24 个区域规划上升为

① 王家庭：《国家综合配套改革试验区制度创新的空间扩散机理分析》，《南京社会科学》2007 年第 7 期。

国家发展战略。

2008 年之后,中国区域经济发展格局就开始进一步细化,自“四大板块”演变为“六个核心经济圈(带)”。“六个核心经济圈(带)”包括首都经济圈、环渤海经济圈、东海经济圈、南海经济圈、长江中上游经济带以及黄河中游经济带。这一空间格局以沿海和沿江为依托,覆盖了从东北到西南的全部沿海地区,华北、北中、华南以及中部地区和部分西部、东北地区也被涵盖在内。东部沿海地区的核心又可表述为“三大五小”,“三大”指环渤海地区、长三角地区和珠三角地区,“五小”则指辽宁沿海、山东黄河三角洲生态经济区、江苏沿海经济区、海峡西岸经济区和广西北海经济区。内陆地区的核心经济带分别以长江流域和黄河流域为轴线,长江中上游经济带以武汉城市圈、长株潭城市群、成渝地区、昌九地区为重点区域,黄河中游经济带以中原地区、关中地区以及国家能源基地为依托。四大板块之间构建起了泛区域的地方合作,经济圈、沿海经济带以及国家综合配套改革试验区为一体的多层级的经济体系,区域之间联动,共同发展。目前,长江三角洲城市群、京津城市群、珠江三角洲城市群已成为引导区域经济发展的三大城市群,此外,山东半岛、辽中南、中原、长江中游、海峡西岸、川渝和关中—天水城市群也相继形成。城市圈“极化”和“扩散”的两大效应,使得区域内的资源配置得到优化,从而形成强大的经济合力和内聚力。在中部崛起规划中,长株潭城市群、武汉城市圈、皖江城市带都是以城市群来带动区域经济发展。不同经济圈、城市带在纵向、横向上交叉,形成网络化格局。

二、规模宏大的交通业发展规划为区域经济提供可持续发展动力

2007 年 10 月,国务院常务会议审议并原则通过了《综合交通网中长期发展规划》。按照“宜路则路、宜水则水、宜空则空”的原则,规划首次提出了“综合运输大通道”的概念,并经过优化比较提出了“五纵五横”10 条综合运输大通道和 4 条国际区域运输通道建设方案。按照综合交通枢纽所处的区位、功能和作用,衔接的交通运输线路的数量,吸引和辐射的服务范围大小,以及承担的客货运量和增长潜力,可将其分为全国性综合交通枢纽、区域性综合交通枢纽和地区性综合交通枢纽。本规划提出了 42 个全国性综合交通枢纽(节点城市)。

《综合交通网中长期发展规划》对促进我国可持续发展战略、缩小区域

间差距和实现各种运输方式统筹协调发展具有十分重要的现实和长远意义。从我国经济地理特征分析，未来东西向和南北向大运量、长距离的资源和产品运输将长期存在。交通运输作为基础产业，对经济发展具有较强的带动作用。综合交通网中长期规划，综合考虑我国资源分布、工业布局、城市分布以及人口分布的特点，特别是我国未来可能形成的经济区划及经济中心布局，着眼于尽快形成沟通东西和南北的若干条国家级运输大通道，将引导和促进国土均衡开发，为缩小我国地区间差距提供基础条件。

（1）2004年年初，国务院常务会议批准《中长期铁路网规划》，预计《中长期铁路网规划》项目全部实施后，到2020年，铁路建设投资总规模将突破5万亿元，铁路营业里程将达到12万公里。目前，我国已有的高速铁路为：京津城际、昌（南昌）九（江）城际、石（家庄）太（原）客运专线、长（春）吉（林）城际铁路、胶济客运专线、沪（上海）宁（南京）高铁、武（汉）广（州）客运专线、郑（州）西（安）高速铁路、温（州）福（州）线、汉宜线、福厦铁路、成灌高铁、沪杭高铁、沪宁城际铁路、广珠城际铁路、海南东环铁路、京沪高速铁路。营业里程超过9358公里，全国铁路每天开行动车组列车近1200列，已成为世界运营里程最长、运营速度最高的国家。预计到2020年，高铁总里程将达到1.6万公里。届时，北京到全国省会城市都将在8小时以内。铁路网远景规模约为19万公里，其中客运专线4万公里，普通铁路15万公里。

（2）公路主骨架是根据国家干线公路网规划（简称国道网，包括首都放射线、南北纵线和东西横线）并考虑其他相关因素确定的。公路主骨架包括总长约3.5万公里，纵贯东西和横穿国境南北的“五纵七横”12条主要由高等级公路组成的国道主干线，其贯通首都和直辖市及各省（自治区）省会城市，将人口在100万以上的所有特大城市和人口在50万以上的大城市的93%连接在一起，使贯通和连接的城市总数超过200个，覆盖的人口约6亿，占全国总人口的40%左右。

（3）按照我国生产力布局和水资源“T”形分布的特点，重点建设贯通东南沿海经济发达地区的海上运输大通道和主要通航河流的内河航道。全国水运主通道总体布局规划是发展“两纵三横”共5条水运主通道。“两纵”是沿海南北主通道，京杭运河淮河主通道；“三横”是长江及其主要支流主通道，西江及其主要支流主通道，黑龙江松花江主通道。除沿海南北主通道外，内河主通道由通航千吨级船队的四级航道组成，共20条河流，总长1.5万公里左右。这些主通道连接了17个省会和中心城市，24个开放城市,5 个经济特区。

自 2010 年以来,我国基本全面建成了与外贸运输和海上运输相适应的海上南北高效运输大通道。内河航运,重点建设长江干线及其重要支流,进一步完善珠江及京杭运河,初步形成以"一纵三横"为主骨架,包括 20 条主要内河航道总长约 1.5 万公里的内河运输主通道,使之成为为沿江工业带经济发展服务的航运体系。

全国主枢纽港口的布局规划是发展 43 个主枢纽,其中沿海港口 20 个,内河港口 23 个,覆盖了沿海 14 个开放城市、4 个经济特区、海南经济特区的省会以及水运主通道上全部省会城市和 66%的大中城市。

(4) 改革开放 40 年来,民航年均增长 17.6%,远远高于其他交通运输方式。我国已成为仅次于美国的全球第二大航空运输系统,今后十几年,仍将是民航快速发展的历史黄金期。在"十二五"期间,我国计划新建机场 70 余座、改(扩)建机场 101 座,全行业投资将超过 1.5 万亿元。预计在 2020 年、2030 年我国旅客运输量将分别达到 7 亿人次、15 亿人次。

三、交通基础设施为"一带一路"通关

2013 年,习近平总书记在出访中亚和东南亚国家期间,先后提出的共建"丝绸之路经济带"和"21 世纪海上丝绸之路"重大倡议(即"一带一路"),得到国际社会的高度关注和积极响应。"一带一路"建设将为中国经济发展和世界经济发展提供新动力。"一带一路"建设将欧亚大陆的两端,即发达的欧洲经济圈和最具活力的东亚经济圈更加紧密地连接起来,带动中亚、西亚、南亚、东南亚的发展,促进形成一体化的欧亚大市场,并辐射非洲等区域。

"一带一路"合作项目和推进措施的实施,必将对沿线国家产生广阔辐射效应,缩小地区发展差距,加快区域一体化进程。"一带一路"区域内有 60 多个国家,约 44 亿人口,占世界人口的 59%。"一带一路"以交通基础设施建设为重点和优先合作领域,契合亚欧大陆的实际需要。尤其是亚洲,许多国家和地区的基础设施亟待升级改造。加强对基础设施建设的投资,不仅本身能够形成新的经济增长点,带动区域内各国的经济,更可以促进投资和消费,创造需求和就业机会,为区域各国未来发展打下坚实的基础。根据基础建设的乘数效应,每投入 10 亿美元的基础建设投资,将新增 3 万～8 万个就业岗位,国内生产总值增加 25 亿美元。共建"一带一路"肩负的使命是促进全球 2/3 人口的发展。从贸易角度来看,从 2003—2013

年中国与“一带一路”地区贸易累计增长的倍数来看，中国对“一带一路”地区，无论是出口还是进口的增长都明显快于对外贸易的平均增长水平，我国累计进口增长3.7倍，对全球出口增长4倍，而在“一带一路”地区明显超过这个增长水平，进口累计增长4.8倍，出口累计增长7.2倍。根据世界银行数据计算，1990—2013年，全球贸易、跨境直接投资年均增长速度为7.8%和9.7%，而“一带一路”相关的65个国家同期的年均增长速度分别达到13.1%和16.5%；尤其是国际金融危机后的2010—2013年，丝路的对外贸易、外资净流入年均增长速度分别达到13.9%和6.2%，比全球平均水平高出4.6个百分点和3.4个百分点，对于带动全球贸易投资复苏发挥了较大作用。1990—2013年，丝路区域整体GDP年均增长速度达到5.1%，相当于同期全球平均增幅的2倍。即使在2010—2013年因国际金融危机影响全球经济复苏缓慢期间，丝路区域整体GDP年均增速也达到4.7%，高出全球平均2.3个百分点。

在改革开放后的40年里，我国边疆地区的基础设施建设得到很大程度的完善，尤其是在交通基础设施、电力通信基础设施、水利基础设施、教育卫生基础设施等相关领域十分明显，这些基础设施的不断完善，为推进国际次区域经济合作提供了很好的支撑。随着我国区域发展总体战略和主体功能区战略的不断推进，边疆地区将会获得国家更多的扶持和帮助，尤其是在基础设施建设方面将会获得明显改善，这将有利于边疆地区的内通外联，促进边疆地区更好更快发展。截至2013年，我国已经在国际次区域合作方面迈出重要步伐，形成了面向东南亚、南亚，面向中亚和面向东北亚的次区域合作格局。自2011年10月重庆发出第一班直达杜伊斯堡的国际货运列车之后，从中国内陆到欧洲的铁路线变得日益繁忙。在中国确定“一带一路”倡议后，各省纷纷打造中欧班列交通线，因此中国铁路总公司于2014年下半年再次调整了中欧班列运行图，将运行线路由8条增加至19条。跨越亚欧大陆桥的“新丝绸之路”正逐渐变得拥挤。截至2015年，中国已正式开行的中欧班列共8条。这些班列经由东、中、西部三条国际大通道直达欧洲，其中西部通道经阿拉山口（霍尔果斯）出境，中部通道经二连浩特出境，东部通道经满洲里（绥芬河）出境。开通中欧班列的城市，除义乌和苏州外，其余城市如重庆、郑州、成都、合肥、武汉、长沙均居中西部地区。据中国铁路总公司统计，2014年全年共开行中欧班列308列，发送集装箱26070标箱，较2013年同期多开228列，增长285%，促进了中欧沿线各国间经贸交流发展。

加入 WTO 之后，中国航运业加快进入国际航运市场，促进了中国航运业的发展。在 1999 年到 2008 年的 10 年里，中国的贸易增长量占海运贸易增长总量的 30%。我国国际和沿海水路运输航线多达几千条，国际集装箱班轮航线 2000 余条，全国港口货物吞吐量连续六年稳居世界第一。[①] 2010 年，我国已成为世界第二大经济体、第一大贸易出口国和第三大航运国家。港口吞吐量和集装箱装卸量连续几年居世界第一。我国已发展成世界港口大国、航运大国和集装箱运输大国，很好地奠定了世界贸易中心转向东亚的海运基础。

亚洲基础设施投资银行和设立丝绸之路国际发展基金(简称丝路基金)成为“一带一路”倡议成功实施的金融平台。亚洲拥有庞大的人口、资本、资源，但是亚洲发展缺少有效运用这些人口、资本、资源的组织机构，特别是有效的多边金融组织。这两个金融机构将把区域内外金融资源汇聚和利用起来，汇聚“一带一路”沿线各国政府、产业和人民加强合作的意愿，提升各国开放交流水平，促进产业合作和价值链分工协作，让不同发展水平的经济体都能从互联互通、贸易与投资开放、金融及服务合作中互利共赢。亚洲开发银行的一项统计显示，从 2010 年至 2020 年，亚洲需要至少 8 万亿元的基础设施投入。

自 2015 年始，“一带一路”倡议已在沿线许多国家起步。2015 年，泛亚铁路中国境内连接中老、中越铁路的昆玉铁路(昆明至玉溪铁路)正在施工，而连接中老、中泰铁路的玉溪到磨憨段已在 2015 年年内开工。按照《泛亚铁路网政府间协定》的规划，一张连通欧亚大陆的四线铁路网已经成形：包括连接朝鲜半岛、俄罗斯、中国、蒙古国、哈萨克斯坦等国直达欧洲的北部通道；连接中国南部、缅甸、印度、伊朗、土耳其等国的南部通道；连接俄罗斯、中亚、波斯湾的南北通道；连接中国、东盟及中南半岛的中国—东盟通道。这 4 条线路将连接起 28 个国家和地区，总里程达 8 万多公里。2015 年 4 月，中巴双方启动了总计 460 亿美元投资中的 280 亿美元基础设施项目，包括巴基斯坦铁路改造、建设发电厂等。同年 5 月，习近平总书记出席万隆会议 60 周年纪念暨亚非领导人第三次峰会，中印尼不但签署了 60 亿美元的印尼高铁项目，之后，印尼称，中方将为印尼提供 500 亿美元的贷款，包括铁路、电力和冶金等项目。2014 年 11 月，李克强总理访问哈萨克斯坦，中哈签署 140 亿美元大单。2015 年 3 月，中哈又签署了 33 份产能

① 《中国海运物流“变频”60 载》，中国国际海运网 2009 年 9 月 15 日。

文件，涉及金额高达236亿美元，中国还与中亚其他国家有深化的合作。中铁建中非建设有限公司2015年4月连续签订建设项目订单，总金额近55亿美元，项目订单包括：尼日利亚奥贡州城际铁路项目商务合同，合同总金额35.06亿美元；津巴布韦历史上规模最大房建项目——价值19.3亿美元的2015英雄住房工程项目。中国铁建中非建设有限公司已经成为非洲最大的轨道交通承包商。5月，莫斯科—喀山高铁项目设计的中标者是俄中联合财团，合同金额为200亿卢布。莫斯科—喀山高铁总造价为1.068万亿卢布。未来莫斯科—喀山高铁或将成为莫斯科—北京高铁干线的一段和新丝绸之路项目的一部分。此外，筹建中的新马高铁也是各国竞标的重点项目。该高铁将连接马来西亚吉隆坡和新加坡，全长约350公里，工程投资为120亿～150亿美元。5月9日，出现在第二次世界大战胜利70周年阅兵庆典上的习近平总书记与俄总统普京签署中俄32份总价值达250亿美元的经贸合同，包括为俄罗斯提供数十亿美元的基础设施贷款，其中有一笔用于建造一条高速铁路的3000亿卢布(约合60亿美元)贷款。这将使丝路经济带更好的对接欧亚经济联盟。

值得注意的是，中亚地区影响较大的合作机制有联合国教科文组织1988年启动的“对话之路：丝绸之路整体性研究”项目、日本的“丝绸之路外交”、美国的“新丝绸之路”计划以及“北南走廊”计划等，其进展面临诸多挑战。而注重基础设施建设的“一带一路”倡议由于有着国内区域发展和交通基础设施带动效应的成功经验，有望开辟一条新路。

与此同时，中国交通装备制造以及施工能力还在稳步前进，迈向产业中高端水平。以下3个施工案例可为佐证。

2018年3月16日凌晨，中国交建二航局仅耗时1小时，就成功整体移除上海S26公路入城段北翟高架桥落地段，该段桥梁长67.5米、宽18米，重达3050吨——这是世界上单体最大重量桥梁快速移除工程！由于该拆除区域位于上海城市副中心，离虹桥机场、虹桥火车站及上海国家会展中心较近，面临拆除难度要求高、拆除工期短、组织管理难度大等诸多困难。驮起这个庞然大物的，是中国宝武自主研发的自行式模块车(SPMT)，它有个响亮的名号——“变形金刚”，它能根据实际工况的不同，选择不同模块，组合成各种吨位和形式的运输车，不需要吊机或任何其他起重设备。在施工过程中，没有高噪音破除、没有高浓度粉尘污染，绿色、低碳、环保、节能，保证了施工期间城区交通快速通畅。此次采用多台4轴线模块车和6轴线模块车，组拼132轴线四台模块车，由一个人独自操控，完成驮运。

重庆铁路枢纽咽喉部位“手术”——重庆铁路枢纽渝黔引路扩能改造主体工程，在2018年3月26日凌晨4点30分，全面完工！白天进出重庆的火车每20分钟一趟，作业时间只有零点到凌晨四点半的270分钟。经过中国铁建600多名施工人员7天的奋战，只用了1134000(7×270×600)分钟便使列车进出重庆西站将不再绕行重庆北站，缩减全国到站时间1小时！此次站改工程新换三组道岔、四组轨排，并将原有旧轨换成每米60千克的无缝钢轨，为线路增加一组动车组运行线路。本次施工的k141线，为重庆北站、沙坪坝站、歌乐山站等进出重庆的咽喉要道，线路繁忙，被称为重庆枢纽的“十字路口”。任何环节的失误都可能造成重庆铁路的大面积瘫痪，其危险性就像在刀尖上舞蹈。此次施工封锁范围近800米，在7天内，施工人员需新换三组道岔、四组轨排，相当于在重庆枢纽的咽喉部位动手术。拆除旧道岔、拨走钢轨、抬走枕木、清挖道床、拉入新道岔、拨接新线路，经过7天的奋战，站改顺利完工。新拨接的路线将连接遂渝、襄渝、成渝、渝黔铁路，为重庆打造环形高铁线奠定基础。在经过严密的测试、逐步提速以后，重庆铁路系统于2018年4月上旬进行调图。开通后，每天经过这里的火车将增加到每10分钟一趟。

改造一个铁路站需要多久？1500多人同时施工，100多台大小机械，1.5公里的作业区间内，4个作业面的同时施工，1年的演练，9小时完成，1毫米都不差的对接！2018年1月19日傍晚，随着现场总指挥一声令下，中国中铁1500余人迅速投入施工，南(平)三(明)龙(岩)铁路福建龙岩站改造开始。此次施工为非常少见的铁路I级施工，只用了9个小时的时间就完成了道岔拆铺、拢口拨接、信号换装等所有作业！这次施工为南平—龙岩铁路的开通打下了基础，开通后，两地通行时间将由7个多小时缩短至1.5个小时。在通过试跑确定各项设备安全稳定后，龙岩站的新站台正式投入使用。①

四、31个省区市对接“一带一路”

国家层面的“一带一路”规划已经获批，规划包括基建、贸易、产业转移等多项内容。一幅由自贸区作为贸易桥头堡、“一带一路”作为资本牵引、31个省区市配合“一带一路”倡议、激发内在活力的改革路线图已经出炉。

按照规划，“一带一路”核心区域包括16个省区市，其中“丝绸之路经

① 《中国速度看呆外国网友:1小时拆高架　4小时改铁路》，澎湃新闻2018年4月4日。

济带”主要覆盖中国西南、西北地区，包括新疆、青海、甘肃、陕西、宁夏 5 个省区，重庆、四川、广西、云南 4 个省区市，以及最新扩围的内蒙古；“21 世纪海上丝绸之路”则包括江苏、浙江、福建、广东、海南等东部沿海 5 个省份以及最新扩围的山东省。

“一带一路”核心区域的 16 个省区市，以及其他省区市纷纷提出对接“一带一路”倡议的规划和举措如下。

江西省将对接中欧国际铁路班列，扩大本省至宁波、厦门、深圳铁海联运，组织实施“一带一路”文化交流合作专项计划。

辽宁省将实施新一轮对外开放，主动融入国家“一带一路”开放倡议，加快推进以大连、营口、锦州和丹东港为重要节点、以跨境物流为引领的中蒙俄经济走廊建设。同时，积极融入“辽满欧”、“辽蒙欧”综合交通运输大通道和北极东北航道建设。根据计划，将以沈阳、大连、丹东、锦州、营口为重要节点，积极参与中蒙俄经济走廊建设。

西藏自治区将加快建设南亚大通道，对接“一带一路”和孟中印缅经济走廊，推动环喜马拉雅经济合作带建设。

河南省抢抓“一带一路”重大机遇，全面融入国家“一带一路”倡议，提升郑州、洛阳主要节点城市辐射带动能力。

日照市被山东省确定为“一带一路”主要节点城市。日照市将在港口、产业、城市基础设施等方面发力，提高综合承载“一带一路”规划的能力。

重庆市将会谋划一批重大基础设施项目群，实现“国家超大城市”定位，以对接“一带一路”和长江经济带。2014 年 12 月，重庆市委、市政府已正式出台《贯彻落实国家“一带一路”战略和建设长江经济带的实施意见》，提出要将重庆建成长江经济带西部中心枢纽。上述意见提出，加快建设长江上游综合交通枢纽，打造内陆开放高地。而 2015 年重庆市政府工作报告则进一步指出，加强与“一带一路”沿线国家、国际友城经贸往来，加强与港、澳、台经贸往来，促进与长江经济带沿线省市协作，务实推进成渝经济区一体化。积极组织周边地区货物搭载“渝新欧”班列，推动国际邮政专列正式运行，增加“渝新欧”开行班次和集装箱运量。

河北省借力国家“一带一路”倡议加快产业走出去的步伐，明确提出鼓励光伏、钢铁、玻璃、水泥等产能相对过剩、具有比较优势的企业，到境外建设一批生产基地，带动装备、技术、资本及劳务输出。

新疆维吾尔自治区将依托地缘优势，深化与周边国家和地区的交流合作，形成丝绸之路经济带上重要的交通枢纽、商贸物流和文化科技中心，打造丝绸之路经济带核心区。主要节点城市为乌鲁木齐、喀什。新疆维吾尔自治区在2015年1月20日发布的政府工作报告中提出,今年要推进丝绸之路经济带核心区建设,加快落实丝绸之路经济带核心区建设实施意见和行动计划,加快五大中心建设。按照北、中、南通道建设规划,切实抓好重大基础设施项目建设和储备。

青海省正在打造丝绸之路经济带的战略通道、重要支点和人文交流中心,使丝绸之路经济带成为青海省向西开放的主阵地和推动全省经济发展的新增长极。节点城市为西宁、海东、格尔木。青海省2015年政府工作报告提出,打造与丝绸之路沿线国家和周边省区航空、铁路、公路有效对接的现代交通网络,与沿海沿江地区加强区域通关一体化合作,建成曹家堡保税物流中心。继2014年12月开放西宁国际航空港,并陆续开通西宁—曼谷、西宁—首尔等3条航线后,国际商城、保税仓库、循化穆斯林产业园等41个项目正在抓紧实施。

甘肃省将打造"丝绸之路经济带"黄金段,构建我国向西开放的重要门户和次区域合作战略基地。重要节点城市为兰州、白银、酒泉、嘉峪关、敦煌。2014年5月正式印发了《"丝绸之路经济带"甘肃段建设总体方案》,提出要建设"丝绸之路经济带"甘肃黄金段,构建兰州新区、敦煌国际文化旅游名城和"中国丝绸之路博览会"三大战略平台。重点推进道路互联互通、经贸技术交流、产业对接合作、经济新增长极、人文交流合作、战略平台建设等六大工程。其中,与丝绸之路沿线国家加强经贸合作,包括资源开发、装备制造、新能源、特色农产品加工等产业。

陕西省将着力建设丝绸之路经济带重要支点,形成我国向西开放的重要枢纽。重要节点城市为西安。下一步将加快建设丝绸之路经济带新起点,加强与中亚国家和澳大利亚等国在资源勘探、开发领域的合作;积极申报建设丝绸之路经济带自由贸易区,建设国家航空城实验区;推进省资源交易中心落户能源金融贸易中心,鼓励各类能源企业积极参与西咸新区建设;支持西咸新区建设立体化综合交通系统,启动地铁延伸线建设;省重大产业项目优先向西咸新区布局。

宁夏回族自治区将以国家"一带一路"倡议为引领,进一步打造丝绸之路经济带战略支点。2015年宁夏回族自治区政府工作报告提出,以宁夏内陆开放型经济试验区为平台,用好用足中阿博览会"金字品牌",着力实施四项行动计划,加快建设陆上、网上、空中丝绸之路。四项行动计划第一项就是实施开放通道拓展计划,一批铁路公路项目将会开建,把银川河东国际机场打造成面向阿拉伯国家的门户机场。

2015年1月26日内蒙古两会上，内蒙古自治区政府主席巴特尔明确称，内蒙古被纳入"丝绸之路经济带"建设范围，向北开放桥头堡建设迈出重要步伐。内蒙古将编制推进丝绸之路经济带建设实施方案，争取将内蒙古向北开放重大事项和项目纳入国家顶层设计。2015年，内蒙古还将加快满洲里、二连浩特国家重点开发开放实验区和呼伦贝尔中俄蒙合作先导区，办好中蒙博览会，加大口岸建设力度，推进与俄蒙基础设施的互联互通。

四川省将被打造成为国家实施"一带一路"倡议的重要交通枢纽和经济腹地。2015年1月15日召开的四川省商务工作会议提出，推动实施"一带一路"251三年行动计划。即在"一带一路"沿线中，筛选20个四川省具有较大产业和贸易比较优势的国家，实施重点开拓、深度开拓；在20个重点国家中，优选50个双向投资重大项目，实施重点跟踪、强力促进；在全省现有近1万家外经贸企业中，精选100家与"一带一路"沿线有较好贸易投资基础的重点企业，实施重点引导、形成示范。

云南省将自身定位为"一带一路"的战略支点，是沟通南亚、东南亚国家的通道枢纽。早在2014年云南省丝绸之路经济带规划就已上报国家发改委。按规划，云南省将沿边金融综合改革试验区作为丝绸之路经济带发展的重点之一，吸引东南亚及南亚国家的银行、证券等金融机构入驻云南，全面提升跨境金融服务。2015年，云南省政府工作报告指出，加快云南连接周边国家的综合交通、电力、信息和仓储物流等基础设施建设。

广西壮族自治区作为"一带一路"有机衔接的重要门户，是西南中南开放发展新的战略支点。下一步广西建设主要围绕北部湾做文章，加快申请设立北部湾自由贸易试验区，并有望成为第三批获批的自贸区。2015年广西壮族自治区政府工作报告指出，升级发展北部湾经济区，着力抓好基础设施、产业升级、港口物流等256个重大项目。

"丝绸之路经济带"建设使很多西部省份及中部省份成为国际物流通道的节点，而在当前以海运为主的国际物流通道中，它们基本上是末梢。从末梢到节点的转变，将为中西部地区带来更多的物流、人流、资金以及产业。同时，由于它们在"丝绸之路经济带"中的重要地位，它们在经济政策中将成为支柱力量，而不是支持对象，这将给它们带来更多的政策空间和发展机会。目前，中国区域经济发展不平衡，东部地区的发展水平远远高于中西部地区及东北地区。这种格局与沿海开放有相当大的相关性。沿海开放使东部地区成为物流通道和政策重心,因而积聚了资金和劳动力。“丝绸之路经济带”将促进内陆开放,形成沿海开放与内陆开放并进的局面,这将有助于各区域更平衡地发展。在这个过程中,起决定作用的并不是外贸,外贸只是起到激发的作用,更为重要的是国内资金和劳动力的流动。因此,内陆开放的贸易规模不会像沿海开放那样大,但在它的激发下,区域经济再平衡的过程将大大加速。

五、“一带一路”有望熨平欧亚间经济洼地

“一带一路”方案连接了世界上跨度最长、最具发展潜力的经济走廊,该倡议的最终实现可能需要30年到50年。

(1) 经济体量与发展潜力巨大。

“一带一路”沿线国家人口总数达44亿,经济总量约21万亿美元,分别占全球的59%与29%。进入21世纪以来,亚洲区域内贸易额从8000亿美元增加到3万亿美元,亚洲同世界其他地区的贸易额从1.5万亿美元增加到4.8万亿美元,这充分表明,亚洲区域合作具有凝聚力和吸引力。2013年,亚洲经济占世界经济的比重已达到30%的水平,到2020年,亚洲将成为世界最大的经济区域,在世界经济格局中的地位越来越重要。最大的发展中国家中国和最大的发达国家集团欧盟合起来分别占到世界人口总数的1/4和经济总量的1/3,而且各自构成世界的重要一极。2014年,中欧每天的贸易量超过17亿美元,全年贸易额超过6000亿美元。2009—2013年,双方贸易增长了71%,欧盟持续成为中国第一大贸易伙伴。

(2) 区域内发展不均衡。

区域内既有经济发达的欧盟、东亚地区,又有不发达和欠发达的南亚、中亚、东北亚等地区。根据57个主要国家的统计计算结果显示,2013年人均GDP水平低于1万美元(世界平均水平是10500美元)的国家有35个。这些国家的人口总数达到39.5亿人,占全球的52.6%,但GDP仅占全球的20%;人均GDP为3862美元,仅相当于这一区域平均水平的76.5%和全球平均水平的35.7%。

(3) 一带一路的带动作用明显。

自改革开放以来,我国与“海上丝绸之路”沿线国家的经贸合作规模越来越大。2012年,我国与“海上丝绸之路”沿线各国贸易总额为6900亿美元,占我国对外贸易总额的17.9%;中国与“丝绸之路经济带”沿线各国贸易总额达5495亿美元,占我国外贸总额的14.2%;与中亚的双边贸易额达

到459.4亿美元；中国企业在沿线国家承包工程营业额422亿美元，占全国对外承包工程总营业额的37.9%。2014年，我国与“一带一路”国家或地区进出口双边贸易值接近7万亿元人民币，增长7%左右，占同期我国外贸进出口总值的1/4。其中，我国对“一带一路”沿线国家的出口增长超过了10%，进口增长为1.5%左右。未来10年中国对“一带一路”地区的出口占比有望提升至1/3左右，我国在“一带一路”上的总投资有望达到1.6万亿美元。中国对“一带一路”周边60多个国家的投资占我国对外投资总额的比例为17%左右，中国吸收这些国家的投资额则只相当于中国吸收外资总额的7%左右，这说明中国与“一带一路”沿线国家和地区在投资领域有很大的增长潜力。根据世界银行数据计算，1990—2013年，全球贸易、跨境直接投资年均增长速度为7.8%和9.7%，而“一带一路”相关65个国家同期的年均增长速度分别达到13.1%和16.5%。

据专家介绍，当前中国的“一带一路”投资结构大致上是电力投资占20%，铁路投资占19%，其他投资主要为公路、管道和其他领域的项目。从目前看，全球基础设施的缺口很大，亚洲每年基础设施建设需求超过1.75万亿美元，欧盟对跨欧运输网络投资的需求也高达1.5万亿欧元。中国远洋海运集团是响应“一带一路”倡议积极走出国门的企业，该企业已经在“一带一路”沿线国家和地区投资了18个港口和码头。来自发改委的消息表明，截至2018年的5年来，高效畅通的国际大通道加快建设。中老铁路、中泰铁路、匈塞铁路建设稳步推进，雅万高铁全面开工建设。汉班托塔港二期工程竣工，科伦坡港口城项目施工进度过半，比雷埃夫斯港建成重要中转枢纽。中缅原油管道投用，实现了原油通过管道从印度洋进入我国。中俄原油管道复线正式投入使用，中俄东线天然气管道建设按计划推进。中欧班列累计开行数量突破1万列，到达欧洲14个国家、42个城市。

另外，“一带一路”在贸易畅通、资金融通、民心相通方面也成绩斐然。在全球贸易持续低迷的背景下，2013年至2017年，中国与共建“一带一路”国家贸易总额增幅为4.88%；2018年，我国企业在56个共建“一带一路”国家非金融类直接投资156.4亿美元，同比增长8.9%。我国与共建国家已经建设80多个境外经贸合作区，为中国企业海外投资找到新空间。2018年，亚洲基础设施投资银行迎来三次扩容，新纳入9个成员国，成员国总数达到93个，遍布世界各大洲。一大批项目陆续开工或建成，其中民生、文化领域的占比越来越大，为当地民众带来实实在在的收益。在柬埔寨西哈努克港，中国企业不仅开发建设了工业园，还配套建设了职业学院，毕业后进园区上班成为当地很多学生的梦想。从基础设施到经贸往来,从金融互通到人文交流,共商、共建、共享的"一带一路"合作理念得到国际社会的广泛认同。"一带一路"倡议,正沿着"和平、繁荣、开放、绿色、创新、文明"的方向,朝着高质量发展的未来迈进,为构建人类命运共同体注入新的动力,为全球治理体系现代化贡献中国智慧。①

六、问题与挑战

(一)如何应对美国以及日本丝绸之路外交的挑战,实现合作共赢

美国在全球范围内推动双向自由贸易区,正将战后多边主义置换为与志同道合国家之间的社会贸易和投资协定,让多边贸易协定靠边站,作为自由秩序的相关受益国,中国的"一带一路"能否突破困境值得关注。

一些日本学者指出,中亚是中国的后院,关注中国后院是有益无害的。在日本不断减少对中国的政府开发援助时,却不断增加对越南和蒙古国的援助,并积极拉拢印度,意在拉拢中国周边国家牵制中国的"一带一路"倡议。2015 年 7 月 4 日,日本在东京与湄公河流域五国首脑召开"日本与湄公河流域国家峰会",会上宣布今后 3 年将向该区域提供 7500 亿日元,约合人民币 379 亿元的政府开发援助。峰会还通过了以支援完善基础设施、实现高质量发展为主要内容的《新东京战略 2015》。另外,在高铁及铁路建设领域,日本在泰国、欧洲、美国等地与中国针锋相对,压低报价,提供援助,手段繁多,这也考验着中国企业的定力。

(二)中亚、南亚等地区的安全和稳定及经济发展局限

新的天然气、电力、铁路以及贸易通道都要经过危机四伏的阿富汗南部,阿富汗前景未见明朗,未来的阿富汗是将渐趋稳定还是走向混乱难以断定,这给"一带一路"倡议带来了极大的不确定性。中亚国家经济规模小,与南亚地区的互补程度不高,再加上高昂的运输成本,近期不能指望中亚和南亚贸易大规模增长。2012 年中国与中亚的贸易总额达到了 459 亿美元,2013 年只有 402 亿美元,原因在于受到了乌克兰危机的影响。

(三)国内对接"一带一路"通道各异,如何盈利是问题

针对"一带一路"建设方案,各地表现出极大的兴趣。未来中国内地往欧洲的发货通道,将有往北、往西、往南多条通道,每个方向都可能有几条。

① 《"一带一路"倡议提出近六年 数说建设成果》,央视网 2019 年 4 月 10 日。

无论是内陆城市，还是沿海城市，可能都会相应地有一带一路节点城市的产生，特别是那些有一带一路交汇点的城市，包括大连、营口、天津、青岛、威海、连云港、上海、泉州、温州、宁波等。此前，从重庆、成都、西安、武汉、苏州、义乌、南昌等地，都开通了发往欧洲的专列，不过几乎所有的线路都亏损严重，主要依靠政府补贴来维持运营。

第七章

中国轨道交通的快速发展

随着城市经济的快速发展，城市规模的日益扩大，城市人口大量集中，城市公共交通压力大幅度上升，现代化大城市必须建设与此相适应的快捷、安全、舒适的公共交通系统。城市轨道交通以其运量大、速度快、准时、安全等优点，日益成为公共交通的骨干。国际金融界普遍认为，可以用GDP的1%长期投资于大城市的轨道交通基础设施。中国城市交通建设迎来了黄金发展期，也为城市经济带来了巨大的发展动力。可以看到，中国轨道装备技术水平的提升不仅为中国带来了发展优势，而且为世界交通发展提供了新思路。

第一节　中国城市轨道交通的发展

随着中国城市化程度的加深，城市人口的出行不仅影响经济效率，而且给公共交通带来巨大的压力和考验。作为城市病的重要表现之一——拥堵成为政府、民众关心的重要话题。2016年中国的城镇化率达到57.35%，依据发达国家的经验，轨道交通的便利性和优越性成为公共交通的重要选项。随着经济加入全球化进程的影响，随着2008年4万亿元投资的政策倾斜，以及投融资政策的开放、多元，中国的轨道交通后来居上，取得了长足发展。另外，随着互联网、大数据经济的发展，中国城市公共交通又出现了新的发展迹象，共享出行异军突起，民间资本试水公共交通，一时风生水起。中国公共交通正在摆脱以政府为主导的一元化投资模式，向着多元化投资模式转型。

一、中国城市轨道交通的现状与问题

城市化水平代表一个国家现代经济的活跃程度，代表着各种要素集聚的程度。2016年中国的城镇化率为57.35%，数据显示，广东省城镇化率达67.76%，高居全国各省市首位。有学者认为，城市化率有两个不同的统计口径——常住人口和户籍人口，二者在城镇化率上会有一定的差距，这样看来，中国的城市化率大约在50%。① 不管统计数据的差异大小，一个不争的事实是，随着中国城市化水平的快速发展，公共交通大大滞后于城市化发展水平。

（一）公共交通面临巨大压力，轨道交通由一线城市向二线城市推进

据统计，2016年年末，中国拥有公共汽电车60.86万辆，其中BRT车辆7689辆，纯电动车占15.6%。中国内地共30个城市开通运营城市轨道交通，共计133条线路，运营线路总长度达4152.8公里。其中，地铁3168.7公里，占76.3%；其他制式城轨交通运营线路长度984.1公里，占23.7%。年度新增运营线路长度创历史新高，达534.8公里，首次超过500公里，同比增长20.2%。拥有2条及2条以上城轨交通运营线路的城市已增加到21个。运营线路增多，客流持续增长，系统制式多元化，运营线路网络化的发展趋势更加明显。

2011—2016年全国城市客运装备拥有量见表7-1。

表7-1　2011—2016年全国城市客运装备拥有量

年份	公共汽电车/万辆	轨道交通运营车辆/辆	巡游出租车/万辆	城市客轮渡/艘
2011年	45.33	9945	126.38	1061
2012年	47.49	12611	129.97	590
2013年	50.96	14366	134	422
2014年	52.88	17300	137.01	329
2015年	56.18	19941	139.25	310
2016年	60.86	23791	140.4	282

资料来源：《2016年交通运输行业发展统计公报》。

2016年完成城市客运量1285.15亿人次，比上年下降1.4%。公共汽

① 蔡继明：《我国城市化率被高估1.8亿人实为"镇民"》，中国经济网2015年3月13日。

电车完成745.35亿人次,下降2.6%,其中,BRT客运量17.65亿人次,增长23.2%,公共汽电车运营里程358.32亿公里,增长1.7%;轨道交通完成161.51亿人次,增长15.4%,运营里程4.33亿公里,增长15.7%;巡游出租车完成377.35亿人次,下降4.9%,运营里程1552.5亿公里,下降3.1%;客运轮渡完成0.94亿人次,下降6.9%。[①] 2011—2016年全国城市客运量见表7-2。

表7-2 2011—2016年全国城市客运量 单位:亿人次

年份	公共汽电车	轨道交通	巡游出租车	城市客轮渡
2011年	715.79	71.34	376.71	1.72
2012年	749.8	87.29	390.03	1.31
2013年	771.17	109.19	401.94	1.06
2014年	781.88	126.66	406.06	1.07
2015年	765.4	140.01	396.74	1.01
2016年	745.35	161.51	377.35	0.94

资料来源:根据相关数据整理所得。

随着地铁建设的加快,地铁运营城市逐步由北京、上海、广州、深圳等城市,向省会城市和部分经济发展水平较高的二线城市推开,比如成都、南京、武汉、青岛、宁波等城市。2017年,我国拥有地铁运营线路的城市由2012年的17座增加至27座,运营线路里程由1740公里增长至3169公里。统计数据显示,城市轨道交通年客运量由2012年的87.29亿人次增加至2016年年底的161.51亿人次,日均客流由2448.2万人次增加至4408万人次,其中北京的日均客流量就超过了1000万人次。

2016年,中国内地城市轨道交通完成投资3847亿元,在建线路总长5636.5公里,均创历史新高。可研批复投资累计34995.4亿元。截至2016年年底,共有58个城市的城市轨道线网规划获批(含地方政府批复的14个城市),规划线路总长达7305.3公里。在建、规划线路规模进一步扩大、投资额持续增长,建设速度稳健提升。

中国城市轨道交通协会发布的《2017年城市轨道交通行业统计报告》显示,2017年中国内地城市轨道交通完成建设投资4762亿元,在建线路长度6246公里,在建项目可研批复投资额累计38756亿元。截至2017年年

① 《2016年交通运输行业发展统计公报》。

末，共有62个城市的城市轨道交通线网规划获批（含地方政府批复的18个城市），规划线路总长7321公里。截至2017年年末，中国内地共计34个城市开通城市轨道交通并投入运营，开通线路165条，运营线路长度达到5033公里。其中，地铁3884公里，占比77.2%；其他制式城轨交通运营线路长度约1149公里，占比22.8%。2017年新增运营线路32条，同比增长24.1%；新增运营线路长度880公里，同比增长21.2%。2016年当年线路增长首次超过500公里，达到535公里，仅一年后年线路增长突破800公里，又迈上新台阶。全年累计完成客运量185亿人次，同比增长14.9%。拥有2条及以上运营线路的城市已增至26个，占已开通城轨交通城市的76.5%。①

国际经验表明，当一国城市化率超过60%，城市轨道交通将实现高速发展以解决大城市交通拥堵问题，城市轨道交通建设投资迅速增加。长期以来，我国城市轨道交通建设相对滞后，轨道交通运营总长度、密度及负担客运比例均远低于平均水平。国内外几大城市轨道出行占比见图7-1。

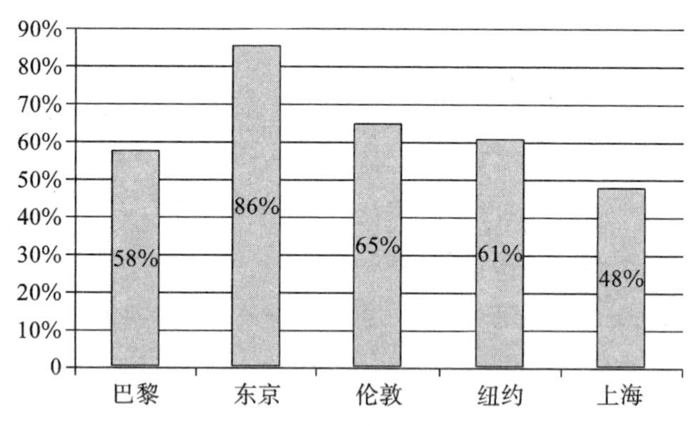

图7-1　国内外几大城市轨道出行占比

资料来源：根据相关资料整理所得。

世界城市地铁运营里程排名见表7-3。

表7-3　世界城市地铁运营里程排名

名次	国别	城市	长度/公里
1	中国	上海	567
2	中国	北京	465
3	英国	伦敦	402

① 《2017年我国内地城轨交通完成建设投资4762亿元》，《证券时报》2018年4月1日。

续表

名次	国别	城市	长度/公里
4	澳大利亚	墨尔本	372
5	美国	纽约	369
6	日本	东京	326
7	韩国	首尔	314
8	俄罗斯	莫斯科	312.9
9	西班牙	马德里	284
10	中国	广州	260.5
11	中国	香港	218.2
12	法国	巴黎	215
13	墨西哥	墨西哥城	201.4
14	中国	重庆	197.3
15	中国	南京	180.2
16	中国	深圳	178.8
17	西班牙	巴伦西亚	175
18	德国	柏林	173
19	美国	华盛顿	171
20	美国	芝加哥	170.6

资料来源：根据相关资料整理所得。

（二）轨道交通已成为投资热点

2016年我国城市轨道交通完成投资3847亿元，2015年为3683亿元，同比增长4.4%，这是连续多年的高速增长。从图7-2可以看到，自2012年以来，我国城市轨道交通投资开始加速增长，2012年、2013年的增长速度分别为18%和13%，2014年、2015年的增长速度更是达到了34%和27%，城市轨道交通建设已经成为投资热点，深受资本的青睐。

1978—2015年，我国城市轨道交通投资总额约2万亿元，而这2万亿元基本上都是在“十一五”和“十二五”期间完成的，从图7-2可以看到，“十一五”开始，我国城市轨道交通投资进入快速增长的通道。“十二五”期间累计完成轨道交通投资约1.23万亿元，平均每年完成投资2458亿元，年复合增长率高达23%，增长速度远远高于铁路、公路、电力、石油化工、采矿等行业。“十三五”期间，轨道交通建设投资需求仍将快速增长，投资规模

图 7-2　2008—2016 年国内轨道交通投资额及其增长率

资料来源：根据相关资料整理所得。

将达到 1.7 万亿～2 万亿元，2015 年年底，全国在建的轨道交通线路可研批复投资累计约 2.6 万亿元，这些投资绝大部分将在“十三五”期间完成，可见，“十三五”期间我国轨道交通建设将达到前所未有的投资高潮。

“十五”至“十三五”我国城市轨道交通新增里程、投资情况见表 7-4。

表 7-4　“十五”至“十三五”我国城市轨道交通新增里程、投资情况

时间	新增里程/公里	总投资/万亿元	年均里程/公里
“十五”期间	399	—	79.8
“十一五”期间	885	0.5	177
“十二五”期间	1900	1.2	380
“十三五”期间	2500	1.75	500

资料来源：根据相关资料整理所得。

“十三五”城市轨道交通新增里程较“十二五”增长 31.6%。

（三）轨道交通建设速度、规模超乎以往

2000 年，我国建成的轨道交通线路长度首次超过 100 公里，达到 117 公里，涉及 4 个城市（北京、天津、上海、广州），这是我国第一批轨道交通城市。2010 年，我国建成的轨道交通线路长度首次超过 1000 公里，达到 1429 公里，涉及 13 个城市，除以上 4 个城市外，还有大连、长春、深圳、重庆、武汉、南京、成都、沈阳、佛山，这也是我国第二批轨道交通城市。“十一五”期间，我国共建成投入运营的线路长度为 808 公里，平均每年增加 161.6公里。2015 年（“十二五”末），我国城市轨道交通运营线路总长度 3069 公里，“十二五”期间共建成投入运营的线路 1640 公里，平均每年增加 328 公里。

我国城市轨道交通的建设速度、建设规模与投资同步,“十二五”期间进入建设速度增长的快车道,“十三五”期间建设速度与建设规模将达到前所未有的高度,到 2020 年,我国城市轨道交通运营里程将突破 6000 公里,广义范围的城市轨道交通营运里程(还包括市域快轨、现代有轨电车)有望接近 8000 公里,城市轨道交通将成为全国一、二线城市公共交通的主体,对城市发展的作用将进一步凸显。

全国地铁运营线路数见图 7-3。

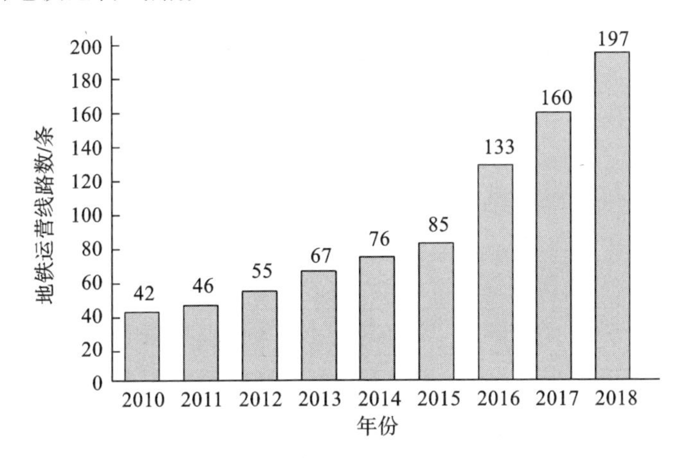

图 7-3　全国地铁运营线路数

资料来源:根据相关资料整理所得。

(四) 很多城市从无到有,在全国范围大规模展开,网络化运营格局显现

预计到 2020 年,符合国家建设地铁标准的城市将从 41 个增加到 60 个左右,建设布局具有典型“点多面广”的特征。2016 年我国国内轨道交通运营情况见表 7-5。

表 7-5　2016 年我国轨道交通运营情况

序号	城市	总里程/公里	车站数/个	线路数/条
1	上海	628.64	369	16
2	北京	553.39	336	18
3	广州	258.66	170	10
4	南京	240.01	137	7
5	重庆	197.29	121	4

续表

序号	城市	总里程/公里	车站数/个	线路数/条
6	深圳	177.58	131	5
7	大连	171.03	100	7
8	天津	147.43	100	6
9	武汉	126.03	102	4
10	沈阳	116.26	134	6
11	成都	88.44	70	3
12	杭州	81.56	56	3
13	苏州	70.53	57	3
14	长春	65.54	82	4
15	昆明	60.99	35	3
16	无锡	56.16	46	2
17	西安	52	40	2
18	宁波	48.23	42	2
19	南昌	28.7	24	1
20	长沙	27.05	23	1
21	郑州	25.42	20	1
22	淮安	20.07	23	1
23	哈尔滨	17.73	18	1
24	佛山	14.78	11	1
25	青岛	12	10	1
26	香港	218.2	155	10
27	台北	131.1	117	5
28	高雄	42.7	37	2
总计		3677.52	2566	129

资料来源：根据相关资料整理所得。

（五）轨道交通大多以地铁为主、其他为辅

城市轨道交通的线路形式包括地铁、轻轨、单轨、市域快轨、现代有轨电车、磁悬浮、APM共7种。2016年中国内地城市轨道交通运营线路总长度超过4000公里，该数据不包括市域快轨、现代有轨电车，这是行业内的

统计习惯，称之为狭义的轨道交通，一般为狭义范畴的数据。

在“十二五”初期，我国城市轨道交通仍然以地铁为绝对主导，到“十二五”末期，已经形成7种线路形式协调发展的局面。如果将7种线路形式全部囊括在内，2015年我国广义的轨道交通运营里程共3618公里，其中，地铁2658公里，占73.5%；其他6种形式共960公里，占26.5%（见图7-4）。2016年的数据为地铁3168.7公里，占76.3%；其他制式城轨交通运营线路长度984.1公里，占23.7%。

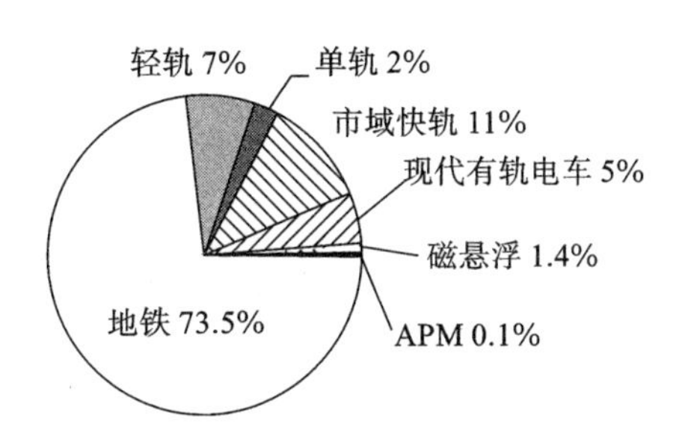

图 7-4　2015 年我国广义轨道交通线路形式占比情况

资料来源：根据相关资料整理所得。

从近年来广义轨道交通新增运营里程看，除地铁外的其他6种形式的运营里程持续增加，尤其是单轨、市域快轨、现代有轨电车等形式快速发展，磁悬浮也成功实现了零的突破。在2015年全国获批的城市轨道交通规划中，武汉的141公里规划全部为现代有轨电车；在杭州的250公里规划中，有61公里为市域铁路；温州的157公里规划全部为市域铁路；在长春的104公里规划中，有28公里为轻轨；芜湖的47公里规划全部为单轨。未来，线路形式的多元化格局使得轨道交通的网络层次更加丰富、网络结构更加完善，多种形式的城市轨道交通相互配合，共同为城市市民的出行增添便利。

尽管目前已经形成了7种线路形式协调发展的局面，但未来的城市轨道交通建设仍然以地铁为主，且地铁的占比还会持续增加，未来将增长到85%，甚至90%。

2015年年底在建的广义轨道交通线路中，各种线路形式占比情况如图7-5所示，地铁占比84.6%，其他6种形式共占15.4%。在2015年年底规划的广义轨道交通线路中，各种线路形式占比情况如图7-6所示，地铁占

89.7%,其他 6 种形式共占 10.3%。

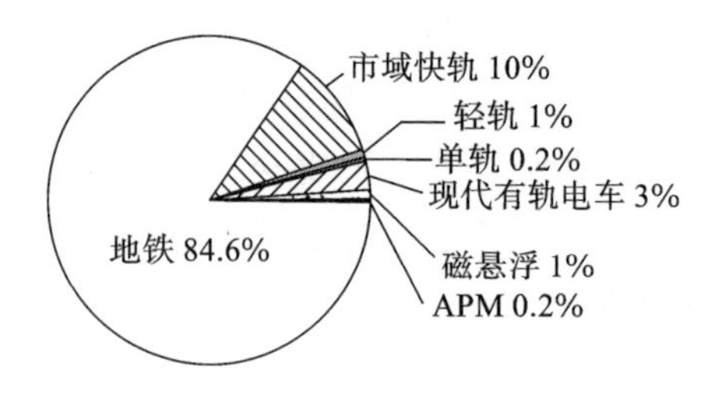

图 7-5　2015 年年底我国广义城市轨道交通在建线路形式结构

资料来源:根据相关资料整理所得。

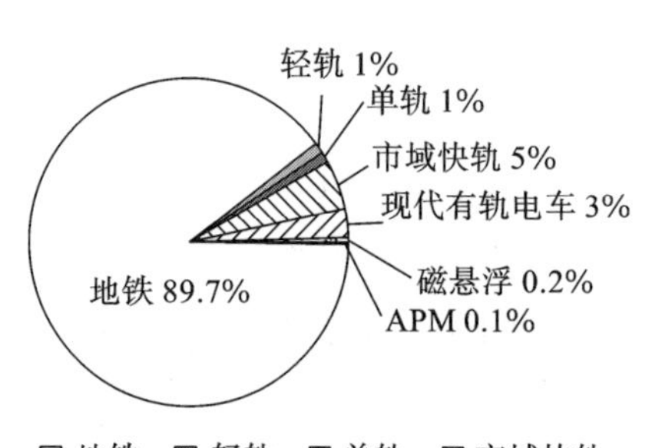

图 7-6　2015 年年底我国广义城市轨道交通规划线路形式结构

资料来源:根据相关资料整理所得。

目前,我国城市轨道交通以地铁为主,但是由于各地区交通运输环境不同,受到经济和人口密度以及历史环境因素的影响,高峰客运需求量不同,其他制式的轨道交通得到了有效发展。数据显示,2018 年年末,我国已开通的城市轨道交通包括地铁、轻轨、市域快轨、单轨、现代有轨电车、磁悬浮、APM 共 7 种,地铁运营线路占比 78.23%,市域快轨占比8.7%,轻轨占比 4.41%,现代有轨电车占比 5.77%。2018 年我国内地城市轨道各形式占比情况见图 7-7。

二、我国城市轨道交通发展历程

(一) 规划与发展

我国的轨道交通发展于 20 世纪 50 年代,1956 年,上海制定了我国第

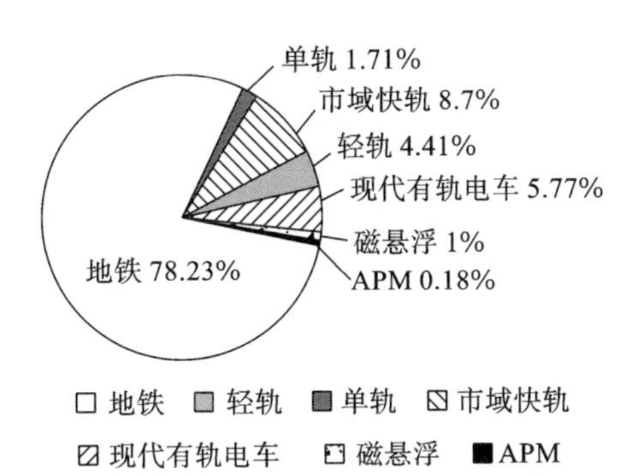

图 7-7　2018 年我国内地城市轨道各形式占比情况

资料来源：根据中国城市轨道交通协会前瞻产业研究院资料整理所得。

一部轨道交通规划方案——《上海轨道交通规划》。此方案开了轨道建设指导方案制定的先河。我国第一条城市轨道交通线于 1969 年建成通车，总里程 23.6 公里；到 20 世纪 80 年代末，我国建成 3 条城市轨道交通线路，总里程达到 61.6 公里；到 21 世纪初，城市轨道交通线数量增加到 6 条，总里程增加到 174 公里；从 2001 年到 2010 年，我国城市轨道交通线有了巨大进步，发展到 48 条，总里程达到了 1469 公里。

（二）相关政策的规范

新中国成立后，中央及地方政府一直在探索我国轨道交通的发展思路和方向，并出台了一系列相关的法律法规，鼓励和指导轨道交通的发展。主要集中于以下几个方面：在施工过程中的安全性方面，住建部颁布了《关于加强城市轨道交通安防设施建设工作的指导意见》以及《城市轨道交通工程安全质量管理暂行办法》，这两部法规主要规定了对突发性事件的处理办法，以保证轨道交通建设持续健康发展；在产业组织和指导方面，《城市公共交通"十二五"发展规划纲要（征求意见稿）》规定"十二五"期间，中国城市公共交通供给将会保持高速持续增长势头，特别是轨道交通建设将会有很大幅度的增长；除此之外，在《关于进一步推进城市轨道交通装备制造业健康发展的若干意见》中，不仅全面讲述了促进轨道交通设备制造业持续健康发展的重要意义，而且提出了促进其健康发展的主要措施、主要思想、根本原则、重要目标以及主要任务。

我国轨道交通政策出台情况见表 7-6。

表 7-6　我国轨道交通政策出台情况

时间	文件
1985 年	公共交通发展政策
“七五”期间	规划建设技术标准政策
1995 年	宏观调控政策
1996 年	轨道交通发展政策
1997 年	轨道交通建设政策
1999 年	国产化政策
2009 年	城市轨道交通技术规范
2009 年	城市轨道交通引起建筑物振动与二次辐射噪声限值及其测量方法标准
2009 年	关于开展在建城市轨道交通工程安全生产监督检查工作的通知
2009 年	关于开展在建城市轨道交通工程安全生产和市场主体行为督查的通知
2009 年	关于印发曲琦副司长在全国城市轨道交通工程质量安全联络员会暨风险管理应急救援经验交流会上讲话的通知
2010 年	城市轨道交通工程安全质量管理暂行办法
2010 年	关于加强城市轨道交通安防设施建设工作的指导意见
2010 年	城市轨道交通产品标准体系
2010 年	关于进一步推进城市轨道交通装备制造业健康发展的若干意见
2010 年	城市公共交通“十二五”发展规划纲要(征求意见稿)
2012 年	国务院关于城市优先发展公共交通的指导意见

资料来源：根据相关资料整理所得。

进入 21 世纪以来，中国第一次把轨道交通的建设列入国家经济五年规划中，并且把轨道交通建设提升到了拉动国家经济持续发展战略的高度。自此之后，各级政府开始重视轨道交通建设的发展，出台各种政策，制定各种规划，支持其发展，并且纷纷加大对轨道交通建设的投资。主要政策有以下几个。①国产化政策。1999 年提出的国产化政策规定各城市的地铁设备采购价格，重点规定国产部分(外资以及中外合资企业在华生产不算进国内生产)要超过 70%。②轨道交通建设政策。轨道交通建设政策于 20 世纪 90 年代出台，政策规定建设轻轨交通的标准时，即线路附近单向客流量高峰期要达到 1 万人次每小时，而建设地的建设标准时单向客流量高峰期要达到 3.5 万人次每小时，并且长期单向客流量高峰期要达到 5 万人次及 5 万人次以上。③《城市公共交通"十二五"发展规划纲要（征求意见稿）》（2010）。《城市公共交通"十二五"发展规划纲要（征求意见稿）》（2010）指出，目前我国城市化进程正处于高速发展期，城市化加速速度每年增加一个百分点，也就是每年由农村转入城市的人口高达 1300 多万，使得城市交通需求迅猛增长。同时指出，"十二五"期间，我国城市公共交通运力总量将继续保持快速增长态势，尤其是轨道交通运量将大幅增长。该纲要指出，目前城市交通建设的目标是，人口达到 300 万的城市要形成以轨道交通为主干，以城市公交和电车为主体的城市交通网络；而人口多于 100 万少于 300 万的城市，轨道交通可以适度发展，但仍要以公交系统为主要发展对象，加快建设公交专用通道。到"十二五"结束之际，我国轨道交通运行里程要达到 3300 公里，并且提高技术发展速度，提升管理水平，切实发挥城市轨道交通在交通运输系统中的主导作用。④《关于进一步推进城市轨道交通装备制造业健康发展的若干意见》（2010 年）。为了认真落实该意见，进一步巩固轨道交通设备制造业取得的发展成果，指引轨道交通行业的健康发展，发改委在 2010 年 12 月又颁布了《关于进一步推进城市轨道交通装备制造业健康发展的若干意见》，强调不仅要充分理解促进轨道交通装备制造业健康发展的重要意义，而且要牢牢掌握促进轨道交通装备制造业健康发展的主要目标、建设指导思想、建设原则以及主要任务。为杜绝盲目建设和产能过剩，解决投招标过程中的违规行为以及对国产品牌轻视等问题出台了一系列政策法规。

在这种形势下，政府加大力度号召外资和民营企业进入轨道交通建设领域。外资企业主要采用供应设备和技术的方式参与轨道交通建设领域，民营企业则因投资额过大而暂时难以介入。随着我国城市化进程的深入和城市规模的扩大，外国资本和民间资本进入轨道交通行业成为一种必然和趋势。《国务院关于城市优先发展公共交通的指导意见》（国发〔2012〕64 号）明确指出："随着我国城镇化加速发展，城市交通发展面临新的挑战。城市公共交通具有集约高效、节能环保等优点，优先发展公共交通是缓解交通拥堵、转变城市交通发展方式、提升人民群众生活品质、提高政府基本公共服务水平的必然要求，是构建资源节约型、环境友好型社会的战略选择"，"有条件的特大城市、大城市有序推进轨道交通系统建设"，"大城市要基本实现中心城区公共交通站点 500 米全覆盖，公共交通占机动化出行比例达到 60％左右"。

国务院常务会议也提出，我国多数城市公共交通出行比例偏低，必须将公共交通放在城市交通发展的首要位置，加快构建由轨道交通网络、公共汽车、有轨电车等组成的城市机动化出行系统。在确定的八项重点任务中又重点明确以下几点：强化规划调控，加强公共交通用地综合开发，对新建公共交通设施用地的地上、地下空间，按照市场化原则实施土地综合开发，收益用于公共交通基础设施建设和弥补运营亏损；加大政府投入，“十二五”期间，对城市公共交通企业实行税收优惠政策，对城市轨道交通运营企业实行电价优惠；拓宽投资渠道，吸引和鼓励社会资金参与公共交通基础设施建设和运营；健全安全管理制度，构建服务质量评价指标体系；规范公共交通重大决策程序，实行线网规划编制公示制度和运营价格听证制度；建立城市公共交通运营成本和服务质量信息公开制度。

国家和地方也相继出台了一些针对城市轨道交通建设、运营和管理的政府规章和政策文件，逐步健全发展城市轨道交通的管理体系。如：1985年公交发展政策；“七五”计划期间的城市轨道交通建设技术标准政策；1996年城市轨道交通发展政策；20世纪90年代的轨道交通建设政策规定；2003年，国务院办公厅颁布的《关于加强城市快速轨道交通建设管理的通知》（国办发〔2003〕81号），明确了审批城市轨道交通的准入政策；2005年，原住建部第140号令发布的《城市轨道交通运营管理办法》，对我国城市轨道交通的运营及相关管理活动作了规定；2006年，国务院发布的《国家处置城市地铁事故灾难应急预案》，对城市轨道交通发生事故情况下的应急处置提出了一系列的要求；2012年，国务院发布《国务院关于城市优先发展公共交通的指导意见》（国发〔2012〕64号）。部分城市也先后出台了相关条例、政府规章等，以重庆为例，即有《重庆市轨道交通管理条例》等。

三、多元化投资政策的影响

自1863年伦敦建立的世界上第一条地铁开始运行之后，轨道交通得到了广泛的传播，在世界各地蓬勃发展。如今，城市轨道交通已经成为世界各大城市主要的交通运输形式。据粗略统计，到2010年已有60个国家建有360条轻轨线路，国际200万人口以上的超大城市基本上都修建了地铁，地铁成为城市交通的主力。

在1863年到1900年的37年间，英国的伦敦和格拉斯哥、美国的纽约和波士顿、匈牙利的布达佩斯、奥地利的维也纳与法国的巴黎共5个国家的7座城市先后建起城市轨道交通。当前，已经有170多个城市建立了轨道交通，全球轨道交通运行里程超过了1万公里。自20世纪60年代以来，轨道交通更是得到了长足发展，拥有轨道交通的城市数量几乎是以直线的形式上升。从地理分布上来看，欧洲已开通轨道交通的城市最多，达75个，占比42%，但从营业里程上看，亚洲国家的城市轨道交通营业里程达3800公里，占比38%。城市轨道交通事业具有明显的公益性，商业性相对较弱。因此，在世界各城市，一般是以政府投资占主导，部分是企业单独投资或者是政府财政主导下的企业投资。通过国内外许多城市在轨道交通投融资方面的具体运作情况来看，多元化的资金来源促进了轨道交通的长足发展。

（一）发达国家轨道交通投融资政策

具体来看，发达国家轨道交通投融资有政府投资＋政府垄断经营、政府投资＋政府有竞争经营、政府投资＋公私合营、公私合作建设与运营和私人建设＋私人运营5种模式。

美国轨道交通投融资特点是征税与商业化开发，筹集城市轨道交通项目建设资金的来源主要为各级政府拨款、发行债券，美国投资和融资的主要渠道包括燃油税、联邦或州政府拨款、运营收入、政府债券以及消费税等。另外，还包括以下方式。①对非交通设施使用者收费。当对交通设施使用者征税的愿景不能实现时，则从房产税、买卖税、矿产收入中抽出一部分用于交通建设，这部分收入约占交通项目投资的23%。②对城市轨道交通车站周围土地的合作开发。公交管理部门或城市轨道交通部门与开发商合作向开发商出租轨道交通车站周围所拥有的土地，从开发商手中收取土地租金和从开发商的毛收入中按一定比例收取附近租金。除了向非交通设施使用者收费和采用商业化的开发利益还原外，美国在筹集地铁和城市轨道交通设施建设资金时，还采用由土地发展商出资的私人出资，发行项目债券、无息债券，以及通过在停车场、车站、车辆等处发布广告而收取的广告费或发行彩票等方式筹资。

德国政府有专门的交通融资法案，其中规定，用燃油税以及其他税收收入的10%发展轨道交通项目。通过评估以及审批等一系列程序的公司，可以申请高达建设资金85%的政府投资。德国地铁及轻轨建设所需资金的60%由联邦政府承担，40%由州、市政府承担，因此，其不需要通过借款等其他方式来筹集建设资金。城市轨道交通建设在投资上全部由政府承担，在经营上由国有企业（在实际操作中是公共部门）进行垄断经营，并依靠政府财政补贴以达到盈亏平衡。

伦敦,是最早拥有地铁的城市,因此其地铁设施已经陈旧,急需更新换代,或者改造翻新,其资金需求高达140亿英镑。英国伦敦投融资模式采用私人和政府共同出资的形式。政府通过合约的形式吸引民间资本进入,建立专营公司管理。给私人一定的私营期限,等到期后收归国有,划为政府固定资产。

日本对铁道及城市轨道交通的发展十分重视,制定了许多政策对有关投资者提供各种补助和税制优惠,促使全社会向铁道及城市轨道交通建设投资。①各级政府补助:政府往往不直接参与轨道交通建设投资,而是通过各种政策对轨道交通投资者进行补助。②地方公共团体投资:对于公营地铁公司修建的地铁新线,其为地方公共团体总建设费一定比例(1990年前为10%,1990年后为20%)的投资,作为地铁公司的资本;对于公私合营铁路公司(日本称这类企业为第三经济部门)修建的铁路新线,地方公共团体的出资比例随地方公共团体和民间的财政状况及其对铁道的需求程度、必要程度而定。③债券:通过发行地方债券、交通债券、铁道建设债券等进行筹资。地方债券是公营企业进行地铁建设时发行的地方性企业债券;交通债券是交通营团为筹集建设资金发行的债券;铁道建设债券是日本铁道建设公共团体为筹集建设资金发行的债券。④贷款:建设轨道交通可以申请无息或低息贷款。地铁建设可以申请铁道建设基金无息贷款,这是国家用于铁道建设的特定资金来源,可对建设费的40%实施无息贷款。此外,对地方公共团体也实施同样的援助,偿还期为15年。低息贷款向日本开发银行申请,对于立交工程、复线、换乘站改造等融资率达50%,利息为7.9%(特殊情况为5%)。⑤使用者负担金:城市轨道交通的用户需要承担一部分建设费用。从1986年起,建立特定的城市轨道交通建设资金积累制度,在票价中增加一笔附加费,相应的运营收入增加量,不用纳税,将作为大规模改造工程建设费的一部分。⑥税制优惠:日本为了大力发展铁道建设,不同时期相继出台了多种轨道交通建设的税制优惠政策。例如:固定资产税中的铁道用地免征税租;地铁、道口建设及道口安全装置实行免税政策;工程费特别折旧制度及特别铁道工程折旧准备金制度;实施"特定城市铁路建设公积金制度";1991年,实行了铁道建设基金制度,并针对大城市轨道交通建设制定了《特定都市铁道建设促进特别措施法》,促进新线建设和扩建等。

新加坡城市轨道交通由政府投资建设,但在地铁运营方面不提供补贴。新加坡城市轨道交通项目建设资金主要来源于财政部对陆路交通管理局的拨款和陆路交通管理局自己筹措借贷,陆路交通管理局的这部分借贷资金会利用财政拨款归还。同时，陆路交通管理局的收入，如法定收费、罚款等也构成了地铁建设资金的来源。新加坡城市轨道交通的建设和运营资金都由陆路交通管理局负责，陆路交通管理局不仅要负责城市交通基础设施建设的资金，而且要负责其初始运营资产的购置。通过这种方式，运营公司仅需提供少量资金就能得到运营所需要的资产，政府在进行初始投资后也不需要对运营资产进行大量的投资，这样不仅可以满足初始运营对资金的大量需求，而且保证了建设及运营的速度。此外，因资产更换而产生的资金需求大部分由轨道交通企业从其自身收入中支付，同时陆路交通管理局还会给予一定补贴。通过上述分析，新加坡城市轨道交通的投融资模式是一种分阶段的PPP建设模式。其在规划建设阶段，需要在运营效益和公共利益的基础上对城市轨道交通线路进行规划，并依靠政府的信用担保和财政资金实现城市轨道交通投融资，以达到有效控制建设成本和工期进度的要求。在项目运营阶段，明确政府对城市轨道交通项目的财政补贴，通过市场化的方式引入适合的社会企业进行专业化管理经营，以最大限度地利用社会机构的高服务质量和高管理效率，从而达到降低运营成本、加快投资回收、增加运营效益、提高服务质量的目的。[①]

我国轨道交通项目建设投融资方式主要是银行贷款和政府财政支出，其他形式的资金来源十分狭窄、不足。

（二）中国城市公共交通资金来源情况

2006年12月1日，建设部、发改委、财政部等联合颁布《关于优先发展城市公共交通若干经济政策的意见》，很多城市建立了城市公共交通投入、补贴和补偿机制，公共交通发展也正在逐步纳入公共财政体系。财政对公交的投入、补贴主要包括以下两点。

1. 中央财政——成品油价格补贴

自2010年1月1日起，中央财政对城市公交实行成品油价格补助。当国家确定的成品油分品种出厂价高于2006年成品油价格改革时的分品种成品油出厂价（汽油4400元/吨、柴油3870元/吨）时，启动补贴机制。城市公交企业的油价补贴，中央财政全额负担。油价补助资金，由财政部通过专项转移支付的方式下达省（区、市）财政。

2. 地方财政

根据我国财政的事权分配原则，城市公交企业主要由企业所在城市地

① 刘子长：《国内外城市轨道交通建设投融资模式研究》，《交通与运输（学术版）》2016年第1期。

方财政支持。近来随着公交事业重要性的凸现，一些省份也从财政中出资发展公交事业。①市级财政。城市财政对公共交通的支持主要包括对基础设施建设、车辆设备购买等财政资金支持、运营补贴及其他政策优惠等。城市财政对城市公交基础设施建设、运营车辆及技术设备购买等给予财政支持。资金来源于城市公用事业附加费、基础设施配套费等政府性资金。政府采用编列预算的方式给予适当的补贴。②其他支持。除以上资金补贴外，城市政府还从税费、政策、规划等方面对公交企业予以支持。主要包括以下三点。第一，税费优惠。城市政府对公交企业营业税实行减免或退税。第二，土地优惠政策。一些城市政府对公交企业站点建设给予土地使用费用减免。一些城市政府将轨道交通线路或站点周边的部分土地划拨给投资方或运营方开发，以土地的运营收入反哺轨道交通运营上的亏损。第三，广告、商贸的特许经营权。地方政府对于轨道交通利用站点设施开展商业经营，拍卖车站冠名权等，特许利用公共交通工具开展广告、商业宣传。[①]

（三）中国轨道交通投融资情况

从1953年到改革初期的投融资体制是以计划经济为特征的传统投融资体制，其基本特征是投资主体单一，包括中央政府、集体所有制的城镇小企业、农村人民公社，以政府（包括中央政府和地方政府）为主导。[②] 改革开放后，随着市场经济体制改革的展开，基本建设投资体制也进行了一系列的改革：从1984年开始全面实施的“拨改贷”政策，基本建设投资全部由拨款改为贷款；生产企业作为市场投资主体的地位逐步确立；资金来源渠道逐步增加；开始发行国债；征收国家能源重点建设基金等。

“十五”计划开始时，国家明确提出了投融资改革方向，即投资主体自主决策、银行独立审贷融资方式多样、中介服务规范、宏观调控有效。新的投融资体制逐步确立：①将投资项目分为公益性、基础性和竞争性三类。公益性项目由政府投资建设；基础性项目以政府为主，并广泛吸引企业和外资参与投资；竞争性项目由企业投资建设。②停止“拨改贷”办法，实行项目资本金制度。另外，由于中央政府与地方政府财政分权制度的确立，政府投资由原来的以中央政府为主转变为现在的以地方政府为主。

① 李茜：《城市公共交通“十二五”投融资政策建议》，《综合运输》2011年第11期。

② 吴秋艳、周国栋：《政府投资项目管理体制的形成和发展（上）》，《中国投资》2008年第5期。

基础设施投融资改革开始向民间、社会资本放开，先后出台相关政策。1993年通过《关于建立社会主义市场经济体制若干问题的决定》，2004年制定和发布《国务院关于投资体制改革的决定》。前者确立了我国经济体制转向社会主义市场经济体制，后者主要鼓励社会投资，放宽社会资本的投资领域，鼓励和引导社会资本以独资、合作、联营、合资、项目融资等方式参与经济性的公益事业、基础设施项目建设。

上述投融资政策也影响到了轨道交通的发展。自20世纪90年代起，随着社会主义市场经济体制改革目标的确立，项目法人制和资本金制度先后成为我国投资体制改革的重要内容。随着各地轨道交通建设的加快，这两项制度也成为轨道交通项目投融资的基本平台。

由于不同城市经济发展水平不同，各城市的轨道交通项目资本金比例也略有不同，项目资本金比例高的可达到100%，低的仅为国家规定的下限，即25%。

国务院历次调整轨道交通项目资本金对比情况见表7-7。

表7-7　国务院历次调整轨道交通项目资本金对比情况

年份	文件	资本金调整比例
1996年	国务院关于固定资产投资项目试行资本金制度的通知（国发〔1996〕35号）	资本金比例35%及35%以上
2003年	国务院办公厅关于加强城市快速轨道交通建设管理的通知（国办发〔2003〕81号）	原则上，城轨交通项目的资本金须达到总投资的40%以上
2009年	国务院相关规定	城轨交通项目的资本金比例下调至25%

资料来源：根据相关资料整理所得。

国内不同城市地铁项目资本金比例对照情况见表7-8。

表7-8　国内不同城市地铁项目资本金比例对照情况

城市	上海	深圳	天津	贵阳、成都、长春等
地铁项目资本金比例	42%	50%	50%	25%

资料来源：根据相关资料整理所得。

（四）城市轨道交通融资主要来源为商业银行贷款

城市轨道交通建设资金需求量大，仅靠政府单一投资渠道，难以满足城市建设发展的需要。2003 年《国务院办公厅关于加强城市快速轨道交通建设管理的通知》(国办发〔2003〕81 号)提出:"进一步开放城轨交通市场,实行投资渠道和投资主体多元化,鼓励社会资本和境外资本以合资、合作或委托经营等方式参与城轨交通投资、建设和经营,并采取招标的方式公开、公正地选择投资者。在融资渠道上,鼓励和支持企业采取盘活现有资产、发行长期建设债券和股票上市等方式筹集资金。"2005 年,《国务院办公厅转发建设部等部门关于优先发展城市公共交通意见的通知》(国办发〔2005〕46 号)中还提出要改革投融资体制,推行特许经营制度。北京、天津、深圳、杭州等地方政府制定出台了城市基础设施或者市政公用事业的特许经营规章,准许城市轨道交通项目实行特许经营。在国家政策的鼓励下,部分城市积极进行了融资方式和融资渠道的探索,北京、上海、广州、深圳等城市采用了发行债券、中期票据、短期融资券等方式;北京、武汉、杭州等在某些项目开展了融资租赁,引入社会投资等。例如:北京地铁 4 号线和杭州地铁 1 号线项目实施特许经营方式,都引入了港铁公司来进行投资、建设和经营;北京地铁奥运支线、亦庄线和深圳地铁 5 号线等采用了 BT(建设-移交)模式;上海地铁 1 号线部分资产借壳上市等。

国内不同城市地铁项目银行贷款比例对比见表 7-9。

表 7-9　国内不同城市地铁项目银行贷款比例对比

城市	广州	深圳	重庆	上海
银行贷款占总投资比例	46%	43%	60%	58%

资料来源:根据相关资料整理所得。

按照城市轨道交通平均每公里投资 7 亿元计算,约有 6 万亿元投资将逐步落地,每年投资将超过 3000 亿元,可见我国城市轨道交通投融资创新空间巨大。

(五) 多种形式参与的投融资模式

与当前城市轨道交通建设快速发展的形势相比,城市轨道交通的投融资模式、体制机制确实急需进行改革创新。一是尽快完善综合土地开发政策,协调不同属性土地管理机制,促进轨道交通沿线和站点周边的物业开发;二是大力推广 PPP 模式,积极引入社会资本,完善有关税收政策;三是借鉴国内外先进经验,科学合理设计票价体系,既要有利于可持续经营,又要体现公益属性;四是深入研究设计综合开发的消防、环保等标准配套政策，加强综合开发、商业运营等专业人才的供给，为行业可持续发展提供保障。[①]

公益性作用显著的城市轨道交通，在城镇化不断发展的今天，其投融资模式具有多元性的渠道来源，目前大致有以下模式可供选择。①PPP可以吸收其他投资者参与项目建设，减轻对政府财政的依赖，完成投资主体多元化的股份制改制，转换企业经营机制。比如，北京地铁16号线和深圳地铁6号线均采用了PPP模式。②线路沿线土地的综合开发也是重要一环，即"地铁＋物业"模式。一些地产项目作为配套，能够极大地提升线路沿线土地价值。据悉，国家发改委和国土资源部已经着手研究促进发展城市共同交通设施的相关政策，计划将铁路土地进行综合开发的政策引入轨道交通中去，对公共交通、轨道交通的上盖问题，允许采取香港地铁上盖的发展模式，广州、武汉等多地已经开始尝试。③海外融资也成为资金来源的重要渠道。轨道交通远远不止8600公里的规划和数万亿元的投资那么简单，它的市场价值将按10万亿元来计算，撬动的也是数十万亿元的市场。城市轨道交通沿线聚集大量人口，形成稳定客流，增加了沿线商业的客流量。不仅促进了商业集聚发展，而且城市轨道交通带来的经济效益十分明显。城市轨道交通投资巨大，产业链长，对于消化过剩产能、促进相关产业发展、增加就业岗位和拉动投资增长都具有积极作用，且可以带动工程机械、装备制造、建筑材料等相关行业的发展。[②]

针对如何解决政府资本金来源、如何吸引社会资本、如何降低融资成本等问题，有关专家建议如下。

(1) 地方政府性债券可在一定程度上弥补土地出让金减少产生的资本金缺口。当地方政府收入不能满足财政支出需求时，允许地方政府发行债券为基础设施建设及公共产品筹措资金，是国际通行做法。2010年6月，国务院发布《国务院关于加强地方政府融资平台公司管理有关问题的通知》，标志着基础设施建设投融资开始转向由政府性债务提供资金。2011年10月20日，财政部下发《关于印发〈2011年地方政府自行发债试点办法〉的通知》，决定上海市、浙江省、广东省、深圳市四省市自行组织发行政府性债券。2014年，《国务院关于加强地方政府性债务管理的意见》明确提出了"建立借、用、还相统一的地方政府性债务管理机制"，赋予了地方政府

---

① 《轨道交通投融资模式需改革创新　鼓励多渠道融资》，东方网2016年9月14日。

② 张智：《6万亿投资钱从何来？满眼都是开往二线城市的地铁》，《华夏时报》2017年6月24日。

依法适度举债权限。自2015年以来，地方政府性债券已经发行过2次，规模超过2万亿元，主要用途是置换原有债务。在原有债务置换基本完成后，相应的地方政府性债券必将用于包括城市轨道交通在内的市政基础设施建设，为其提供稳定可持续的资金来源，解决地方政府因土地出让金减少带来的资本金缺口。

（2）PPP将成为主要的投融资模式，更好地吸引社会资本参与，并带来系统性变革。自2014年下半年起，国家出台了一系列文件和措施力推PPP模式。2014年12月，国家发改委发布《关于开展政府和社会资本合作的指导意见》、《政府和社会资本合作项目通用合同指南》等，对PPP项目的合同管理和日常监管提出了明确要求，为地方政府做好PPP项目的统筹规划和顺利实施提供了统一范本。2015年上半年，国家发改委联合财政部等部门又连续发布《关于推进开发性金融支持政府和社会资本合作有关工作的通知》、《关于进一步做好政府和社会资本合作项目示范工作的通知》、《基础设施和公用事业特许经营管理办法》等，并推出PPP项目工程包，其中包括较多城市轨道交通项目。城市轨道交通具有准公共产品属性，可长期经营并具有一定规模的收益，其投资建设运营非常适合采用PPP模式。在城市轨道交通建设领域推行PPP模式，既可吸引社会资本、解决城市轨道交通建设庞大的投资需求与资金短缺的矛盾，又可有效避免政府主导投资经营的低效率。

（3）企业项目收益债、优先股等将成为投资主体重要的直接融资手段。目前，国家推动的企业项目收益债有别于一般的企业债券，更适合城市轨道交通项目融资要求，应得到充分利用。近年以来，企业项目收益债也成为国家力推的方向。为加大债券融资方式对交通等七大类重大投资工程的支持力度，国家发改委于2015年3月和4月先后出台了战略性新兴产业、养老产业、城市地下综合管廊建设、城市停车场建设4个专项债券发行指引；5月，发布了《项目收益债券试点管理办法（试行）》，取消了一般企业债对成立年限、三年平均利润足够支付一年利息、债券余额不超过净资产的40%等要求，放宽了企业收益债的发行，使新建项目公司发债成为可能。据统计，2014年企业债券共发行583只，发行规模8462亿元，同比增长35.5%，其中2119亿元用于公路、铁路、港口、机场交通等基础设施建设，1613亿元用于市政基础设施建设。在此背景下，城市轨道交通企业可通过发行项目收益债券募集资金，再用项目建成后的运营收益偿还债券的本息。

（4）抵押补充贷款（PSL）可在一定程度上替代商业贷款，降低融资成本。抵押补充贷款是中央银行的金融创新，以抵押方式向商业银行发放中长期贷款，以达到有效引导中长期利率、增加基础货币投放渠道的目的。通过提供定向信贷支持，引导信贷流向最需要也是政府最支持的领域，有利于优化信贷配置和结构。2014 年 7 月，国家开发银行从央行获得了 1 万亿元的专项贷款用于棚户区改造。城市轨道交通同样也是具有较强公益性、急需投资建设的领域，国家可新增一定额度的 PSL 专项贷款进行支持。相比银行商业贷款，PSL 利率较低，可有效降低城市轨道交通的融资成本，并引导其他金融资金投向该领域。①

第二节　中国轨道交通的技术引进与进步

进入 21 世纪以来，中国轨道交通取得了令世界瞩目的发展成就，尤其是高铁技术的突破，不仅在国内遍地开花，迄今已覆盖除西藏之外的 30 个省市，到 2017 年年底，全国轨道交通营业里程达到 12.7 万公里，居世界第二位。全国高铁运营里程超过 2.5 万公里，位居世界第一，占世界高铁总里程的 60%以上。中国高铁总体技术水平已经处于第一梯队，与日、欧等相比，有不足也有优势。而且其在“走出去”战略中渐入佳境，除了已经建成的土耳其安伊轨道交通、沙特麦加轨道交通，已经开通的中欧班列之外，伴随“一带一路”倡议的推进，中国轨道交通显然充当了打头阵的重要角色。中国轨道交通一批境外项目都已经取得了重大进展，中老轨道交通已经开工建设，中泰轨道交通、匈塞轨道交通塞尔维亚段正式启动，印尼雅万高铁即将开工建设，俄罗斯莫斯科—喀山高铁、美国西部快线等项目加快推进。中车四方股份公司产品已出口到全球 20 多个国家和地区，近几年频频在新加坡、阿根廷等地斩获订单。那么，中国轨道交通的发展是“以市场换技术”的典范吗？中国轨道交通的技术演进路线有哪些特点？其突破性的发展有哪些可以探寻的逻辑脉络？

一、轨道交通技术发展特点

（一）中国轨道交通技术的突破遵循了行业发展规律，实现了渐进性到突变的动力转换

1830 年，英国人斯蒂芬孙开启了“轨道交通时代”。由于轨道交通运输

① 程世东、蒋中铭：《新形势下城市轨道交通投融资模式的转变与创新》，《中国经济时报》2015 年 7 月 28 日。

具有速度快、运量大、可靠性高的优点，轨道交通技术得到迅速发展。1913年，世界轨道交通的营业里程达到110万公里，承担了80%以上的客货运输量，对推动社会和经济发展发挥了重要作用。轨道交通技术的发展大体经历了这样几个阶段：①从蒸汽机车到内燃机车；②从内燃机车到电力机车；③从电气化路签到调度集中；④从低速到客运的高速化。从20世纪60年代到现在，高技术轨道交通以其高的速度、高的运输效率、低的运行成本和其特有的安全舒适性，使轨道交通运输业焕发生机。高铁是以电力牵引技术为基础发展起来的，它综合了近代的通信技术、计算机技术、电子技术、自动化技术和冶金技术等学科的成果。其突出特点是安全、高速、高效。它包括了地下轨道交通、自动化轨道交通、高速客运轨道交通和重载轨道交通等领域。

新中国成立以前的轨道交通主要集中于东北与沿海地区，在广大的西南和西北地区都没有轨道交通。轨道交通建设标准低，设备简陋、病害严重。已有的轨道交通主要技术装备全部依赖国外，全路钢轨有130多种类型，机车有120多种型号，成为万国轨道交通的博览会。新中国成立后，通过大规模的建设和技术改造开始了中国轨道交通技术的起步。

中国的轨道交通发展与世界发展阶段相同。第一阶段：蒸汽机车时代。第二阶段：内燃机车出现和发展，特别是内燃机到柴油机技术和转动装置的不断改进，使得内燃机车的速度变快和载重能力也不断提升。第三阶段：电力机车的出现和发展，特别是牵引电动机技术、牵引电压器技术的不断改进，使得中国轨道交通全面进入电气化时代。第四阶段：高速轨道交通的出现和发展，尤其是随着电力电子技术的发展，基于动车组电力机车发展的高速列车成为我国机车目前发展的主流。

新中国成立以来我国轨道交通技术水平的变化见表7-10。

表7-10 新中国成立以来我国轨道交通技术水平的变化

年份	1950年	1978年	1995年	2008年	2015年
营业里程/公里	22161	48618	54616	79687	121000
复线里程/公里	1148	7630	16909	28856	64000
占营业里程比重/(%)	5.2	15.7	31	36.2	52.9
电气化线路里程/公里	—	1030	9703	27555	74000
占营业里程比重/(%)	—	2.1	17.8	34.6	61.2

续表

年份	1950 年	1978 年	1995 年	2008 年	2015 年
自动闭塞里程/公里	—	5981	12910	28100	—
占营业里程比重/(%)	—	12.3	23.6	35.3	—

资料来源：铁道部相关年份统计年鉴。

经过短短几十年的发展，从 2004 年至 2018 年，中国就进入了“和谐号”高速动车组的新时代，一跃迈入世界轨道交通发展的第一阵营。2015 年，全国轨道交通营业里程超过 12 万公里，连成直线可绕地球 3 圈，其中高铁运营里程达到 1.9 万公里，居世界第一位。同时，李克强总理的“高铁外交”也收获了多份大单。莫斯科—喀山高铁项目正式签约；中车在美国投资兴建的第一个制造基地正式破土动工，拉开了中国轨道交通装备在美国本土化制造、实现技术输出的序幕；中美双方签署协议，建设“西部快线高速轨道交通”；中国和印尼达成协议，将共同负责总长约 150 公里的雅加达至万隆高速轨道交通的建设运营，成为中国高铁全方位整体走出国门的重要成就；中国和老挝的轨道交通项目正式签约，这是第一个由中方主导投资建设、参与运营，并与国内轨道交通网直接连通的境外轨道交通项目，全线将采用中国技术标准、使用中国设备；中泰轨道交通合作项目启动，通过中泰两国政府间直接合作，中国参与投资、修建一条长 867 公里的双轨标准轨铁路。

（二）中国轨道交通技术是“以市场换技术”的一个良好范例，但是是在满足相关约束条件下的成功突破

在中共十一届三中全会前后，邓小平在 1975 年提出的引进国外先进技术加快经济发展步伐的思想已经形成广泛共识。1982 年 12 月 3 日，中共中央、国务院发布了《关于批转〈当前试办经济特区工作中若干问题的纪要〉的通知》，提出了“以市场换技术”方针的指导思想。为确保通过“以市场换技术”吸引技术水平高、投资规模大的项目，1994 年、1995 年国家先后出台了《90 年代国家产业政策纲要》、《指导外商投资方向暂行规定》和《外商投资产业指导目录》，使产业政策引导更加具体。加入 WTO 之后，“以市场换技术”向自主创新过渡。

在“先进、成熟、经济、适用、可靠”技术方针指引下，轨道交通技术装备现代化取得了重大成果。我国能够建成世界一流轨道交通，缩小与世界发达国家轨道交通机车车辆装备差距，得益于运用我国轨道交通市场空间的

巨大优势，立足“引进先进技术、联合设计生产、打造中国品牌”，以我为主、自主创新、集成创新，低成本引进消化吸收后的再创新，实现了我国轨道交通技术装备水平的历史性进步。通过技术引进与自主创新相结合，在轨道交通建设、提速、重载等方面，取得了一系列重大科技成果，技术装备的总体水平显著提高。

应该说，统一且被垄断的轨道交通市场、垂直的治理体制以及国家的政策扶持等因素，促使“以市场换技术”在轨道交通产业发展过程中取得了不俗的发展绩效。

（三）存在着一条技术引进从东向西转变的发展轨迹，技术扩散从东向西推进

新中国成立至今，我国轨道交通产业的技术演化存在着一条由依靠苏联转向学习西方发达国家的发展路径，依靠苏联的技术打下了现代轨道交通的基础；在电力化过程中，德、日、法等国的高铁技术使中国轨道交通向产业高端迈进。

中国在轨道交通产业扩散过程中，又有着一个由东向西的发展脉络。“一带一路”首先着重于亚洲基础设施的推进，同时兼顾西方的市场需求，美国、欧洲市场也在逐步推进。

在新中国成立初期，“全面向苏联学习”先进科学技术是当时国内各部门制定政策时的重要内容。1954 年 3 月，铁路工作会议提出：要按照苏联社会主义铁路的先进标准，对中国铁路进行有计划、有步骤的技术改造。苏联专家组在提交的铁路技术改造的建议报告上称，“必须预先制定铁路运输的技术改造的基本方针，然后根据方针来确定铁路网的发展和加强现有铁路的方法”。铁道部根据苏联铁路的类型，确定了当时铁路基本建设的方向。20 世纪 50 年代末，我国政府与苏联签订技术合作协议，学习苏联的电力机车技术知识，开发自己的电力机车。1958 年 1 月，为了发展内燃柴油机技术，中苏两国政府签订了《关于共同进行和苏联帮助中国进行重大科学技术研究的协定》。协定要求苏联帮助中国研究“用煤气发生炉的活塞式内燃机车和燃用液体燃料及固体燃料的燃气轮机车”。苏联提供 2 台经改造的煤气内燃机车，并派遣专家到中国集二线上进行实验。中国轨道交通科技工作者在向苏联同行学习的过程中，取得了显著的成效。如通过对苏联同行科技成果的学习、吸收与改进，我国很快在 1000 匹马力液力传动装置、电空制动机、无底架油罐车等项目上取得突破性进展。

为了适应轨道交通电气化的发展需求，我国也从西方订购了多台先进

的电力机车，希望通过技术消化吸收来提高自身技术能力。1983 年 10 月，铁道部通过中国机械进出口(集团)有限公司(CMC)进口美国通用电气公司(GE 公司)220 台 C36-7(ND5)型内燃机车，根据技贸结合原则，铁道部与 GE 公司签订了《关于机车牵引应用装置技术转让合同》，主要是 GE 公司向中国铁道部转让 C36-7(ND5)型内燃机车七大类(12 项)设计、制造技术。1985 年 3 月，中国机械进出口(集团)有限公司从以法国阿尔斯通-大西洋公司为首的欧洲 50 赫芝集团(FCG)购买了 100 多台(其中 2 台在中国生产)8K 型电力机车。自 1985 年开始，中车株洲电力机车有限公司(株机厂)和南车株洲电力机车研究所有限公司(株洲所)共派出 22 个团赴西欧培训，培训人员中既有管理人员与技术人员，又有专业操作人员。除了从欧洲引进先进的机车制造技术，我国也从日本引进了电力机车的先进制造技术。2000 年 6 月，中车大连机车车辆有限公司(大连厂)引进德国西门子公司技术，并与其合作，在东风 4D 型机车的基础上，研制出首台东风 4DJ 型交流电传动内燃机车。

1990 年，株机厂派出 4 名设计人员赴日本日立公司进行韶山 6 型机车 HS14263-01R 型牵引电动机联合设计，设计以日立公司为主。1995 年，株机厂按照日立公司技术在日立公司专家指导下全面生产 HS14263-02R 型牵引电动机，使株机厂牵引电动机性能和制造工艺水平上升了一个台阶。

我国第一台交流传动 AC4000 型电力机车原型车于 1996 年在株机厂试制成功。该机车采用的交流牵引电动机是由株机厂和株洲所联合开发的 JD103 异步牵引电动机。为了满足时速 160～200 公里客运专线、广深线进一步提速以及高速轨道交通中高速混跑的中速列车需求，1997 年，铁道部下达了“一动六拖”电动旅客列车和动力分散式“两动一拖”为 1 单元、2 单元编组的电动车组的研制任务。在 1997 年前后，铁道部就成立了高速办，即京沪高速铁路办公室，这个时期，铁道部成立了京沪铁路技术研究总体组，该总体组成立后，研究了各种高速铁路的技术问题。

根据国务院确定的铁路装备现代化总体要求，2004 年，铁道部确定了具有可操作性的具体方案，其要点是锁定当今国际上最先进、最成熟、最可靠的技术，以铁道部为主导，以国内企业为主体，以掌握核心技术为目标，利用我国铁路巨大的市场，联合国内科研、设计、制造企业以低成本引进先进技术进行消化吸收再创造。2004 年，铁道部通过公开招标，引进国外高铁企业的先进技术。德国西门子、法国阿尔斯通、日本川崎重工和加拿大庞巴迪，这 4 家世界高铁技术的巨头都来参与中国高铁的竞标，引进技术生产的高速列车一统中国高铁市场。

经过几年艰苦奋斗，我国成功引进了法国阿尔斯通、日本川崎重工、加拿大庞巴迪、德国西门子、美国GE、美国EMD内燃机车公司等世界知名企业所拥有的时速200公里及200公里以上动车组和大功率电力、内燃机车设计制造技术，掌握了先进动车组和大功率机车的核心技术，国产化率超过70%。

2009年，中国正式提出高铁"走出去"战略。次年，铁道部针对不同国家成立了十几个工作小组，这一战略正式开始运作。中方参与筹建的欧亚高铁、中亚高铁和泛亚高铁，正是这一战略的三个方向。

目前，中国高铁产品已出口全球六大洲近百个国家和地区，出口产品实现了从中低端到高端的升级，出口市场实现了从亚非拉到欧美的飞跃，出口形式实现了从产品出口到产品、资本、技术、服务等多种形式的组合出口。

(四)"高铁时代"经由中国向世界传导

回顾世界高铁发展史，日本用半个世纪的时间实现了2300多公里的高铁里程运行，平均运营时速243公里[①]；法国历时40余年建设了1900多公里的TGV高速路，平均运营时速277公里；德国历时20余年建设了近1600公里的ICE高速轨道交通，平均运营时速232公里[②]。而中国只用了不到7年的时间就建设运营了1.9万公里高速轨道交通，超过世界其他国家高铁运营里程的总和[③]，是世界上高速轨道交通运营里程最长、在建规模最大、拥有动车组列车最多、运营最繁忙的国家。

高速是轨道交通现代化的重要标志，建设高速轨道交通是超大、复杂的系统工程。经过40多年的发展，高速轨道交通技术日臻完善、成熟，形成了以日、法、德3个技术原创国为代表，适合各自国情、路情和各具特点的技术格局。

通过持续推进自主创新，我国高铁机车车辆装备制造领域一批核心关键技术实现重大突破：牵引变流技术、微机网络技术、制动技术等核心技术，打破了国外技术和产业垄断；开发研制了以高铁为代表的一系列技术先进、安全可靠、具有价格优势的各类高端轨道交通装备产品；形成了较为

① 樊一江：《高铁"走出去"：世界的召唤与中国的期待》，《世界知识》2010年第23期。
② 樊一江：《中国高铁：消除软肋，冲出阴霾》，《世界知识》2011年第20期。
③ 盛光祖：《正在阔步前行的中国高铁》，《求是》2014年第19期。

完善的轨道交通装备的创新平台、产品开发平台和生产制造平台；以中国标准研制成功的动车组，成为突破动车组核心技术、掌握自主知识产权的国家战略体现。

中国轨道交通具有集成世界轨道交通先进技术装备的能力和经验，通过自主创新、集成创新和消化吸收再创新，具备了设计、建造和运营时速350公里及350公里以上高速轨道交通的强大能力，在工程建设、动车组、列控、牵引供电等主要技术领域与世界先进轨道交通技术具有较好的兼容性。比如，中国轨道交通在技术创新时注重与国际标准的兼容性，融合了国际铁路联盟标准（UIC）、国际标准化组织标准（ISO）、国际电工委员会标准（IEC）、欧洲标准（EN）、日本工业标准（JIS）等国际先进标准，为推动中国轨道交通的“走出去”战略奠定了技术基础。经过近年来的快速发展和技术创新，中国高铁技术已实现引进技术→中国制造→中国创造的跨越，形成自主知识产权，高铁在“走出去”时已与其他高铁国家不存在知识产权纠纷。中国高铁技术覆盖面广，可以适用于世界绝大部分地区。[①] 而日本的新干线标准是封闭的，形成了一套自己的标准，这严重阻碍了其海外订单的签订。

轨道交通装备制造业国家级技术创新平台见表7-11。

表7-11　轨道交通装备制造业国家级技术创新平台　　单位：个

序号	单位	国家工程实验室	国家重点实验室	国家技术创新服务平台	教育部工程研究中心	教育部重点实验室	省（市）重点实验室（工程技术中心）	铁道部开放实验室（工程研究中心）	国家级企业技术中心	其他
1	中国铁道科学研究院	1	2	1	1	0	0	0	38	0
2	中车青岛四方车辆研究所有限公司	1	0	0	1	1	1	0	8	0
3	中车青岛四方机车车辆股份公司	1	1	1	1	0	0	0	0	1

① 卢春房：《中国高速铁路的技术特点》，《科技导报》2015年第18期。

续表

序号	单位	国家工程实验室	国家重点实验室	国家技术创新服务平台	教育部工程研究中心	教育部重点实验室	省（市）重点实验室（工程技术中心）	铁道部开放实验室（工程研究中心）	国家级企业技术中心	其他
4	中车株洲电力机车有限公司	0	0	1	0	0	0	0	1	1
5	株洲时代新材料科技股份有限公司	0	0	0	0	0	2	1	1	1
6	中车资阳机车有限公司	1	0	0	0	0	0	0	0	1
7	中车眉山车辆有限公司	1	0	0	0	0	0	0	1	1
8	中车长春轨道客车股份有限公司	1	1	0	0	0	2	0	1	2
9	中国北车唐山轨道客车有限责任公司	1	0	0	0	0	0	0	1	1
10	西南交通大学	0	1	0	1	0	1	23	5	0
11	北京交通大学	0	1	1	1	40	3	4	5	0
12	同济大学	0	3	0	0	0	3	0	5	0
	合计	7	9	4	5	41	12	28	66	8

资料来源：最新相关数据见各公司网站。同时参考王俊彪《轨道交通装备制造业发展趋势分析》,《中国铁道科学》2011 年第 3 期。

借助“一带一路”倡议的推进行动，通过“高铁外交”推动国内经济发展本身就是中国高铁技术发展带来的又一“红利”。中国正在谋划跨国高铁大棋局，其中有：①“欧亚高铁”（从伦敦出发，经巴黎、柏林、华沙、基辅，过莫斯科后分成两支，一支进入哈萨克斯坦，另一支遥指远东的哈巴罗夫斯克，之后进入中国境内的满洲里）；②“中亚高铁”（起点是乌鲁木齐，经由哈萨克斯坦、乌兹别克斯坦、土库曼斯坦、伊朗、土耳其等国家，最终到达德国）；③“泛亚高铁”（从昆明出发，依次经由越南、柬埔寨、泰国、马来西亚，抵达新加坡）；④“中俄加美高铁”（从中国东北出发向北，经西伯利亚抵达白令海峡，以修建隧道的方式穿过太平洋，抵达阿拉斯加，再从阿拉斯加去往加拿大，最终抵达美国）。①

（五）国家战略与行业发展高度耦合

中国轨道交通立足国情，瞄准世界先进水平，按照“先进、成熟、经济、适用、可靠”的技术方针，充分发挥后发优势，通过原始创新、集成创新和引进消化吸收再创新，在工程建造、高速列车、列车控制、系统集成、运营维护、客运服务等高速轨道交通技术领域实现了重大突破，形成了具有自主知识产权和世界先进水平的高速轨道交通技术标准体系，走出了一条自主创新的成功之路。

在改革开放之初，1985 年，国务院颁布《中共中央关于科学技术体制改革的决定》，正式启动科技体制改革，创新政策开始纳入国家轨道。体制改革的根本目的是使科学技术成果迅速应用于实际生产，促进科技和社会的发展。我国还制定了 12 个领域的技术政策，这些政策包括产业创新政策的内容。这 12 个领域包括能源、交通运输、通信、农业、消费品工业、机械工业、材料工业、建筑材料工业、城市建设、村镇建设、城乡住宅建设、环境保护。政府组织实施了“国家技术改造计划”、“国家科技攻关计划”、“863 计划”、“科技产业化计划（星火计划、火炬计划等）”，推动了我国整体创新水平的提高。

铁道部作为创新的主体之一，扮演了轨道交通跨越式发展的重要主导角色。具体来说，铁道部的职能主要体现在以下 3 个方面：①重点负责组织实施关键性、超前性、共性技术项目的研究开发与攻关技术领域如客运专线；②制定中长期轨道交通行业的技术创新战略与计划，包括鼓励创新的具体优惠政策，统一安排技术创新的重点课题；③统一应用重大自主创新成果，加强知识产权保护，营造有利于自主创新的环境。

“八五”期间，中国开始了高速列车关键技术的先期研究和科研攻关，包括大功率交直交牵引变流器、大功率交流异步牵引电机、高速转向架、直通式制动系统、微机控制系统和列车空气动力学等。“九五”期间，国家重点科技攻关项目“高速铁路实验工程前期研究”和“200 km/h 电动旅客列车组和动力分散交流传动电动车组研究”正式开始。20 世纪 90 年代末，中国经过多次高速列车综合试验，取得了开发高速列车的大量实践试验数据。

① 《高铁大棋：泛亚高铁下月动工建设》，《京华时报》2014 年 5 月 8 日。

1995年5月，中共中央、国务院做出了《关于加速科学技术进步的决定》，首次确立了“科教兴国”的治国方针，指明了以科技和教育带动经济发展的方向。《国民经济和社会发展“九五”计划和2010年远景目标纲要》明确指出，在科技方面，今后的重点任务之一是提高产业技术创新能力。为了顺畅改革，政府及相关部门出台了一系列扶持政策；同时，国务院各部门所属的其他134个技术开发类科研机构相继进行了企业化转制，公益型科研机构也开始向非营利机构的转变。

1995年10月，在全国铁路科技大会上，提出了实施“科教兴路”战略，制定了《关于加速科学技术进步的决定》及《铁路科技发展“九五”计划和2010年长期规划纲要》等重要文件。明确提出了要“自主研究开发与引进国外技术相结合，建立具有我国特点的铁路技术体系”，强调实施“科教兴路”战略要符合我国国情、路情，以及“加速铁路科技进步，必须树立‘大科技’观念”等，实际上这是对我国轨道交通行业开展技术创新的一种概括与反映。[①]

对于轨道交通产业来说，技术创新是轨道交通发展的不竭动力。从“七五”、“八五”到“九五”以来，轨道交通技术的发展已经充分证明了创新对于轨道交通发展的重要性。“十五”以来，关于创新的讨论逐渐成为我国社会中的热点问题，因此，如何建立适宜的产业创新机制也成为轨道交通各部门及学术界研究的重点领域。在轨道交通积极提高和引进技术的同时，要加强对技术创新的宏观指导和统筹协调，特别要突出自主创新，提高技术引进成效。

1999年8月，创新意识已经深入人心。中共中央、国务院召开全国技术创新大会，做出《关于加强技术创新，发展高科技，实现产业化的决定》，强调运用市场经济的方法，通过体制创新和机制创新促进技术创新和科技成果产业化。

2000年7月，铁道部发布了《关于加强铁路技术创新的决定》。该决定分“加强技术创新，加快铁路产业升级”、“深化体制改革，构筑铁路技术创新体系”和“采取有效措施，营造良好的铁路技术创新环境”三大部分，全面部署了新时期实施轨道交通技术创新的各项工作。《关于加强铁路技术创新的决定》号召全路要深化体制改革，逐步建立现代企业制度，确立轨道交

① 吴平：《全国铁路科技大会简介》，载《中国交通年鉴》，中国交通年鉴社1996年版，第101-102页。

通企业技术创新主体地位，构筑技术创新体系，为全面提高轨道交通技术创新能力提供体制保障。

2006年，《国家中长期科学和技术发展规划纲要（2006—2020年）》对未来相当长的时期内国家经济社会和科技发展趋势作了分析，提出2006—2020年国家的科技发展战略为自主创新、重点跨越、支撑发展、引领未来。《国家中长期科学和技术发展规划纲要（2006—2020年）》是新中国成立以来我国第一次系统提出促进自主创新的完整的政策体系的纲领性文件。其中“中国高速列车关键技术及装备研制”列入“国家科技支撑计划”，国家共计拨款10亿元，参与研发的企事业单位自筹资金20亿元，共计投入30亿元，具体又被分为10个专项课题，见表7-12。

表7-12　“中国高速列车关键技术及装备研制”专项课题

序号	课题名称	国家拨款/万	自筹/万	课题总投入/万	主持单位
1	共性基础及系统集成技术	30000	75000	105000	南车集团
2	高速列车转向架技术	3000	7000	10000	北车集团
3	高速列车空气动力学	3000	6000	9000	中科院力学所
4	高速列车车体技术	3000	7000	10000	北车集团
5	高速列车牵引传动与制动技术	12000	25000	37000	铁科院
6	高速列车网络控制系统	18000	22000	40000	中科院软件所
7	高速列车关键材料及部件可靠性	5000	12000	17000	南车集团
8	高速列车运行控制系统技术	16000	33000	49000	北京交通大学
9	高速列车牵引供电技术	5000	10000	15000	中国中铁
10	高速列车运行组织方案	5000	3000	8000	北京交通大学

资料来源：根据相关资料整理所得。

参与该行动计划的不仅有上述单位，而且包括清华大学、西南交通大学、中南大学、同济大学、中国铁路通信信号集团有限公司（中国通号）、中铁电气化勘探设计研究院有限公司（中国中铁电化院）、浙江大学、北京科技大学等单位。参与此次行动计划的科研人员共计68名院士、500多名教授和其他工程科研人员万余人，参与单位有25所重点院校、11家科研院所、51个国家重点实验室和工程研究中心。[①]

2008年，科技部与铁道部共同签署了一份《中国高速列车自主创新联合行动计划合作协议》。这一科研计划的启动，标志着继“引进消化吸收”和“集成创新”两个阶段后，中国高铁发展开始向“全面创新”冲刺。技术可以引进，创新能力却是买不来的，所有参与项目的企业必须靠引进技术与自主创新“两条腿”走路。通过技术引进与自主创新相结合，在轨道交通建设、提速、重载等方面，取得了一系列重大科技成果，技术装备的总体水平显著提高。

二、中国轨道交通技术突破的几大因素

中国轨道交通的突破，主要体现在高铁技术上。

（一）后发优势

中国高铁的起步在21世纪之初，第一条运营线路是2008年的京津城铁。而世界上第一条高铁是1964年日本运营的新干线，随后法国的东南TGV线、大西洋TGV线，意大利罗马至佛罗伦萨线，以及德国汉诺威至维尔茨堡高速新线纷纷建成。早年的动车组，主要还是靠经验＋实验。通过经验造样车，进行实验，总结经验，然后再造样车，再次进行实验。经过多年的发展，高铁已经形成了较为成熟的技术体系。而通过引进，直接得到了最前沿的第一手设计材料，起点就很高。计算机模拟实验告别初级的画图板和试验台，国外二三十年摸索出来的数据，中国用CAD（计算机辅助设计）和模拟软件三五年就能完善。另外，材料和加工工艺的进步、生态系统的构建都是不容忽视的要素。对于高铁技术的研究和储备，早在1999年10月就成立了京沪高速铁路办公室，由副部长孙永福兼任办公室主任，开始组织一系列技术研究，在1999—2003年间，完成公司铁路科研项目353项，其中铁道建筑及设备115项、机车车辆及供电121项、通信信号54项、运输经济43项、新材料工艺10项、综合技术10项。[②]

（二）大国因素：供需两旺

有市场能够换来技术，有技术实施空间能够摊薄研发成本。日本第一条新干线于1964年开通，截至目前累计发送旅客人数超过70亿人次，中

① 《中国高速列车自主创新重大项目通过验收》，中华人民共和国科学技术部官方网站，2014年6月13日。

② 孙永福：《中国高速铁路成功之路（上）》，《纵横》2014年第10期。

国高铁开通虽然只有10年的时间，但是累计发送旅客人数已经接近40亿人次，而且现在还以每年10亿人次的速度在增长。中国强大的基础设施建设能力以及制造能力，保证了中国高铁超强的交付能力。以印尼高铁为例，140多公里的线路，中国能够3年完成，日本却需要5年以上。中国高铁性价比优势，来自对整个供应链的控制能力、来自强大的成本管理能力以及批量化工业制造能力。我们知道，同一个产品，生产批量越大，单位成本就越低。有中国庞大的市场作为支撑，我国才能够实现批量化生产，这与国外一些企业单子时有时无的断续生产线相比，成本优势明显。中国高铁的特点是速度快、运行稳定、成本相对较低。2014年7月，世界银行驻中国代表处在一份关于中国高铁建设成本的报告中指出，中国高铁的加权平均单位成本，时速350公里的项目为1.29亿元/公里，时速250公里的项目是0.87亿元/公里，这远远低于每公里3亿元以上的国际高铁建设成本。因此，中国不仅有技术能力而且有经济实力将高铁修到国外。

(三) 技术跟随到自主创新，实现弯道超车

高铁发展对先进技术装备的大量需求，推动了中国高铁装备制造业的转型升级。以动车组制造为例，中国已经形成了以株机厂为龙头、以一批国内骨干企业为支撑的动车组制造体系，一级配套企业140多家，二级配套企业500多家，打造了涵盖冶金、机械、材料、电子、电气、化工等行业的产业链，优化了产业结构。[①] 中国的高速轨道交通技术相对于德国、日本等发达国家有3个优势：一是从工务工程、通信信号、牵引供电、客车制造等方面，中国可以一揽子出口；二是中国高速轨道交通技术层次丰富，既可以进行200～250公里/时的既有线改造，又可以新建350公里/时的线路；三是中国高速轨道交通的建造成本比其他发达国家低20%左右，具有较好的经济和社会效益。[②]

(四) 发展规划切实可行并适度超前

党的十六大明确提出了21世纪前20年全面建设小康社会的宏伟目标。为全面建设小康社会提供可靠的运力支持成为轨道交通的历史使命。为此，铁道部党组针对我国轨道交通现状，提出了“轨道交通跨越式发展”战略。轨道交通跨越式发展就是要快速扩充运输能力、快速提升技术装备

① 卢春房：《中国高速铁路的技术特点》，《科技导报》2015年第18期。

② 卿三惠、李雪梅、卿光辉：《中国高速铁路的发展与技术创新》，《高速铁路技术》2014年第1期。

水平。2004 年年初，国务院审议通过了《中长期铁路网规划》，展现了我国轨道交通未来发展的宏伟蓝图，指出“要加快铁路现代化建设，立足国产化，引进和吸收国外先进经验和技术，增强自主创新能力，带动相关产业的发展”，这对轨道交通技术发展方向、技术进步和技术创新的内容都提出了更新、更高的要求。原轨道交通主要技术政策的某些内容已不适应轨道交通跨越式发展的需要，为进一步更好地指导轨道交通现代化建设，必须对原技术政策进行修订。2004 年，轨道交通主要技术政策第五次修订完成，修订后的技术政策共 11 章。新的技术政策在认真分析中国国情和轨道交通路情的基础上，提出了建立中国特色轨道交通技术体系的基本思路和主体框架，“依靠科技进步与创新，建立客运高速、货运重载、行车高密度协调发展，高新技术与适用技术并举，不同等级技术装备并存的具有中国铁路的特点的技术体系……”。

根据《国民经济和社会发展第十一个五年规划纲要》和《中长期铁路网规划》的基本要求，铁道部 2006 年完成了《铁路“十一五”规划》的编制。《铁路“十一五”规划》中确立了轨道交通“十一五”期间发展的总体目标，强调了加快构建轨道交通创新体系建设的要求，明确了以企业为主体、以市场为导向、产学研联合的技术创新体系。

按照《中长期铁路网规划》和工程建设进度，预计到 2020 年，中国在建和规划高速轨道交通全部建成通车后，高速轨道交通运营里程将超过 2.5 万公里，加上其他新建轨道交通和既有轨道交通提速线路，初步形成以高速轨道交通为骨架，总体规模达 5 万公里的快速轨道交通网，连接全国所有省会城市和 50 万人口以上城市，覆盖全国 90%以上人口。轨道交通运输能力总体上能够适应国民经济和社会发展需要，“人便其行、货畅其流”的愿望将实现。邻近省会城市将形成半小时至 1 小时交通圈。北京到全国绝大部分省会城市将形成 8 小时以内的交通圈，例如 1 小时内能到达天津、石家庄等城市；2 小时能到达沈阳、济南、郑州、太原、呼和浩特等城市；3 小时能到达合肥、南京、长春等城市；4 小时能到达上海、杭州、武汉、西安、哈尔滨等城市。除海口、乌鲁木齐、拉萨、中国台北外，北京到全国各省会城市将在 8 小时以内。

（五）制造业大国、“世界工厂”的独特优势

高速轨道交通是世界的一项重大技术成就，它集中反映了一个国家轨道交通线路结构、列车牵引动力、装备制造、高速运行控制、高速运输组织和经营管理等方面的技术进步，也体现了一个国家的科技和工业水平。中

国拥有39个工业大类、191个中类和525个小类，是全世界唯一拥有联合国产业分类中全部工业门类的国家，从而形成了行业齐全的工业体系。这些基础，造就了中国成为世界第一科技强国的可能。2010年，中国超过美国成为全球制造业第一大国。2010年世界制造业总产值为10万亿美元。其中，中国占世界制造业产出为19.8%，略高于美国的19.4%；但如果用联合国的统计数字，按2011年年初的汇率计算，中国制造业产值为2.05万亿美元，而美国制造业产值为1.78万亿美元，那么中国制造业产值高出美国的就不只是0.4%，而是高达15.2%。中国比美国高出多少并不重要，重要的在于，美国从1895年开始，直到2009年，已经在制造业世界第一的"宝座"上稳坐了110多年，而中国制造业能够在产值上一举超过美国，这无疑是中国的一个伟大的"历史性跨越"。

高速轨道交通产业链涵盖基建、车辆和配套设施购置、运营和维护四大部分。从受益的时间顺序、市场容量、利润率3个维度出发，按现阶段受益程度排序的子行业依次为：铁路信息化设备制造、铁路装备及零部件制造、高速铁路建设等。[①]

1988—2011年世界各国轮轨高铁试验最高速度见表7-13。

表7-13　1988—2011年世界各国轮轨高铁试验最高速度

国家	轨道交通线路	机车类型	机车型号	试验速度/(公里/时)	试验日期
意大利	—	—	TGV	319	1988年
韩国	—	—	KTX	352.4	2004年
德国	—	—	ICE	406.9	1988年5月
日本	山阳新干线	电力机车	JR500	443	1996年7月
中国	京沪高铁	电力动车组	CRH380BL	487.3	2011年1月
法国	东欧线	电力动车组	TGV-V150	574.8	2007年4月

资料来源：林晓言等著《高速铁路与经济社会发展新格局》，社会科学文献出版社2015年版，第55页。

根据铁道部经济规划研究院和国家统计局于2008年共同发布的《铁路建设投资对国民经济拉动作用的计算分析》，对轨道交通建设投资对相关产业的拉动作用进行量化标定，情况如表7-14所示。

① 毛保华：《我国高速铁路建设运营对综合交通结构影响的研究》，铁道部科技研究开发计划课题2012年。

表 7-14　轨道交通建设投资对相关产业的拉动作用比重

投入产出部门	比重/(%)
木材加工及家具制造业	0.05
金属制品业	0.09
通用、专用设备制造业	2.42
交通运输设备制造业	4.71
电气、机械及器材制造业	0.26
通信设备、计算机及其他电子设备制造业	1.21
仪器仪表及文化办公用机械制造业	0.24
建筑业(轨道交通)	91.02
总计	100

资料来源:铁道部经济规划研究院、国家统计局《铁路建设投资对国民经济拉动作用的计算分析》,2008年。

中国高速轨道交通发展建立在引进、吸收、消化和再创新的基础之上。例如,早期的动车组从国外引进10%,合资生产20%,自主生产70%。然而,在短时间内完全消化吸收所有的高铁技术,存在一定难度。

由于高铁属于庞大产业集群的系统性工业,其产业链长,且属于资本密集和技术密集产业,高铁对产业经济具有显著的拉动效应和溢出效应。世界银行以2010年为基数,对高铁拉动效应和溢出效应的计算表明,京沪线对济南、德州的GDP贡献分别为0.55%和1.03%,长吉线对吉林的GDP贡献为0.64%。高铁给济南、德州和吉林带来的GDP增加分别为36.5亿元、35.9亿元和23.9亿元。[1] 高铁对第三产业,特别是对旅游业的影响也日益显著。世界银行在其发布的《中国高铁区域经济影响分析》中指出,2012年,高铁旅行团为旅行社带来的收益占旅行社总收入的7%~8%,2013年占10%左右。其原因在于高铁可使旅行速度提高50%~100%,扩大了商务人员的市场覆盖面。高铁乘客商务出行所占比例很高(长吉线40%、京沪线63%),比普通轨道交通高很多。[2]

① 世界银行:《中国高铁区域经济影响分析》,转引自《千里合福一日还》,《新民周刊》2015年10月26日。

② 《高铁带来了什么?世行发布〈中国高铁区域经济影响分析〉》,中国交通信息网2014年10月27日。

三、中国轨道交通发展前瞻

(一) 技术有望领跑

2015 年 12 月 26 日，中国首条具有完全自主知识产权的中低速磁悬浮商业运营示范线——长沙磁浮快线开通试运行。这也是目前世界上规划线路最长的中低速磁浮线路。长沙中低速磁浮工程列车的成功研制，使得我国轨道交通产业主机企业及其产业链，攻克了中低速磁浮列车系统集成技术，研制了拥有自主知识产权的悬浮系统、适应 1860 毫米轨距的悬浮架以及高可靠性的整车电气系统。这也填补了中国中低速磁浮自主知识产权的工程化和产业化运用领域的空白，在世界中低速磁悬浮列车技术领域居于一流水平，使中国成为世界上 4 个掌握该项技术的国家之一。

我国是世界上少数几个掌握高铁永磁牵引系统技术的国家之一。技术系统实现了从直流传动牵引系统到交流传动牵引系统、从感应异步传动向永磁同步传动的演进。永磁同步牵引系统契合了当前节能减排、绿色环保的技术发展趋势，成为世界大国竞相研究的技术热点。中国研制的永磁同步牵引系统，呈现出高效率、高功率密度优势，显著降低了高速列车的牵引能耗。目前，电机额定效率达到 98%，电机损耗降至原来的 1/3。在世界各国追求“绿色交通”的时代大背景下，永磁同步牵引系统已成为我国高速轨道交通技术的一个典范。①

中国在高铁领域的科技优势与生产实力处于世界领先地位，申请的高铁技术专利已经在 2000 件以上。在全球高速轨道交通技术专利申请中，中国的申请占据 70%，其后依次为日本、美国和欧洲国家，分别占 13%、8%、7%。除此之外，中国高铁之所以在国际上具有竞争力，主要原因在于其高科技与实用性的完美结合。

(二) 市场份额有望扩大

有别于西方发达国家对和谐发展理念的认同，中国倡导在全球经济治理中应融入“发展才是硬道理”的重要理念，并在追求经济增长共性目标的同时，尊重并允许个体独立自主地选择合适自身发展的正确路径。当今世界，一大批新兴市场国家和发展中国家走上经济增长的快车道，几十亿人口正在加速走向现代化，多个发展中心在世界各地区逐渐形成，国际力量

① 曹昌、李永华：《中国高铁用上了世界最先进的牵引技术》，《中国经济周刊》2015 年第 24 期。

对比继续朝着有利于世界和平与发展的方向发展。

中国主张全球经济治理要与贸易保护主义积极作斗争，推动全球贸易自由化、世界经济一体化的趋势性发展。中国在参与全球经济治理的同时，逐步诚恳、自信地向世界传达改革创新的重要成果与理念。自改革开放以来，中国始终坚持和平与发展是时代的主题的判断，多次向世界表明，中国过去不称霸，现在也不称霸，即使将来强大了也不称霸。中国选择和平发展、合作共赢作为实现国家现代化和民族复兴的基本途径，不搞强权外交，始终高举和平、发展、合作旗帜，为全世界的发展提供了机遇。中国坚持走和平发展道路、建设和谐世界的主张，打破了"国强必霸"的大国崛起传统模式。

进入 21 世纪以来，中国同世界的关系发生了历史性与根本性的变化，中国的利益更加紧密、更大范围地与世界各国的利益联系在一起，既是世界最大的贸易体、经济体、技术创新体，又是国际关系以及世界共同利益体的较大攸关方。中国的发展可以并且越来越能够对人类发展做出重大贡献。"一带一路"倡议的提出，给世界提供了一个合作共赢的机会，将为世界架起和平、增长、改革、文明 4 座桥梁，也必将为全球合作发展提供新的契机。

（三）中国高铁走出去的配套措施相对完善

（1）金融护航。

全球基础建设投资贷款需求接近 1.5 万亿美元，而全球多边发展银行及私人投资商只能提供大约 2050 亿美元贷款。世界银行、亚洲开发银行每年能够提供给亚洲国家的资金大概只有 200 亿美元。在现有国际金融体系构架里，无法有效地为"一带一路"互联互通的基础设施建设提供资金支持。随着金砖国家新开发银行、上合组织开发银行、丝路基金等金融机构的成立，"一带一路"建设具有了可持续发展的长久动力，并将和原有国际金融机构开展有效合作。

（2）项目带动。

"一带一路"进行的互联互通基础建设投资，不仅具有巨大的投资空间，而且能促进各国贸易，从而推动"一带一路"相关国家的经济发展。今后一个阶段，亚洲的基础设施需求大约为 8 万亿美元，这是亚投行的着力点。除了"铁公基"项目，亚投行的投资将延伸到节能减排、农业等项目，也将青睐绿地投资、褐地投资，参与一些前景看好的现有项目改造。通过这种系统性的战略构建，不但可以释放有关国家强大的工业产能，帮助周边国家发展，同时还能将发达国家的冗余资本进行合理导流，给发达国家资本提供投资的机会。

(3) 重点突破。

随着“一带一路”愿景和行动计划出台，中国周边的国际次区域合作也将走向深入，建好联通中外的几个经济走廊和合作带(孟中印缅、中巴、中蒙俄经济走廊及新亚欧大陆桥经济带、中国—南亚—西亚经济带、海上战略堡垒)，升级中国-东盟自贸区，倡议建立亚太自贸区，建立金融领域的几个实体(亚投行、金砖国家新开发银行、丝路基金以及上合组织开发银行)，这些机制或构想，显然需要中国的大力参与和推进。

目前，六大经济走廊和 9 条出国通道规划，已搭建起“一带一路”经济合作的实体架构。中巴、孟中印缅、新亚欧大陆桥、中蒙俄、中国—中亚—西亚、中国—中南半岛六大经济走廊，基本构成丝路经济带的陆地骨架。其中，“中巴走廊”注重石油运输，“孟中印缅走廊”强调与东盟贸易往来，“新亚欧大陆桥走廊”是中国直通欧洲的物流主通道，“中蒙俄走廊”偏重国家安全与能源开发。国家交通部规划的中—老—泰、中—蒙、中—俄、中—巴、中—吉—乌、中—哈、中—塔—阿—伊、中—印、中—越九大“一带一路”交通重点项目，基本构建了对内连接运输大通道、对外辐射全球的丝路通道。

第八章

十九大交通强国战略新部署

近年来，我国铁路、公路、水运、航空、邮政、物流等基础设施网络建设加速推进，“五纵五横”综合运输大通道基本贯通，各种运输方式一体化衔接日趋顺畅。一系列走在世界前列的数据表明，中国已经成为名副其实的交通大国。党的十九大报告首次明确提出要建设“交通强国”的发展战略。我国将分两步走实现交通强国战略目标：从 2020 年到 2035 年，奋斗 15 年，基本建成交通强国，进入世界交通强国行列；从 2035 年到 21 世纪中叶，奋斗 15 年，全面建成交通强国，进入世界交通强国前列。

第一节 “一带一路”：中国模式的世界影响

纵观近 500 年来世界大国与强国崛起和衰弱的历史，不同的发展模式在一定历史时期都曾主宰着世界。葡萄牙、西班牙、荷兰当年能成为世界强国，是因为它们依赖海上霸权的建立。海上强国的实力，给它们在世界各地建立大量殖民地提供了有利条件。英国之所以能够在一战以前统治世界 1/4 的人口，是因为工业化革命为它提供了征服世界的物资保障，而一支强大的海军，无疑是英国当年实现全球霸权的重要基础。由于特殊的地理位置及更特殊的发展历史，自 20 世纪以来，美国本土并未发生过战争。况且，美国通过一战发展了自己，利用二战强大了自己，逐渐成为世界强国，并延续至今。2008 年，由美国爆发并蔓延全球的金融危机不仅重创了世界经济，以新自由主义为特点的资本主义发展模式也面临着挑战。与此相对应的是，改革开放 40 年来，中国的国际地位不断提高，影响力与日俱增，对世界的和平与发展具有举足轻重的作用。具有中国特色的社会主义发展道路不仅取得了令世人瞩目的建设成就，而且由中国提出的“亲诚惠容”发展理念、建立“命运共同体”的“一带一路”倡议逐渐赢得了大家的共识，中国发展模式开始影响世界。

一、“一带一路”打造欧亚发展梦

“一带一路”倡议涵盖中亚、南亚、西亚、东南亚和中东欧等国家和地区，总人口约 44 亿，经济总量约 21 万亿美元，分别约占全球的 59%和 29%。从内涵来看，“一带一路”倡议包含的内容极其丰富，既包括传统意义上的自由贸易协定，又包括区域合作，还有经济走廊、经济开发区、互联互通、人文交流、跨国运输线、金融合作等。“一带一路”的建设不仅有利于中国拓展向西开放的空间，而且有利于欧盟拓展向东开放的空间，这是真正互利共赢的安排。通过建设“一带一路”，欧洲在亚洲国家能够获取更多的商业机会，也有助于欧盟扩大资源及客户配置的范围。

中国提出“一带一路”，就是试图要找到这样一种新的共同发展的经济增长的动力。它既是中国的战略，又是沿线各国的战略；既是推动中国经济发展的新方式，又是推动世界经济特别是发展中国家经济发展的新方式。应该说，它是一个大战略，也是一个长战略，它不是一年两年做的，因为经济带建设，无论是陆上还是海上，都需要大量的投资。基于长期发展的规划，还要有融资的机构，因此中国在提出倡议以后，又积极地承诺和推动亚投行、丝路基金和新兴经济体如上合开发银行等金融机构的建设。此外，中国还提出了互联互通，都是与“一带一路”倡议相融的或者有机的组成部分，是务实的操作。沿线大多数是新兴经济体与发展中国家，它们普遍处于发展的上升期，因此，通过“一带一路”倡议构想的规划实施，有利于沿线国家经济的发展。对中国来说，扩大对外经贸合作空间，也有利于中国经济的稳增长。

在“一带一路”构想提出后，中国正在通过铁路等基础设施与周边国家实现联通。中国国内四纵四横高铁网络已经全线贯通，而且提出了泛欧亚铁路线规划。按照泛欧亚铁路的规划，将来从成都坐高铁 16 小时就能到达伊斯坦布尔，从重庆出发 18 小时就能到达德国汉堡。此外，还将有一条横穿巴基斯坦的铁路线，直达霍尔木兹海峡。三线贯通决定全球贸易主导权。相比现在的海洋运输来说，高铁运输将为人类的商贸往来节省 5%左右的时间，减低 10%的交易成本，同时还能降低 1%的油轮燃油污染。

除了开通抵达西班牙马德里等多条洲际铁路外，中国还与俄罗斯就研究建设中俄高铁达成共识。连接中国南方与新加坡之间的高速铁路构想也已在研究中。此外，还计划建设从由中国企业掌握管理权的巴基斯坦西南部瓜德尔港直通新疆的铁路。“条条大路通北京”，北京的外交人士如此评价“一带一路”。以复兴古代商路的方式鲜明地展现出构建以中国为核心的经济圈的构想。中国希望通过“一带一路”运输网振兴沿着古代丝绸之路建立的经济和文化联系，“丝绸之路经济带”预计将经中亚与东欧使中国东部和西欧连接起来，而“21 世纪海上丝绸之路”则是经红海和地中海将中国东海岸与比雷埃夫斯港等连接起来的海上航线。中国将这些建成新东西方贸易路线的庞大计划视作连接地中海海域和欧洲大陆，从而加快欧洲市场融合的途径之一。“一带一路”新项目的启动，意味着欧亚经济共同体正在诞生。欧洲越来越多地参与亚洲的项目，也给欧洲经济增添新的活力。《日本经济新闻》报道称，中国提出了“合作”和“共赢”的新型国际关系，通过加强经济力量以及和其他各国的联合，形成被称为“命运共同体”的松缓经济圈，以确保国家安全。德国《世界报》表示，“一带一路”和亚投行一样，有利于形成一个多极世界秩序，并让更多的国家积极参与。德国墨卡托中国研究中心专家鲁道夫指出，通过开辟新的贸易路线，中国有望刺激经济增长，减少对个别国家和市场的依赖。“一带一路”可以加强中国作为一个贸易大国的地位。①

随着“一带一路”倡议的推行，中欧班列也已经成为地方对接国家战略、抢滩国际市场以及“稳增长”的主要抓手之一，这为“丝绸之路经济带”战略逐步奠定了交通基础。自 2011 年第一条班列开通至 2015 年，全国已有 8 条主要中欧班列开通，包括渝新欧、蓉欧快铁、郑新欧、苏满欧、汉新欧、湘欧、义新欧以及欧哈沈。除已经开通的 8 列以外，“合(肥)新欧”(目前只到中亚)、“天马号”(甘肃武威—中亚)等多条班列也纷纷加入中欧班列大军，新疆投资 13.8 亿元的乌鲁木齐铁路集装箱中心站也已开工建设。据中国铁路总公司统计，2014 年共开行中欧班列 308 列，发送集装箱 26070 标箱，较上年同期多开 228 列，增长 285%。目前，中欧每年陆路运输量 7000 多万吨、海运量 2 亿多吨，但大部分货物都是由中国出口欧洲，而欧洲出口到中国的货物仅有少量的精密仪器、机械、高档服装等。亚欧大陆是一个巨大的国际市场，“一带一路”倡议所覆盖的市场，人口占全球

---

① 《一带一路点燃世界热情　欧亚经济时代来临》，环球网 2015 年 3 月 30 日。

人口近60%,GDP占30%左右,相对于世界其他地区,亚欧大陆在未来是较有发展潜力的。通过“一带一路”可以很好地打开中国的开放格局,有助于贸易和投资的便利化。

中国与中东欧国家将会在高铁、电站、公路等基础设施建设方面展开合作,而中国的企业也将通过投资设厂的方式为中东欧国家带来其所需要的能源设备、电子产品等制造业。自2011年欧元区债务危机爆发以来,中国企业在葡萄牙的投资额超过100亿欧元。中方参建的塞尔维亚E763高速公路、马其顿两段高速公路、波黑斯坦纳里火电站等项目都已经开工建设并进展顺利;同时,黑山的南北高速公路项目已启动建设。一些中国企业正在积极探讨参与中东欧有关国家的核电、火电、高速公路等项目的投资和建设。海关统计表明,中国与中东欧国家的双边贸易额已从2012年的521亿美元,增加到了2014年的602亿美元,在短短2年间就增长了15.5%。其中,中方出口由388亿美元增至437亿美元,进口则由134亿美元增至165亿美元,二者分别增长12.6%和23.1%。而在2003年时,中国与中东欧的贸易额只有87亿美元。据不完全统计,2015年,中国企业在中东欧国家的投资已超过50亿美元。专家指出,中东欧是“一带一路”沿线的重要组成部分,在许多领域都与中国有着巨大的共同利益和共赢空间。[①]

耶鲁大学终身教授陈志武表示,中国“一带一路”倡议的逐步实施会继续强化亚洲的地位。2010年左右,亚洲国家在世界GDP的占比开始超过西方发达国家。未来20年,亚洲国家总体经济量在世界占比将继续上升。目前来看,亚洲国家在国际事务中的影响力和话语权已经不断上升。统计数字显示,2010年亚洲对世界经济增长的贡献率超过50%;2010年亚洲出口额已经占到全球出口额的31.6%,比2000年提高了约5%;2010年亚洲区域贸易已经占到亚洲对外贸易总额的52.6%,较2000年增加了3.7%。亚洲已经形成了多层结构、互为补充的区域合作格局。正如渣打银行的报告所说,虽然一些主要新兴经济体发展减速令人担忧,但包括中国、印度、印度尼西亚在内的几个较大的新兴经济体稍加改革就会带动经济振兴。进入21世纪以来,亚洲区域内贸易额从8000亿美元增加到3万亿美元,亚洲同世界其他地区的贸易额从1.5万亿美元增加到4.8万亿美元,这充分表明,亚洲区域合作具有凝聚力和吸引力。

---

① 王俊岭:《中企“出海”瞄准中东欧》,人民网2015年6月5日。

自改革开放以来,我国与“海上丝绸之路”沿线国家的经贸合作规模越来越大。2012年,我国与“海上丝绸之路”沿线各国贸易总额为6900亿美元,占我国对外贸易总额的17.9%;中国企业对沿线国家非金融类直接投资57亿美元,占我国企业对外投资的7.4%;中国企业在沿线国家承包工程营业额422亿美元,占全国对外承包工程总营业额的37.9%。上述3组数据远高于“丝绸之路”经济带,因此,“海上丝绸之路”建设虽不等同于中国—东盟自由贸易区,但启动起来能够带动各相关方货物贸易、服务贸易及投资的大幅提升,因而,可以把“海上丝绸之路”建设作为中国与东盟全面经济合作的“升级版”。①

随着“一带一路”建设的明晰化、具体化,外界对它有了更加直观和全面的了解与认知。但受思维模式、理念差异和利益分歧等因素的影响,西方国家对“一带一路”存在诸多误读,并试图影响相关国家,干扰“一带一路”建设的顺利推进。最受关注的一种误读是将“一带一路”看成中国版的“马歇尔计划”(marshall plan),认为“一带一路”折射出中国在周边地区扩展影响力的强烈意图,并刻意强调两者之间形式上的相似,即都将本国资金、技术送到迫切需要的国家和地区。另外,由于没有美国参与,“一带一路”被误读为对美国重返亚太战略的强有力的回击,而由中国主导的亚投行被误读为对美国主导的世界银行的直接挑战。美国明尼苏达大学政治学系副教授凯瑟琳·柯林斯(Kathleen Collins)认为,“一带一路”构想带动中亚国家与中国建立更为紧密的经贸关系,从而削弱美国“新丝绸之路”计划经过阿富汗的贸易和能源通道的作用。美国国家情报总监詹姆斯·克拉珀(James Clapper)在2014年2月众议院的一次听证会上表示,中国在宣称他们所认为的“天定命运”(manifest destiny)论时表现出强烈的侵略性。受其影响,美国乔治·梅森大学国际政策学院帕特里克·曼迪斯(Patrick Mendis)博士突发奇想地将“一带一路”与美国建国初期提出的“门罗主义”(monroe doctrine)进行比较,认为中国目标是在全力恢复汉唐和明初的盛世,在亚洲传播本国文化,推行中国版的“天定命运”。这种观点背后暗含中国要在亚洲划分本国势力范围,进行理念输出,试图建立“中国人主导下的亚洲秩序”,而将美国排除在外之意。还有一些西方媒体和学者大肆渲染,认为中国借助“一带一路”,加速建设现代化海军,不断提升本国的海军

① 谷源洋:《大国汇集亚洲与中国“经略周边”——“21世纪海上丝绸之路”建设》,《亚非纵横》2014年第5期。

实力,目标剑指全球海上霸权。美国海军战争学院的海军问题专家詹姆斯·霍尔姆斯(James Holmes)就认为,中国通过"一带一路"切断美国与盟国之间的联系,而不断排除美国在亚洲的影响力。美国国防大学太平洋指挥中心学者克里斯托弗·沙尔曼(Christopher Sharman)认为,海上丝绸之路意味着中国远洋海军实力的逐步升级。同时,外界推断中国会在南海问题上态度更加强硬,臆断中国会在印度洋地区对印度实施海上战略包围,并试图绕过马六甲海峡打造中国主导下的亚洲海上交通要道。还有少数西方媒体和学者认为,中国是在借"一带一路"推进"新殖民主义"(neocolonialism)。这种观点认为,中国建设"一带一路"的主要目标是获取相关国家的石油和矿产资源;还推断中国企业为了追求利润最大化,而不顾当地的环境保护和民众福利,威胁相关国家的生态安全和社会稳定。[①]

实际上,"一带一路"的目标是实现整个区域的互融互通,最终目标是覆盖区域的人心相通。未来日益紧迫的任务是培育更多能够帮助中国讲好故事、发好声音的国际友人,尤其是相关国家的学者、青年和有社会影响力的民间人士,只有这样才能使"一带一路"被不断地注入正能量。

二、"一带一路"倡议实施的现实性和可能性

(一)国内区域经济趋于均衡

受益于交通业的快速发展,内陆与沿海地区经济增速发生了显著的转变,GDP增速出现了内陆赶超沿海的局面。1978—2008年,东部沿海地区受惠于国家采取的区域非均衡发展战略,形成了具有较强外部依赖性的出口导向型发展模式,成为中国经济高速增长的主导区域。1990—2007年,沿海地区的GDP增速高达12.4%,大大超出中部和西部地区的10.6%和10.2%,这导致在国家综合经济实力大幅度提升的同时,东西部地区的经济差距快速拉大。自2008年全球金融危机发生以来,沿海地区的GDP增速已经被内陆地区赶超,地处内陆的湖南、湖北、重庆、四川、陕西、江西等多个省市3年来的年均GDP增速都达到了12%~17%的较高范围。[②] 具体来说,1979—1991年为第一时期。内陆地区虽也获得较大发展和提高,但经济增长速度比沿海地区年均低1.28个百分点,从水平提高的程度来

① 黄日涵、丛培影:《"一带一路"的外界误读与理性反思》,《中国社会科学报》2015年5月13日。

② 魏后凯、白玫、王业强等:《中国区域经济的微观透析:企业迁移的视角》,经济管理出版社2010年版,第2页。

讲,处于明显滞后状态。1992—1999年为第二时期。内陆地区与沿海地区在1992—1999年的年均增速差距达2.55个百分点,内陆地区与沿海地区的发展差距急剧扩大。2000—2007年为第三时期。20世纪末期,国家开始全面实施区域均衡协调发展战略、西部大开发战略、振兴东北老工业基地战略和中部崛起战略,改善了内陆地区的基础设施和投资环境。2000—2007年内陆经济呈现明显的加速增长态势,年均增长率与沿海地区的差距缩小为1.19个百分点,两大区域2007年的经济增长率已经基本持平。[①] 2008—2011年,内陆地区的年均增长率超过沿海地区1.78个百分点。

内陆地区能够取得GDP增速赶超东部地区的成就,很大程度得益于国家对这些地区交通投资政策带来的交通运输能力的提升。

(二)亚洲基础设施投资银行和设立丝绸之路国际发展基金成为“一带一路”倡议成功实施的金融平台

亚洲经济占全球经济总量的1/3,是当今世界具有经济活力和增长潜力的地区,拥有全球六成人口。但因建设资金有限,一些国家铁路、公路、桥梁、港口、机场和通信等基础建设严重不足,这在一定程度上限制了该区域的经济发展。内部基础设施投资至少需要8万亿美元,平均每年需投资8000亿美元。在8万亿美元中,68%用于新增基础设施的投资,32%是维护或维修现有基础设施所需资金。现有的多边机构并不能提供如此巨额的资金,亚洲开发银行和世界银行也仅有2230亿美元,两家银行每年能够提供给亚洲国家的资金大概只有200亿美元,无法满足这些项目资金的需求。由于基础设施投资的资金需求量大、实施周期长、收入流不确定等因素,私人部门大量投资于基础设施项目是有难度的。因此,亚投行与丝路基金的成立有其必要性。这两个金融机构将把区域内外金融资源汇聚和利用起来,汇聚“一带一路”沿线各国政府、产业和人民加强合作的意愿,提升各国开放交流水平,促进产业合作和价值链分工协作,让不同发展水平的经济体都能从互联互通、贸易与投资开放、金融及服务合作中互利共赢。

这两个金融机构本身就是区域内外多边货币金融合作与创新的典范,体现了区域内外各国政府加强货币金融合作,共同投资设立新的多边金融组织,共同解决各国发展面临的问题和困难,促进世界经济增长。“一基一行”有助于各成员国加强货币金融协调,促进区域内金融监管合作、金融机

---

① 刘伟、蔡自洲:《我国地区发展差异与经济高速增长持续能力——地区发展差异是提高反周期能力和保持持续增长的重要资源》,《经济学动态》2009年第4期。

构双向业务合作和投资，还可以构筑区域金融安全保障机制，联合起来防范货币金融风险。此外，在亚投行获得广泛的创始成员支持之际，美国提出希望亚投行与世界银行合作，国际货币基金组织表示愿意加强合作，亚洲开发银行也提出同样诉求，引发了国际金融组织之间合作的热潮。

（三）应对成为世界经济重心的交通需求

未来15～30年，全球经济和贸易版图将呈现中、美、欧“三足鼎立”格局，中国将成为世界经济重心、全球贸易中心。在全球交通网络体系中，中国将处于核心枢纽地位，成为全球交通网络的“轴心”、全球物资的集散地和转换地、交通运输的主要投送基地，以及交通规则和标准的输出中心。而“一带一路”倡议的逐步推进和实施，能够很好地服务于中国未来交通业发展的现实需求。

有专家认为，在过去30多年来，我国运输系统的建立是为了将中西部的资源运往东部沿海进行加工并销往欧美等地。随着内需的进一步扩张、亚洲地区贸易一体化的推进、美洲等地制造业的回流，我国在世界产业链中的定位将有所变化，与传统相反的西向货流将逐渐增长。到2050年，我国将重组区际、洲际网络，形成强大的“陆相”交通运输系统，形成较为完善的泛亚铁路网、泛亚公路网。通过加强尚未联通的一些区段的交通连接，实现与东北亚、东南亚、中亚、西亚、北非的陆路连接。通过建设我国与东南亚等周边国家之间的铁路及公路连接，实现与东南亚、中亚、西亚之间的畅通连接。目前，亚欧之间已经形成了两条大陆桥通道，未来将规划建设第三条通道，即中国—中东—欧洲通道，连接亚欧、亚非。到2050年，我国在世界海运和民航体系中，地位将得到极大提升。实现以我国港口为平台的海上物流信息化合作，扩大与全球沿海国家的海运互联互通。在传统东向太平洋通道基础上，开辟直通印度洋、北冰洋的通道；借助运河打造图们江出海口，实现我国东北地区的对外直接联系；积极推进红海—地中海高铁建设，打造“陆上苏伊士运河”；参与克拉地峡建设，开辟太平洋新通道。形成强大并具有国际竞争力的远洋船队和国际航空公司。建成国际航运中心，在航运服务、航运金融、智慧航运等方面掌握标准、价格等话语权，具备强大的全球资源配置能力，并在交通的“全球共治”中发挥重要作用。

一直以来，我国打造现代化交通运输系统的努力主要集中在本国国土范畴内。在全球化的大发展趋势下，为实现中华民族伟大复兴，建设交通强国需要放眼全球，尤其在我国提出的“一带一路”倡议框架下，更应充分发挥交通运输的关键作用。以交通基础设施为重要依托，打造面向全球的交通运输体系，并提升在世界交通运输体系中的话语权，谋取国家利益。一方面，以强化与欧亚大陆各国产业合作、资本输出为主要目标，建设西向陆上基础设施，实现产业、交通、资本联动。另一方面，以建设港口物流平台、打造航运中心为依托，强化对海上航线网络的控制力度。同时，塑造在航空、航海等世界运力提供中的强竞争力，优化对全球贸易的支撑力和参与度，强化盈利能力。

中国交通业在参与"一带一路"发展过程中也取得了丰硕成果。在陆路方面，截至2016年年底，中国与"一带一路"15个沿线国家签署了16个双边及多边道路、过境运输和运输便利化协定，在73个公路和水路口岸开通了356条国际道路客货运输线路。在海路领域，截至2017年5月，中国与"一带一路"36个沿线国家及欧盟、东盟分别签订了双边海运协定（河运协定）。中国企业还参与了13个国家20个港口的经营，海上运输服务已覆盖"一带一路"沿线所有国家。空中联通也在进行，我国与沿线43个国家实现了直航，每周约4200个航班；国航、南航、东航和海航等已在沿线24个国家设立了境外营业部。① 中老铁路、中泰铁路、匈塞铁路建设稳步推进，雅万高铁全面开工建设。汉班托塔港二期工程竣工，科伦坡港口城项目施工进度过半，比雷埃夫斯港建成重要中转枢纽。中缅原油管道投用，实现了原油通过管道从印度洋进入我国。中俄原油管道复线正式投入使用，中俄东线天然气管道建设按计划推进。中欧班列累计开行数量突破1万列，到达欧洲14个国家、42个城市。②

2018年1月，南亚孟加拉国帕德玛河下游，连接中国与东南亚泛亚铁路重要通道之一——全长近9.3公里的在建公铁两用桥梁帕德玛大桥，桥墩与桥身正在同步施工。该桥由中国中铁大桥局集团有限公司承建，中铁大桥院承担施工设计。这座桥通车后，将结束孟加拉国西南部地区与首都达卡靠轮渡过河的历史。由此，该桥也被当地人称为"梦想之桥"。

自2011年10月重庆发出第一班直达杜伊斯堡的国际货运列车之后，从中国内陆到欧洲的铁路线变得日益繁忙。在中国确定"一带一路"倡议后，各省纷纷打造中欧班列交通线，因此中国铁路总公司于2014年下半年再次调整了中欧班列运行图，将运行线路由8条增加至19条。跨越亚欧大陆桥的"新丝绸之路"正变得逐渐拥挤。截至2015年，中国已正式开行

① 杜芳：《中国交通惊艳世界 大批创新成果问世并迅速应用》，《经济日报》2017年6月7日。

② 《五年来，"一带一路"取得六方面显著成效》，和讯网2019年4月9日。

的中欧班列线路共 8 条。这些班列经由东、中、西部三条国际大通道直达欧洲，其中西部通道经阿拉山口（霍尔果斯）出境，中部通道经二连浩特出境，东部通道经满洲里（绥芬河）出境。开通中欧班列的城市，除义乌和苏州外，其余城市如重庆、郑州、成都、合肥、武汉、长沙均居中西部地区。据中国铁路总公司统计，2014 年全年共开行中欧班列 308 列，发送集装箱 26070 标箱，较上年同期多开 228 列，增长 285%，促进了中欧沿线各国间经贸交流发展。

加入 WTO 之后，中国航运业加快进入国际航运市场，促进了中国航运业的发展。在 1999 年到 2008 年的 10 年里，中国的贸易增长量占海运贸易增长总量的 30%。我国国际和沿海水路运输航线多达几千条，国际集装箱班轮航线 2000 余条，全国港口货物吞吐量连续 6 年稳居世界第一。[①] 2010 年我国已成为世界第二大经济体、第一大贸易出口国和第三大航运国家。港口吞吐量和集装箱装卸量连续几年居世界第一。我国已发展成世界港口大国、航运大国和集装箱运输大国，很好地奠定了世界贸易中心转向东亚的海运基础。

2017 年，中欧班列建设发展取得重要阶段性成果，开行数量迅猛增长，全年开行 3673 列，同比增长 116%，超过过去 6 年的总和。国内开行城市 38 个，到达欧洲 13 个国家 36 个城市，较 2016 年新增 5 个国家 23 个城市，铺画运行线路达 61 条；运行效率提升，铺画了时速 120 公里中欧班列专用运行线，全程运行时间从开行初期的 20 天以上逐步缩短至 12～14 天；运行成本不断降低，整体运输费用较开行初期下降约 40%。此外，中欧班列货源品类不断丰富，由开行初期的手机、电脑等 IT 产品逐步扩大到衣服鞋帽、汽车及配件、粮食、葡萄酒、咖啡豆、木材等品类，涵盖了沿线人民生产生活的多个方面。[②]

油气管输设施和航空运输建设提速。随着连接中国与中亚、俄罗斯的油气管道相继建成，丝绸之路经济带能源战略通道已经成形，2006—2014 年，中国通过中哈原油管道累计进口原油 7523.82 万吨；2011—2014 年，中俄原油管道累计进口原油达 6000 多万吨；2014 年，中亚天然气管道输送量达 313 亿立方米。中亚天然气管道 D 线、中哈天然气管道二期和中俄天然气管道已开工建设，未来将进一步增加中国同这些国家的天然气贸易。

① 《中国海运物流“变频”60 载》，中国国际海运网 2009 年 9 月 15 日。

② 《2017 年中欧班列开行 3673 列　超过去 6 年总和》，澎湃新闻 2018 年 1 月 22 日。

另外，我国航空运输规模已位居世界第二位，2014年，航班起降754万架次，共有航路航线700多条，总距离达19.3万公里。未来几年依然会以9%左右速度增长，相关基础设施建设需求还很大。

第二节　交通扶贫的新举措

在改革开放后，国民经济快速发展，由于采取了区域不平衡发展战略以及鼓励一部分人先富起来的政策措施，交通发展在东部发达地区以及城市快速发展起来。而后，为了实现区域平衡发展达到共同富裕的战略目标，我国先后实施了由城及乡的交通梯度发展政策，在贫困地区采取交通扶贫的政策。

一、由城及乡的发展理念

进入20世纪90年代，农村经济的发展对县乡公路提出了更高要求，国家加大了以工代赈和交通扶贫的工作力度。

1990年，第三批以工代赈计划实施，国家动用15亿元在中西部地区和部分东部山区重点进行山、水、田、林、路综合开发，其中新建农村公路1.3万公里，桥梁1000座共计3.8万公里。1993年9月，随着西藏墨脱通车，实现了全国县县通公路的目标。“八五”期间，新增县乡公路10.98万公里，县乡公路总里程82.1万公里，占公路通车总里程的70.9%，通公路的乡镇、行政村分别达到了98%和80%，近千个乡镇在此期间修通了公路。配合国家“八七扶贫攻坚计划”的实施，中西部老少边穷地区扶贫公路建设得到加强，建成了一批改善贫困地区生存条件、对发展经济和脱贫致富有重要作用的县乡公路。1997年出台《关于尽快解决农村贫困人口温饱问题的决定》，随后，交通部在第二次全国交通扶贫工作会议上对交通扶贫攻坚战进行动员和部署。

从2003年开始，以“修好农村路，服务城镇化，让农民兄弟走上油路和水泥路”为目标，以《全国农村公路建设规划》(2005年由国务院审议通过)等重大规划为引领，有重点、有步骤地推进贫困地区交通发展。特别是“十二五”时期，制定了《集中连片特困地区交通建设扶贫规划纲要》，大幅提高了集中连片地区交通建设补助标准，5年累计投入了超过5500亿元车购税资金，支持14个集中连片特困地区建设了6.6万公里国省道和36万公里农村公路，带动了全社会对公路建设近2万亿元的投入，极大地改善了贫困地区交通条件。[①]

自2015年以来，我国每年新建改建农村公路均为20万公里，2015年、2016年、2017年实际新建改建农村公路建设规模分别为25万、29.3万、28.5万公里。而公路水路建设投资目标2016年、2017年均为1.8万亿元，实际分别完成了1.97万亿元和2.27万亿元。2018年，我国新改建农村公路28.5万公里，新增通硬化路建制村1.1万个，尤其以西藏、四省藏区、新疆南疆四地州和四川凉山州、云南怒江州、甘肃临夏州的三区三州等深度贫困地区为重点，加强对外骨干通道建设和内部通道连接。2020年，贫困地区国家高速公路主线将实现基本贯通，具备条件的县城通二级及二级以上公路。5年来，农村公路基础设施更加完善，城乡交通运输公共服务均等化深入推进。全国新建、改建农村公路超过127.5万公里，约99.2%的乡镇和98.3%的建制村通了沥青路、水泥路，以县城为中心、乡镇为节点、建制村为网点的农村公路交通网络已初步形成，全国乡镇和建制村通客车率分别达到99.1%和96.5%，城乡运输一体化水平接近80%。

2013年，中央一号文件一出台，中央有关部门就研究制定进一步发展农村交通基础设施的10项措施，加大资金投入，全年安排车购税资金677.6亿元，同比增长47%，占全年公路建设车购税总投资的31%。各级地方政府积极出台各种措施，多渠道筹措建设资金，加快推进农村公路建设。

二、交通扶贫新思路

党的十八大以来，习近平总书记多次就农村公路发展做出重要指示、批示。2013年11月3日，习近平总书记在湖南湘西调研时指出，“贫困地区要脱贫致富，改善交通等基础设施条件很重要，这方面要加大力度，继续支持”。

10年来，交通部提出“让农民兄弟走上油路和水泥路”的目标，集中力量加快推进农村公路发展，相继组织实施了乡镇、建制村通达、通畅工程，以及商品粮基地公路、革命圣地公路、扶贫公路、红色旅游公路、农村渡改桥、危桥改造、安保工程、乡村客运站点建设等专项工程，推动农村公路建设实现了跨越式发展。

习近平总书记强调，在新形势下，农村公路建设要因地制宜、以人为

① 《〈“十三五”交通扶贫规划〉政策解读》，国新网2016年11月25日。

本，与优化村镇布局、农村经济发展和广大农民安全便捷出行相适应，要通过创新体制、完善政策，进一步把农村公路建好、管好、护好、运营好，逐步消除制约农村发展的交通瓶颈，为广大农民致富奔小康提供更好的保障。

从我国发展现状来看，交通扶贫攻坚战主要是把贫困地区特别是集中连片特困地区作为主战场，集中连片特困地区交通运输发展基础薄弱，是全国交通运输发展的短板，其发展事关区域经济社会的协调发展和全面建成小康社会目标的实现。通过实施《集中连片特困地区交通建设扶贫规划纲要（2011—2020年）》，加快集中连片特困地区农村公路建设，到2020年，集中连片特困地区“外通内联、通村畅乡、班车到村、安全便捷”的交通运输网络基本形成，交通运输基本公共服务主要指标接近全国平均水平，适应区域经济社会发展和全面建成小康社会的总体要求。交通运输部将着力推进百万公里农村公路建设工程、农村公路进村入户工程、“村村通客车”工程、农村公路安全生命防护工程等“四大工程”。

2014年，交通运输部按照国务院扶贫开发领导小组第二次全体会议的要求，将贯彻落实《关于创新机制扎实推进农村扶贫开发工作的意见》（中发办〔2013〕25号）要求与交通扶贫年度计划相衔接，集中攻坚“村级道路畅通”任务。扎实推进《农村公路建设规划》、《集中连片特困地区交通建设扶贫规划纲要（2011—2020年）》和《“溜索改桥”建设规划（2013—2015年）》，大力推进贫困地区交通基础设施建设，提升农村公路质量与安全水平，推进农村客货运输良性发展，为贫困地区与全国同步建成小康社会提供坚实的交通运输保障。为了加快推进集中连片特困地区交通建设，仅资金一项，交通运输部投入14个片区交通建设的车购税资金超过1550亿元，占全年全国2800亿元车购税总量的55%。其中，安排1041亿元车购税资金，支持14个片区改造建设3.17万公里高速公路和普通国省道，安排超过500亿元支持14个片区建设9.6万公里农村公路和一批农村客运站点，安排7亿元推进138个“溜索改桥”项目建设。

2015年12月2日，交通运输部部务会议审议通过《“十三五”交通扶贫规划》（简称《规划》），结合贫困地区交通运输发展的实际需要，明确了“十三五”交通扶贫脱贫攻坚八大任务，进一步加强贫困地区交通基础设施建设，提升运输服务能力和水平，强化安全保障能力和管理养护效能，力争到2020年，贫困地区全面建成“外通内联、通村畅乡、班车到村、安全便捷”的交通运输网络，总体实现“进得来、出得去、行得通、走得畅”。“十三五”交通扶贫覆盖范围包括集中连片特困地区、国家扶贫开发工作重点县，以及以上范围之外的一批革命老区县、少数民族县和边境县，共1177个县(市、区)。“十三五”期间，交通扶贫脱贫攻坚将重点实施骨干通道外通内联、农村公路通村畅乡、安全能力显著提升、“交通＋特色产业”扶贫、运输场站改造完善、水运基础条件改善、公路管养效能提高和运输服务保障提升等八大任务。支持贫困地区建设1.6万公里国家高速公路和4.6万公里普通国道，实现贫困地区国家高速公路主线基本贯通，具备条件的县城通二级及二级以上公路；力争提前一年完成托底性的建制村通硬化路建设任务，解决贫困地区2.45万个建制村、2.1万个撤并建制村通硬化路；支持贫困地区约3.16万公里资源路、旅游路、产业路改造建设；支持贫困地区改造建设150个县级客运站和1100个乡镇客运综合服务站，实现所有乡镇和建制村通客车。“十三五”期间，对于贫困地区国家高速公路、普通国道、农村公路和县乡公路客运站建设，中央投资约8480亿元。

第三节　绿色发展、共享发展、智能发展

随着工业化、城镇化的推进，中国交通发展开始探索绿色发展、共享发展、智能发展的和谐交通之路，走在世界交通现代化的前列。

一、共享出行成为公共交通投资热点

(一) 中国共享经济、共享出行增速明显

所谓共享经济，指的是在所有权不变的前提下，对使用权进行临时性转移，提高资源利用率，同时使供需双方从中受益。随着互联网的普及和发展，从共享房屋、汽车，到共享知识、云计算服务，共享的内容越来越丰富，共享的概念也越来越热。共享单车的成功带动着共享经济的全方位拓展，在共享单车之后，又出现了共享充电宝、共享篮球等种类繁多的共享概念经济。据中国电子商务研究中心发布的《2016年度中国“共享经济”发展报告》显示，2016年中国共享经济市场规模达39450亿元，增长率为76.4％。国家信息中心分享经济研究中心预测，未来几年，中国共享经济将保持年均40％左右的速度增长，到2020年交易规模将占GDP比重10％以上。

2017年7月5日，第一财经商业数据中心发布《2017中国共享出行行业大数据观察》数据显示，城镇居民人均交通通信和服务费消费支出以每年12％的增长率快速增长，可见，人们对于出行方式有了更加多元化、多层

次的需求。该报告还指出，从2015年到2017年，中国仅汽车共享出行市场整体容量已由660亿增长至2120亿，预计2018年有望突破3800亿。除公交地铁外，共享单车是“绿色出行”的另一种方式。截至2017年年底，北京市以220万辆共享单车的拥有量居全国第一，成都、深圳、杭州和广州的共享单车数量均超过80万辆。共享出行方式受到了城市居民的热捧。以深圳市为例，89万辆共享单车在2017年的单日使用总量达到了543万次，平均每辆车的日均使用频率为6.1次。

（二）共享出行逐渐延伸

从Uber、滴滴、专车到ofo、摩拜单车，中国城市公共交通出现了令人眼花缭乱的新面孔，新的转型升级已经出现，它们合力形成了有别于传统公共交通的新格局，很好地弥补了传统城市公共交通的短板和空白，并逐渐完成走向世界的转身。

滴滴等专车出现的时候，很好地解决了人们对乘出租车难的困扰。进而专车、快车等服务不断创新，从供给端增加运力。接着，摩拜、ofo等共享单车横空出世，使家到地铁站或者公交站的距离不再让人苦恼。大致来看，我国共享出行走过以下3个阶段。①共享出行1.0时代。以神州租车为代表的传统租车服务，服务流程主要基于线下，站点还取车，手续较为烦琐。②共享出行2.0时代。以实时打车、传统租车、共享单车以及分时租赁等多种方式组合形成的多样化、智能化的出行服务方式。在这套服务体系下，站点的概念得以弱化，消费者在细分场景下可选择出最优化的出行方案。③共享出行3.0时代。该时代将会是无缝、高效的集成式城市出行模型，即可以基于线上的多样出行方式贴合生活中每一类出行场景，共享出行和公共交通完美整合。

（三）资本青睐共享出行

2017年6月22日，全球智能共享单车首创者与领导者摩拜单车宣布进入日本，并已在福冈市成立摩拜单车日本分公司。这是继新加坡和英国之后，摩拜单车进入的第3个海外市场，摩拜单车的“全球版图”不断扩大，引领“中国智造”的出海征程奏出强音。据DCCI互联网数据中心在2017年6月份发布的《中国共享单车13城市用户研究报告》显示，在常用共享单车整体活跃用户中，ofo活跃用户份额占比为39.8%，摩拜活跃用户份额占比为36.4%，远超其他平台。在市场认知度方面，ofo以80.7%的市场认知度位居行业第一位，摩拜的市场认知度为74.5%。

2017年3月1日，ofo宣布完成4.5亿美元D轮融资，4月22日获蚂蚁金服D+轮战略融资(具体金额不详)。

2017年6月16日,摩拜单车宣布完成一笔超过6亿美元的新一轮融资。其还与工银国际、交银国际、美国对冲基金Farallon等新晋股东建立良好合作。

报道称,中国正在实施的“互联网+”战略把在线商业模式用到了传统行业,让开发交互平台的初创公司更容易起步。共享服务在很多城市发展较好,特别是北京、上海、广州、深圳等大城市流行的共享单车。该行业ofo公司截至2017年年底打入了20个欧洲国家的市场。它的主要竞争对手摩拜公司则把业务拓展到美国、意大利、日本、韩国、新加坡和马来西亚,2017年年底前在全球200座城市成功落地。①

二、绿色交通、智慧交通

2017年5月22日,交通运输部发布《关于鼓励和规范互联网租赁自行车发展的指导意见(征求意见稿)》,为共享单车线上线下的服务和管理“立规”。比如:注册上实行实名制;禁止向未满12周岁的儿童提供服务;推广运用电子围栏等技术,有效规范用户停车行为;鼓励企业组成信用信息共享联盟,对用户建立守信激励和失信惩戒机制等。

俄罗斯媒体报道称,共享经济普及最广的是中国,这里使用移动支付的消费者达到86%,这一比例领先全球。调查显示,2016年年底,农村地区网民使用线上支付的比例为31.7%。报道称,2016年,中国参与共享经济活动的人数超过6亿人,共享经济平台的就业人员约为585万人。2016年,中国共享经济市场交易额达3.45万亿元。

中国国家信息中心的数据显示,2018年中国共享经济的规模将高达2300亿美元(1美元约合6.31人民币),占全国GDP的1.67%、全球共享经济总量的44%。国家信息中心共享经济研究中心预测,未来几年,中国共享经济仍将保持年均40%左右的高速增长。到2020年,共享经济规模将占到GDP的10%;2025年预计达到20%。②

通过优化交通出行方式,推进绿色出行,解决交通拥堵,成为多个地方政府智慧城市建设领域的重点。多个地方政府对于“十三五”期间的公共

---

① 《俄媒称中国共享经济领跑全球　未来将保持年均40%增长》,《参考消息》2018年3月4日。

② 《俄媒称中国共享经济领跑全球　未来将保持年均40%增长》,《参考消息》2018年3月4日。

交通出行分担率指标有着明确要求：人口超过 100 万的城市，公共交通出行分担率需要提高至 60%以上。

国内主要城市的机动车保有量持续增长，这将进一步加剧交通拥堵的情况。同时，多个地方政府对于“十三五”期间的公共交通出行分担率指标有着明确要求，而移动支付在公共交通领域的推广，以及共享单车的出现，将有助于推动公共交通出行分担比率①的改变，也将有利于提高绿色出行的比例。截至 2017 年年底，以个人名义登记的小型和微型载客汽车（私家车）达 1.7 亿辆。就城市而言，到 2017 年年底，北京市机动车数量已经达到 564 万辆居全国首位，成都以 452 万辆位列其后，重庆、深圳、上海均超过 300 万辆。在地面交通日益拥堵与城市可用地面积逐年减少的背景下，发展轨道交通已成为不少城市的首选。在智慧城市的建设背景下，通过先进的移动支付方式与传统的公交、地铁相结合，可以增加城市居民选择公共交通工具出行的比例。除公交、地铁外，共享单车是“绿色出行”的另一种方式。②

在智慧城市建设的背景下，移动支付已经从商品交易环节向公共交通领域迈进。数据显示，截至 2018 年 1 月底，支付宝已经在全国 50 座城市实现了公共交通的可移动支付，而微信覆盖城市达到 37 座。

三、科学交通、和谐交通

2017 年 5 月，全球首段长 1 公里、宽 2 米，单向行驶的光伏路面在法国西北部图鲁夫尔欧佩尔什镇正式投入使用。2017 年 12 月 28 日，济南太阳能公路正式通车，该路段长度约 2 公里，整段公路采用了“承载式光伏路面技术”，标志着我国的光伏应用走到了世界前列。相对于全球目前已经建成的光伏公路，我国的这条太阳能公路不仅里程长、造价低、实用性强，设计荷载采用现行国家公路标准，而且设计使用寿命、路用性能各项指标均高于现有沥青混凝土路面，可以说是集梦想与现实于一体的一段高科技公路。

近年来，中国很多专业化高速公路的建成通车，标志着我国高速路网更趋科学、完善。同时，也实现了人与自然和谐共处的绿色发展理念。

---

① 公共交通分担率是指城市居民出行方式中选择公共交通（包括常规公交和轨道交通）的出行量占总出行量的比率。

② 李果：《绿色出行趋势报告：多地明确公共交通占比超 60%移动支付提升绿色出行比例》，《21 世纪经济报道》2018 年 2 月 7 日。

2013 年 12 月 7 日，新疆首条沙漠高速公路——国道 216 线(G216 线)五彩湾至大黄山高速公路全线通车。G216 线五彩湾至大黄山高速公路穿越新疆北部古尔班通古特沙漠，既是北疆通往南疆东部的重要干线，又是吐乌大高等级公路的延伸线。考虑到这一区域野马、羚羊等国家保护动物需要穿越高速公路，迁徙和寻找水源等需求，项目设计预留 20 座动物通道，施工时在保护区线路设置了 9 个宽达 8 米的涵洞，以保证动物的生存环境不受大的影响。

2013 年 4 月 9 日，广西首条海洋风格的高速公路——六钦高速公路建成通车。该项目被定位为“蓝色梦想大港路”，主题为“六钦扬帆路，海上丝绸情”。与常见高速公路不同，六钦高速全线的道路分隔栏和防撞钢栏均为天蓝色，配上白色立柱，海洋气息迎面而来。沿线的各个收费站也都是采用海洋风格造型，同样由蓝白色构成的收费站，利用膜结构做出有海洋气息的顶部造型，如风帆、海鸟等。

2013 年 11 月 22 日，我国首条重载高速公路——内蒙古准兴重载高速公路通车。该公路按照双向五车道的重载高速公路标准进行设计建设，车道采用混凝土高级路面，设计可承载 100 吨位的货车，自西向东重载方向为三车道，由东向西轻载方向为二车道，年设计货物运输能力为 1.5 亿吨，是内蒙古西煤东运的重要通道，也是我国西北地区通往京津唐、环渤海经济圈的主要交通干线之一。

2013 年 12 月 25 日，低碳高速——渝蓉高速建成通车。为减少碳排放，渝蓉高速公路从前期设计建设施工，到后期的管理运营，均将低碳理念贯穿于全过程。据有关部门测算，渝蓉高速公路通车后，到 2033 年，预计运行车辆节约油量将达到 50.62 万吨，节约标准煤 74.39 万吨。这是交通运输部确定的首批 6 条节能减排绿色低碳高速公路试点项目之一。除此之外，还有广东广中江高速公路、云南麻昭高速公路、河南三淅高速公路、河北京港澳高速公路(京石段和石安段)和江苏宁宣高速公路。[①]

① 《首条高速光伏公路建成　盘点中国值得骄傲的公路》，中国公路网 2017 年 12 月 2 日。

结语

从交通大国到交通强国的发展演变

近年来，我国铁路、公路、水运、航空、物流等交通基础设施网络建设加速推进，“五纵五横”综合运输大通道基本贯通，各种运输方式一体化衔接日趋顺畅。一系列走在世界前列的数据表明，中国已经成为名副其实的交通大国。2018年是交通强国建设的起步之年，据不完全统计，有20多个省市公布了交通投资计划，额度累计超过2万亿元。

一、交通强国的发展目标

自党的十八大以来，我国交通运输发展取得重大成就，高速铁路、高速公路里程等首次跃居世界第一，网络化运行达到新水平，“复兴号”高速列车、C919大型客机等装备技术达到世界先进水平，网约车、共享单车等新业态引领世界潮流，我国交通运输规模总量位居世界前列，成为名副其实的交通大国。在新的历史时期，我国将实现由交通大国向交通强国的转变。

实现交通强国战略目标将分两步走：从2020年到2035年，奋斗15年，基本建成交通强国，进入世界交通强国行列；从2035年到21世纪中叶，奋斗15年，全面建成交通强国，进入世界交通强国前列。从2020—2035年，是交通强国的全面建设期。要基本实现交通运输现代化，进入世界交通强国行列。到那时，人便其行、货畅其流，我国交通运输基础设施、运输服务、科技创新、现代治理水平将大幅提升。从2036—2050年，是交通强国建成期，要全面实现交通运输现代化，进入世界交通强国前列。到那时，人悦其行、物优其流，我国交通运输基础设施、运输服务、科技创新、现代治理水平将在全球全面领先。

对于交通强国，我国从业者的共识包括以下3点。一是交通运输综合实力要在世界领先，交通运输规模数量大、质量效率高、科技创新强、行业治理优、国际影响广，拥有更加安全、便捷、高效、绿色、经济的现代化综合交通运输体系，各种运输方式的比较优势和组合效率得到充分发挥。突出标志就是我国拥有一大批具有全球竞争力的交通运输企业。二是人民群众对交通运输满意。在新时代，人民群众希望得到更加个性化、多样化、品质化、高效率的交通运输服务。争取实现交通发展"零距离"换乘、"零排放"、"零死亡"和"零库存"的"四个零"理念。三是有效支撑我国社会主义现代化强国建设。交通运输要当好先行官，率先建成遍及城乡、通达全国、连通世界的全球运输供应链，打造若干个与贸易强国、制造强国相适应的世界级交通枢纽和物流中心，有效推动我国实现全球生产、全球消费、全球流动的目标。

交通运输部部长李小鹏表示，建设交通强国，必须紧紧围绕建设现代化经济体系的要求，着力构建与交通强国相适应的框架体系。具体包括构建综合交通基础设施网络、运输装备、运输服务、创新发展、现代治理、开放合作、安全发展、运输支撑保障等八大体系。

过去5年，中国高铁新增运营里程1.2万公里，总里程超2.2万公里，超过世界其他国家高铁运营里程的总和。到2025年，中国高速铁路网络将达到3.8万公里，覆盖中国240座中型以上的城市。至2017年年底，中欧班列已经开行6637列，铺画运行线61条，国内开行城市达到38个，到达欧洲13个国家36个城市。自中国提出"一带一路"倡议以来，目前多个省区均已开通国际货运班列。

2017年，我国新增通航机场5个、新增通航企业56家，全国通用航空器拥有量2292架，完成通用航空生产飞行80.8万小时，通航专业飞行员约3000人，通用机场300多个。5年来，通用航空业务量年均增长9.3%。2017年共有11款通用飞机实现了首飞、3款通用飞机下线。2017年2月发布的《通用航空"十三五"发展规划》提出，预计到2020年，我国通用航空产业体量与2015年相比将增加超过1倍，其中飞行时间增加156.7%，机队规模扩大123.7%，通用机场数量扩增66.7%，私人飞行驾照数量增加105.8%。

2017年12月22日，工业和信息化部发布的《关于促进和规范民用无人机制造业发展的指导意见》提出，到2020年，民用无人机产业持续快速发展，产值达到600亿元，年均增速40%以上。形成2～5家掌握核心技术、具备世界级影响力的领先企业。GAMA（通用航空飞机制造商协会）最新统计数据显示，2016年全球通用航空飞机存量超过36.5万架，过去10年间通用航空飞机的年均销货量为2803.4架，年均产出值为214.69亿美元。

从国外已有经验看，通航产业投入产出比为1∶10，技术转移比为1∶16，就业带动比为1∶12。当年，美国通用航空制造业以1∶3.3的比例拉动相关和周边产业的就业人数，通过拉动就业，仅个税一项就增加了87亿美元。与美国相比，我国的通用航空发展仍处在初级阶段，将来有着巨大的市场。有数据显示，美国通用机场约2万个，各类通用飞机超过20万架，占全球通用飞机数量的71%；通用航空产业一年的产值超过1500亿美元，GDP贡献率超过1.1%，提供的就业岗位超过100万个。巴西也拥有上万架飞行器和数千个通用机场。我国通用航空不仅远落后于美欧等发达经济体，而且明显落后于巴西、南非等发展中国家，发展严重滞后，成为行业短板。根据中国民航“十三五”发展规划描绘的蓝图，到2020年，我国通用机场有望达到500个，通用航空器达5000架，飞行总量达200万小时。

二、中国交通理念能够走向未来

工业革命以来的历史表明：制造业和交通业双强携手决定了一个国家的地位和影响力，世界经济重心由此不断迁移。自2010年美国失去制造业第一大国的地位之后，有迹象显示，美国交通业大国地位也岌岌可危，衰落迹象明显。这些因素包括：①20世纪积累的交通红利即将消耗殆尽；②日益失去对现代交通业发展的引领作用；③美国交通业革命性变革的曙光难以出现；④交通理念的狭隘正成为美国衰落的杀手锏。中国应及时抓住全球交通业变革的战略机遇，一方面建立综合性大交通体系，引领世界交通业革命性变革；另一方面要树立惠及全球的交通思维，将中国交通的新思路、新模式、新成果积极向外传播。

（一）美国交通业大国地位衰落的几个迹象

1. 美国交通红利即将消耗殆尽

美国的繁荣正是抓住了几次交通业革命带来的发展机遇。20世纪初，随着铁路运输的兴盛，到1916年，美国修建的铁路就达到40多万公里，位居世界第一；20世纪二三十年代随着汽车业的发展，到1970年前后建成高速公路近10万公里、其他公路640万公里，在当时，均居世界第一；第二次世界大战后，美国航空业取得快速发展，通过开放空域鼓励私人飞机发展等政策的激励，目前美国已经成为全球最大的航空市场，通用机场数、客运量、货运量均居世界第一。美国政府通过特殊的政策设定，促进了不同时期交通业的快速发展。随着经济高速发展的终结，美国交通业发展不均衡的弊端日益显现，交通红利即将丧失。主要表现在以下 3 个方面。①铁路方面：2016 年运营里程 23 万公里，货运量 19 亿吨，客运量接近 3000 万人次，仅占其国内运输市场份额的0.1%。而中国以 12.4 万公里运营里程，完成货运量 33.32 亿吨，客运量达 27.7 亿人次，占国内运输市场份额的14.6%。②公路方面：美国基础设施的总体评价为 D+级。目前，美国65%的公路已经进入维修期，其中 25%的桥梁如果不进行大翻修将无法承载现在的交通量。超过 7 万条桥梁需要维修，仅是地面交通的维护就需要约 1.7 万亿美元。③航空方面：面临着恐怖袭击、种族歧视、服务低下及私人机场扩张等问题的困扰。在有识之士眼中，美国交通业正在走下神坛。

中国、美国等 11 国 1990—2017 年(部分年份)国内生产总值 GDP 对比见表 9-1。

表 9-1　中国、美国等 11 国 1990—2017 年(部分年份)国内生产总值 GDP 对比

单位：亿美元

国家	1990 年	2000 年	2005 年	2010 年	2013 年	2014 年	2017 年
中国	3590	12053	22686	60397	94906	103601	131735.8
印度	3266	4766	8342	17085	18618	20669	26074.1
日本	31037	47312	45719	54954	49196	46015	43421.6
韩国	2848	5616	8981	10945	13056	14104	15458.1
加拿大	5920	7395	11641	16140	18390	17867	16823.7
美国	59796	102848	130937	149644	167681	174190	195558.7
法国	12753	13684	22037	26470	28103	28292	25865.7
德国	17650	19472	28576	34122	37303	38526	35954.1
意大利	11778	11422	18535	21268	21370	21443	19329.4
俄罗斯	5168	2597	7640	15249	20790	18606	13092.7
英国	10932	15487	24121	24079	26782	29419	32322.8

资料来源：根据相关资料整理所得。

2. 美国正在失去对现代交通业发展的引领作用

美国交通业似乎已经陷入一种锁定状态，无法摆脱原有交通基础的辉煌以及由此带来的束缚，守旧不易，创新更难。美国空有全球最长的铁路线，随着对金融服务业及航空运输带来的巨额利润的追逐，货运量难有大的起色，客运量微乎其微，集高科技、大流量的高铁项目难以上马；公路路况不堪，城市交通拥挤，落后的基础设施造成的燃油费用及时间成本每年达1200亿美元；由于美国的道路设计没有提供专门的自行车道，人车共用的尴尬局面使得共享经济无法施展。早在2007年，美国前运输部长玛丽·彼得斯就认为，美国现有的交通模式失败了，需要像新科技、拥堵费征收和加大私有行业投资这样的新方法才能让美国再次领先。10年后的今天，这种局面仍未出现。但如何协调几种传统运输方式共存共荣，如何探索前沿高端的运输方式，美国迄今没有找到解决的方法，而美国的停滞不前并不意味着其他国家原地踏步，中国的高铁技术、中国的共享单车模式已成功地将世界的目光吸引到东方。

3. 美国交通业革命性变革的曙光难以出现

当前，美国以燃油税为中心的税制越来越难以为继，资金问题成为每次交通法案颁布的主要障碍，而新的科技革命使得变革所需的成本急剧上升，吸引人才的筹码不断提升。改变税收途径抑或创新交通基金发展模式，对于这些影响交通业发展的核心问题，美国政府始终举棋不定。在美国2018财政年预算中，关于交通的预算被砍掉13%，尤其是一些针对城市交通的项目，白宫打算减少10亿美元的预算，取消对16个项目的拨款。据美国土木工程师协会预计，2016—2025年，美国基础设施投资面临1.44万亿美元资金缺口。而2015—2020年，美国高速公路和桥梁投资需要1200亿美元，而现在各级政府每年的预算仅831亿美元；公共交通需要171亿美元，而目前的投资仅能达到43亿美元。绿色、低碳的共享单车模式受到了政府公共交通部门的质疑，其遭遇着和当年的Uber几乎一样的困境，立法、审核以及运营许可均制约了共享交通在美国的发展。与此不同的是，中国这些年每年均有2万亿元左右政府投资并吸引大量的民间资本投资交通业，充裕的资金使得行业规模不断扩大、业绩屡创新高，创新不断。

4. 美国交通理念的狭隘正成为其衰落的杀手锏

考察美国几次大的变革，均存在片面、非理性、高损耗式的发展特点，美国目前面临的问题均与此有关。19世纪五六十年代，联邦政府给予用来建设铁路的土地总数多达1.29亿英亩（约合5220亿平方米），政策扶持使得1890年美国铁路完成的运输量，几乎两倍于其他运输形式的运量。由于新的利益集团出现，联邦政府于 1887 年开始对铁路进行管制，铁路行业由盛转衰。1956 年，美国国会通过发展公路交通为核心的《联邦援助公路法案》，随后一系列相关法规也不断加以引导，州际高速公路快速上马，迅速达到近 10 万公里居世界第一的路网规模。相关利益集团主导美国这个“车轮上的国家”达半个多世纪，公路无计划地扩张产生大量低密度的郊区，造成公共交通更加难以覆盖，“个人富足与公共部门贫穷”的现象长期存在。尽管美国政府一直支持发展高铁计划，与中国合作的高铁项目却因政府阻挠频频毁约，举步维艰。截至 2016 年，美国共有各类机场 2 万多个，其中私人机场有 1.5 万个。特朗普强调的“美国是美国人的美国”，其潜台词是“美国是精英集团、利益集团的美国”，因此，美国的交通便利化绝不允许普通美国人、其他国家人民搭便车。

（二）我国交通业发展能够有所作为

1. 汲取西方国家交通发展片面性弊端的教训，建立综合性大交通体系

美国铁路长度第一但效益一般，高铁在日本、法国发端却是中国让它走向世界，美国公路、航空发达但问题较多，这种种弊端都是我国应引以为戒的。中国应该大力发展和建设各种运输方式互补式的综合性大交通体系，发掘每一种交通方式的生命力，避免走技术壁垒、服务阶层片面化的死路。

2. 抓住战略机遇期，引领现代交通业革命性变革

新经济是人流、物流、信息流的高度统一，缺一不可，交通服务于人类发展，交通助力于经济腾飞。目前，世界经济低位徘徊，美国发展动能不足，西方发达国家无暇顾及交通业变革的需求和信号，中国应抓住这个难得的战略机遇期，立足交通业惠及民生、造福世界的行业初衷，大力发展高铁装备制造、磁悬浮、无人驾驶、共享交通、路桥、远洋运输等技术，不断增加交通类型，引领现代交通业革命性的变革，实现“开始一公里”和“最后一公里”的无缝对接，加大资本投入，增强科技创新能力，促使相关交通技术装备经由“一带一路”向全球扩散，诱发交通业变革在中国的最快实现。

3. 树立中国交通惠及全球的战略思维

相对于“美国是美国人的美国”这种狭隘的民族主义观念，中国应树立“服务全球”的公仆思想，致力于构建人类命运共同体的大同理想。中国的各种交通工具不仅给中国人带来便利，外国人也能享受到由此带来的交通红利。因为，中国的交通不仅是中国的，也是属于世界、属于全人类的宝贵财富，中国交通便利性、环境友好、国家治理优越性有目共睹。我国并没有

像西方国家那样搞技术封锁，中国的高铁已经销往102个国家和地区，2016年对外签署了高达180亿美元的高铁协议，比2015年增长了40%。亚投行、丝路基金、金砖国家新开发银行等为技术输出、发展合作提供资金支持，新的合作模式和新的发展计划也在不断酝酿实施过程中。

4. 积极对外传播中国交通业的新思路、新模式和新成果

服务于三四亿人与服务于几十亿人的交通理念差别不只是数字的不同。相较于美国交通业只专注于服务中产阶级、服务于资本的交通理念，中国不仅要践行创新、协调、绿色、开放、共享的发展理念，而且要将中国交通业的新思路、新模式和新成果积极向世界推广。在美国，公共交通不发达，人性化服务缺失，即使中部“铁锈”地带的居民到南加州的硅谷一趟也是奢侈行为，更不要说到美国旅游的外国人所面临的诸多不便。而美国退出《巴黎协定》这一行为，无疑助长了碳排放的无节制增长、迟滞了相关产业的升级换代，服务于资本、服务于特殊利益阶层显然无法与共享理念相融合。我国正可以借此机会进行合理有效的对外推广，技术装备需要走出去，命运共同体的新理念更需要走出去，中国交通业可以担负起“开路先锋”的历史使命。

参考文献

REFERENCES

[1] 李蕊.跨国公司在华研发投资与中国技术跨越式发展[M].北京:经济科学出版社,2004.

[2] 吴敬琏.中国增长模式抉择[M].上海:上海远东出版社,2006.

[3] 安格斯·麦迪森.中国经济的长期表现:公元960—2030年[M].伍晓鹰,马德斌,译.上海:上海人民出版社,2008.

[4] 胡鞍钢.中国:再上新台阶[M].杭州:浙江人民出版社,2006.

[5] 胡鞍钢.2020中国全面建设小康社会[M].北京:清华大学出版社,2007.

[6] 本力.崛起?! 中国未来10年经济发展的两种可能:全球一流经济学家的观点交锋[M].北京:社会科学文献出版社,2007.

[7] 钱颖一.现代经济学与中国经济改革[M].北京:中国人民大学出版社,2003.

[8] 赵海均.30年:1978—2007年中国大陆改革的个人观察[M].北京:世界知识出版社,2008.

[9] 吉尔伯特·罗兹曼.中国的现代化[M].国家社会科学基金"比较现代化"课题组,译.南京:江苏人民出版社,2010.

[10] 刘世锦,等.传统与现代之间——增长模式转型与新型工业化道路的选择[M].北京:中国人民大学出版社,2006.

[11] 江泽民文选[M].北京:人民出版社,2006.

[12] 刘国光.中国十个五年计划研究报告[M].北京:人民出版社,2006.

[13] 世界银行.中国:推动公平的经济增长[M].北京:清华大学出版社,2004.

[14] 萧国亮.中华人民共和国经济史[M].北京:华文出版社,2004.

[15] 吴敬琏. 当代中国经济改革[M]. 上海:上海远东出版社,2004.
[16] James Riedel,金菁,高坚. 中国经济增长新论:投资、融资与改革[M]. 北京:北京大学出版社,2007.
[17] 李义平. 来自市场经济的繁荣——论中国经济之发展[M]. 北京:生活·读书·新知三联书店,2007.
[18] 张颖瀚,张明之,王维. 从经营国有企业到管理国有资产[M]. 北京:社会科学文献出版社,2005.
[19] 中国经济改革研究基金会,中国经济体制改革研究会联合专家组. 中国改革的理论思考:中国改革与发展报告2004[M]. 上海:上海远东出版社,2004.
[20] 尹集庆. 1996年中国的对外经济合作[M]//世界经济年鉴(1997). 北京:经济科学出版社,1998.
[21] 陆学艺,李培林. 中国新时期社会发展报告[M]. 沈阳:辽宁人民出版社,1997.
[22] 曾培炎. 新中国经济50年(1949—1999)[M]. 北京:中国计划出版社,1999.
[23] 刘仲藜. 奠基——新中国经济五十年[M]. 北京:中国财政经济出版社,1999.
[24] 苏星. 邓小平社会主义市场经济理论与中国经济体制转轨[M]. 北京:人民出版社,2002.
[25] 马凯,曹玉书. 计划经济体制向社会主义市场经济体制的转轨[M]. 北京:人民出版社,2002.
[26] 邓小平文选[M]. 北京:人民出版社,1993—1994.
[27] 中共中央文献研究室. 回忆邓小平[M]. 北京:中央文献出版社,1998.
[28] 薛暮桥. 薛暮桥回忆录[M]. 天津:天津人民出版社,1996.
[29] 中共中央文献编辑委员会. 陈云文选[M]. 北京:人民出版社,1986.
[30] 杜辉. 中国经济周期探索50年[M]. 大连:大连理工大学出版社,2007.
[31] 金冲及,陈群. 陈云传[M]. 北京:中央文献出版社,2005.
[32] 武力. 中华人民共和国经济史(增订版)[M]. 北京:中国时代经济出版社,2010.

[33] 《经济研究》编辑部.中国社会主义经济理论问题争鸣(1985—1989)[M].北京:中国财政经济出版社,1991.
[34] 张军.读懂中国经济[M].北京:中国发展出版社,2007.
[35] 张玮,刘利.中国债务问题研究[M].北京:中国金融出版社,1995.
[36] 陈航,张文尝,金凤君,等.中国交通地理[M].北京:科学出版社,2000.
[37] 房仲甫,李二和.中国水运史[M].北京:新华出版社,2003.
[38] 马洪路.漫漫长路行——中国行路文化[M].济南:济南出版社,2004.
[39] 薄一波.若干重大决策与事件的回顾[M].北京:中共党史出版社,2008.
[40] 中国固定资产投资统计年鉴(1950—1995)[M].北京:中国统计出版社,1997.
[41] 董辅礽.中华人民共和国经济史[M].北京:经济科学出版社,1999.
[42] 彭敏.当代中国的基本建设[M].北京:中国社会科学出版社,1989.
[43] 李京文.铁道与发展[M].北京:社会科学文献出版社,2000.
[44] 韩彪.交通经济论——城市交通理论、政策与实践[M].北京:经济管理出版社,2000.
[45] 许晓峰,么培基.高速铁路经济分析[M].北京:中国铁道出版社,1996.
[46] 朱会冲,张燎.基础设施项目投融资理论与实务[M].上海:复旦大学出版社,2002.
[47] 斯蒂芬森.美国的交通运输[M].刘秉廉,译.北京:人民交通出版社,1990.
[48] 杨大楷.投融资学[M].上海:上海财经大学出版社,2008.
[49] 邱斌,等.中国投融资结构特征及风险研究[M].北京:中国金融出版社,2011.
[50] 李俊元.投融资体制比较[M].北京:机械工业出版社,2003.
[51] 杨庆育,赵骅,沈晓钟,等.基础设施建设投融资理论与创新——兼析重庆实践[M].重庆:重庆大学出版社,2008.
[52] 汪同三.中国投资体制改革30年研究[M].北京:经济管理出版社,2008.
[53] 汪同三.中国投资体制发展道路[M].北京:经济管理出版社,2013.

[54] 罗仁坚,等.交通基础设施投融资体制改革[M].北京:人民交通出版社,2014.

[55] 铁道部统计中心.全国铁路历史统计资料汇编 1949—2016[M].北京:中国铁道出版社,2017.

[56] 黄静波.国际技术转移[M].北京:清华大学出版社,2005.

[57] 胡志坚.国家创新系统——理论分析与国际比较[M].北京:社会科学文献出版社,2000.

[58] 施培公.后发优势——模仿创新的理论与实证研究[M].北京:清华大学出版社,1999.

[59] 陈国宏.我国工业利用外资与技术进步关系研究[M].北京:经济科学出版社,2000.

[60] 李志军.当代国际技术转移与对策[M].北京:中国财政经济出版社,1997.

[61] 陈慧琴.技术引进与技术进步研究[M].北京:经济管理出版社,1997.

[62] 傅强,杨林.技术引进的理论与实务[M].重庆:重庆大学出版社,1997.

[63] 李平.技术扩散理论及实证研究[M].太原:山西经济出版社,1999.

[64] 邱立成.跨国公司研究与开发的国际化[M].北京:经济科学出版社,2001.

[65] 安同良.企业技术能力发展论[M].北京:人民出版社,2004.

[66] 王元,梅永红,胥和平.中国战略技术与产业发展[M].北京:经济管理出版社,2002.

[67] 王志乐.跨国公司在华发展新趋势[M].北京:新华出版社,2003.

[68] 杜德斌.跨国公司 R&D 全球化的区位模式研究[M].上海:复旦大学出版社,2001.

[69] 汪星明.技术引进:理论·战略·机制[M].北京:中国人民大学出版社,1999.

[70] 葛顺奇.跨国公司技术战略与发展中国家技术模式选择[M].北京:中国经济出版社,2002.

[71] 饶友玲.国际技术贸易[M].天津:南开大学出版社,1999.

[72] 龚刚.当代中国经济——第三种声音[M].北京:高等教育出版社,2008.

[73] 约瑟夫·熊彼特.经济发展理论[M].何畏,易家详,等,译.北京:商务印书馆,1990.

[74] 南亮进,牧野文夫.中国经济入门(原第2版)[M].关权,校译.北京:中国水利水电出版社,2007.

[75] 林毅夫,蔡昉,李周.中国的奇迹:发展战略与经济改革[M].上海:上海三联书店,1994.

[76] 董辅礽.经济发展战略研究[M].北京:经济科学出版社,1988.

[77] 鲁振祥.探索的轨迹——新民主主义和向社会主义过渡思想研究[M].北京:中央文献出版社,2003.

[78] 中共中央党史研究室.中国共产党的七十年[M].北京:中共党史出版社,1991.

[79] 赵晓雷.中国工业化思想及发展战略研究[M].上海:上海社会科学院出版社,1995.

[80] 董志凯,吴江.新中国工业的奠基石——156项建设研究(1950—2000)[M].广州:广东经济出版社,2004.

[81] 《当代中国》丛书编辑部.当代中国的基本建设[M].北京:中国社会科学出版社,1989.

[82] 《当代中国》丛书编辑部.当代中国的铁道事业[M].北京:中国社会科学出版社,1990.

[83] 沈志华.苏联专家在中国(1948—1960)[M].北京:中国国际广播出版社,2003.

后记

POSTSCRIPT

因缘际会，3 年前，大学同学周晓方北上公干，谈及想在北京学术圈的大咖、牛人中约几部书稿，华中科技大学出版社虽然在科技出版方面见长，但在以杨叔子校长为代表的诸位大师的带领下，该社人文出版在中南地区乃至全国都是盛名远播的。基于此，我向她郑重推荐了当代中国研究所的武力教授。武老师在中华人民共和国经济史研究领域学问卓著，且其循循善诱、古道热肠，于学问严谨而有情怀，在学术圈人缘极佳。事实证明，凡事只要高手参与、领导重视，成功必然可期。于是，这套丛书从一本到多本，最终达 14 本，颇具规模。

鉴于我治交通史也有经年，幸而册列其中，并以“天堑变通途”之意勾勒新中国成立 70 年来交通业的发展变迁之图景，讲述其对于国民经济、民生福祉的影响，以及其中的发展脉络。于是不揣冒昧，悻悻然纂稿为书，求教于高人批评指正。治学难，治经济史学尤难，看书越多，所想就越多，经事越繁，胆子就越小。在小心谨慎中逐渐完成此书，难言如释重负。在此期间，恰逢小女辰朵呱呱坠地，也算喜事相伴。十月怀胎，生命孕育；学问艰深，经年难成。但也算苦在其中、乐在其中了。

在这里，要感谢武力教授，其以大家风范，带领我们探索学问之道，从书稿的立意到提纲的修改，再到文风的设置、格式布局，事无巨细，必当亲力亲为，写作会或大或小不下数十回，厥功至伟。还要感谢家属王亚娜的大力支持，她在产假期间，帮助看稿改稿，并执笔最后两章，写书育人均不耽误，可谓生活上的良伴、研究上的挚友。希望今后还有一系列互相启发的合作，都能在学术研究方面取得新的进展。

当然，还要感谢华中科技大学出版社的姜新祺总编辑，人文社科分社的领导周清涛、周晓方，正是他们的学术情怀使得本套丛书虽经波折，但也有惊无险地平安落地。还要感谢本套丛书的其他作者和朋友，这个作者群使我受益良多，收获颇丰，希望能够经常和大家一起学习、合作，这才是非常快乐的事情。

是为记。

作　者

2018 年 12 月